DANS LE SECRET DES ARCHIVES BRITANNIQUES

François Malye
Kathryn Hadley

DANS LE SECRET DES ARCHIVES BRITANNIQUES

L'histoire de France vue par les Anglais
1940-1981

calmann-lévy

COUVERTURE
Maquette et illustration : Nicolas Trautmann

ISBN 978-2-7021-4294-3

INTRODUCTION

Qui mieux que les Britanniques, nos meilleurs ennemis, pour observer les multiples bouleversements de notre histoire ? Qu'ils soient diplomates en poste en France ou dans son vaste empire, conseillers du prestigieux Foreign Office [1], ou plus simplement espions, tous ont noirci, au fil des décennies, des milliers de notes et de dépêches pour relater, au jour le jour, les soubresauts de la société française. Toutes ces informations, confidentielles, sont aujourd'hui conservées aux National Archives, les Archives nationales britanniques, et les compulser donne un goût de Wikileaks d'avant l'heure. *« Il est possible que nous découvrions que de Gaulle soit fou ; si c'est le cas il faudra s'occuper de lui en conséquence »*, écrit Anthony Eden, secrétaire d'État aux Affaires étrangères [2], quand la crise éclate entre le chef de la France libre et Winston Churchill en 1941. Le procès du maréchal Pétain et de Pierre Laval en 1945 ? Une *« farce décevante »* selon les diplomates de l'ambassade britannique à Paris. Ces derniers observent également de près la carrière de nos hommes politiques et en dressent des portraits savoureux. Jacques Chaban-Delmas, nommé Premier ministre dans le gouvernement de Georges Pompidou en 1969 ? *« Ses collègues gaullistes l'aiment bien, mais ne lui font pas confiance. Il est ambitieux et*

1. L'équivalent britannique du ministère des Affaires étrangères.
2. Le secrétaire d'État aux Affaires étrangères (Secretary of State for Foreign Affairs) est l'équivalent de notre ministre des Affaires étrangères.

vaniteux ; c'est une commère, et de très bonne compagnie. » L'année suivante, le Foreign Office se montre dithyrambique pour Valéry Giscard d'Estaing dont « *les performances, les ambitions et les possibilités [...] sont presque trop belles pour être vraies* ».

Ce sont quelques-unes des nombreuses découvertes faites en explorant le trésor que constituent les millions de documents des National Archives. L'idée d'examiner ces nouvelles sources nous est venue à la suite d'un article du *Point*[1] consacré aux massacres de Sétif en Algérie en mai 1945. Pour le rédiger nous avions voulu savoir ce que contenaient les archives britanniques sur ces événements : du jamais lu ! « *Un policier français a perdu la tête. Je suis certain qu'autant de sang n'aurait pas coulé si les militaires français n'avaient pas aussi vivement désiré perpétrer un massacre* », avait griffonné le conseiller du Foreign Office en guise de résumé de la situation en Algérie. De quoi donner envie d'aller plus loin...

Devant la qualité et l'originalité des documents britanniques, il nous est alors apparu possible d'écrire une nouvelle histoire de France, en remontant tout simplement, pour la première fois, le fil des événements sous le regard unique et mordant des Anglais. Une perspective inédite, partiale sans doute, mais forcément passionnante si l'on s'intéresse aux différentes façons de raconter l'histoire. On comprend ainsi combien l'histoire qui nous a été apprise a pu l'être en fonction des besoins politiques du moment.

Comment retracer, à partir de ces archives, les principaux événements survenus en France entre 1940 et 1981, dernière année pour laquelle les archives britanniques sont aujourd'hui déclassifiées ? Il a fallu passer bien des journées aux mornes archives de Kew, dans la banlieue ouest de Londres, à fouiller avec méthode des kilomètres de cartons poussiéreux consacrés aux événements et aux personnages choisis afin d'en extraire les documents les plus pertinents, les citations les plus originales et

1. « Sétif, les archives inédites », *Le Point*, 16 septembre 2010.

les portraits les plus saillants des grands personnages français qui ont marqué cette période. Longue quête qui a duré deux ans, passés à consulter des centaines de fichiers constitués souvent de feuilles volantes, parfois déchirées, parfois gribouillées de notes manuscrites difficilement déchiffrables, jusqu'à obtenir une sélection de textes présentés ici, soit dans leur intégralité, soit sous forme d'extraits.

L'une des surprises qui nous attendaient a été aussi la liberté d'accès à ces archives. Au Royaume-Uni, elles sont communicables (en dehors d'une partie de celles de l'Intelligence Service[1] qui ne seront jamais rendues publiques) au bout de trente ans, alors qu'en France les délais multiples s'étendent le plus souvent de cinquante à cent vingt ans. De ce côté de la Manche, c'est l'« Histoire confisquée », selon le sous-titre du courageux livre de l'historienne Sonia Combe *Archives interdites*[2]. Pour espérer accéder aux archives françaises, il faut multiplier les demandes de dérogation. Le système français est symbolique d'un pays où l'information, sous toutes ses formes, est toujours soigneusement cadenassée par le pouvoir. Impensable outre-Manche où le droit à l'information est une constituante fondamentale de ce qu'il y a de plus cher aux yeux des Britanniques : la liberté. Les proscrits français, on le verra tout au long de ce livre, ne s'y trompent pas. Tous se rendent au micro de la BBC à Londres. Et pas seulement Charles de Gaulle en juin 1940. Ce sera aussi le cas de Georges Bidault en 1963, alors président du deuxième CNR, organe politique de l'OAS, ou encore de Daniel Cohn-Bendit en juin 1968. Et pas question pour le gouvernement britannique de faire pression sur la BBC pour l'empêcher de diffuser ces émissions. Londres s'honore d'être la métropole des bannis.

Le premier d'entre eux c'est Charles de Gaulle, qui fait son entrée dans l'histoire du Royaume-Uni en avril 1940 quand, encore colonel, il est décrit par l'officier de liaison britannique

1. Le Secret Intelligence Service – MI6.
2. Sonia Combe, *Archives interdites, l'Histoire confisquée*, La Découverte, 1994.

auprès du gouvernement français comme « *fervent partisan de l'"attaque"* ». Le Foreign Office s'est aussi très vite intéressé à une personnalité politique que les services secrets de Sa Majesté ont interrogée à Londres dès 1943 et dont ils écriront en 1966 : « *M. Mitterrand a débuté sa carrière très tôt. Il s'est avéré être un ministre dynamique, n'ayant jamais peur de se faire des ennemis, sans scrupule, coriace et plein d'imagination en tant qu'administrateur, respecté si ce n'est activement redouté.* »

Entre ces deux piliers de la République, l'attention des Britanniques s'est portée sur chaque événement auquel la France a dû faire face, nous permettant ainsi de balayer d'un œil neuf les trois périodes essentielles de ces quatre décennies. La Seconde Guerre mondiale, dans un premier temps, à partir de l'effondrement de la France et de son armée, alors la plus puissante au monde. Cette chute vertigineuse, nul ne la raconte mieux que Sir Ronald Campbell, ambassadeur britannique à Paris, dans un texte, véritable reportage diplomatique qui court de l'exode, « *cauchemardesque* », jusqu'aux terribles journées de juin 1940 à Bordeaux. Suivent les difficiles relations entre Churchill et de Gaulle, mais aussi le combat de l'Armée des ombres à travers des hommes comme Jean Moulin, Pierre Brossolette ou Jacques Chaban-Delmas.

Deuxième période privilégiée : la décolonisation. Ce qui s'apparente à une retraite en bon ordre pour les Britanniques tourne à la catastrophe pour la France qui inscrit dans son histoire une page noire que deux chiffres terribles suffisent à résumer : 75 000 soldats sont morts en Indochine et en Algérie, ainsi que près de 800 000 Vietnamiens et Algériens, terrible bilan qui marque une différence difficilement contestable entre les politiques menées par nos deux pays. Si les Britanniques ont très vite pris conscience du fardeau qu'était l'empire, les Français restent aveuglés par leur ambition messianique et leur vision émancipatrice de la colonisation qui, au final, mèneront la IVe République à sa perte. D'autant qu'à ces deux conflits majeurs viennent aussi s'ajouter des révoltes sporadiques comme à Madagascar en 1947 ou les guerres oubliées telles que celle du Cameroun à partir de 1955, sur lesquelles les ambassadeurs et consuls britanniques en poste nous apprennent beaucoup. Les relations entre les deux alliés se tendent avec l'échec de l'expédition de Suez en 1956 et surtout la guerre d'Algérie, les Britanniques jugeant les méthodes françaises disproportionnées et sans espoir.

C'est le retour du général de Gaulle qui signe la renaissance de la France, réorganisée d'une main de fer et lancée sur la voie du succès économique. Au même moment, le Royaume-Uni amorce un déclin brutal qui le transforme rapidement en « homme malade de l'Europe ». Dès lors, rien ne compte plus pour les Britanniques que d'intégrer la Communauté économique européenne, mais de Gaulle veille et, à deux reprises, en 1963 et en 1967, y met son veto. *« L'Angleterre, ce n'est plus grand-chose*[1] *»*, lâche-t-il cruellement à son ministre de l'Information, Alain Peyrefitte. *« Il n'y aura aucun espoir de relations de confiance avec la France tant que nous ne serons pas débarrassés de De Gaulle »*, disait déjà Winston Churchill en juin 1945. Dans tous les documents portant sur cette période durant laquelle les Britanniques tentent de forcer la porte du continent, apparaît la même peur des diplomates de déplaire au commandeur. Même après son départ, une fois que la *« goupille de la vie politique française »* aura brutalement été retirée, ils multiplieront les gestes envers la France. En 1971, certains députés iront jusqu'à envisager de nous rendre la dépouille de Napoléon III, ensevelie dans le monastère de Farnborough (Hampshire) depuis 1888, *« pour renforcer les relations franco-britanniques »*, ce qui nous permettrait aussi de *« compléter notre collection aux Invalides »*, ajoutent-ils avec une perfidie que leur humour rend si délicieuse. C'est aussi ce qui contribue à rendre agréable et surprenante la lecture de ces documents. Écrits souvent de la plus belle plume, celle des diplomates,

1. Alain Peyreffite, *C'était de Gaulle*, Fayard, 1994-2000.

aristocrates de la politique, ils fourmillent de bonnes formules et de jugements sans appel sur notre caractère et nos drôles d'habitudes. Ainsi de la reconstruction permanente de notre histoire : « *Il peut sembler surprenant que ces questions soient encore si sensibles en France, mais les Français sont comme ça… Des gens qui n'étaient même pas encore nés parlent avec cœur de l'affaire Dreyfus* », écrit en 1966 Sir Patrick Reilly, ambassadeur à Paris, pour expliquer à ses supérieurs du Foreign Office à Londres pourquoi un livre évoquant le rôle majeur des Britanniques dans la Résistance française ne doit surtout pas être publié en France, même plus de vingt ans après la fin de la guerre.

Il est maintenant temps de rejoindre les diplomates de la Couronne à Paris, capitale encore insouciante à quelques semaines de l'assaut fulgurant des armées d'Hitler. C'est ici, au moment où les deux pays vont connaître leurs heures les plus sombres, que débute ce récit de notre histoire, cette fois racontée par les Britanniques.

L'APPARITION DU COMMANDEUR

Le 5 avril 1940, le colonel Charles de Gaulle fait son entrée dans l'histoire de l'Angleterre et dans les onze millions de documents des National Archives. Nous publions ici le premier d'entre eux, fort bref, concernant le futur chef de la France libre. Intitulé *« Notes based on a conversation with Monsieur de Margerie*[1] *»*, il a pour auteur le capitaine de corvette Richard Coleridge[2], de la mission militaire britannique en France, et est adressé à la section de liaison anglo-française du secrétariat du War Cabinet[3].

Nous sommes à trente-cinq jours du déclenchement de l'offensive allemande contre la France et deux semaines après l'arrivée de Paul Reynaud[4] à la présidence du Conseil. Roland de Margerie, *« qui est à présent le "chef de cabinet" de M. Reynaud dans ses fonctions de ministre des Affaires étrangères »*, évoque *le « colonel de Gaulle »* dont Richard Coleridge note qu'il s'agit d'*« un fervent partisan de l'"attaque" »*. Raison de cette mention ? À la suite de ses nombreux écrits sur l'inadaptation de l'armée française et les réticences de ses chefs devant les nouvelles règles de la guerre moderne, le colonel est parvenu à se faire entendre. Depuis plusieurs années, Paul Reynaud est devenu l'un

1. Roland de Margerie (1899-1990), diplomate, chef de cabinet de Paul Reynaud.

2. Richard Coleridge (1905-1984), quatrième Baron Coleridge of Ottery St. Mary.

3. Créé en décembre 1916 pendant la Première Guerre mondiale, le War Cabinet était un comité formé par le gouvernement en temps de guerre. Neville Chamberlain annonça son cabinet le 3 septembre 1939. Les membres changèrent lorsque Churchill le remplaça comme Premier ministre mais le War Cabinet exista jusqu'en mai 1945. Nous gardons ici l'appellation anglaise pour éviter toute confusion avec un organisme français.

4. Paul Reynaud (1878-1966), président du Conseil du 22 mars au 16 juin 1940.

des soutiens du colonel qui est son mentor militaire. *« À présent, M. Reynaud ne semble avoir aucun lien avec le commandement du général Gamelin*[1] *et dépend du colonel de Gaulle pour tout conseil sur les affaires militaires »*, poursuit d'ailleurs le militaire britannique. Roland de Margerie lui a donc annoncé que Paul Baudouin[2], nommé le 30 mars sous-secrétaire d'État à la présidence du Conseil, secrétaire du Cabinet de guerre et du Comité de guerre que Paul Reynaud vient d'instituer, voulait prendre Charles de Gaulle *« pour l'assister »*.

Cruelle déception que ce simple rôle de conseiller pour celui qui, quelques semaines plus tôt, avait justement demandé à être nommé secrétaire de ce Comité de guerre que Reynaud a finalement préféré confier à Paul Baudouin, pacifiste convaincu. Le colonel de Gaulle, amer, s'en retourne donc à son régiment de chars. Paul Reynaud a sous-estimé les difficultés de la composition de son gouvernement et l'opposition d'Édouard Daladier[3], son prédécesseur, qu'il a nommé à la tête du ministère le plus stratégique, celui de la Défense nationale et de la Guerre, au colonel de Gaulle. Il n'est pas hostile à la personne du colonel de Gaulle mais à sa stratégie. Au messager de Paul Reynaud venu lui annoncer la nouvelle, Daladier répond : *« Si de Gaulle vient ici, je quitterai ce bureau, je descendrai l'escalier et je téléphonerai à Paul Reynaud qu'il le mette à ma place. »* Isolé politiquement, de Gaulle, par ailleurs, *« n'est pas apprécié à l'état-major du général Gamelin »*, note au passage Richard Coleridge. C'est largement réciproque, de Gaulle ayant conclu ainsi dans ses *Mémoires de guerre* le récit de sa rencontre avec le commandant suprême des armées françaises : *« Dans sa thébaïde de Vincennes, le général Gamelin me fit l'effet d'un savant, combinant en laboratoire les réactions de sa stratégie. »* Finalement, Charles de Gaulle n'intègre le gouvernement comme sous-secrétaire d'État au ministère de

---

1. Général Maurice Gamelin (1872-1958), commandant en chef de l'armée française en 1940.

2. Paul Baudouin (1894-1964), sous-secrétaire d'État à la présidence du Conseil de Paul Reynaud, secrétaire du Cabinet de guerre et secrétaire du Comité de guerre, éphémère ministre des Affaires étrangères de Philippe Pétain.

3. Édouard Daladier (1884-1970), leader du Parti radical, ministre de la Défense nationale et de la Guerre du gouvernement de Paul Reynaud.

la Défense nationale et de la Guerre que le 6 juin 1940, poste qu'il occupe jusqu'au 17 juin. La longue route du futur connétable peut alors débuter.

5 avril 1940, note du capitaine de corvette Richard Coleridge, de la mission militaire britannique en France, au lieutenant-colonel Harold Redman, section de liaison anglo-française du secrétariat du War Cabinet à Londres

« *Le nouveau secrétariat*

M. Baudouin annoncera bientôt la nomination du colonel de Gaulle et de M. Baumgartner [1] pour l'assister [M. Baudouin]. Le colonel de Gaulle a récemment commandé un régiment de chars et est un fervent partisan de l'"attaque". Au début de la guerre, il fut très désireux de tenter une attaque sur la ligne Siegfried avec ses chars et ses troupes marocaines. Il n'est pas apprécié à l'état-major du général Gamelin. M. Baumgartner est un fonctionnaire haut placé au ministère des Finances [...]. J'ai l'impression que M. Reynaud n'est actuellement pas dans une position assez forte pour se passer des services du général Gamelin, mais qu'il le fera à la première occasion ou si le général commet une faute, et le remplacera par le général Georges [2]. À présent, M. Reynaud ne semble avoir aucun lien avec le commandement du général Gamelin et dépend du colonel de Gaulle pour tout conseil sur les affaires militaires. »

1. Wilfrid Baumgartner (1902-1978), alors haut fonctionnaire du Trésor, fut ministre des Finances de 1960 à 1962.

2. Général Alphonse Georges (1875-1951), adjoint du général Gamelin en 1940, commande le front Nord-Est et tente de stopper l'avancée allemande après le limogeage du commandant en chef le 19 mai.

Sources

TNA : PRO CAB 21/1323, « Anglo French liaison Royal Marine operation »

Pour en savoir plus

Ferro Marc, « Le général de Gaulle, sous-secrétaire d'État », *Espoir* n° 73, 1990.
Gaulle Charles de, *Mémoires de guerre*, Omnibus/Plon, 1994.
Lacouture Jean, *De Gaulle, le rebelle*, Seuil, 1984.

LA CHUTE

C'est *l'« horreur des derniers jours à Bordeaux »* que décrit Sir Ronald Campbell, l'ambassadeur britannique à Paris, dans son rapport transmis le 27 juin 1940, peu après son retour à Londres, à Edward Frederick Lindley Wood, vicomte Halifax, secrétaire d'État aux Affaires étrangères. Témoin, jour après jour, d'un drame que peu de diplomates dans leur carrière ont eu à vivre, Ronald Campbell évoque ainsi, dans son tout dernier compte rendu envoyé au Foreign Office, le naufrage de la France : *« Impuissant à exercer une quelconque influence, je regardais une grande nation écrire, de sa propre main, la page la plus sombre de son histoire. »*

Ce document est d'abord le récit de l'exode – *« cauchemardesque »* – de l'ambassadeur, formidable tableau de la débâcle française, suivi du journal poignant de l'agonie du gouvernement de Paul Reynaud. La situation militaire étant désespérée, celui-ci tente d'obtenir des Britanniques la possibilité de revenir sur l'accord conclu le 28 mars entre les deux pays stipulant qu'aucun des deux ne pourra conclure une paix séparée avec l'Allemagne. Dans ces journées de désespoir, durant lesquelles Paul Reynaud *« vacille [...] harcelé constamment par les propos défaitistes »* du général Maxime Weygand [1] et du maréchal Pétain, perce soudain, depuis Londres, une espérance : c'est le général de Gaulle, en réunion avec Winston Churchill et les membres du War Cabinet, qui téléphone à Paul Reynaud le contenu de l'accord d'union totale des deux pays. Un projet fou préparé par Jean Monnet, président du Comité de coordination franco-britannique, et auquel ni de Gaulle ni Churchill ne croient vraiment tant son application semble impensable. Mais tout est bon en ces moments terribles...

1. Général Maxime Weygand (1867-1965), commandant en chef de l'armée française en 1940 après le limogeage du général Gamelin.

« Les deux gouvernements déclarent que la France et la Grande-Bretagne ne seront plus à l'avenir deux nations mais une seule union franco-britannique. » Avec un seul parlement, une monnaie commune, une union douanière et des dommages de guerre assumés en commun. Cette annonce agit comme *« un stimulant »* sur Paul Reynaud, selon Ronald Campbell, au fur et à mesure qu'il en prend fiévreusement connaissance dans l'atmosphère sépulcrale du Conseil des ministres français. Une proclamation qui aurait pu être le tournant de la guerre et nous assurer un étrange avenir, nous qui serions devenus des citoyens des deux pays comme le prévoyait l'accord que Ronald Campbell reproduit en annexe de son rapport.

Mais le sursaut ne dure pas. Les Britanniques ne sont pas opposés à une paix séparée, seule leur importe que la flotte française, et notamment ses magnifiques unités basées en Méditerranée, ne tombe pas aux mains des Allemands. Paul Reynaud démissionne alors que de Gaulle est en route pour lui apporter le texte de l'accord, le maréchal Pétain est nommé… La défiance est tout de suite de mise envers l'ambassadeur britannique qui s'inquiète de la flotte et de savoir si le gouvernement français choisira de partir en exil. Constatant qu'on ne veut pas lui communiquer les conditions de l'armistice, contrairement aux engagements pris, Ronald Campbell surprend les Français par l'annonce de son départ. L'Angleterre est maintenant seule pour mener le combat.

27 juin 1940, rapport de Sir Ronald Campbell à Lord Halifax, secrétaire d'État aux Affaires étrangères

« My Lord,

Avant de vous donner, Monsieur, un compte rendu successif des événements depuis la date de départ de Paris de l'ambassade de Sa Majesté jusqu'à l'acceptation de conditions d'armistice cruelles et humiliantes par le gouvernement du maréchal Pétain, je souhaiterais, en guise de préambule, dire que nos activités furent considérablement gênées durant toute cette période par nos conditions de vie et de travail. Le gouvernement a continuellement refusé de prendre en compte la possibilité de devoir quitter la capitale, et par conséquent, lorsqu'il a dû le faire de toute urgence de peur de tomber entre les mains de l'ennemi, il a été obligé, en l'absence d'autres dispositions, de se rabattre sur le plan élaboré avant le début de la guerre qui répondait à l'éventualité, très probable à l'époque, que Paris serait victime de bombardements aériens incessants. Ce plan consistait à répartir les services ministériels sur une région étendue en Touraine, plutôt que de les rassembler tous au même endroit, comme dans la ville de Tours, où ils auraient formé une unique cible très tentante. Pendant les trois jours de notre séjour en Touraine, il était ainsi extrêmement difficile de rester en contact constant avec les ministres ou leurs ministères.

À Bordeaux, où le gouvernement s'est brièvement retiré, nos difficultés, pour d'autres raisons, ont été presque aussi grandes. La situation au consulat où, faute d'autres locaux, je tentais d'installer l'ambassade de Sa Majesté était indescriptible. Le personnel diplomatique et consulaire, composé de trente personnes, n'avait à sa disposition que trois pièces [...] pour travailler. Leur mission consistait notamment à gérer les réfugiés britanniques qui affluaient, jour et nuit, demandant à être évacués, et qui, au bout d'un moment, sont devenus ingérables et encombraient la cage d'escalier, bloquant complètement l'entrée et la sortie. La situation à notre hôtel, où nous avons plus tard décidé d'établir la chancellerie, n'était pas meilleure. Pour compliquer encore les choses, les ministres étaient dispersés dans différentes parties de la ville et changeaient fréquemment de logement. [...] La ville était remplie de réfugiés, à pied et dans des véhicules de toutes sortes, rendant la circulation lente et laborieuse.

Je me suis senti obligé de faire cette description des conditions matérielles dans lesquelles nous avons vécu et nous sommes déplacés car elles ont été un sérieux handicap à nos activités.

Au sujet du récit des événements survenus depuis la date de notre départ de Paris, il convient maintenant de les rapporter tels qu'ils se sont déroulés, chronologiquement, jour après jour.

Paris, 9 juin 1940

Le gouvernement français a décidé de mettre en vigueur le second stade de son plan d'évacuation de la capitale. Plusieurs ministères se sont pressés d'évacuer la plus grande partie de leur personnel, n'en laissant qu'un noyau dur à Paris. [...] J'ai donc décidé d'envoyer le lendemain matin plusieurs membres de l'ambassade au château de Champchevrier à Cléré, en Touraine [...].

À midi environ M. de Margerie, le directeur de cabinet de M. Reynaud, m'a informé que le gouvernement partirait ce jour-là, et que tous les membres restants du ministère des Affaires étrangères s'en iraient à 15 heures. J'ai alors confié l'ambassade à M. Bullitt, l'ambassadeur des États-Unis, et je suis parti avec le reste de mon personnel le soir même. [...]

Mes derniers entretiens avec M. Reynaud et d'autres ministres m'ont donné l'impression que la situation globale était meilleure que je ne l'avais cru pendant un temps. Le moral de l'armée s'améliorait, et une détermination générale de se battre jusqu'à la fin semblait exister. Le général Weygand paraissait plus calme et résolu qu'il ne l'avait été les jours précédents, et M. Reynaud lui-même avait le moral [...].

Touraine, 11 juin

Après un voyage cauchemardesque sur des routes engorgées de voitures, charrettes, véhicules militaires et autres moyens de transport, je suis arrivé au château de Champchevrier à environ 4 heures du matin. Par moments, il n'y avait pas moins de trois files de circulation sur les routes allant vers le sud-ouest. Les réfugiés du Nord avaient déjà dépassé Paris et l'évacuation de la capitale elle-même battait son plein. Dans ces circonstances, j'ai eu de la chance de mettre seulement sept heures pour arriver à destination... le colonel Vanier, le ministre canadien qui était retenu à Paris, est parti deux heures après moi et a mis dix-neuf heures à faire le même voyage [...].

Lorsque nous sommes arrivés à destination en Touraine, nous avons découvert que le ministère des Affaires étrangères était établi à Langeais, à environ dix-huit kilomètres du château de Champchevrier ; le ministère des Finances, à Chinon, à une cinquantaine de kilomètres ; le ministère de l'Intérieur, à Tours, à vingt-huit kilomètres ; le ministère de l'Air, à Amboise ; le ministère de la Guerre, encore plus loin ; et le ministère des Réserves se trouvait quelque part dans le Massif central à deux cents kilomètres. Aucun effort n'avait été fait pour améliorer les communications téléphoniques qui étaient rustiques [...].

Je passais donc inévitablement beaucoup de temps sur les routes. M. Reynaud n'était pas encore arrivé à Tours. [...] Le gouvernement à Tours restait ainsi sans chef, bien que M. Mandel[1], le ministre de l'Intérieur, fît de son mieux afin de gérer la situation et de réduire le chaos.

Pendant la matinée, je réussis à trouver le ministère des Affaires étrangères, où je vis M. Baudouin et M. Charles-Roux[2]. Ils ignoraient complètement ce qui se passait, n'ayant pas reçu de nouvelles depuis leur départ de Paris la veille. [...] Il était évident que, pour les responsables les plus avisés, Tours n'était qu'une première étape dans la retraite du gouvernement français, et il semblait que la seule question était s'ils iraient en Bretagne, selon l'idée de M. Reynaud, ou à Bordeaux. [...]

Le Premier ministre [Winston Churchill] et le secrétaire d'État à la Guerre [Anthony Eden] ont pris l'avion depuis l'Angleterre et rencontré M. Reynaud et le général Weygand au quartier général de ce dernier à Briare. Je ne fus informé de cette réunion qu'après l'arrivée du Premier ministre. M. Churchill et M. Eden sont rentrés en Angleterre le lendemain matin, le 12 juin.

---

1. Georges Mandel (1885-1944), chef de cabinet de Georges Clemenceau en 1917, plusieurs fois ministre, il est nommé en urgence ministre de l'Intérieur en mai 1940. Il est assassiné par la Milice le 7 juillet 1944.

2. François Charles-Roux (1879-1961), secrétaire général au ministère des Affaires étrangères.

Touraine, 12 juin

Je poursuivais mes efforts afin d'entrer en contact avec les ministres français. M. Reynaud est arrivé le soir et a établi son bureau au château de Chissay. [...] Le général Spears [1] m'a rejoint au château de Champchevrier le même soir et a pu m'informer du déroulement de la réunion entre le Premier ministre, M. Eden, M. Reynaud et le général Weygand.

Touraine, 13 juin

Au cours de la matinée, je suis allé voir M. Reynaud, accompagné du ministre de Sa Majesté et du général Spears. M. Reynaud m'a informé de sa décision de réitérer l'appel qu'il avait fait au président Roosevelt le 10 juin en expliquant clairement que le soutien de la France dépendait de l'entrée en guerre imminente des États-Unis, et que la position de la France était celle d'un noyé appelant à l'aide. Il m'a également raconté qu'il avait été en communication téléphonique avec le Premier ministre et qu'il lui avait demandé de revenir en France pour une réunion le jour même avec le Conseil supérieur de la guerre. M. Churchill, accompagné du principal secrétaire d'État aux Affaires étrangères de Sa Majesté, Lord Beaverbrook, Sir A. Cadogan, et de membres du secrétariat du War Cabinet, est arrivé à Tours un peu avant 14 heures, et la réunion du War Cabinet, à laquelle j'ai assisté, s'est tenue à la préfecture pendant l'après-midi.

M. Reynaud, assisté par M. Baudouin, a ouvert la réunion en déclarant qu'il avait été poussé par ses collègues à demander si, étant donné que la défaite militaire totale de la France n'était plus qu'une question de jours, le gouvernement de Sa Majesté voudrait bien libérer le gouvernement français de son obligation de ne pas négocier séparément des conditions d'armistice ou de

1. Général Edward Spears (1886-1974), représentant personnel de Winston Churchill et officier de liaison auprès du gouvernement français.

conclure un processus de paix séparé. [...] La réunion fut alors interrompue et les ministres britanniques se sont brièvement consultés dans le jardin de la préfecture. Ils ont décidé de maintenir la position du Premier ministre. Ceci fut expliqué à M. Reynaud lors de la reprise de la réunion. [...]

Le Premier ministre et son équipe sont repartis en Angleterre par avion vers 17 heures 30. [...]

Touraine, 14 juin

Le général Spears est arrivé à minuit et demi avec un message de M. Mandel expliquant que l'ambassade devait partir pour Bordeaux dès 10 heures car les chars avaient percé à Évreux, se dirigeaient vers le sud et pourraient arriver à Tours pendant la journée. [...]

À 10 heures, nous sommes partis pour Bordeaux, que nous avons rejoint vers 19 heures...

Bordeaux, 14 juin

Je me suis installé à l'hôtel Montré avec la chancellerie et les attachés des armées de terre et des forces aériennes. Les autres membres du personnel sont allés au château Filhot.

La "chasse aux ministres" a de nouveaux repris. Après le dîner, le général Spears et moi-même sommes parvenus à rencontrer M. Reynaud effondré et lui avons transmis les messages d'encouragement contenus dans vos télégrammes n° 351 et 352. M. Reynaud était d'humeur peu réceptive et n'a pas réagi lorsque je lui ai expliqué que je ne pensais pas que le gouvernement de Sa Majesté accepterait volontiers l'idée que la France abandonne le combat. Il m'a répondu que, face à la possibilité que le maréchal Pétain et le général Weygand démissionnent, sa position n'était pas facile. Le seul point positif de la discussion a été la volonté de M. Reynaud d'envoyer le gouvernement en Afrique du Nord et lorsqu'il nous a confié avoir envoyé le général de Gaulle à Londres afin qu'il se renseigne sur le transport du matériel de guerre. Nous lui avons rappelé que le Premier ministre et vous-même ne préfériez pas vous engager de quelque façon que ce soit avant de connaître la réponse de Roosevelt au deuxième appel lancé par M. Reynaud. Il fut impossible de le faire parler de manière rationnelle. Dans mon compte rendu de cette entrevue, j'ai exprimé ma crainte car la majorité de ses collègues le harcelaient constamment de propos défaitistes, lui-même vacillant [...].

Bordeaux, 16 juin

Le général Spears et moi-même avons transmis les messages ci-dessus dès qu'ils furent déchiffrés. M. Reynaud, qui était abattu car il avait eu le matin même de grosses difficultés à convaincre le maréchal Pétain de ne pas remettre sa démission, ne les a pas bien accueillis, et a tout de suite remarqué que le départ de la flotte française de Méditerranée vers les ports britanniques serait l'occasion pour l'Italie de prendre immédiatement Tunis, et créerait également des difficultés pour la flotte britannique. À ce stade de notre conversation, le général de Gaulle a téléphoné de Londres avec un message du Premier ministre suggérant que Monsieur Reynaud fasse immédiatement une déclaration annonçant la formation d'une union franco-britannique dans tous les domaines afin de poursuivre la guerre. L'ébauche de la déclaration, telle qu'elle a été autorisée par le gouvernement de Sa Majesté, indiquait que la France et la Grande-Bretagne ne devaient plus être deux nations, mais une union franco-britannique ; il existerait des organes de défense, ainsi que des politiques étrangères, financières et économiques communs, une double nationalité, un seul Cabinet de guerre, et les deux parlements seraient formellement associés. L'union concentrerait toute son énergie contre le pouvoir de l'ennemi, peu importe le lieu de la bataille.

Le message, dont le texte complet figure en Annexe 2 de cette dépêche, a agi comme un stimulant sur M. Reynaud, qui a dit qu'il se battrait jusqu'au bout pour un tel document. MM. Mandel et Marin[1], qui se sont joints à nous un court moment, ont également été soulagés, et M. Reynaud est reparti le pied léger pour lire le document au président de la République.

Plus tard le même soir j'ai appris qu'il y avait une crise ministérielle. Dans ces circonstances la réunion, qui devait avoir lieu le lendemain entre le Premier ministre et M. Reynaud, a malheureusement dû être annulée. [...] Nous avons revu M. Reynaud le même soir, lorsqu'il nous a informé que les forces contre lui au sein du gouvernement avaient été trop fortes et qu'il avait donné sa démission [...].

En lisant l'exposé ci-dessus, je réalise qu'il n'y a pas grand-chose à ajouter si ce n'est une tentative d'expliquer, dans la mesure de mes capacités, comment ce triste récit a pu se dérouler [...].

La nation française [...] a été complètement paralysée lorsqu'elle a appris que la ligne Maginot, derrière laquelle elle se croyait protégée, avait été brisée et que l'armée allemande affluait par une brèche dans les défenses alliées aux environs de Sedan. À partir de ce moment-là, le spectre de la défaite ne fut jamais absent de la vision de tout Français conscient de la situation réelle. Le général Weygand [...] désespéra rapidement. Du jour où il annonça formellement que, si les armées françaises ne réussissaient pas à faire face à l'avancée de l'ennemi sur la ligne de la Somme à l'Aisne, aucune résistance organisée ne serait possible, le gouvernement français n'a plus vraiment eu le cœur au combat. Le maréchal Pétain [...] a exercé dès le début une influence défaitiste qui s'est rapidement propagée à ses collègues...

1. Louis Marin (1871-1960), ministre d'État dans le gouvernement de Paul Reynaud qu'il quitte lors du dernier remaniement le 16 juin. Partisan, avec Georges Mandel, de la guerre à outrance.

Pendant les trois jours passés en Touraine, M. Reynaud, qui, jusqu'au moment du départ de Paris, semblait dominer ses collègues, a commencé à perdre du terrain. [...]

Quand M. Reynaud fut forcé de démissionner car il ne parvenait pas à obtenir une majorité acceptant l'offre du gouvernement de Sa Majesté de fusionner complètement nos deux pays afin de poursuivre la guerre jusqu'à la victoire, quelques hommes loyaux, dont MM. Mandel, Campinchi [1] et Dautry [2], l'ont suivi dans le désert. Le nouveau gouvernement formé par le maréchal Pétain était majoritairement défaitiste. On m'a assuré à plusieurs reprises qu'il était unanime à refuser des termes déshonorants ou humiliants, mais on doit se demander s'il ne s'agissait pas seulement d'une façon de soulager sa conscience et d'apaiser le gouvernement de Sa Majesté.

M. Reynaud a toujours tenté, et à mon avis avec sincérité, de me tenir informé de façon convenable. M. Baudouin, qui l'a remplacé comme ministre des Affaires étrangères, soit refusait de divulguer les informations, soit les donnait tardivement. Mes entretiens avec lui étaient brefs et totalement insatisfaisants. [...] Mes entretiens avec le maréchal Pétain étaient encore plus décevants. Il semblait incapable de comprendre la nécessité de ne pas succomber tant qu'une résistance, si faible soit-elle, pouvait être offerte, ou d'envoyer le gouvernement à l'étranger. Il était entièrement préoccupé par une seule et unique pensée, celle de mettre fin au carnage et de demeurer lui-même en France dans l'espoir d'atténuer les souffrances du peuple sous l'occupation allemande. [...] Il n'y avait rien à gagner non plus en parlant au président de la République. Il était sur le point de s'effondrer et était incapable de parler d'autre chose que des souffrances de son

1. César Campinchi (1881-1942), ministre de la Marine militaire.

2. Raoul Dautry (1880-1951), polytechnicien, ministre de l'Armement du 20 septembre 1939 au 16 juin 1940, ministre de la Reconstruction et de l'Urbanisme à la Libération puis administrateur général du Commissariat à l'énergie atomique.

peuple, qu'il décrivait comme les pires de toute l'histoire du monde.

Pendant tout ce temps je n'ai cessé d'utiliser et de développer les arguments que vous ne donniez. [...] Comme je l'ai déjà indiqué, ces arguments ne servaient à rien dans l'atmosphère de résignation misérable qui s'est développée de plus en plus lorsque Reynaud s'est retiré de la scène. Les seules personnalités politiques dont l'attitude resta saine, et qui ne faiblirent jamais, furent M. Jeanneney, le vieux président du Sénat, et M. Herriot, président de la Chambre. [...] Mais leur position était difficile car ils furent maintenus, de façon délibérée, dans l'ignorance presque complète de ce qui se passait.

Vers la fin, à partir de la décision de demander les conditions de l'armistice, je n'ai jamais été tenu informé de façon adéquate et tous les moyens ont été utilisés afin d'éviter ou de retarder mes visites.

Au sujet du point crucial, les causes de l'effondrement français, je suis incapable de donner une réponse simple. Il semble incroyable que la grande armée française ait pu s'écrouler ainsi. Au déclenchement de la guerre, je reste convaincu que le moral était excellent. [...] Au fur et à mesure des mois, la propagande allemande, habilement et insidieusement élaborée, a chamboulé le moral des troupes. Les assurances du général Gamelin que dans cette guerre, contrairement à la précédente, tout serait mis en œuvre afin d'éviter le sacrifice inutile de vies, n'étaient pas non plus propices à maintenir un esprit de combat. Enfin, il est possible que la présence, dans chaque bataillon, d'un certain nombre de communistes ait joué également un rôle. Toutefois, en dépit de ces conditions défavorables, je suis enclin à croire que, si l'armée française avait connu ne serait-ce qu'un succès initial, elle aurait pu rester à la hauteur de sa réputation traditionnelle. En fait, elle n'a eu que des combats d'arrière-garde (décourageant toujours les meilleures troupes), et, dès le début, les combattants ont eu l'impression qu'il n'y avait rien à faire face aux tactiques de choc, au nombre supérieur de leurs adversaires et aux ressources apparemment inépuisables auxquels ils furent confrontés. Ces désavantages ont été accentués par l'incompétence pratique [...] du général Gamelin dans les premières phases de la guerre, et ensuite par une conduite des opérations peu enthousiaste de la part du général Weygand. [...] De plus, les hordes de réfugiés civils affolés – une des tactiques allemandes fut de les mettre sur le chemin de l'armée française – ont eu non seulement un effet décourageant sur les troupes françaises mais ont aussi sérieusement dérangé leurs opérations. Je ne peux qu'insister sur ce point car il a joué un rôle important. [...]

Le fait est que l'armée française a ainsi été battue avant même que Paris n'ait été évacué. Que dire des hommes politiques ? En toute honnêteté, il faut admettre que devant l'insistance du maréchal Pétain et du général Weygand à dire que toute résistance était inutile et causerait simplement davantage de souffrances, il aurait fallu un leader extrêmement fort pour gérer la situation. Il n'y avait personne. L'évolution de la politique française, qui encourageait le développement de petits partis qui plaçaient leurs objectifs politiques respectifs avant le bien-être de l'État, a empêché l'émergence d'un leader. M. Reynaud en approchait le plus, mais il a été incapable de faire face à la tâche herculéenne à laquelle il a été confronté. [...] M. Mandel [...] aurait pu être à la hauteur s'il n'avait pas été mis hors jeu à cause de son sang juif et parce qu'il n'était soutenu ni par un parti ni par des partisans dans le pays. M. Dautry ne fut pas beaucoup plus qu'un administrateur habile. [...] Le reste de l'équipe de M. Reynaud était formé de personnalités mineures.

Quant à la question de savoir s'il y avait dès le début des traîtres dans les rangs des hommes politiques, je peux seulement dire que je n'en ai pas de preuves. [...] Je ne suis sûr ni de M. Laval[1] ni de M. Baudouin. [...] M. Baudouin est un homme

1. Pierre Laval (1883-1945), avocat, plusieurs fois président du Conseil sous la IIIe République, personnalité la plus importante du régime du maréchal Pétain, fusillé le 15 octobre 1945.

d'un autre genre. Il y a deux mois son nom était à peine connu, et il est incroyable qu'il ait pu obtenir, comme ce fut le cas, une telle influence au sein du gouvernement du maréchal Pétain. Volubile, trompeur et peu fiable, il est possible qu'il ait joué un rôle déloyal. Mais, encore une fois, si les choses s'étaient bien passées, je ne pense pas qu'il aurait trahi son pays. Je pense que ses raisons d'agir furent la peur et le désir d'être bien vu par l'envahisseur à la suite d'une défaite inévitable. [...]

Enfin, on peut se demander s'il y avait quelque chose de pourri dans le royaume de France. Il est de nouveau difficile d'y répondre par un simple "oui" ou "non". Plusieurs Français (dont M. Reynaud) ont attribué l'effondrement en partie à l'abus du système démocratique : la vie en France était trop facile ; il était trop simple d'obtenir des commodités et des faveurs. Ceci est peut-être vrai, d'une certaine façon, mais je n'admets pas que cela puisse expliquer ce qui s'est produit. Selon l'opinion générale, le peuple français était, dans l'ensemble, bon. Il n'a jamais eu l'occasion de faire ses preuves. Je décrirais plutôt la France comme un homme qui, assommé par un coup inattendu, est incapable de se relever avant que son adversaire ne lui délivre le coup de grâce.

Je ne peux conclure cette dépêche sans rendre hommage à mon personnel. [...] Bien que mis au supplice par la fatigue due à une succession de nuits sans sommeil (une fois je retrouvai quatre membres du personnel à 5 heures du matin, morts d'épuisement, endormis sur leurs cryptogrammes), ils furent toujours prêts à continuer sans se plaindre. Leur bonne volonté et leur aide inébranlable m'ont énormément encouragé et aidé à atténuer l'horreur des derniers jours à Bordeaux, lorsque, impuissant à exercer une quelconque influence, je regardais une grande nation écrire, de sa propre main, la page la plus sombre de son histoire. »

Annexe au rapport de Sir Ronald Campbell, texte de l'accord franco-britannique du 16 juin 1940

« À cette heure si grave dans l'histoire du monde moderne, le gouvernement du Royaume-Uni et la République française se déclarent indissolublement unis et inébranlablement résolus à défendre en commun la justice et la liberté contre l'asservissement à un système qui réduit l'humanité à la condition de robots et d'esclaves.

Les deux gouvernements déclarent que la France et la Grande-Bretagne ne seront plus à l'avenir deux nations mais une seule union franco-britannique.

La constitution de l'Union comportera des organisations communes pour la défense, la politique extérieure et les affaires économiques ;

Tout citoyen français jouira immédiatement de la citoyenneté en Grande-Bretagne, tout sujet britannique deviendra citoyen français.

Les deux pays supporteront en commun la réparation des dommages de guerre, quel que soit le lieu où ils seront produits, et les ressources de l'un et de l'autre seront également, et comme un tout unique, employées à cet effet.

Pendant la durée de la guerre, il n'y aura qu'un seul Cabinet de guerre et l'ensemble des forces de la Grande-Bretagne et de la France, sur terre, sur mer et dans les airs, seront placées sous sa direction. Il siégera là où il jugera pouvoir le plus utilement gouverner. Les deux parlements fusionneront officiellement. Les nations qui forment l'Empire britannique constituent déjà de nouvelles armées. La France maintiendra ses forces disponibles sur terre, sur mer et dans les airs. L'Union fait appel aux États-Unis et leur demande de renforcer les ressources économiques des Alliés et d'apporter à la cause commune l'aide de leur puissant matériel.

L'union concentrera toutes ses énergies contre la puissance de l'ennemi où que se livre la bataille.

Et ainsi, nous vaincrons. »

La chute

Sources

TNA : PRO CAB 67/9/61, « Sir Ronald Campbell's final despatch »

Pour en savoir plus

Berl Emmanuel, *La Fin de la IIIe République*, Gallimard, 2007.
Gaulle Charles de, *Mémoires de guerre*, Omnibus/Plon, 1994.
Horne Alistair, *Comment perdre une bataille, France, mai-juin 1940*, Tallandier, 2010.
Kersaudy François, *Churchill*, Tallandier, 2009.
Levisse-Touzé Christine (sous la direction de), *La Campagne de 1940*, Tallandier, 2001.
Monnet Jean, *Mémoires*, Le Livre de Poche, 1988.

L'OR DE L'*ÉMILE BERTIN*

Faut-il tirer sur l'un des fleurons de la flotte française, surtout s'il est chargé de 254 tonnes d'or [1] ? Ce 21 juin 1940, c'est l'une des questions – parmi tant d'autres – qui se pose aux membres du War Cabinet réuni autour de Winston Churchill à Londres peu après l'effondrement de l'allié français. Les documents que nous publions forment le récit de cet étrange épisode de l'évacuation de l'or de la Banque de France, opération débutée quelques mois plus tôt.

L'*Émile Bertin* – « *Le Bertin* » comme on l'appelle dans la Royale –, est le croiseur le plus rapide au monde. Lancé en mai 1933, cet élégant navire de 177 mètres, servi par 750 hommes d'équipage, peut filer jusqu'à 42 nœuds soit 77 kilomètres/heure. Pas étonnant qu'on l'ait chargé à plusieurs reprises de croisières visant à évacuer les 2 600 tonnes de métal précieux de la Banque de France stockées à Paris ou dans ses succursales de province. C'est également à son bord qu'avaient été transportées, en septembre 1939, les 57 tonnes d'or de la Banque de Pologne qui, écrasée en quelques semaines, avait dû évacuer ses réserves jusqu'à Beyrouth dans des conditions très périlleuses. Dès le début de l'offensive allemande, toutes les agences de la Banque de France ont donc reçu l'ordre d'évacuer leur encaisse or vers Brest, Toulon et Bordeaux. De là, des navires civils et militaires l'emportent vers Dakar, Casablanca mais aussi Halifax (Canada), première étape avant les coffres des banques d'Ottawa ou de New York. C'est à Halifax qu'arrive l'*Émile Bertin* le 18 juin. Au même moment, sous un ciel obscurci par les incendies des dépôts de pétrole, les derniers stocks d'or français et polonais passent le goulet de Brest, quelques heures

1. D'une valeur, aujourd'hui, de 5,6 milliards d'euros. Le stock actuel de la Banque de France est sensiblement le même qu'en 1940 avec 2 600 tonnes de réserves d'une valeur d'environ 100 milliards d'euros.

avant l'arrivée des Allemands, à bord de cinq navires chargés dans des conditions épiques. Il a même fallu réquisitionner les « Joyeux », les prisonniers de droit commun, pour transborder les caisses de lingots et les sacs de pièces à bord des paquebots.

Arrivé au Canada le lendemain du jour où le maréchal Pétain a demandé que cessent les combats, le commandant de l'Émile Bertin, *le capitaine de vaisseau Robert Battet*[1]*, refuse de mettre à quai son précieux chargement. Personne ne sait encore quelles seront les conditions de l'armistice. De son côté, le War Cabinet britannique a décidé de consigner les navires français mouillant dans les ports de Grande-Bretagne et dans tous ceux de son immense empire. Mais le capitaine de vaisseau Robert Battet décide de passer outre car il a reçu un télégramme de l'amirauté française lui ordonnant de rejoindre Fort-de-France à la Martinique. C'est pour cette raison que l'Émile Bertin* fait irruption au beau milieu de la réunion du War Cabinet qui, ce 21 juin 1940, se livre à un tour d'horizon du cataclysme qui vient de s'abattre sur l'Europe. Ordre est immédiatement donné aux autorités locales britanniques et canadiennes de faire preuve de *« persuasion » « afin de faire obstacle au départ du vaisseau »* mais sans prendre de mesures *« offensives »*. En réalité, tous les canons des forts du port d'Halifax se braquent sur le croiseur français dont le commandant estime à une sur trois ses chances de parvenir à sortir en force de la rade. Le bras de fer dure trois jours, jusqu'à ce 21 juin où, au terme de négociations entre marins, l'*Émile Bertin* parvient, malgré tout, à quitter le port d'Halifax.

L'affaire pourrait s'arrêter là. Mais ce serait sans compter sur la ténacité de Winston Churchill lorsqu'il a une idée en tête, bonne ou mauvaise. Et il en a beaucoup... À la lecture des documents, on comprend que le Premier ministre n'est pas très content du dénouement qui s'est joué à Halifax, doutant même de la *« bonne foi »* du message qui a permis au *Bertin* de partir. Il donne alors l'ordre aux vaisseaux britanniques de le flanquer jusqu'à destination et, s'il quitte Fort-de-France pour rallier Dakar, de l'intercepter afin de s'emparer de l'or. Pour justifier cet acte de piraterie, il avance deux raisons : mettre ce trésor à l'abri puisque, c'est évident, l'Empire français en aura besoin pour continuer le combat. Mais aussi le soustraire aux Allemands. La flotte britannique n'aura finalement pas à intervenir : les 796 caisses de

1. Robert Battet (1893-1950), il sera de 1947 à 1949 commandant supérieur des forces terrestres, aériennes et navales en Indochine, et en 1950, chef d'État-major général de la Marine.

lingots et les 3 986 sacs de pièces que transporte le *Bertin* sont débarqués à Fort-de-France où ils demeureront jusqu'à la fin de la guerre. Quant aux réserves évacuées vers Dakar, elles resteront cachées au fin fond de la brousse où elles ont été dissimulées au lendemain de l'attaque britannique de Mers-el-Kébir. Un or qui, une fois récupéré, servira à reconstruire le pays. On notera, au fur et à mesure des réunions du War Cabinet, l'ambiance chaotique de ces journées : position erronée des différents navires, estimations variables de la quantité de métal précieux transportée et, pour finir, intervention du gouvernement polonais qui n'a toujours pas retrouvé son or et cherche à savoir s'il ne se trouverait pas, à nouveau, dans les cales de l'*Émile Bertin*...

21 juin 1940 à midi. Conclusions de la réunion du War Cabinet

« Le ministre de la Marine [R. H. Cross] indique que les navires français à toute autre destination que la Méditerranée sont toujours retenus dans les ports britanniques d'outre-mer sous divers prétextes. Il souhaite savoir s'il convient de continuer à retenir ces bateaux pour les quarante-huit heures à venir, jusqu'à ce que la situation s'éclaircisse.

Nous sommes tombés d'accord sur le fait que cette solution était la meilleure à adopter.

Le croiseur français *Émile Bertin*, qui contient une cargaison d'or et se trouve maintenant à Halifax, devrait être autorisé à poursuivre sa route vers la Martinique.

À ce sujet, il a été expliqué que l'or – d'une valeur de 300 millions de dollars – transporté par le croiseur en question a été confié par la Banque de France à la Banque d'Ottawa. Nous ignorons pourquoi celui-ci doit à présent être envoyé en Martinique et le gouvernement canadien s'est montré suspicieux vis-à-vis de la sincérité des ordres reçus à cet effet. L'ordre a été donné au Senior Royal Naval Officer d'Halifax de recourir à la persuasion et de faire obstacle au départ du vaisseau, sans toutefois prendre aucune mesure offensive.

Nous avons décidé que cette mesure devait être maintenue. »

22 juin 1940 à 10 heures. Conclusions d'une réunion du War Cabinet

« Le Premier Lord de l'Amirauté [Sir A. Dudley P. R. Pound] indique que le croiseur français *Émile Bertin* a quitté Halifax avec sa cargaison d'or. Il était déclaré en partance pour la Martinique, et l'amiral français sur place l'y attendait. Conformément aux ordres, il était escorté par le *HMS*[1] *Devonshire*.

Le secrétaire d'État aux Affaires étrangères a déclaré que le Premier ministre lui a téléphoné au moment où il discutait de cette affaire avec l'ambassadeur de France. À ce moment-là, l'*Émile Bertin* n'avait pas encore pris le large, mais le Premier ministre était enclin à le laisser partir, suite aux démarches de l'ambassadeur. Néanmoins, le Premier ministre n'était pas satisfait par le *bona fides* du message autorisant l'*Émile Bertin* à prendre la mer à destination de la Martinique, et c'est pour cette raison que le *Devonshire* avait pour ordre de l'escorter.

Le secrétaire aux Affaires étrangères a déclaré que le chancelier de l'Échiquier[2] avait aussi été en contact avec lui à propos de l'*Émile Bertin*. [...] »

1. *Her Majesty's Ship* ou *His Majesty's Ship* selon que le monarque anglais est de sexe féminin ou masculin.

2. « Chancellor of the Exchequer », le ministre des Finances au Royaume-Uni. Responsable des affaires économiques et financières, il dirige le « HM Treasury », la Trésorerie de Sa Majesté la Reine, et prépare le budget annuel.

23 juin 1940 à 10 heures. Conclusions d'une réunion du War Cabinet

« Le War Cabinet a été informé que le porte-avions *Béarn* qui transportait 50 avions depuis les États-Unis ainsi que l'*Émile Bertin* et ses 60 millions de dollars en or avaient reçu l'ordre d'aller jusqu'en Martinique.

Le Premier Lord de l'Amirauté a indiqué que le *HMS Dunedin* avait reçu l'ordre de prendre la mer pour la Martinique afin d'y retrouver les deux navires français. Le *Dunedin* pourra arriver là-bas plus vite qu'aucun autre bateau de la zone, mais les vaisseaux français y seront sans doute avant lui.

Le Premier ministre a insisté sur l'importance de prendre possession de ces deux bateaux et de l'or en particulier. Nous pourrions annoncer que nous garderons l'or en dépôt pour l'Empire français, à condition qu'il se batte pour lui. Le *Dunedin* doit naviguer à pleine vitesse, et son capitaine prendre contact avec le gouverneur de la Martinique pour essayer de le rallier à nous. Il est censé garder les deux vaisseaux français à portée de vue. [...] S'ils bougent, il doit les suivre pour pouvoir les intercepter. Ils pourraient prendre la direction de Dakar, qui est notre position la plus proche de l'autre côté de l'Atlantique.

Le Premier Lord de l'Amirauté a signalé que le *Dunedin* n'était pas aussi puissant que l'*Émile Bertin*, mais qu'il devrait être capable de rivaliser avec lui. Si les deux vaisseaux français descendaient l'Atlantique, l'*Hermes* ou le *Dorsetshire* sont stationnés dans la zone de Dakar pour les intercepter.

Le secrétaire d'État aux Affaires étrangères pense qu'il n'y aurait aucune difficulté à justifier notre saisie de l'or. Nous pourrions fonder notre intervention sur la volonté évidente des colonies françaises à poursuivre le combat et sur le fait que l'Allemagne réquisitionne la totalité de l'or français. Il faudrait néanmoins faire attention à ne pas s'aliéner les sympathies des Français les plus sains en prenant des mesures trop drastiques contre les navires français qui refuseraient de se plier à nos exigences. La prise d'une telle décision pourrait survenir plus tard. »

24 juin 1940 à midi. Conclusions de la réunion du War Cabinet

« Le Premier Lord de l'Amirauté assure que le *HMS Dunedin* est arrivé en Martinique avant l'*Émile Bertin* et le *Béarn*. Il a lu une ébauche des ordres à donner à l'officier commandant le *HMS Dunedin*.

Au cours de la discussion, il a été souligné que, si, grâce aux conditions de l'armistice, l'Allemagne venait à s'emparer de l'or de l'*Émile Bertin*, nous serions fondés à en prendre possession. En effet, un délai concernant l'armistice effectif pourrait avoir été arrangé par l'Allemagne, dans l'intention d'y intégrer le plus de ressources françaises possible pendant la période de “transition”.

L'*Émile Bertin* a été plus rapide que le *HMS Dunedin*, et tous les efforts devraient être mis en œuvre pour maintenir en sécurité les deux vaisseaux français en Martinique.

En attendant une décision relative à la politique [...] à adopter vis-à-vis du gouvernement français actuel, le War Cabinet approuve cette première série d'ordres à donner à l'officier commandant le *HMS Dunedin*. »

24 juin 1940 à 18 heures. Annexe confidentielle

« L'*Émile Bertin* avec ses 60 000 000 livres en or est d'une importance majeure. Nous ne voulons pas voir ce bateau être sabordé et perdre tout l'or qui nous revient. Il était attendu en Martinique le 25 juin à midi. Le *HMS Fiji* – un navire plus rapide que le *HMS Dunedin* – a reçu l'ordre d'aller jusqu'en Martinique, mais il n'arrivera que tard dans la journée du 26 juin ;

avant de pouvoir traverser l'Atlantique, il aura probablement besoin de refaire le plein de carburant. »

25 juin 1940 à 11 h 30. Conclusions de la réunion du War Cabinet

« Aucune nouvelle concernant les navires français *Émile Bertin* et *Béarn* n'a été reçue, à l'exception du passage de l'*Émile Bertin* au sud des Bermudes. »

26 juin 1940 à 11 h 30. Conclusions de la réunion du War Cabinet

« Le Premier Lord de l'Amirauté certifie que le croiseur français *Émile Bertin* est arrivé en Martinique. Le *HMS Dunedin* y stationnait lui aussi et le *HMS Fiji*, un croiseur plus rapide et plus puissant, l'atteindra à la fin de la journée.

Le secrétaire d'État aux Affaires étrangères déclare que l'ambassadeur de Pologne a expliqué que les lingots transportés par le croiseur français pouvaient inclure une certaine quantité d'or polonais que le gouvernement français aurait embarquée sur le vaisseau. Cette information nous facilite d'autant la prise de mesures fortes pour éviter que l'*Émile Bertin* ne quitte la Martinique avant que notre position de propriétaire légitime de l'or à bord n'ait été mise au clair. [...] »

Jeudi 27 juin 1940 à midi. Conclusions de la réunion du War Cabinet

« Le Premier Lord de l'Amirauté affirme qu'il a reçu un rapport de l'officier naval supérieur de la Martinique, établissant que l'amiral français a l'intention de débarquer les lingots de l'*Émile Bertin* pour les mettre en lieu sûr. Il a garanti qu'il n'accepterait jamais que l'or tombe aux mains de l'Allemagne. L'officier naval supérieur a reçu l'ordre de voir si l'or polonais était bien à bord de l'*Émile Bertin*. On ne connaît pas les informations du directeur de la Banque de Pologne quant à la localisation des lingots, mais il est possible qu'ils se trouvent à bord du porte-avions *Béarn*, qu'on pensait être en partance pour la Martinique mais qui n'a pas encore été localisé. L'*Émile Bertin* ne sera pas autorisé à quitter la Martinique. »

1er juillet 1940 à 18 heures. Annexe confidentielle

« Le Premier Lord de l'Amirauté a mentionné la question de l'*Émile Bertin*. Le *HMS Fiji* avait ordre d'escorter le *HMS Illustrious* le temps du retour au pays. L'*Émile Bertin* est protégé à la Martinique, et il sera difficile de prendre toute mesure efficace à son sujet. Le Premier Lord de l'Amirauté pense – à condition que les Français continuent de décharger l'or du bateau – que le meilleur plan est de ne prendre aucune mesure concernant l'*Émile Bertin* pour le moment. »

SOURCES

TNA : PRO CAB 65/7/69
TNA : PRO CAB 65/7/70
TNA : PRO CAB 65/7/72
TNA : PRO CAB 65/7/73
TNA : PRO CAB 65/7/76
TNA : PRO CAB 65/7/78
TNA : PRO CAB 65/7/79
TNA : PRO CAB 65/14/1

Pour en savoir plus

Auque René et Carré Paul, *Le Croiseur* Émile Bertin. *De la mer du Nord aux Caraïbes (1940-1943)*, Éditions de l'Officine, 2002.

Bordogna Muriel, « Transfert d'or de la Banque de France en 1940 : Il était cinq petits navires », *Cahiers anecdotiques de la Banque de France* n° 9.

Négrier Pierre, « La Banque de France pendant la guerre 1939-1945 », Conférence prononcée à Grenoble, le 18 octobre 1979, lors des Journées mensuelles d'information de la Banque de France-Grenoble, Banque de France, 1979.

LA BATAILLE DE L'EAU LOURDE

C'est l'autre trésor national dont les Allemands ne doivent surtout pas s'emparer : la France détient en effet l'unique stock d'eau lourde au monde. 186 kilos d'oxyde de deutérium, indispensables à la réaction en chaîne, obtenus auprès de la Norvège un an plus tôt afin de poursuivre les travaux de l'équipe que dirige Frédéric Joliot-Curie [1], 40 ans, Prix Nobel 1935 de chimie avec sa femme Irène. Les scientifiques du Collège de France sont alors en tête de la course à l'atome avec la série de brevets qu'ils ont déposés en février 1939, y compris dans le domaine militaire, l'un d'eux traitant du « perfectionnement aux armes explosives ». *« Elles ne seraient ainsi pas explosives dans le sens ordinaire, mais on estime que les radiations produites seraient de nature à rendre inhabitable une très large région »*, note, dans un compte rendu, John Douglas Cockcroft, directeur de recherche scientifique au ministère du Ravitaillement britannique.

En février 1940, une mission secrète dirigée par Jacques Allier [2], attaché au cabinet technique du ministre de l'Armement Raoul Dautry, a été envoyée en Norvège, un mois avant l'invasion du pays par les troupes nazies. La Norsk Hydro, usine hydroélectrique située dans les montagnes à 120 kilomètres d'Oslo, est la seule à avoir constitué un

1. Frédéric Joliot-Curie (1900-1958), il épouse en 1926 Irène Curie, la fille de Pierre et Marie Curie. Il est nommé en 1945 par le général de Gaulle haut commissaire au Commissariat à l'énergie atomique (CEA) et supervise la construction du premier réacteur nucléaire, la pile Zoé.

2. Jacques Allier (1900-1970), juriste, il fait sa carrière dans la banque avant de diriger les négociations afin de récupérer l'eau lourde en Norvège. Il a pour mission, auprès du gouvernement britannique, de jeter les bases d'une collaboration dans le domaine de l'atome ; il est chargé de mission auprès du Commissariat à l'énergie atomique en 1945.

stock de ce produit très coûteux en énergie à fabriquer. Après un mois de négociations, la société décide de « prêter » sa production à la France et celle-ci est ramenée à Paris par trois agents des services secrets français. Dans le même temps, le gouvernement obtient un prêt de huit tonnes d'oxyde d'uranium d'une société belge, l'Union minière du Haut-Katanga, stock dont, à l'époque, aucun concurrent dans la course à l'atome ne dispose.

Mais, deux mois plus tard, la foudre frappe la France et, le 18 juin 1940, Hans von Halban et Lew Kowarski, deux des collaborateurs du couple Joliot-Curie, embarquent à Bordeaux sur le charbonnier britannique *Broompark*, emmenant avec eux les 26 bidons d'eau lourde leur assurant d'être accueillis chaleureusement au sein des équipes de scientifiques anglais du Cavendish Laboratory [1] de Cambridge. Vingt-six autres membres de l'équipe les accompagnent et rejoignent l'Angleterre, sous l'égide de Charles Henry George Howard, le 20e Earl of Suffolk [2]. Quant à l'uranium, il a été expédié au Maroc où il demeurera stocké durant toute la durée de la guerre au fond d'une galerie de mine désaffectée. Mis à l'écart pas les Américains dans la fabrication des bombes qui mettront fin à la guerre, les scientifiques français travaillent néanmoins avec leurs collègues britanniques au sein du projet « Tube Alloys ». Frédéric Joliot-Curie choisit de rester à Paris et de reprendre les travaux de son laboratoire sous contrôle allemand, mais à des fins non militaires. Membre du Parti communiste français, il devient chef du Front national, l'organe politique du parti fédérant ses forces armées, et participe à la libération de Paris. Quant à l'usine de la Norsk Hydro, une fois la Norvège sous contrôle allemand, elle sera l'objet de plusieurs missions de sabotage du SOE [3] – dont certaines ont été portées à l'écran [4] –, Hitler et son entourage renonçant à l'arme nucléaire dès 1943.

---

1. Laboratoire de physique de l'université de Cambridge. Il fut fondé en 1874 et existe encore aujourd'hui.

2. Charles Henry George Howard (1906-1941), 20e Earl of Suffolk, Comte de Suffolk.

3. SOE, « Service Operation Executive », créé en 1940 afin d'envoyer des agents « chargé de mettre le feu à l'Europe » selon l'ordre de Winston Churchill et y organiser la subversion.

4. Dréville Jean, *La Bataille de l'eau lourde*, 1948 ; Mann Anthony, *Les Héros de Télémark*, 1965.

24 juin 1940, compte rendu d'une discussion entre John D. Cockcroft, le docteur von Halban et M. Kowarski au ministère du Ravitaillement à Savoy Hill House

« Le Dr von Halban et M. Kowarski sont arrivés en Angleterre le 22 juin. Ils ont travaillé avec le professeur Joliot-Curie sur les applications de l'uranium au ministère de l'Armement français. Ils ont transmis un message de la part du professeur Joliot expliquant qu'il n'envisageait pas de quitter la France, mais qu'on lui avait donné l'ordre de placer toute information obtenue lors de leur travail expérimental entre mes mains [Cockcroft].

Ils ont apporté avec eux 180 litres d'eau lourde concentrée qui constituent le stock entier de la compagnie Norsk Hydro-electric. Cette eau lourde a été obtenue par le lieutenant Allier [...] de la Banque des Pays-Bas avant la guerre. Cette banque a une majorité de contrôle dans la compagnie hydroélectrique. Il a été convenu que le paiement serait effectué après la guerre. Le Dr von Halban a expliqué que le professeur Joliot, M. Allier et M. Bichelon avaient discuté avec lui de l'élimination de cette eau lourde et avaient demandé qu'elle soit transférée au Canada le plus rapidement possible. Il est à noter qu'elle a une valeur de l'ordre de £100,000.

Le professeur Joliot dispose de 8 tonnes d'oxyde d'uranium en France dont on espérait qu'une partie serait apportée ici. Toutefois la majorité des stocks d'oxyde d'uranium sont en possession de l'Union minière du Haut-Katanga, une compagnie belge avec des connexions internationales. On a expliqué que 500 tonnes d'oxyde d'uranium avaient été stockées en Belgique. Une partie a été transférée aux États-Unis. Le reste se trouve en France. L'Union minière était au courant des expériences du professeur Joliot et a décidé, avant la guerre, de lui fournir une somme de 50 millions de francs pour la poursuite de ses expériences. Le Dr von Halban tenait à rester en communication avec l'Union minière car il considérait que si le contact n'était pas maintenu elle pourrait en établir avec d'autres groupes de physiciens aux États-Unis. [...]

Le Dr von Halban a ensuite fait référence aux expériences qui ont été effectuées en France. [...]

Le Dr von Halban a demandé que des brevets secrets similaires à ceux déjà obtenus en France soient obtenus en Angleterre et que le ministère lui prête assistance. [...]

Vous constaterez que toutes les réactions envisagées sont du type du neutron lent. Elles ne seraient ainsi pas explosives dans le sens ordinaire, mais on estime que les radiations produites seraient de nature à rendre inhabitable une très large région. »

13 août, lettre de William O. Harrop (du ministère de la Production aéronautique) à John Bennet Lorimer Munro Esq. (du Treasury)

« Cher Munro,

Suite à notre conversation téléphonique de ce matin, je vous écris pour vous dire qu'avec l'accord des responsables de la sécurité, des dispositions ont été prises, au début du mois de juillet, pour utiliser les services de deux scientifiques français, les Dr Von Halban et L. Kowarski, qui ont été conduits en Angleterre depuis la France par le Earl of Suffolk.

Ils travaillaient auparavant pour le ministère de l'Armement français. Ces hommes sont employés à titre consultatif au Cavendish Laboratory de Cambridge, sous l'égide du professeur Cockcroft, travail supervisé par un comité présidé par le professeur Thompson pour le compte du ministère de la Production aéronautique. Selon les dispositions actuelles, ils seront rattachés au laboratoire pour une période de six semaines, et on envisage de leur payer 7 guinées chacun par semaine pour leurs dépenses pendant cette période. Leur contrat a débuté le 15 juillet.

Vous m'avez informé que le ministère des Finances n'aurait aucune objection à ces dispositions. »

Sources

TNA : PRO AB 1/223, « Employment of Scientists evacuated from France »

Pour en savoir plus

Goldschmidt Bertrand, « Les origines du CEA », *Espoir* n° 103, 1995.
Pinault Michel, *Frédéric Joliot-Curie*, Odile Jacob, 2000.

« IL EST POSSIBLE QUE DE GAULLE SOIT FOU »

Avant de plonger dans les chapitres de ce livre retraçant les combats pour libérer l'Europe de la barbarie nazie, il nous a paru indispensable de nous pencher sur la genèse de la dégradation des rapports entre deux de ses principaux vainqueurs, le général de Gaulle et le Premier ministre britannique Winston Churchill. Celle-ci intervient dès 1941 et, pour l'illustrer à grands traits, de courts extraits d'archives ont été choisis permettant de comprendre pourquoi cette relation, faite de colères et d'éclats réciproques, sera tumultueuse jusqu'à la fin de la guerre. Une seule certitude, jamais cette opposition ne détournera les deux hommes de leur but ultime : vaincre Hitler.

Une fois lancé son appel du 18 Juin, de Gaulle se trouve bien seul à Londres. Mais il peut compter sur le soutien de l'enthousiaste Churchill même si les Britanniques attendaient plutôt Paul Reynaud ou Georges Mandel pour représenter la France en lutte. Fin septembre 1940, emmenant une partie des maigres troupes de ceux qui ont rallié la France libre, une expédition est montée avec les Britanniques contre Dakar, port aux mains des troupes de Vichy, afin de rallier l'Afrique-Occidentale française. C'est un échec cuisant : les troupes de l'amiral Boisson font feu contre les Franco-Britanniques qui doivent abandonner l'opération. Le général de Gaulle, mortifié, contemple le désastre depuis le navire anglais *Westerland*. Mais il y a bien pire. Les Britanniques soupçonnent très vite les Français libres d'avoir laissé échapper des informations sur l'opération. Or, ils ne plaisantent pas avec la sécurité. Durant toute la guerre, le soupçon a été de mise entre les services des deux Alliés et a pesé lourd sur leurs relations.

Mais c'est l'« affaire » de la Syrie qui déclenche le premier conflit entre les deux hommes. Jusqu'au printemps 1941, ils avaient vécu une lune de miel. Churchill a pourtant reçu un envoyé autoproclamé de Vichy en octobre 1940, le professeur Louis Rougier. Le Premier ministre, qui a bien conscience de la fragilité de l'Angleterre, seule en guerre contre l'Axe, veut en effet ménager Vichy de peur que ses armées n'entrent en guerre à ses côtés. Si Vichy mobilisait, par exemple, la flotte basée à Toulon, c'en serait fini de la présence britannique en Méditerranée. Et puis, Churchill ne désespère pas que, d'une façon ou d'une autre, Vichy ou certains militaires, en fonction des événements, rejoignent finalement le combat des Alliés. De Gaulle passe sur ces conciliabules tout comme il le fera sur l'arrestation *manu militari* par les Anglais de l'amiral Muselier le 2 janvier 1941, soupçonné, entre autres, d'avoir laissé échapper des informations concernant l'opération de Dakar. Churchill, toujours aussi entier, parle de le faire pendre alors que les Britanniques, qui se sont trompés sur la culpabilité de l'amiral, devront se confondre en excuses quelques jours plus tard. Des excuses que de Gaulle accepte, sans pour autant oublier l'incident.

Mais c'est la mansuétude des Britanniques envers l'administration vichyste au Levant qui provoque la colère du Général. De Gaulle espérait jusque-là que la Syrie et le Liban se rallieraient comme d'autres possessions françaises mais, devant son erreur, il n'a de cesse de réclamer une offensive que refusent les Britanniques. Bien au contraire, toujours soucieux de ne pas envenimer leurs relations avec Vichy, ceux-ci ne soumettent pas le Levant au blocus et se moquent que les autorités y aient emprisonné tous les partisans de la France libre. Les Britanniques changent d'avis quand l'amiral Darlan met à la disposition de la Luftwaffe les aéroports syriens d'où les Allemands pourront décoller pour aller aider leurs alliés irakiens entrés en rébellion contre les forces britanniques.

L'offensive franco-britannique au Levant débute le 8 juin 1941 et s'achève le 14 juillet 1941 avec la reddition des troupes vichystes du général Dentz. Des combats qui font de part et d'autre près de 5 000 morts. Ayant été tenu à l'écart lors des négociations, de Gaulle y voit la volonté des Britanniques de supplanter la France au Levant. Ceux-ci ont repris à leur compte le mandat délivré par la Société des Nations à la France, auquel le chef de la France libre les force à renoncer. Il enfonce ensuite le clou depuis Brazzaville dans une interview peu amène envers les Britanniques donnée au *Chicago Daily News*, ce qui stupéfie Churchill même si de nombreux membres de son entourage lui ont fait comprendre la maladresse de sa politique au Levant. En rétorsion, le Premier ministre choisit de mettre de Gaulle à l'isolement. *« Le Premier ministre a conclu que le général de Gaulle devait mijoter dans son propre jus pendant une semaine si nécessaire »* décide-t-il le 30 août 1941.

Churchill finit par reconnaître son erreur. D'autant qu'un homme défend de Gaulle, Anthony Eden, son secrétaire d'État aux Affaires étrangères. Francophile, admirateur de littérature française, il s'emporte parfois contre les excès de De Gaulle mais défend toujours la France libre. Le Général lui rendra ainsi hommage : *« Ce diplomate, entièrement dévoué aux intérêts de son pays, ne méprisait pas ceux des autres et restait soucieux de morale internationale au milieu des brutalités cyniques de son temps*[1]*. »* Nous retrouverons Anthony Eden au poste de Premier ministre dans un autre chapitre de ce livre[2]. Churchill vient en tout cas de comprendre que de Gaulle est aussi un homme politique. Au début, il n'a été considéré que comme le chef de la petite armée des Français libres et sa détermination à incarner la future France inquiète les Britanniques. Viscéralement attachés aux libertés individuelles, ils voient mal comment un général conservateur pourra incarner la démocratie. Quant à l'intransigeance de De Gaulle, vécue bien souvent comme de l'arrogance, elle n'arrange rien. Les Britanniques, confortés par les Américains, vont donc à plusieurs reprises tenter de le mettre à l'écart, comme on va le voir dans les chapitres suivants. Ce n'est qu'après son discours prononcé à Bayeux en juin 1944[3] qu'ils se rendront à l'évidence et le laisseront suivre son destin politique dans la France libérée. Mais tous ces conflits ont laissé des traces entre les deux hommes et entre les deux pays : *« Il n'y aura aucun espoir de relations de confiance avec la France tant que nous ne serons pas débarrassés de De Gaulle »*, conclut ainsi Winston Churchill en juin 1945[4]. On verra qu'il n'a pas tout à fait tort.

24 décembre 1940, lettre de Winston Churchill au général de Gaulle

« [...] Vous vous souviendrez que le 4 août 1940 je vous ai dit que le gouvernement de Sa Majesté au Royaume-Uni approuvait votre plan de former dès que possible un Conseil de défense des possessions territoriales françaises d'outre-mer. [...] Je vous

1. Charles de Gaulle, *Mémoires de guerre*, Omnibus/Plon, 1994.
2. « Le piège de Suez ».
3. Chapitre « La victoire de Bayeux ».
4. Réunion ministérielle du 11 juin 1945 (TNA : PRO CAB 195/3).

informe maintenant que le gouvernement de Sa Majesté, vous ayant reconnu comme leader des Français libres, sera heureux de travailler avec vous, et avec le Conseil de défense établi par les décrets du 27 octobre 1940, sur toutes les questions impliquant la collaboration des Français libres avec les territoires français d'outre-mer se plaçant sous votre autorité. [...] »

7 août 1941, un télégramme du War Office au Foreign Office est accompagné d'un télégramme du commandant en chef au Moyen-Orient signalant des « remarques antibritanniques faites par le général de Gaulle pendant son séjour récent à Brazzaville »

Note manuscrite sur le télégramme de M. Hawkey

« Afin d'empêcher une aggravation des sentiments antibritanniques de De Gaulle, il serait peut-être utile de persuader le War Office de transmettre une directive aux commandants des unités susceptibles d'entrer en contact avec des troupes FFL [1] les encourageant à vanter l'importance du mouvement des FFL. [...] »

7 août, note manuscrite de Richard Langford Speaight, premier secrétaire intérimaire aux Affaires étrangères

« J'ai peur que rien ne puisse vraiment aider les officiers britanniques à mieux s'entendre avec leurs homologues français. On attend le retour du général de Gaulle dans deux semaines environ. Je peux bien comprendre que sa mégalomanie grandissante lui donne des tendances fascistes. »

---

1. Les Forces françaises libres.

30 août 1941, « Procédures à adopter vis-à-vis du général de Gaulle », directives donnés par le Premier ministre à la suite d'une discussion avec le major Morton [1]

« 1. Personne ne doit voir le général de Gaulle.
2. Aucune autorité britannique ne doit entrer en contact avec lui lors de son arrivée.
3. S'il demande à voir Sir A. Cadogan, Sir A. Cadogan doit refuser.
4. Si nécessaire, on pourra lui dire qu'un événement extrêmement sérieux est survenu dont le Premier ministre s'occupe en personne.
5. Personne ne doit voir aucun de ses subordonnés non plus [...].

Le Premier ministre a conclu que le général de Gaulle devait mijoter dans son propre jus pendant une semaine si nécessaire. »

31 août 1941, lettre d'Anthony Eden, secrétaire d'État aux Affaires étrangères, à Winston Churchill

« Il est possible que nous découvrions que de Gaulle soit fou ; si c'est le cas il faudra s'en occuper en conséquence. Si toutefois il montre des signes de repentance, j'espère que vous ne sous-estimerez pas votre pouvoir de le guérir. Il a pour vous un véritable et profond respect qu'il n'a pour aucun autre de nos commandants militaires. Si nous ne pouvons pas nous entendre

1. Major Sir Desmond John Falkiner Morton. En 1939 il devient le Principal Assistant Secretary (premier secrétaire adjoint) au Ministry of Economic Warfare (ministère de la Guerre économique, créé pendant la Seconde Guerre mondiale et en charge du SOE). En 1940, Morton est l'assistant de Churchill lorsque celui-ci arrive au pouvoir.

avec de Gaulle, notre plus grand regret sera de semer une confusion encore plus importante dans l'esprit des Français. De Gaulle n'est pas très populaire hors de France ; il est d'une grande importance à l'intérieur de la France aujourd'hui, comme point de ralliement contre Vichy. »

1er septembre 1941, note d'Anthony Eden à Winston Churchill

« De manière générale, il faudra répondre de façon apaisante et dilatoire à toutes les demandes des Français libres. Aucune attention ne sera prêtée à l'arrivée du général de Gaulle. [...] S'il souhaite un entretien, on lui demandera des explications au sujet de son comportement peu aimable et ses remarques absurdes. »

2 septembre 1941, lettre de Winston Churchill au général de Gaulle

« Jusqu'à récemment, je me réjouissais à l'idée de vous voir lors de votre retour, mais les informations que j'ai reçues par la suite quant à votre attitude peu aimable dans vos discours et vos actes envers la nation britannique m'ont rempli de surprise et de peine. [...] Jusqu'à ce que vous puissiez me faire l'honneur de m'offrir des explications, je ne suis pas capable de juger si un entretien éventuel entre vous et moi serait d'une grande utilité. »

3 septembre 1941, compte rendu de Desmond Morton à Sir Alexander Cadogan, sous-secrétaire d'État aux Affaires étrangères [1], au sujet de son entretien la veille avec de Gaulle au 4 Carlton Gardens à Londres

« [...] On peut bien sûr contester, remettre en question, la plupart des points soulevés par de Gaulle, mais ses récriminations quant à la façon dont il fut traité en Syrie sont plus légitimes. Toutefois cela ne l'excuse en rien. [...] Un homme se préparant à être à la tête d'un mouvement important, voire d'un État, ne peut se permettre de montrer sa colère, son impatience et sa mauvaise humeur de la même façon qu'il le serait permis à un homme ordinaire. À mon avis, de Gaulle est un homme très intelligent. Il est injuste de supposer qu'il n'est pas un homme politique. [...] Ce n'est pas un diplomate, mais derrière son étrange comportement, il y a un cerveau calculateur, et bien que sincère et honnête, il est guidé par de profonds préjugés. C'est aussi un sentimental. Je ne pense pas qu'il se repentira. [...] Il n'est pas fou. S'il s'emballe comme un fou contre un homme et tente d'en charmer un autre par des arguments bien fondés, c'est parce qu'il estime qu'une telle attitude l'aidera à convaincre la personne en question. »

23 février 1942, rapport du ministre Frederick William Pethick-Lawrence à Anthony Eden intitulé « Criticism of General de Gaulle and the Free French Movement » (Critique du général de Gaulle et du mouvement des Français libres)

« Le Comité français de libération nationale a été formé par de Gaulle et ses membres ont été choisis par lui. Sa fonction est de remplacer, d'être un substitut au gouvernement français ; il n'existe aucun autre organisme représentatif des Français libres.

---

1. Permanent Under-Secretary of State for Foreign Affairs.

[...] Les volontaires [...] doivent se mettre inconditionnellement au service du général de Gaulle et ils ne sont représentés par aucune autre forme de gouvernement. Ni la formation ni le fonctionnement du mouvement des Français libres ne suggèrent une organisation démocratique. Cela a été prouvé par divers incidents. [...] Des Français démocrates qui ont fait le choix personnel d'abandonner leurs foyers, professions et propriétés en France, afin de poursuivre, aux côtés des Anglais, la lutte contre le fascisme voient leurs activités limitées et leurs idéaux compromis par le mouvement même qu'ils ont rejoint dans l'espoir de continuer cette lutte. [...] Les Français qui ont rejoint les Français libres espèrent que la cause pour laquelle ils ont choisi de rejoindre le mouvement de De Gaulle ne sera pas réduite à néant par la formation de son mouvement, en permettant un abus de pouvoir semblable à celui d'un dictateur. Toutefois, leur position est telle qu'ils n'ont pas la possibilité de former une assemblée qui leur donnerait des droits de représentation démocratique : ils ne peuvent pas non plus, ni en petits groupes ni personnellement, exprimer leurs sentiments démocratiques sans risquer les représailles des autorités des Français libres. Étant donné ces circonstances, il incombe aux Britanniques, qui ont donné au général de Gaulle beaucoup de son pouvoir, d'accorder aux membres de son mouvement dévoués à la cause alliée la protection et les moyens d'action et d'expression personnelle garantis par la démocratie britannique. »

28 février 1942, réponse d'Anthony Eden

« J'ai donné les notes que vous m'avez envoyées au département s'occupant des affaires françaises. Nous essayerons à nouveau d'examiner cette pénible affaire des Français libres. »

SOURCES

TNA : PRO FO 371/28545, « Activities of General de Gaulle and his attitude towards the British »
TNA : PRO FO 371/32001, « Criticism of General de Gaulle and the Free French Movement »

POUR EN SAVOIR PLUS

Churchill Winston, *Mémoires de guerre : 1919-1941*, tome I, Tallandier, 2009.
Gaulle Charles de, *Mémoires de guerre*, Omnibus/Plon, 1994.
Kersaudy François, *De Gaulle et Churchill*, Tempus, 2003.

« REX »

« A. Jean Moulin ancien préfet à Chartres arrivera à Lisbonne depuis la France dans environ une semaine.

B. Il rendra visite au colonel Leslie à Y. P. à Lisbonne et recevra des instructions sur la façon dont il peut servir au mieux notre cause.

C. Il a été torturé par les Allemands et en porte les traces. Il serait très utile à la propagande en faveur des Français libres ici. »

C'est l'ambassade de Grande-Bretagne aux États-Unis qui transmet ce court télégramme, le 7 avril 1941, aux services secrets britanniques. Il s'agit de l'un des premiers documents concernant celui qui incarne à tout jamais la Résistance française, Jean Moulin. Également appelé Max, Rex, Régis, Ménard, Jacques-Paul Mercier, Boss, Robert ou encore Joseph-Jean Gérard par le MI5, l'un des services de contre-espionnage britanniques, ce sont les agents du SOE, le « Service Operations Executive », fondé dès l'été 1940 sur ordre de Churchill et que nous croiserons dans d'autres chapitres, qui l'interrogent peu après son arrivée en Angleterre en octobre 1941. C'est le compte rendu de cet entretien que nous avons choisi de publier ainsi que l'un des télégrammes du SOE prévenant de son arrivée : si le rôle de Jean Moulin pour fédérer les différents mouvements de résistance est bien connu du grand public tout comme son arrestation à Caluire dans la banlieue de Lyon le 21 juin 1943 puis sa mort tragique, ses premiers pas dans la Résistance, retracés par ces documents, le sont moins.

D'emblée, cet homme de 41 ans, qui, au péril de sa vie, a résisté aux Allemands dès leur arrivée, s'impose aux Anglais qui sont pourtant des juges difficiles. *« Il fit une excellente impression, ce qui n'est pas surprenant étant donné son passé. »* Jean Moulin, après avoir été révoqué en novembre 1940 de son poste de préfet par Vichy, a d'abord pensé à partir en Amérique. Puis, il a passé plusieurs mois à nouer des contacts avec les premiers réseaux de la Résistance, tous nés du hasard et de l'indignation devant la défaite. Ce qu'il rapporte aux autorités britanniques et au général de Gaulle, c'est l'appel au secours de ces hommes, la flamme de la Résistance intérieure. Il arrive à Londres alors que les querelles franco-britanniques battent leur plein, à une période où la tension entre tous ces hommes qui luttent contre l'impérialisme nazi est à son paroxysme tant l'issue de la guerre est encore incertaine. Surtout, l'année 1941 a été très difficile pour Charles de Gaulle. Discrédité par l'échec de l'expédition de Dakar, diminué par le conflit avec les Britanniques sur la Syrie et le Liban [1], sans oublier le faible nombre de volontaires rejoignant la France libre cette année-là, sa situation est devenue délicate.

Heureusement le message de Jean Moulin est clair et apporte une bouffée d'oxygène : *« Tous ces groupes veulent entrer en contact direct avec l'Intelligence Service britannique afin d'obtenir de l'aide financière et des directives et, si possible, des armes pour un éventuel coup militaire. C'est pour cette raison qu'il est venu à Londres. »* Une autre guerre peut donc être livrée directement sur le terrain, apport capital, s'il se confirme, dans le cadre d'éventuelles opérations visant à reconquérir l'Europe.

Le 25 octobre 1941, c'est la rencontre avec le général de Gaulle. Tout semble séparer Jean Moulin, préfet du Front populaire, d'*« un général de réputation maurrassienne, en tout cas conservateur, et que les services anglais ou américains (qu'il avait contactés à Marseille ou à Lisbonne) dépeignaient volontiers comme un apprenti dictateur dont l'entourage inquiétant était en partie composé de cagoulards »*, écrit Daniel Cordier, celui qui fut le secrétaire de Jean Moulin à Lyon jusqu'à son arrestation. Mais, entre les deux hommes, la magie opère, le sens politique l'emporte et, le soir même, de Gaulle confie à « Rex » sa première mission, celui-ci ayant décliné les offres anglaises pour rejoindre la France libre.

15 septembre 1941, télégramme n° 573 de F.A. à D/F [2]

« MERCIER
Je confirme mes télégrammes 0199 et 0202.

---

1. Voir le chapitre précédent.
2. Les identités des agents rédigeant les dépêches du SOE n'apparaissent jamais.

J'ai contacté la personne susnommée, pour la première fois, samedi dernier et il fit une excellente impression, ce qui n'est pas surprenant étant donné son passé.

Mercier a un visa américain mais il ne lui a été accordé que pour éventuellement obtenir un visa de sortie français.

Avant de quitter la France, Mercier a reçu des instructions des trois organisations principales travaillant contre les Allemands, c'est-à-dire Liberté, Libération nationale, et la Libération. Il souhaite adresser un compte rendu aux autorités britanniques et françaises à Londres et faire des suggestions pour améliorer le travail de liaison. Il souhaite aussi obtenir une aide financière pour les organisations mentionnées ci-dessus ainsi que des armes afin d'être prêt lorsque viendra le moment pour une insurrection. […] »

Extraits du rapport de l'interrogatoire de M. Jean Pierre Moulins *(sic)* après son arrivée en Angleterre le 20 octobre 1941

« MOULIN, Jean Pierre
Alias MERCIER, Joseph Jean
Né : 20.06.99, à Béziers (Hérault)
Profession : ex-préfet à Chartres. Célibataire.
Père : Antoine, Émile. Décédé. Professeur d'Histoire.
Mère : Blanche Pegue (française) […].

Moulin est allé au lycée de Béziers. Il a ensuite étudié à la faculté de droit de Montpellier pendant 3 ans. Il est licencié en droit.

Mobilisé le 01.04.18. […] Démobilisé le 01.11.19. Après avoir terminé ses études en 1928, il est entré dans l'administration préfectorale. Il a occupé son premier poste à Montpellier pendant un an. […] Nommé préfet de l'Eure-et-Loir à Chartres en février 1939.

Politiquement, il n'a jamais été membre d'un parti particulier mais il a collaboré avec des hommes politiques de gauche tels Paul-Boncour [...] et Pierre Cot. Au déclenchement de la guerre, il fut appelé au front. [...] Après 15 jours, le ministère de l'Intérieur l'a rappelé à son poste de préfet à Chartres. Lors de la débâcle, il est resté pratiquement seul à Chartes à attendre l'arrivée des Allemands. [...] Les Allemands sont arrivés le 17.06.40 et l'ont arrêté. Ils l'ont battu et essayé de lui faire signer un papier déclarant que les troupes françaises et sénégalaises avaient massacré des femmes et des enfants français[1]. Après sept heures d'interrogatoire, seul dans sa cellule, il essaya de se couper la gorge. On l'emmena à l'hôpital et lorsqu'il alla mieux, il reprit ses fonctions. Il ne fut plus jamais menacé par les Allemands et il dit qu'ils lui ont même montré un certain respect après cet incident.

Il a exercé ses fonctions jusqu'au 1er décembre 1940 lorsque Peyrouton[2] lui a ordonné de renvoyer certains maires et conseillers. Il refusa et dut quitter son poste. Pendant cette période, son travail a été de protéger les droits de la population française contre les Allemands, ce qu'il estime avoir assez bien réussi.

Les Allemands lui ont donné un laissez-passer. Le 01.12.40 il partit pour Montpellier voir sa mère. Avant d'aller à Marseille, il se rendit à Cagnes s/Mer. [...] Il avait préalablement obtenu une fiche de démobilisation vierge de la part d'un soldat français qu'il connaissait. Il la remplit avec le nom de Jean Joseph Mercier né le 20.07.96 à Péronne, qui avait résidé aux États-Unis avant la guerre et avait été démobilisé afin de retourner aux États-Unis. Il réussit alors à obtenir à la sous-préfecture de Grasse le Passeport

1. Jean Moulin avait refusé de signer une note reconnaissant que des tirailleurs sénégalais avaient massacré des femmes et des enfants au hameau de La Taye, en réalité victimes de bombardements allemands.

2. Marcel Peyrouton (1887-1983), homme politique, participe au gouvernement de Vichy, notamment comme ministre de l'Intérieur ; arrêté le 22 décembre 1943, il est acquitté par la Haute Cour en décembre 1948.

n° 71, délivré le 07.02.41. En même temps, Vichy lui accorda le permis de sortie n° 91 l'autorisant à rentrer chez lui aux États-Unis via l'Espagne et le Portugal.

À la fin de février 1941, il a gagné Marseille pour obtenir ses visas espagnol et portugais pour aller en Angleterre. Il vivait à l'hôtel Moderne. Il a rencontré le consul américain M. Fullerton à Marseille et le 26.02.41, il a reçu son visa américain. Il a dû attendre longtemps ses visas espagnol et portugais et pendant qu'il attendait, il a essayé ainsi de se rendre utile et de contacter des "gaullistes". Il a contacté, par le biais d'une amie qui était infirmière pendant la guerre, diverses organisations, à savoir "Liberté", "Libération", "National" *(sic)*. Cette infirmière l'a présenté à des groupes de confession protestante. Il a également rencontré, par l'intermédiaire du vice-consul américain M. Bingham, des sympathisants probritanniques, le groupe quaker américain et les Unitariens. À travers ces groupes, il a fait la connaissance du dirigeant du mouvement "Libération nationale" M. Verdier, qui habite Lyon. Le principal intermédiaire entre ces groupes est M. Cordier, 67 rue de Rome, Marseille. C'est chez ce monsieur que les réunions avaient lieu, et il était en contact avec les dirigeants de tous les groupes.

Tous ces groupes veulent entrer en contact direct avec l'Intelligence Service britannique afin d'obtenir de l'aide financière et des directives et, si possible, des armes pour un éventuel coup militaire. C'est pour cette raison qu'il est venu à Londres. [...]

Pendant qu'il attendait ses visas, il alla souvent rendre visite à sa mère. [...] Il a enfin obtenu son visa portugais le 19.08.41 et reçut automatiquement le visa espagnol le 20.08.41.

Il a quitté Marseille le 09.09.41 en train. [...] Il a franchi la frontière portugaise le 19.09.41.

En arrivant à Lisbonne, il est allé à la pension Algarve. [...] Il a quitté Lisbonne par avion le 19.10.41 et est arrivé à l'aéroport de Poole le 20.10.41.

Lors du premier interrogatoire, il a refusé de donner des noms de contacts en France, par peur d'une fuite d'information et des représailles qui en découleraient. Le SOE, qui s'intéresse à l'homme, l'a convaincu qu'il n'avait rien à craindre à cet égard et par la suite, il s'est montré parfaitement honnête. Fait bonne impression et semble très sincère. »

SOURCES

TNA : PRO HS 9/1070/6, « Jean Pierre MOULIN [Jean Moulin] – born 20.06.1899, died 18.07.1943 »

POUR EN SAVOIR PLUS

Albertelli Sébastien, *Les Services secrets du général de Gaulle*, Perrin, 2009.
Baynac Jacques, *Présumé Jean Moulin 1940-1943*, Grasset, 2007.
Cordier Daniel, « De Gaulle et Jean Moulin : Une politique pour la Résistance », *Espoir* n° 44, 1983.
Cordier Daniel, *Jean Moulin. La République des catacombes*, Gallimard, 1999.
Cordier Daniel, *Alias Caracalla*, Gallimard, 2009.
Foot Michael R. D., *Des Anglais dans la Résistance, le SOE en France, 1940-1944*, Tallandier, 2008.
Muracciole Jean-François, *Les Français libres, l'autre résistance*, Tallandier, 2009.

LE TESTAMENT DE GEORGES MANDEL

Si le nom de l'auteur de ce rapport n'y apparaît pas, en mentionnant qu'il s'agit de l'attaché parlementaire de Georges Mandel, ancien ministre de l'Intérieur du gouvernement de Paul Reynaud, il est possible d'affirmer, sans risque de se tromper, qu'il s'agit de Philippe Roques. Ce jeune homme de 32 ans, diplômé de sciences politiques, journaliste avant de rejoindre les cabinets de Georges Mandel, est entré dans la Résistance aussitôt après la défaite et a été chargé de parcourir la France afin de dresser un état des lieux des cercles politiques. Il rejoint Londres le 29 mai 1942, à bord d'un Lysander [1], avec une liste de 56 parlementaires favorables à la Résistance et un rapport très complet qui conclut à un soutien sans faille à de Gaulle d'un grand nombre d'hommes politiques d'avant-guerre. Surtout, il a pu rencontrer à plusieurs reprises Georges Mandel et Paul Reynaud à la forteresse de Portalet, dans les Pyrénées, où ils sont emprisonnés. Leur vibrant plaidoyer en faveur du chef de la France libre – l'ancien président du Conseil affirmant même qu'il se considère *« comme un simple soldat du général de Gaulle »* – ne peut laisser les Britanniques indifférents même s'ils semblent recevoir ce rapport avec méfiance. Churchill et Anthony Eden ont pourtant reçu Philippe Roques et c'est Eden, favorable aux *« Free French »*, qui choisit de faire circuler son rapport auprès de ses collègues.

Il faut rappeler qu'en 1942 la France libre et la Résistance connaissent leurs années de « vaches maigres », selon un autre rapport du War Cabinet [2]. De Gaulle est alors considéré comme *« un général fou,*

1. Avion léger, capable de se poser sur des terrains courts afin d'y déposer des agents.

2. « SOE assistance to Overlord », 13 octobre 1944, TNA : PRO CAB 66/56.

entouré d'une poignée d'aventuriers ». Bien au contraire, Georges Mandel estime que le gouvernement britannique *« ne devrait jamais perdre une occasion de proclamer que le général de Gaulle est l'unique leader reconnu »* et demande surtout que cesse l'attitude ambiguë des Alliés – et surtout des États-Unis – envers Vichy. *« Monsieur Mandel a été douloureusement surpris par la politique suivie par le gouvernement des États-Unis en ce qui concerne le gouvernement de Vichy [...]. Le gouvernement britannique doit persuader le gouvernement des États-Unis que la politique de soutien des Forces françaises libres est à la fois conforme aux souhaits du peuple français et aux intérêts de la coalition. »*

Si les relations entre Churchill et le général de Gaulle se sont rapidement tendues, avec Roosevelt elles ont d'abord été inexistantes avant de devenir exécrables. Celui-ci, fervent francophile, a toujours admiré la ténacité des Français durant le premier conflit mondial et notamment le Pétain de Verdun, jusqu'à l'incroyable débâcle de 1940 qui semblait impossible aux Américains. Pragmatiques, ceux-ci ont donc noué des relations diplomatiques avec Vichy sans trop se soucier de la légitimité du nouveau régime. Ils y ont nommé un ambassadeur, et pas n'importe lequel puisqu'il s'agit d'un ami personnel de Roosevelt, l'amiral Daniel Leahy. Pourquoi jouer la carte Pétain ? D'abord parce que les États-Unis, en 1940, n'alignent que la 17e armée du monde et craignent que la flotte et l'Empire français ne passent sous contrôle de l'Axe, ce qui les menacerait directement. Ensuite, ils redoutent que Vichy ne déclare la guerre aux Alliés. Cependant, le rappel de l'ambassadeur Daniel Leahy aux États-Unis « pour consultation » au mois de mai 1942, c'est-à-dire au moment de la rédaction de ce rapport, sonne comme un premier échec de la politique américaine [1]. Mais cette étrange attitude de la première démocratie du monde a de quoi dérouter ceux qui résistent en France. D'autant que, sur cet échiquier compliqué, de Gaulle, pour le président américain, n'est qu'un apprenti dictateur dont la légitimité ne repose sur rien. La Résistance ? Elle n'existe pas non plus pour lui.

Georges Mandel et Philippe Roques paieront tous les deux de leur vie leur fidélité à cette France libre : Georges Mandel est assassiné par des miliciens dans la forêt de Fontainebleau le 7 juillet 1944. Philippe Roques, reparti en mission, est arrêté à la gare de Banyuls par la

1. Il est remplacé par un simple conseiller d'ambassade et celui-ci quittera la France en novembre après l'opération « Torch », le débarquement allié en Afrique du Nord.

Gestapo le 6 février 1943. Il tente de s'enfuir mais, touché de deux balles, décède la nuit suivante. Il sera fait Compagnon de la Libération à titre posthume le 13 mai 1943.

9 juin 1942, « Report on opinion in France. Memorandum by the Secretary of State for Foreign Affairs »

« Je fais circuler à mes collègues ici présents la traduction d'un mémorandum écrit par un jeune Français qui a effectué un bref séjour, secret, dans son pays. Il était officiellement l'attaché parlementaire de M. Mandel, qu'il voit environ deux fois par mois à la forteresse de Pourtalet *(sic)*. Il rencontre aussi occasionnellement M. Reynaud, emprisonné au même endroit. Il les décrit tous deux comme étant déterminés et avec un bon moral, mais souffrant de leur longue détention, chacun étant incarcéré dans une petite cellule avec seulement une heure d'exercice quotidien à l'air libre. Il prétend également avoir été en contact avec un grand nombre de parlementaires de la France occupée. Il dit que M. Mandel l'a pressé de partir pour Londres afin de prendre contact avec le gouvernement de Sa Majesté et le mettre au courant de son opinion.

Ce Français n'a apporté aucune preuve écrite de M. Mandel. Il a pris contact avec les Français libres ici avant que mon département ne le voie et que le mémorandum ne soit écrit. C'est un passionné sinon il n'aurait pas risqué sa vie pour venir ici. Mais, même si les opinions qu'il attribue à M. Mandel et à d'autres hommes politiques ont été enjolivées par ses contacts au sein des quartiers généraux des Français libres, nous devons néanmoins accorder de l'importance au fort attachement que ce Français porte au général de Gaulle.

[...]

M. Georges Mandel a chargé l'auteur de transmettre au gouvernement britannique son opinion personnelle, qui est la suivante :

Il ne connaît pas (personnellement) le général de Gaulle [1] et n'est donc pas en position d'apprécier ses qualités politiques, mais il considère que son nom a une valeur symbolique. Le général de Gaulle est la seule personnalité française qui redresse la tête contre l'ennemi ; il a fait face à de considérables difficultés avec un courage admirable ; tous les patriotes, quelles que soient leurs opinions, doivent se ranger à ses côtés et l'aider sans réserve dans sa tâche. Tel est le conseil que M. Mandel donne à ses amis politiques, chargés de transmettre son opinion au gouvernement britannique.

M. Paul Reynaud a raconté à l'auteur qu'il se considérait, jusqu'à ce que la victoire soit remportée, comme un simple soldat du général de Gaulle. Il a donné le même conseil à ses amis.

M. Mandel a été douloureusement surpris par la politique suivie par le gouvernement des États-Unis en ce qui concerne le gouvernement de Vichy.

Il a demandé à l'auteur d'attirer l'attention du gouvernement britannique sur le fait que, en suivant une politique d'apaisement

---

1. C'est une formule car Mandel connaît très bien de Gaulle : c'est lui qui l'a pousse à partir à Londres à un moment où celui-ci, découragé, songeait à démissionner de son poste de sous-secrétaire d'État à la guerre, comme le raconte le Général dans ses *Mémoires de guerre* : « Mandel me parla sur un ton de gravité et de résolution dont je fus impressionné. Il était, tout autant que moi, convaincu que l'indépendance et l'honneur de la France ne pouvaient être sauvegardés qu'en continuant la guerre. Mais c'est à cause de cette nécessité nationale qu'il me recommanda de rester encore au poste où je me trouvais [...]. Puis, évoquant l'avenir, il ajouta : "De toute façon, nous ne sommes qu'au début de la guerre mondiale. Vous aurez de grands devoirs à remplir, Général ! Mais avec l'avantage d'être, au milieu de nous tous, un homme intact. Ne pensez qu'à ce qui doit être fait pour la France et songez que, le cas échéant, votre fonction actuelle pourra vous faciliter les choses." Je dois dire que cet argument me convainquit d'attendre avant de me démettre. C'est à cela qu'a peut-être tenu, physiquement parlant, ce que j'ai pu faire par la suite. »

à l'égard du maréchal Pétain, le gouvernement des États-Unis maintenait la confusion dans les esprits du peuple français, une ambiguïté dont seuls les collaborateurs ont tiré profit, les États-Unis n'ayant obtenu aucun avantage de cette attitude. En temps de guerre, ceux qui se battent doivent être unis par des idées simples ; en conservant une telle ambivalence, la conception de leur devoir est faussée.

M. Mandel maintient l'idée que le gouvernement des Alliés devrait cesser de se plier à la personnalité du chef de l'État et aux intérêts de la zone libre. Il considère que les usines de la zone libre travaillant pour les Allemands (particulièrement celle de Saint-Chamond, qui fabrique des tanks) devraient être bombardées comme celles de la zone occupée.

Quelles représailles les Alliés pourraient-ils craindre au moment de la rupture avec le gouvernement de Vichy ? La flotte française représente un danger que les Britanniques ont tendance à exagérer. En premier lieu, le recrutement des marins et des équipages est défectueux ; depuis l'armistice, ils ont été recrutés dans le Sud ou à l'intérieur des terres. Les meilleurs éléments des équipages de la flotte française se situent en Normandie, en Bretagne et sur la côte Atlantique, actuellement occupées par l'Allemagne. Aucun d'entre eux n'a pu être utilisé par l'armée française depuis l'armistice. Les marins français de Toulon n'ont aucune expérience de la mer et ne se comporteraient certainement pas aussi bien lors d'une bataille navale que ceux de la côte Atlantique.

De plus, il est pratiquement impossible pour le gouvernement de Vichy de lancer la France dans une guerre contre les Alliés. Le gouvernement rencontrerait une résistance presque unanime du peuple français.

Il ne fait aucun doute que l'on objectera que les troupes françaises [de Vichy] se sont battues honorablement contre les Anglais en Syrie et à Madagascar[1] ; mais celles-ci étaient des

1. Voir chapitre « 1947 : révolte de Madagascar ».

troupes de mercenaires, souvent de couleur, qui n'avaient pas de contact direct avec le gouvernement de Vichy, commandées par des officiers qui étaient libérés de toute parole envers les Allemands.

De plus, la propagande insidieuse de Vichy présente cette lutte comme destinée à éviter que la Grande-Bretagne ne conquière l'Empire français. Dans le domaine colonial, les Français ont traditionnellement peur des ambitions impérialistes britanniques. Cette question est tout autre lorsque le territoire de la métropole est impliqué.

Ainsi, il semble impossible que Vichy puisse un jour entraîner la France au sein d'une guerre contre les Alliés : Laval lui-même, bien qu'il veuille agir ainsi, l'a parfaitement compris. C'est pour cette raison qu'il s'est donné beaucoup de mal à répéter dans des communiqués officiels qu'il ne prendrait jamais la décision de rompre les relations diplomatiques avec les États-Unis. S'il a agi ainsi, c'est uniquement parce qu'il craignait la réaction du peuple français contre sa politique.

D'ailleurs, il n'est pas question pour les Alliés de se lancer dans des provocations contre Vichy – susceptibles de déclencher une guerre –, mais simplement d'agir sans se soucier des réactions de Vichy, qui ne reflètent d'aucune façon celles de la France.

Pour les raisons précédemment citées, le gouvernement britannique a tout intérêt à dissiper le moindre malentendu. Il ne devrait jamais perdre une occasion de proclamer que le général de Gaulle est l'unique leader reconnu, non seulement par les forces qui combattent aux côtés des Alliés, mais aussi par les forces de la Résistance qui attendent avec impatience l'ordre des Alliés de se battre pour la France [1].

Une telle proclamation serait extrêmement opportune à l'instant présent, en raison des efforts de propagande réalisés par l'Axe et par Vichy pour tenter de convaincre les Français qu'il

1. Souligné dans le texte original.

existe des dissensions entre le général de Gaulle et les gouvernements alliés. Il est à noter que toute critique concernant le général de Gaulle publiée dans la presse britannique ou émise au Parlement anglais est démesurément exagérée par les collaborateurs dans la presse et à la radio.

Les traîtres de Vichy et de Paris montrent aux Alliés le chemin à suivre. Il s'agit de pratiquer une politique contraire à la leur : aider le général de Gaulle, puisqu'il est la bête noire de Vichy ; laisser tomber Vichy, dans la mesure où Vichy cherche en permanence à établir des contacts.

Le gouvernement britannique doit persuader le gouvernement des États-Unis que la politique de soutien des Forces françaises libres est à la fois conforme aux souhaits du peuple français et aux intérêts de la coalition. Il devrait ainsi considérablement augmenter les liaisons maritimes et aériennes entre les Forces françaises libres de Londres et les forces qui combattent clandestinement sur le territoire français.

Ainsi viendra le soulèvement national français, qui aidera efficacement les Alliés à emporter la victoire sur un ennemi commun. »

Sources

TNA : PRO CAB 66/25/27, « Report on opinion in France. Memorandum by the Secretary of State for Foreign Affairs »

Pour en savoir plus

Broche François, Caïtucoli Georges et Muracciole Jean-François (sous la direction de), *Dictionnaire de la France libre*, Bouquins/Robert Laffont, 2010.

Favreau Bertrand, *Georges Mandel ou la passion de la République*, Fayard, 1996.

Gaulle Charles de, *Mémoires de guerre*, Omnibus/Plon, 1994.
Jeanneney Jean-Noël, *Georges Mandel*, Tallandier, 2009.
Kersaudy François, *De Gaulle et Churchill*, Tempus, 2003.
Kersaudy François, *De Gaulle et Roosevelt, le duel au sommet*, Tempus, 2006.

FRANÇOIS MITTERRAND FACE AU MI5

Trois années séparent François Mitterrand du général de Gaulle dans l'ordre d'apparition au sein des archives britanniques. Ce tout premier document [1] concernant le futur président de la République socialiste – son interrogatoire en novembre 1943 à Londres par les services britanniques – traduit bien l'itinéraire complexe qu'a connu, comme tant d'autres « vichysto-résistants », le futur leader de la gauche française. Nous le retrouverons dans d'autres chapitres car les Britanniques, on le verra, lui ont toujours porté la plus grande attention, persuadés très tôt qu'il était destiné aux plus hautes fonctions.

Né en 1916 à Jarnac (Charente) dans une famille conservatrice et catholique, membre, en 1934, des Croix-de-Feu, mouvement extrémiste du lieutenant-colonel François de La Rocque, François Mitterrand est blessé le 14 juin 1940 près de Verdun, puis capturé. Il parvient à s'échapper lors de sa troisième tentative d'évasion, le 10 décembre 1941, et à se cacher chez des résistants. Il rejoint Vichy au début de l'année 1942. La réalité, établie par tous les historiens qui se sont penchés sur ce délicat passage dans la ville d'eaux, est que durant cette année-là François Mitterrand est un fervent maréchaliste, fasciné par la figure du héros de Verdun. *« J'ai vu une fois le Maréchal au théâtre, écrit-il en mars. [...] Il est magnifique d'allure, son visage est celui d'une statue de marbre. »*

À partir du début de 1943, François Mitterrand rejoint le Rassemblement national des prisonniers de guerre – RNPG – qu'il va diriger,

1. Ce texte n'est pas inédit puisqu'il a été cité dans la biographie très fouillée *Une jeunesse française* que le journaliste Pierre Péan a consacrée à François Mitterrand.

de fait, avec Maurice Pinot [1]. Par le million et demi de prisonniers détenus en Allemagne, le réseau reçoit de précieuses informations. Peu à peu, le mouvement entre en contact avec l'ORA, l'Organisation de résistance de l'armée. Celle-ci, composée de militaires de l'armée d'armistice, a été créée quand les Allemands ont envahi la zone libre en réaction au débarquement allié en Afrique du Nord de novembre 1942. Depuis 1940, bon nombre de militaires français ont caché matériels et armes afin de participer un jour à la reconquête du pays et les services secrets alliés ont rapidement tissé des liens avec ces hommes qui leur semblent bien plus sûrs que ceux du général de Gaulle. Ces militaires français qui *« se considèrent comme l'avant-garde de l'armée d'Afrique »* jugent, de leur côté, que le chef de la France libre n'est qu'un aventurier à la solde des Anglais et se sont donné pour chef le général Giraud [2] qu'ils ont aidé à s'évader d'Allemagne en avril 1942. Le SOE britannique a également participé à l'opération car les Alliés espèrent bien qu'au final ce général, très favorable au maréchal Pétain, prendra la tête de la France combattante en évinçant de Gaulle.

Après avoir été maréchaliste, François Mitterrand – « Morland », son pseudonyme dans la Résistance – a donc glissé sans peine vers le « giraudisme » et, en novembre 1943, il est choisi par Maurice Pinot pour aller présenter leur mouvement à Londres. Quelques jours plus tôt, il a échappé à une descente de la Gestapo à son domicile de Vichy. Dans la nuit du 15 au 16 novembre 1943, il s'envole depuis une prairie située près d'Angers à bord d'un Lysander, avec le colonel Du Passage, chef du service « Action » de l'ORA – nom de résistance Pépé – lors de l'opération « Conjurer ». En Angleterre, les deux hommes sont convoqués le 23 novembre par les services du MI5, le contre-espionnage britannique. François Mitterrand est plutôt taiseux. Il évoque en ces termes la descente des Allemands à son domicile : *« Il y a une semaine, la Gestapo s'est rendue au domicile qu'il venait juste de*

1. Maurice Pinot de Périgord de Villechenon, fils de Robert, fondateur du Comité des forges, journaliste économique, puis attaché au cabinet de C.-J. Gignoux, alors « patron des patrons ». (Voir *Une jeunesse française* de Pierre Péan.)

2. Le général Henri Giraud (1879-1949) commande, en mai 1940, la 7e armée qui combat aux Pays-Bas ; il est capturé et enfermé à la forteresse de Koenigstein, près de Dresde. Évadé le 17 avril 1942, il rejoint Vichy, puis sera emmené par les Britanniques en Algérie au lendemain de l'opération « Torch », le débarquement allié en Afrique du Nord. De Gaulle parviendra à l'évincer au fil des mois et à s'imposer auprès des Alliés comme chef de la France combattante.

quitter. Il sait qu'il est suspecté, mais ne peut dire pourquoi ; il sent qu'il y aurait beaucoup de petits faits qui pourraient lui être imputés si les autorités parvenaient à mette la main sur lui. »

François Mitterrand rencontre ensuite le colonel Passy [1] du BCRA, les services secrets de la France libre, puis Maurice Buckmaster, le chef de la branche française du SOE qui, plus tard, comme le montre un autre des documents publiés ici, le remerciera – en français – des informations qu'il lui a données. François Mitterrand part ensuite pour Alger où sa toute première entrevue avec le général de Gaulle, à la villa des Glycines, le 5 décembre 1943, tourne mal. Celui-ci envisage de lui faire rejoindre le front en le faisant muter dans l'armée d'Italie. Il faut dire que l'entourage de De Gaulle n'apprécie pas ce personnage ondoyant qui ne s'est guère montré favorable à la France libre. François Mitterrand, après avoir également rencontré le général Giraud, obtient par l'intermédiaire de ses services secrets une place dans l'avion du maréchal Montgomery qui rejoint Londres. Pour rentrer en France, il doit ensuite attendre longtemps qu'une vedette rapide britannique le dépose, le 26 février 1944, près de Saint-Jean-du-Doigt dans le Finistère où il redevient Morland/Monier. Hasard de l'histoire, la navette est pilotée par David Birkin, le futur père de la chanteuse Jane Birkin.

Finalement accepté par le général de Gaulle, Mitterrand prend la tête du Mouvement national des prisonniers de guerre (MNPGD) en mars 1944 et le Gouvernement provisoire le nomme en mai 1944 secrétaire général au Commissariat aux prisonniers. « *À vingt-sept ans, cette nomination constitue un exploit. Au sein d'un gouvernement insurrectionnel, aux côtés d'une brochette de hautes personnalités, Mitterrand va ainsi se retrouver consacré grand résistant en dépit d'un parcours atypique et des liens qu'il a entretenus à Vichy jusqu'à l'automne 1943. Nul autre que lui n'a probablement rencontré comme il l'a fait, pendant la période tourmentée qui a précédé, le maréchal Pétain, le général Giraud et le général de Gaulle* », écrit Pierre Péan dans sa biographie. Trois mois plus tard, lors des combats de la libération de Paris, son groupe s'empare du Commissariat général des prisonniers et il s'assoit dans son premier fauteuil de ministre. Le 24 août, il se tient derrière

1. André Dewavrin, dit colonel Passy (1911-1998), chef du Bureau central de renseignements et d'action (BCRA), les services secrets de la France libre depuis le 1er juillet 1940.

de Gaulle et l'empêche de tomber, en le saisissant aux jambes, lorsque celui-ci manque de basculer dans le vide en s'adressant à la foule depuis le petit balcon de l'Hôtel de Ville. Il le revoit trois jours plus tard lors du premier conseil de gouvernement de la France libérée mais il est rapidement congédié, comme il s'en doutait.

23 novembre 1943, « Interrogation of Pepe and Monier »

Voici l'interrogatoire de deux hommes qui ont dernièrement travaillé ensemble dans une organisation giraudiste en France. Ils ont été interrogés ensemble, ils sont :

– Commandant DU PASSAGE Pierre alias PÉPÉ alias DU TERTRE Pierre-François, alias LESAGE, Pierre, LAURENT et François MITTERAND [1], alias MONIER François-Jacques, MORLAND François, LAROCHE Jacques André.

Mission

PÉPÉ était l'officier de liaison entre la zone nord et la zone sud. À ce titre, il avait de multiples contacts. Il a travaillé à Paris, Clermont-Ferrand et Vichy, voyageant fréquemment entre ces villes. [...]

MONIER s'est occupé de l'aspect militaire de l'organisation et aussi des problèmes des prisonniers de guerre. Il n'a pas dit grand-chose pendant l'interrogatoire, puisque PÉPÉ a répondu à la plupart des questions, qu'elles aient été posées à lui ou à son compagnon. Dans le cadre de son travail, il a voyagé entre la zone nord et la zone sud, vivant de façon intermittente à Vichy. Il a changé souvent d'adresse, restant à un endroit seulement un jour, et jamais plus d'une semaine. Il avait ainsi le sentiment que les Allemands ne l'attraperaient jamais. Il y a une semaine,

1. Le nom de Mitterand est mal orthographié dans tous les documents du dossier anglais (avec un seul « r »).

la Gestapo s'est rendue au domicile qu'il venait juste de quitter. Il sait qu'il est suspecté, mais ne peut dire pourquoi ; il sent qu'il y aurait beaucoup de petits faits qui pourraient lui être imputés si les autorités parvenaient à mettre la main sur lui. La Gestapo connaît son vrai nom, mais il espère qu'ils n'ont pas sa description. Il déclare que, contrairement à d'autres organisations, les giraudistes n'envoient pas les prisonniers de guerre dans le maquis mais ils essaient de leur trouver un travail qui leur assure une couverture en même temps qu'une activité rémunératrice. Tous les officiers et sous-officiers réguliers sont à tout moment à la disposition de l'armée clandestine, et peuvent être envoyés dans un groupe les réclamant [...]. Beaucoup de Français n'ont pas voulu rejoindre un mouvement de résistance, car ils pensaient que ce n'était pas le moment de soutenir un camp politique plus qu'un autre. Ils voulaient combattre les Allemands, mais avaient peur qu'en cas d'engagement déclaré dans un camp ou un autre, ils se retrouveraient à combattre des Français.

Les giraudistes sont loyaux à l'égard de l'armée française et à l'égard de son actuel chef, le général Giraud, mais c'est l'armée française qu'ils soutiennent et non son chef personnellement, et si de Gaulle devait demain en devenir le chef, ce serait à lui qu'ils feraient allégeance.

Contact avec d'autres organisations

Interrogés sur leurs liaisons avec les gaullistes, la source[1] a répondu qu'ils devaient unir leurs forces pour le jour J, sinon avant. Il n'y a pas actuellement de liens entre giraudistes et gaullistes dans la zone sud, bien que beaucoup d'entre eux se connaissent personnellement et soient en meilleurs termes.

1. L'expression « la source » désigne indifféremment Du Passage ou Mitterrand.

Ils veulent tous faire la meilleure utilisation du petit stock d'armes et d'explosifs dont ils disposent, et cela ne peut être possible que dans le cadre d'une coopération entre les deux camps. [...]

Les maquis

La source admet que les maquis sont en grande partie gaullistes. [...] Malgré cela, il existe quelques maquis à prédominance giraudiste. Il y en a en Haute-Savoie, dans les Basses-Alpes et dans la région de Toulouse [...]. Il n'y a pas de recrutement pour le maquis. Ne s'engagent que ceux qui sont recherchés par la police et ceux qui ont effectué un travail de résistance, comme un sabotage. La source est résolument opposée à l'envoi d'hommes dans des camps d'entraînement. Les giraudistes tiennent cette vie dans le maquis pour inutile.

Couverture pour les résistants

Les giraudistes ont infiltré plusieurs branches de l'administration officielle notamment les EAUX ET FORÊTS, et, avec la complicité de quelques fonctionnaires, une large part d'entre eux ont un emploi fictif qui leur permet de ne pas être dans la clandestinité. [...] La source ne pense pas que le maquis sera d'un grand secours aux Alliés le jour J. Les armes, leur utilisation, le ravitaillement, l'argent et les vêtements leur manquent, aussi bien que le sens de la discipline. À moins qu'ils aient à entreprendre un travail de résistance contre les Allemands dans un faible rayon autour de leur camp, le moyen de transporter disons 2 000 hommes se révèle tellement irréalisable qu'il peut de ce fait ne pas y avoir de résistance du tout. [...]

21 janvier 1944, télégramme de F à X en copie à FP

« J'ai vu notre ami "MONIER" hier.

Je lui ai expliqué dans les grandes lignes les plans pour travailler avec des prisonniers de guerre français et des travailleurs en Allemagne dont nous avons déjà discuté, et j'ai suggéré qu'il devrait coopérer avec nous plutôt que de jouer son propre jeu.

Il est ravi et va me transmettre des moyens de contact (6 adresses qui doivent seulement être utilisées après que la France est libérée – merci de noter FP). L'idée est que nous fournissions des agents qui iraient dans les Arbeitskommandos ou Wehrkreise grâce aux informations données par l'organisation MONIER. »

27 janvier 1944, lettre (en français) du lieutenant-colonel Maurice Buckmaster à Londres adressée à Monsieur F. Monier

« Mon cher Monier,

J'ai bien reçu votre lettre du 24 janvier avec les adresses dont vous m'avez parlé mercredi.

Je vous remercie vivement de m'avoir donné ce renseignement qui sera – j'en suis sûr – très utile à notre lutte.

Croyez, Monsieur, à l'assurance de mes sentiments les meilleurs. »

Sources

TNA : PRO HS 9/1044/4, « François MITTERAND aka[1] François Jacques MONIER aka François MORLAND aka Jacques André LAROCHE – born 26.10.1916 »

Pour en savoir plus

Azéma Jean-Pierre et Wieviorka Olivier, *Vichy 1940-44*, Perrin, 1997.
Péan Pierre, *Une jeunesse française*, Fayard, 1994.
Vergez-Chaignon Bénédicte, *Les Vichysto-résistants, de 1940 à nos jours*, Perrin, 2008.

1. « Alias » en français (abréviation de *also known as*).

LA VICTOIRE DE BAYEUX

Nous sommes maintenant à l'été 1944, avec les troupes britanniques qui, dans les jours suivant le *D-DAY*, progressent difficilement dans le bocage normand et les villes dévastées par les bombardements et les combats. Parmi elles, des officiers de renseignement chargés de collecter un maximum d'informations sur l'accueil du général de Gaulle par les populations. Celui-ci est *« partout chaleureux et amical »*, comme le constate l'un d'eux. Une information de première importance pour les Alliés car la tension avec le général de Gaulle a atteint son paroxysme dans les jours précédant « Overlord ». Roosevelt refuse en effet que le Comité français de libération nationale [1], qui représente le pouvoir central français et que dirige de Gaulle, soit responsable de l'administration des territoires français libérés. En effet, le président des États-Unis a décidé, dans un premier temps, que la France sera placée sous l'autorité d'un AMGOT [2], un régime d'occupation dirigé par les militaires alliés. Les Américains ont même formé à Charlottesville des administrateurs civils destinés à prendre la place des préfets. Ils ne veulent pas non plus que le Comité émette de l'argent en territoire libéré – ce qui serait une reconnaissance de sa légitimité – et ils ont donc imprimé leurs propres billets de banque qui seront distribués aux soldats [3]. Enfin, une proclamation signée du général Eisenhower qui dirige les opérations sera

---

1. Le Comité français de libération nationale (CFLN), créé le 3 juin 1943, est l'organe gouvernemental français rassemblant le Comité national français de Londres dirigé par le général de Gaulle et le Commandement civil et militaire d'Alger dirigé par le général Giraud qui en sera bientôt écarté. Le CFLN devient, le 3 juin 1944, le Gouvernement provisoire de la République française.

2. « Allied Military Governement in Occupied Territories ».

3. Ceux-ci seront modérément utilisés par les Normands et retirés de la circulation à partir du 27 juin sur ordre de De Gaulle.

lancée au-dessus de la France mais elle ne fait état ni du Comité, ni du général de Gaulle.

La position de Churchill est plus compliquée. Avant tout soucieux de ne pas déplaire à son puissant allié d'outre-Atlantique, il a passé les mois précédents à tenter de faire plier de Gaulle, mission hautement impossible. Deux jours avant le débarquement, celui-ci accepte de venir d'Alger, siège de la France libre, à l'invitation du Premier ministre britannique. Bien évidemment, il sait, ne serait-ce que par les écoutes de ses services, que le débarquement est imminent même s'il n'a pas été officiellement prévenu. Lors de leur entrevue, dans le train du Premier ministre britannique stationné à proximité de la gare de Portsmouth afin de le rapprocher du théâtre des opérations, la discussion devient vite explosive. De Gaulle refuse de parler de politique, lui qui, depuis neuf mois, a fait des propositions aux Alliés au sujet de l'administration de la France et n'a toujours pas obtenu de réponse. *« Il y a nous ou bien le chaos »*, a-t-il dit quelques jours plus tôt à Alfred Duff Cooper, ambassadeur britannique à Paris de 1944 jusqu'en 1948, chargé de la liaison avec le Comité. Churchill est fou de rage et hurle alors cette phrase restée célèbre : *« Sachez-le ! Chaque fois qu'il nous faudra choisir entre l'Europe et le grand large, nous serons toujours pour le grand large. Chaque fois qu'il me faudra choisir entre vous et Roosevelt, je choisirai toujours Roosevelt ! » « Il m'a fait venir dans son train [...] comme un châtelain sonne son maître d'hôtel »*, dira plus tard de Gaulle. Après cette rencontre, Churchill, fulminant, bouillant de colère, songe même à le faire arrêter.

Mais tout cela ne serait guère raisonnable et les diplomates du Foreign Office, plus réalistes que le Premier ministre qui cède souvent à ses rancœurs, veillent. Ils connaissent la légitimité de De Gaulle auprès des Français, ont besoin d'une administration stable en France pour maintenir la cohésion d'un pays sur le point de connaître la plus grande opération militaire de tous les temps et savent qu'il n'est plus le général isolé de 1940. Depuis le débarquement en Afrique du Nord, la nouvelle armée française, forte de 400 000 hommes, s'est vaillamment battue sur tous les fronts et notamment en Italie. De Gaulle est également à la tête d'un vaste empire, enfin – et surtout – il bénéficie du soutien de la presse et des députés britanniques qui ne comprennent pas que son mouvement ne soit pas officiellement reconnu. Finalement autorisé à se rendre en Normandie, il prononce, le 14 juin, son discours de Bayeux. Il a été accueilli dans la ville par François Coulet[1], parachuté quelques jours plus tôt dans la région et qui est le premier commissaire de la République installé en France libérée. Les Alliés doivent se rendre à l'évidence. Tous les rapports qui convergent vers eux sont à l'image de celui que nous publions ici : « *De Gaulle cristallise les forces de la Résistance et a toujours été un symbole d'espoir pour les Français opprimés* », y explique l'évêque de Bayeux à un officier de renseignement britannique. Quatre ans, presque jour pour jour, après son départ vers la Grande-Bretagne, seul, isolé, mais résolu, le général de Gaulle a gagné. Cette « certaine idée » qu'il avait de la France a triomphé.

26 juin 1944, « Opinion in liberated France. Memorandum by the Secretary of State for Foreign Affairs »

« Je fais circuler auprès de mes collègues un rapport sur l'attitude des populations françaises en Normandie libérée qui a été préparé à mon intention et fourni par des sources de première main par le biais du haut quartier général du corps expéditionnaire allié.

"Attitude de la population civile dans la Normandie libérée"

Les notes suivantes ont été rassemblées à partir de rapports reçus des officiers de renseignement anglais du haut quartier général du corps expéditionnaire allié et du 21e Army Group, qui ont sillonné les zones de combat durant les dix derniers jours.

[...]

L'accueil du Général de Gaulle

Il faut garder à l'esprit que les habitants du nord-ouest de la Normandie ont peut-être moins souffert de la guerre que le reste

1. François Coulet (1906-1984), diplomate mais aussi homme d'action, a rejoint la France libre dès juin 1940.

de la population française. Ce sont pour la plupart des fermiers prospères, extrêmement conservateurs et attachés à l'esprit presque sectaire de l'Église catholique romaine. En politique, ils sont capables de qualifier de communiste le premier à n'avoir pas la même opinion qu'eux, et ils ne se lassent jamais d'évoquer les injustices du Front populaire. Il est ainsi très intéressant d'apprendre que le général de Gaulle a reçu partout un accueil chaleureux et amical. C'est l'opinion des officiers du service de renseignements qui l'ont suivi, ont été les témoins de ses visites ou qui se sont adressés aux habitants des villes et villages dans lesquels il se rendait. L'accueil n'était certainement pas prodigieux, que ce soit à Bayeux ou dans les autres régions, mais les Normands ne sont pas de nature démonstrative. Les photographies de sa visite à Bayeux qui ont été publiées dans la presse donnent une image fidèle de son accueil. Les habitants sortaient dans les rues pour l'acclamer et il ne fait aucun doute que tous se réjouissaient de le voir. Concernant un village où le général Charles de Gaulle ne s'est pas rendu et qui n'avait absolument pas été ravagé par la guerre, un officier anglais bilingue du service des renseignements ayant longtemps vécu en France note qu'“il n'y a pas de haine furieuse contre les Allemands ou d'enthousiasme fervent pour le général de Gaulle, mais la grande majorité est en faveur du gouvernement provisoire du Général, à défaut d'un meilleur choix”. Le curé et le maître d'école de ce village ont déclaré tous les deux être partisans du général de Gaulle : le peuple ne veut pas d'un dictateur mais d'un gouvernement autoritaire d'après-guerre pour réorganiser le pays. La seule personne du village à s'opposer au général de Gaulle était, note ce spécialiste, un vieux châtelain, royaliste et ancien officier de cavalerie, qui admirait Pétain, mais aurait voulu que la Grande-Bretagne apporte de l'ordre à la France. Il n'avait aucun partisan. Le même spécialiste dit que l'accueil du général de Gaulle a été plus fervent à Isigny et dans les zones dévastées qu'à Bayeux, ajoutant qu'on observait là-bas de véritables scènes d'émotion. Il souligne que les civils blessés que le général de

Gaulle a rencontrés à l'hôpital de Bayeux ne se plaignaient pas mais, au contraire, estimaient l'action des Alliés nécessaire. Quant aux groupes de résistants, on a rapporté qu'ils étaient extrêmement satisfaits de l'accueil du Général [...].

Annexe. Les réactions suscitées par de Gaulle

La région de Bayeux est majoritairement conservatrice et catholique ; l'Église catholique romaine y exerce une grande influence. L'évêque de Bayeux – qui est l'une des personnes les plus influentes de cette région, avec les paysans et la bourgeoisie – m'a confié : "Nous détestons les Allemands et nous souhaitons entretenir avec les Alliés les meilleures relations possibles. Concernant l'autonomie du gouvernement, nous exigeons une indépendance totale. De Gaulle cristallise les forces de la Résistance et a toujours été un symbole d'espoir pour les Français opprimés. Cependant, nous en savons peu sur son entourage et nous espérons qu'il ne sera pas influencé par des extrémistes [...] Dans cette région, nous formons un peuple conservateur, où les paysans sont très attachés à leur propriété et ont le communisme en horreur." Il n'est pas gaulliste mais estime que la France doit avoir un gouvernement, que seul de Gaulle peut lui offrir.

Dans les grandes lignes, le maire et son adjoint sont du même avis et, bien qu'étant tous deux conservateurs et pratiquants, ils s'inquiètent, à l'instar de l'évêque, de savoir vers quel type de gouvernement de Gaulle a l'intention de les entraîner.

L'"Inspecteur Primaire" de l'arrondissement, comme on pouvait s'y attendre, est un gaulliste. Il dit que la plupart des enseignants ne sont pas du Front populaire. Beaucoup sont conservateurs et vont à l'église, mais tous reconnaissent combien de Gaulle leur est nécessaire.

Le "Président du Tribunal" hésite à s'engager lui-même et est indubitablement inquiété par l'aspect légal de la situation actuelle. Je crois qu'il a été nommé par le régime de Vichy.

Maître Huet, un éminent avocat, dit que les gens voulaient avoir à nouveau le sentiment d'être les maîtres chez eux et qu'ils avaient naturellement besoin d'un gouvernement pour cela. Il considère que les personnes les moins fidèles au pays étaient environ au nombre de 12 %, des commerçants qui ont volontairement et ouvertement négocié avec l'ennemi, comme certains des plus riches propriétaires. Il ne voit pas d'alternative à de Gaulle.

Le "Percepteur" (M. Desprès) partage son opinion. Il dit que les Alliés devaient aider à faire baisser les prix. Les Allemands avaient tant d'argent à dépenser que les prix augmentaient tandis que le marché noir florissait. Il disait également que les fonctionnaires ne voulaient rien d'autre que faire leur devoir dans "la dignité et le respect", mais qu'ils devaient pour cela avoir un gouvernement.

M. André, un important fermier, est un conservateur pratiquant. Il est un des membres de la Résistance mais ses idées n'ont rien d'extrême. Il soutient naturellement de Gaulle et s'oppose à un quelconque retour du Front populaire. Il insiste sur le fait que tout ce qui pourrait mettre en danger la sûreté des propriétés des agriculteurs serait fatal.

M. Morlent, qui possède l'usine locale de porcelaine, critique les commerçants qui travaillaient volontairement avec l'ennemi. Il est du côté de De Gaulle mais espère que son gouvernement ne fera rien qui entraverait la reprise économique.

Le directeur du collège, grand blessé de la dernière guerre, rapporte que ses professeurs et élèves se prononçaient en faveur de la reconnaissance de l'autorité de De Gaulle. C'était la seule solution. Le docteur Des Prairies et d'autres éminents médecins partagent la même opinion.

Dom Aubour, un moine bénédictin, qui circule beaucoup parmi les paysans, dit qu'il serait absurde de ne pas reconnaître la légitimité de De Gaulle, mais les propriétaires espèrent que l'intervention des communistes et des radicaux comme Pierre Cot dans le gouvernement provisoire ne marquera pas le retour du Front populaire. Toute initiative dans cette direction serait ressentie avec amertume. Il insiste sur le fait que la majorité du peuple place toujours une confiance inaltérable dans les Britanniques, censés les libérer ; il espère que rien ne sera fait à l'encontre de cette bonne volonté. Il rapporte qu'il a rendu visite la veille à un paysan dont les pommiers à cidre avaient été abattus pour faire place à une piste d'atterrissage. Sachant combien ce propriétaire était attaché à son domaine, il l'interrogea à ce sujet. Le paysan lui a confié : "Tout va bien, c'est ma contribution à la guerre. Il faut ça [...]."

Tous ou presque insistent sur le besoin qu'a la France, dans un futur proche, d'un gouvernement non pas dictatorial mais autoritaire pour restaurer l'ordre et ramener la prospérité. Selon l'expression de l'un d'eux, l'homme qui donnera "sens à la dignité nationale, ordre et nourriture" sera respecté. Ils soulignent que les Français ont besoin de ressentir à nouveau un sentiment de souveraineté autant que ceux des villes et des campagnes appauvries ont besoin de nourriture. Les Alliés ne devraient rien faire contre ce sentiment de dignité nationale. »

Sources

TNA : PRO CAB 66/51/46, « Opinion in Liberated France. Memorandum by the Secretary of State for Foreign Affairs »

Pour en savoir plus

Gaulle Charles de, *Mémoires de guerre*, Omnibus/Plon, 1994.
Kersaudy François, *De Gaulle et Churchill*, Tempus, 2003.
Kersaudy François, *De Gaulle et Roosevelt, le duel au sommet*, Tempus, 2006.
Peyreffite Alain, *C'était de Gaulle*, tome II, Fayard, 1997.

LE BRILLANT GÉNÉRAL CHABAN

« Old head on very young shoulders », « une vieille tête sur de très jeunes épaules », si l'on traduit mot à mot, bref, un homme mûr et solide malgré sa jeunesse : c'est la conclusion de la note du SOE consacrée à la fin de l'année 1945 au général de brigade Jacques Chaban-Delmas. Âgé de 30 ans, de son vrai nom Jacques Delmas, le haut fonctionnaire du ministère de la Production à Vichy a fourni des renseignements à la France libre avant d'être nommé membre du Comité financier de la Résistance, puis, en mai 1944, délégué militaire national et général. *« Il devait voyager dans des zones très dangereuses et extrêmement bien surveillées, il était constamment recherché par la Gestapo et la police de sécurité allemande »*, mentionne une autre note. Les Britanniques dressent un portrait élogieux d'un homme qui avait tout, il est vrai, pour être Anglais. Une grande intelligence, le sens de l'humour sans oublier sa carrière d'ancien joueur de rugby et son redoutable coup de raquette au tennis. De quoi le propulser selon eux vers une brillante carrière politique. Les diplomates britanniques avaient vu juste : président de l'Assemblée nationale à trois reprises, premier ministre de Georges Pompidou et maire de Bordeaux de 1947 à 1995, il décède le 10 novembre 2000.

15 novembre 1945, Special Operations Executive, dossier personnel

« Recruté par : BCRA
Vrai nom : Jacques Chaban-Delmas
Âge : environ 30 ans

Nationalité : Française
Description : Grand, brun, élancé, bel homme
Nom de code : ARC
Fiabilité : -A /discrétion : -A

Un des piliers de la Résistance française, occupant le poste clé de chef militaire délégué de la France durant la période critique du débarquement de Normandie. Première mise en contact avec le SOE alors qu'il servait en tant que délégué militaire en zone sud, juste avant de devenir inspecteur des finances de la Résistance française. Son énergie et son tact ont été des facteurs vitaux pour l'unification des efforts de l'Armée secrète. A compris l'importance de tenir au courant les commandants de l'armée britannique de la situation derrière les lignes ennemies après le Débarquement et n'a jamais failli dans sa tâche d'informer des actions de guérilla et de sabotage de la Résistance. Est venu en Angleterre via les opérations de débarquement des 7 et 8 août 1944. A été infiltré derrière les lignes ennemies dans la zone Le Mans-Chartres avant d'arriver sain et sauf le 16 août à Paris, juste à temps pour participer à sa libération. Un bon joueur de tennis et de rugby. Très calme et équilibré et ayant un bon sens de l'humour. Homme courageux disposant d'un cerveau de premier ordre. Une vieille tête sur de jeunes épaules. »

Sources

TNA : PRO HS 9/415/6

Pour en savoir plus

Mousseau Jacques, *Chaban-Delmas*, Perrin, 2000.

« PARIS OUTRAGÉ, MAIS PARIS LIBÉRÉ... »

« Paris, Paris outragé, Paris brisé, Paris martyrisé, mais Paris libéré ! » Tous les Français connaissent au moins le début de ce discours, prononcé de la voix reconnaissable entre toutes du général de Gaulle depuis le balcon de l'Hôtel de Ville, le 25 août 1944, alors qu'on tire encore dans la capitale. Mais c'est la suite qui intéresse les diplomates britanniques : *« Libéré par nous-mêmes, libéré par son peuple, avec le concours des armées de la France, avec l'appui et le concours de la France tout entière, c'est-à-dire de la France qui se bat, c'est-à-dire de la vraie France, de la France éternelle. » « Ce discours était digne des circonstances »*, écrit Ffreebairn Liddon Simpson, troisième secrétaire au Foreign Office le 31 août, sur une copie du discours envoyée au Foreign Office. Ce à quoi l'un de ses collègues, William Mack, conseiller au Foreign Office, ajoute : *« Comme d'habitude, les paroles de De Gaulle sont exactement celles que les Français veulent entendre, même s'ils doivent bien se rendre compte qu'il exagère ce qu'ils ont fait eux-mêmes. »*

Autre discours, celui prononcé deux semaines plus tard, le 12 septembre, au Palais de Chaillot devant le Comité national de la Résistance et le Conseil de libération de Paris, retransmis à la radio française et qui sera publié dans le journal *The Times* le 13 septembre. Cette fois, de Gaulle rend hommage aux Alliés et mentionne spécifiquement l'Empire britannique. Sans rancune. Reste l'avenir, car la politique reprend vite ses droits dans les commentaires des diplomates. Les Britanniques pensent que ce serait une faute que de maintenir l'Assemblée consultative, créée en septembre 1943 pour représenter les forces politiques françaises, et d'attendre la fin de la guerre pour installer une nouvelle assemblée. Richard Langford Speaight, premier secrétaire intérimaire aux Affaires étrangères, estime, le 17 septembre, que *« si le général de Gaulle tente de maintenir l'Assemblée dans cette position subalterne, il donnera un coup de pied dans la fourmilière, mais l'on suppose qu'il est un homme politique trop habile pour faire une chose pareille »*. C'est finalement à l'issue du référendum du 21 octobre 1945 qu'est mise en place l'Assemblée constituante, chargée d'élaborer une nouvelle Constitution.

Le 29 août, le Foreign Office reçoit un télégramme contenant un extrait du journal *France* du 28 août 1944 dans lequel est publié le discours du général de Gaulle prononcé sur le balcon de l'Hôtel de Ville le 25 août. Ffreebairn Liddon Simpson, troisième secrétaire au Foreign Office, y ajoute ce commentaire manuscrit le 31 août :

« Ce discours était digne des circonstances. En voici les points principaux :

(a) C'est un avertissement signifiant que le combat n'est pas encore terminé et une déclaration stipulant que les forces françaises doivent entrer sur le territoire allemand en tant que conquérants ;

(b) L'unité est un devoir national. On s'occupera des quelques traîtres qui sont exclus de la famille nationale conformément à la loi ;

(c) Mais la "grande et noble discipline" d'unité nationale ne veut pas dire que la nation ne doit pas également connaître ses droits ;

(i) Après les événements de 1940, le suffrage universel est le seul moyen acceptable et pratique de connaître la volonté du peuple souverain [...].

(ii) Aucun homme ni aucune femme ne doivent redouter la faim, la pauvreté et les lendemains ;

(d) La France a des droits à l'étranger et n'y renoncera pas. Elle est une grande puissance mondiale et a le droit de figurer parmi les grandes nations qui organisent la paix et la vie du monde.

(e) Le gouvernement fera face aux difficultés à venir. »

William Mack, conseiller au Foreign Office, ajoute à la suite :

« Comme d'habitude, les paroles de De Gaulle sont exactement celles que les Français veulent entendre, même s'ils doivent bien se rendre compte qu'il exagère ce qu'ils ont fait eux-mêmes. »

13 septembre 1944, télégramme n° 14 d'Adrian Holman, ministre plénipotentiaire britannique à Paris depuis une semaine, envoyé au Foreign Office sur le discours du général de Gaulle prononcé le même jour au Palais de Chaillot

« J'ai peur que notre mémorandum sur le discours de De Gaulle n'arrive trop tard et qu'il faudra y apporter beaucoup de corrections, mais n'ayant reçu aucune notification de la part du Foreign Office quant à l'heure d'arrivée de l'ambassadeur au Bourget aujourd'hui, je l'ai attendu pendant deux ou trois heures à l'aérodrome, espérant que tout se passe pour le mieux. Par chance, tout se finit bien. De plus, comme je vous l'ai expliqué dans une autre lettre, il n'y avait pas de sténodactylos ni d'employés administratifs pour la chancellerie. Ainsi nous avons encore des difficultés à fonctionner normalement !

Je suis allé écouter le discours de De Gaulle au Palais de Chaillot hier. Il fut magnifique et seuls les Français pouvaient préparer une “mise en scène” si opportune. La salle était pleine et il y avait de vifs applaudissements. L'allusion à l'Empire britannique donna lieu à un tonnerre d'applaudissements prolongé. Bidault[1], qui ouvrit la cérémonie d'un discours bref, était très ému et, par moments, j'ai eu l'impression qu'il ne pourrait pas continuer. Il resta assis durant le discours de De Gaulle la tête entre les mains. De Gaulle était au mieux de sa forme, il le

1. Georges Bidault (1899-1983), membre de l'organisation de résistance « Combat », il prend la tête du CNR après l'arrestation de Jean Moulin en juin 1943.

savait et en était visiblement content ! Il a atteint un sommet de popularité cet après-midi-là. La cérémonie a duré à peine une heure et il était assez émouvant de voir les rangs de membres de la Résistance, d'apparences physiques variées et la plupart d'origines modestes, qui avaient porté les coups les plus durs de la bataille intérieure au cours des quatre dernières années. »

17 septembre, commentaires de Richard Langford Speaight, premier secrétaire intérimaire aux Affaires étrangères

« Il n'y a pas grand-chose de nouveau dans le discours du général de Gaulle à part peut-être qu'il en a beaucoup fait afin d'exprimer sa gratitude envers l'Empire britannique pour l'aide qu'il avait offert à la France pendant la guerre. Il avait récemment, lors de plusieurs occasions publiques, ostensiblement manqué de nous rendre justice et il est satisfaisant qu'il considère sa position assez forte maintenant pour se montrer plus généreux. [...] L'emphase autour du besoin de la France de retourner rapidement à sa place d'avant guerre en Europe et de jouer un rôle important dans l'organisation de l'Allemagne future est maintenant un thème qui court dans chacune de ses déclarations publiques. [...] En ce qui concerne les affaires intérieures, il est assez surprenant que dans son discours – tout comme dans sa discussion avec M. Holman quelques jours auparavant – il parlât comme si l'Assemblée Consultative continuerait d'exister avec ses pouvoirs restreints actuels et sans grands changements dans sa constitution jusqu'à ce que l'Assemblée nationale Constituante soit élue après la fin de la guerre et le retour des prisonniers. [...] Si le général de Gaulle tente de maintenir l'Assemblée dans cette position subalterne, il donnera un coup de pied dans la fourmilière, mais l'on suppose qu'il est un homme politique trop habile pour faire une chose pareille. »

Sources

TNA : PRO FO 371/41933, « Speeches by General de Gaulle »

Pour en savoir plus

Dansette Adrien, *Histoire de la Libération de Paris*, Fayard, 1946.

L'HOMME QUI SAUVA STÉPHANE HESSEL

« Yeo-Thomas ? » Au téléphone, Stéphane Hessel, surpris, marque d'abord un temps d'arrêt : *« C'est lui qui m'a sauvé la vie à Buchenwald. Je me demande encore aujourd'hui pourquoi il m'a choisi parmi tous les autres. C'est mon drame*[1]*... »* Ce 8 août 1944, Forest Frederick Edward Yeo-Thomas, agent du Special Operation Executive (SOE) britannique, est extrait de sa cellule de la prison de Fresnes et se retrouve avec le jeune lieutenant Stéphane Hessel dans un train qui part pour Buchenwald : *« Cela se passait quelques jours avant la libération de la capitale. Nous étions trente-sept, membres du SOE ou résistants ayant commis des actions importantes, poursuit-il. Nous sommes arrivés le 15 août à Buchenwald. Deux semaines après, seize membres du groupe ont été appelés et pendus dans la cave du four crématoire puis, peu de temps après, onze autres fusillés. Entre ces deux exécutions, Yeo-Thomas, avec l'aide de deux prisonniers allemands, avait négocié avec le médecin SS du camp en lui disant que la guerre était finie pour eux et que, s'il nous aidait, nous lui ferions des certificats attestant qu'il avait facilité l'évasion d'officiers alliés. Nous avons pris la place de détenus français morts du typhus. Le médecin avait dit à Yeo-Thomas deux personnes, il en a obtenu trois, il voulait qu'on en sauve le plus possible quitte à lui-même laisser sa place. »* Séparés et ensuite envoyés dans des camps de travail, les deux hommes parviendront à s'évader, au terme d'improbables odyssées, et à regagner les lignes alliées.

« Il me faut dire, dès maintenant, que personne, dans les rangs britanniques, ne fit plus pour nous aider que Yeo-Thomas », a écrit le colonel Passy[2], chef du BCRA, les services secrets de la France libre. Et

1. Entretien avec l'un des auteurs, le vendredi 16 décembre 2011.

2. Cité dans la préface du livre *Le lapin blanc*, biographie de Yeo-Thomas de Bruce Marshall (Gallimard, 1953).

pourtant qui connaît Forest Frederick Edward Yeo-Thomas, ce Britannique qui a tant fait, et tant souffert, pour la cause de la France ? En septembre 1939, Forest Frederick Edward Yeo-Thomas, citoyen britannique parfaitement francophone, est directeur commercial de la maison de couture Molyneux à Paris. Il vient d'avoir 38 ans et s'engage dans l'aviation britannique où, pendant la drôle de guerre, il est officier de liaison avec l'armée française. Ayant réussi à regagner l'Angleterre après la défaite, il est versé au SOE, service d'action qui doit opérer dans les territoires occupés en suivant ce simple mot d'ordre de Churchill : *« Mettez le feu à l'Europe* [1] *! »* Membre de la branche RF [2] du SOE, il travaille avec le BCRA et forme alors un trio avec deux des plus célèbres personnages de la Résistance, le colonel Passy et Pierre Brossolette [3]. *« Je connaissais déjà Yeo-Thomas pour l'avoir rencontré à Londres,* reprend Stéphane Hessel. *Je travaillais pour le BCRA sous les ordres de Brossolette. Yeo-Thomas parlait le Français comme vous et moi et une bonne partie de sa famille était française, d'où une francité incontestable. Il n'était pas très grand, plutôt trapu, avait un grand sens de l'humour, une physionomie très avenante, c'était un grand séducteur. Passy, Brossolette et lui étaient très proches. »*

Le 26 février 1943, Yeo-Thomas et Passy sont parachutés en France et rejoignent Pierre Brossolette pour l'opération « Arquebuse-Brumaire » destinée à rencontrer tous les chefs des réseaux de résistance de la zone occupée, estimer leurs forces et unifier leur commandement. Le 12 avril, ils tiennent une réunion avec Jean Moulin (voir chapitre « REX ») et le général Delestraint [4], nommé chef de l'Armée secrète par le général de Gaulle. À leur retour en Angleterre, le Général reçoit Yeo-Thomas le 20 mai pour le remercier de son action et le récompense de la croix de guerre avec palme. Mais, en juin, survient

1. La création du SOE est décidée par un mémorandum du War Cabinet en date du 19 juin 1940 (W.P (44) 570, 13 octobre 1944).

2. Pour la France, le SOE était devisé en plusieurs branches, la RF travaillant avec les Français libres et la F, totalement indépendante, sans relation avec eux.

3. Pierre Brossolette (25 juin 1903-22 mars 1944), Compagnon de la Libération, journaliste et homme politique socialiste, participe à la création des premiers mouvements de résistance en France, rejoint Londres en 1942, est nommé commandant au BCRA. Arrêté par la Gestapo, il se suicide le 22 mars 1944.

4. Général Charles Delestraint (1879-1945), Compagnon de la Libération, nommé, sur recommandation de Jean Moulin, premier chef de l'Armée secrète par le général de Gaulle, arrêté à Paris le 9 juin 1943, torturé puis déporté à Dachau. Le 19 avril 1945, dix jours avant l'arrivée des Américains, il est abattu d'une balle dans la nuque.

la catastrophe de Caluire. Afin de réunifier la Résistance, Yeo-Thomas et Brossolette retournent alors en France pour mener l'opération « Marie-Claire ». Il faut lire le récit et le rapport qu'en fait Yeo-Thomas si l'on veut comprendre le courage de ces hommes hors du commun et les conditions incroyables dans lesquelles ils mènent cette mission historique alors qu'autour d'eux l'ombre de la Gestapo s'épaissit jour après jour.

Cette opération capitale mène les deux hommes dans la nuit du 19 septembre 1943 sur un terrain dans la région d'Angoulême, après un vol sur un Lysander depuis l'Angleterre. Dès l'atterrissage, le manque de moyens se fait sentir. Le danger aussi. « *Entassés dans la voiture (9 hommes et nos bagages). Nous avons démarré et le pneu arrière a éclaté alors que nous traversions un village. Nous avons dû nous arrêter pour changer la roue. Cela causa quelques troubles dans le voisinage mais, menaçant les habitants curieux avec nos armes, nous avons réussi rapidement à les convaincre de fermer leurs volets et d'aller se coucher.* » Dès leur prise de contact à Paris, Yeo-Thomas et Brossolette sont stupéfaits des piètres conditions de sécurité entourant celui qui remplace Jean Moulin, Claude Bouchinet-Serreulles [1], son ancien adjoint. « *Nous avons été effarés par le manque de sécurité et la confiance excessive dont il faisait preuve.* » Ils ne se trompent pas car les arrestations de la Gestapo se multiplient. « *Pendant la période du 8 au 31 octobre ni Brossolette ni moi n'avons pensé que nous y échapperions.* » Yeo-Thomas déjoue à six reprises des tentatives de capture dans les rues de Paris. Mais les deux hommes, malgré les risques, choisissent de continuer leur mission. Une partie est consacrée à la tentative d'aplanir les rivalités à la tête de la Résistance d'alors car ce rapport est aussi un portrait de la pagaille qui règne et que Yeo-Thomas décrit comme « *un chaos absolu* ». « *Dans ces conditions, seule une intervention du Saint-Esprit pouvait produire des résultats* », conclut celui qui signe aussi ses messages « Le lapin blanc [2] », et dont le pseudonyme « Shelley » est devenu aussi célèbre dans la Résistance qu'au sein de la Gestapo.

1. Claude Bouchinet-Serreulles (1912-2000), Compagnon de la Libération. Diplomate, il s'engage dès l'été 1940 dans les Forces françaises libres, est nommé adjoint de Jean Moulin à partir de juin 1943 et échappe au coup de filet de Caluire. Nommé commissaire de la République en mission, il devient en octobre 1944 directeur du cabinet du ministre de l'Intérieur, Adrien Tixier.

2. En français dans les messages radio.

En revanche, ses visites dans les maquis en novembre dans le Lot et l'Ain achèvent de le convaincre que ceux-ci peuvent être une force d'appui déterminante pour le Jour J, cause qu'il plaide inlassablement depuis des mois auprès de ses chefs du SOE. *« Ces maquis organisés pourraient nous offrir un soutien formidable et efficace lors du* D-Day *»*, écrit-il dans son rapport de la mission Marie-Claire. Mais il enrage devant leur manque de moyens, conséquence du faible nombre de parachutages, les Alliés ayant une piètre opinion des capacités de la Résistance. Il quitte la France et revient en Angleterre dans la nuit du 15 au 16 novembre 1943 après avoir gagné un terrain près d'Arras, caché dans un corbillard, une Sten et des grenades à portée de main. Le 3 février 1944, Pierre Brossolette, resté en France, est quant à lui arrêté. Yeo-Thomas décide alors de revenir pour organiser l'évasion de celui qui est devenu son ami. Mais, avant de quitter l'Angleterre, il parvient à rencontrer Churchill pour défendre la cause des maquis. Le 1er février 1944, alors que l'entretien ne devait durer que cinq minutes, les deux hommes parlent près d'une heure ; à l'issue de ces discussions, le Premier ministre britannique, désormais convaincu, met à disposition des maquis tous les moyens nécessaires. C'est ce que Churchill annonce à Emmanuel d'Astier de la Vigerie [1], reçu juste après et venu demander, lui aussi, qu'on aide la Résistance. Et Churchill tiendra parole.

Parachuté dans la nuit du 24 au 25 février 1944, Shelley mène sa troisième mission, « Asymptote ». Le 21 mars, il est arrêté à Paris et torturé pendant deux jours avant d'être emmené au siège de la Gestapo, au 84 avenue Foch. C'est d'une fenêtre du cinquième étage de cet immeuble que, la veille, Pierre Brossolette s'est jeté après deux jours de sévices. La torture que tous redoutent, Shelley la subit encore plusieurs jours avant d'être envoyé à Fresnes, dernière étape sur la route de Buchenwald. Selon l'historien du SOE Michael R. D. Foot, *« il fut terriblement torturé mais ne parla pas »*.

Forest Frederick Yeo-Thomas a physiquement et nerveusement beaucoup souffert. C'est ce qui ressort d'un autre rapport, celui de sa dernière mission, « Outhall », qu'il entreprend, quelques semaines à peine après la fin de la guerre, à partir de juin 1945 : il s'agit de « démonter » les réseaux du SOE et de savoir ce que sont devenus tous ces Français obscurs qui ont aidé, au péril de leur vie, Shelley et

---

1. Emmanuel d'Astier de la Vigerie (1900-1969), journaliste et écrivain, fondateur du mouvement de résistance Libération-Sud et du journal *Libération*. Commissaire à l'Intérieur de la France libre de novembre 1943 à septembre 1944.

Brossolette durant les jours noirs du Paris occupé. Mais aussi, en Allemagne, de tenter de retrouver les criminels de guerre qui ont sévi à Buchenwald et au camp de Rehmsdorf. *« La condition psychologique de Yeo-Thomas est, assez naturellement, vraiment très mauvaise et je pense que nous ne devons pas le harceler pour qu'il nous transmette des histoires et des rapports »*, écrit le 29 août l'un de ses officiers traitants. Le « Lapin blanc » témoigne encore à Nuremberg contre les tortionnaires de Buchenwald. Décoré pour « bravoure exceptionnelle » de la George Cross, la deuxième plus haute distinction dans l'ordre protocolaire britannique, il meurt le 26 février 1964 dans son appartement parisien, quelques mois après avoir été fait commandeur de la Légion d'honneur. *« C'était un véritable héros. Je crois qu'il se savait porteur d'une importante mission »*, conclut Stéphane Hessel.

21 décembre 1943, rapports de la mission Marie-Claire « Missions : YEO-THOMAS/PASSY and YEO-THOMAS/ BROSSOLETTE »

Journal des événements

« Mission Marie-Claire : journal des événements.

Départ : 22 h 30, 18 septembre 1943.

Arrivée : 1 h 30, 19 septembre 1943, sur un terrain dans la région d'Angoulême appelé Serin. Épais nuages et brouillard jusqu'à Poitiers où nous avons aperçu le sol pour la première fois depuis notre départ de Tangmere. L'avion a fait un atterrissage parfait mais nous sommes restés au sol un peu plus longtemps que d'habitude car la valise placée sous le siège était restée coincée. Le terrain était protégé de façon adéquate et le comité de réception efficace mais ils ne s'attendaient pas à obtenir un aussi gros envoi de matériel. Cela posa un problème car le refuge était situé à 40 miles du terrain et il n'y avait qu'une voiture pour nous y emmener ainsi que le comité de réception. On décida donc de se débarrasser d'abord du matériel en le cachant dans une maison désaffectée à environ 15 miles où nous pourrions venir le chercher plus tard, puis de nous emmener au refuge. Nous avons continué jusqu'à un petit chemin et nous nous sommes cachés dans des buissons sous la protection de deux gardes armés de Sten afin d'attendre le retour de la voiture. Vingt minutes après le départ de l'avion un épais brouillard s'est installé. La voiture revint environ une demi-heure après et nous nous y sommes entassés (9 hommes et nos bagages). Nous avons démarré et le pneu arrière a éclaté alors que nous traversions un village. Nous avons dû nous arrêter pour changer la roue. Cela causa quelques troubles dans le voisinage mais, menaçant les habitants curieux avec nos armes, nous avons réussi rapidement à les convaincre de fermer leurs volets et d'aller se coucher. Le pneu de rechange était lui aussi en train de crever et nous avons craint le pire sur le chemin du refuge car il n'y avait pas de pompe dans la voiture et aucun moyen de réparer l'autre pneu. Par chance, nous avons atteint notre but, de justesse, avant que le pneu ne crève complètement. À notre arrivée, un repas copieux nous attendait et nous nous sommes reposés jusqu'à 16 heures. Nous avons continué jusqu'à Châteauneuf, dans une voiture hippomobile, afin de prendre un train pour Angoulême. [...] En raison du couvre-feu nous avons dû attendre sur le quai jusqu'à lundi matin, 1 h 30, heure d'arrivée de notre train. Nous avons atteint la gare d'Austerlitz, Paris, à 7 heures, avons bu une tasse d'ersatz de café et établi le contact avec notre première planque, on nous a donné le feu vert et nous nous sommes installés à 8 heures. [...]

Dans l'après-midi, nous avons contacté Sophie[1] et nous avons planifié une réunion pour le lendemain matin à 10 heures. [...] Avant mon départ j'avais envoyé une note afin de prévenir Oyster[2] de mon voyage. J'ai ainsi laissé un mot dans une boîte aux lettres dont le choix avait été fixé à l'avance pour organiser une réunion avec lui. Mardi 21 septembre, Brossolette et moi-même avons eu notre première rencontre avec Sophie dans son

1. Claude Bouchinet-Serreulles.

2. Pour savoir qui étaient ces personnages de l'ombre qui ont caché et aidé les membres des missions « Arquebuse » et « Marie-Claire », il faut se reporter aux ouvrages indiqués dans la bibliographie.

refuge de la rue de la Pompe. Nous avons été effarés par le manque de sécurité et la confiance excessive dont il faisait preuve, particulièrement lorsque nous avons appris que son secrétariat était situé à moins de 100 yards de notre lieu de rendez-vous. Après deux heures de discussion, nous nous sommes arrangés pour convenir d'une liaison régulière. [...] Nous avons quitté Sophie après avoir fixé une réunion le lendemain matin à 10 heures pour rencontrer Necker[1]. Dans l'après-midi, j'ai reçu une note d'Oyster organisant un rendez-vous à 9 heures dans la matinée du vendredi 24 septembre. Brossolette et moi avons passé le reste de la journée à établir des contacts et mettre sur pied un réseau de cachettes pour la suite. [...]

En écrivant le rapport ci-joint, il y a un certain nombre de points que je n'ai pas inclus car si jamais il était transmis au FFC, je pense qu'il serait préférable d'occulter certaines informations.

Le premier, qui me semble d'un grand intérêt pour nous, est le fait que, du point de vue de la piétaille, voire d'un certain nombre de ceux ayant des positions plus élevées dans la Résistance, le Comité français de libération nationale à Alger n'est pas considéré comme représentatif de la France. [...] Il n'y a aucun doute qu'il existe une méfiance et une opposition considérables vis-à-vis de ce CNFL. On m'a également expliqué que la seule importance de ce Comité était celle que les gouvernements britannique et américain y attachaient.

La nomination de Bernard d'Astier de la Vigerie[2] *(sic)* en tant que ministre de l'Intérieur a certainement déplu à beaucoup. [...]

À la lecture des deux paragraphes ci-dessus, vous ne serez pas surpris d'apprendre que j'ai entendu de tous côtés de sévères critiques à l'égard de l'entourage du général de Gaulle. Ces

1. Jacques Bingen (16 mars 1908-12 mai 1944), Compagnon de la Libération, rejoint la France libre dès 1940 puis, après l'arrestation de Jean Moulin, est délégué du général de Gaulle auprès de la Résistance intérieure française. Capturé par la Gestapo le 12 mai 1944, il se suicide.

2. « Bernard » était l'un des pseudonymes d'Emmanuel d'Astier de la Vigerie.

critiques, toutefois, ne visent pas le général de Gaulle lui-même, mais témoignent d'un regret que le symbole de la résistance française doive souffrir la présence de tant "de vieilles badernes et de carriéristes". Le sentiment antijuif a également beaucoup augmenté depuis ma dernière visite. »

Rapport de la mission Marie-Claire

« J'ai l'honneur de soumettre le rapport de la mission qui me fut confiée par les instructions opérationnelles du 06/09/43. Les détails matériels de la mission font l'objet d'un rapport séparé. J'ai fait tout mon possible pour assurer que mon rapport soit entièrement objectif et qu'il ne soit influencé par aucune opinion personnelle ou parti pris. J'insiste sur ce fait car je n'ai aucune rancune personnelle envers Sophie ou Necker, même si j'étais fortement opposé au départ de ce dernier sur le terrain.

Le jour de notre arrivée à Paris (20/9/43) mon compagnon (Cdt Brossolette) est entré en contact avec Sophie qui ne nous attendait pas. Comme je l'ai expliqué dans mon courrier du 18 octobre, nous avons été tous deux consternés par l'ambiance générale de son entourage. Nous avons trouvé Sophie dans un état d'esprit dangereusement complaisant, supportant mal notre arrivée sur le terrain et résolu à nous rendre les choses le plus difficiles possible.

Au cours de notre conversation, Sophie fut incapable, ou peu disposé à répondre à beaucoup de nos questions. Cette situation nous découragea d'autant plus que d'après les nombreux télégrammes que nous avions lus à Londres, félicitant Sophie de son travail, il avait les choses bien en main, alors que ce que nous avons trouvé ressemblait plutôt au chaos absolu.

À la suite de ce premier contact, nous avons été effarés par l'absence de sécurité. À la fin de notre conversation, nous avons organisé une nouvelle rencontre avec Sophie, le lendemain, en compagnie de NECKER. Brossolette et moi-même nous sommes alors occupés d'autres affaires touchant à notre installation. Nous avons décidé qu'il serait imprudent de compter sur une aide importante et que nous ferions mieux de ne dépendre que de nous-mêmes.

Le lendemain, nous avons rencontré Sophie et Necker, comme convenu. Après avoir écouté Necker, qui est un spécialiste des propos abstraits à rallonge, nous n'avions pas la moindre idée de ce dont il avait parlé, et nous doutions fortement qu'il le sache lui-même. Malgré nos efforts, nous n'avons pas réussi à obtenir de réponses à nos questions concernant la progression de l'aide paramilitaire ; la seule déclaration d'une certaine consistance que nous avons réussi à obtenir fut que nous avions grossièrement exagéré les dangers du travail clandestin et que nous étions tous deux anxieux et peut-être apeurés. Une confiance exagérée se dégageait de lui et nos amis nous montrèrent clairement qu'ils considéraient notre insistance sur la question de la sécurité assez puérile. Nous avons alors demandé à Sophie de nous mettre en contact avec HUSSARD (Col MORINAUD), les officiers délégués militaires de la région, les dirigeants des mouvements et les dirigeants du BOA[1]. Sophie promit de faire le nécessaire avec assez de réticence et prit soin de nous informer qu'il faudrait du temps pour établir ces contacts. [...] Brossolette et moi-même sommes partis très inquiets et avec de sombres pressentiments. Jeudi 23 septembre HUSSARD, que nous étions supposés rencontrer, disparut, sans explications, et nous étions presque certains qu'il avait été arrêté. Ni Sophie ni Necker ne semblaient très perturbés. [...] Entre-temps, j'avais contacté BEL (OYSTER) et organisé une rencontre. Brossolette était présent lors de notre entretien qui mit en évidence toute l'étendue du mal causé par l'incompétence de Sophie. Au cours de ce premier contact, BEL nous informa qu'il en avait profondément marre de Sophie. [...] Toutefois, aucun de nous n'était prêt à croire ses déclarations sans preuve et nous lui avons

1. Bureau des opérations aériennes.

demandé de nous mettre en contact avec ROD, AMPÈRE, GALILE, MARIOTTE, CLO et SOLDAT. [...]

Le vendredi 24 septembre, nous avons de nouveau rencontré Sophie et Necker, mais Sophie ne nous donna aucun des contacts que nous lui avions demandés et encore moins d'informations. [...]

Le 25 septembre, les membres du secrétariat furent arrêtés par la Gestapo, et notre propre demeure avait déjà été découverte suite à l'arrestation d'un agent de liaison. Par chance, nous avions eu des doutes et étions partis à 23 heures. La Gestapo arriva à 6 heures le lendemain matin. [...]

La chute du secrétariat et l'arrestation de la plupart de son personnel nous semblaient un problème sérieux, mais lorsque nous avons vu Sophie le dimanche, il était très peu perturbé. [...]

Après le 26 septembre, le rythme des activités de la Gestapo augmenta et atteignit son comble et chaque jour apporta son lot de mauvaises nouvelles. [...] Nous avons passé les trois premières semaines à tenter d'évaluer au mieux la situation et à fuir la Gestapo.

La première tâche fut de mettre fin au conflit entre notre organisation BOA et les autres mouvements de résistance, qui prenait des proportions énormes ; nous y sommes parvenus comme je l'ai expliqué dans mon premier rapport du 18 octobre. [...]

Jusqu'alors, nous n'avions réussi à contacter aucun des officiers delegués militaires de la région. Nous avons essayé de le faire à travers BEL qui nous mit finalement en contact avec MARIN (région de Paris), mais nous n'avons réussi à contacter FANTASSIN, ARCHER ou PIQUIER que beaucoup plus tard et par chance. [...]

Un jour, je suis tombé par hasard sur FANTASSIN dans le métro. Il était ravi et m'expliqua qu'il avait essayé pendant longtemps d'entrer en relation avec nous mais que Sophie ne l'avait pas aidé. J'organisai alors une rencontre avec FANTASSIN, le lendemain, accompagné de Brossolette. Lors de cet entretien, FANTASSIN fit un portrait très sombre de la situation dans sa région, accusant Sophie de ne donner aucun contact [...] et de faire avancer ses ambitions personnelles au détriment de la Résistance. Il insista particulièrement sur le manque de prudence de Sophie et expliqua que, selon lui, Sophie était un danger et devrait être fusillé !!! Brossolette et moi fûmes frappés par sa vigilance et sa sincérité. [...] Nous avons pris immédiatement les mesures nécessaires afin de mettre FANTASSIN en contact avec LENORMAND, JOSEPH et le col LANGLOIS. Ses contacts furent très satisfaisants bien que Sophie tentât de saboter la réunion avec LANGLOIS. [...]

Il fallait alors s'occuper d'une autre cause d'insatisfaction ; depuis notre visite précédente, la seule évolution avait été la nomination des dirigeants régionaux. Ces choix ayant été entérinés, personne ne semblait plus s'intéresser à l'affaire et rien n'était tenté afin de poursuivre la mise en place d'organisations sous-régionales. Le Comité militaire présidé par le col LANGLOIS se réunissait à des intervalles variables, discutait longtemps, rédigeait des comptes rendus et, estimant qu'il avait justifié ainsi son existence, ne transformait ensuite aucune des décisions en action et n'avisait personne des conclusions auxquelles il était arrivé. Dans ces conditions, seule une intervention du Saint-Esprit aurait pu produire des résultats. [...]

J'avais de plus en plus hâte d'assister à une réunion de ce "Comité militaire" afin d'aplanir ces problèmes et je pressai Sophie de l'organiser, mais il restait très évasif et fit tout son possible pour repousser ce jour fatidique. Brossolette et moi travaillions dur mais nous étions très insatisfaits de notre progression car nous étions empêchés à tout moment, devions établir les contacts tout seuls et nous avions le sentiment que la Gestapo resserrait son étau autour de nous d'heure en heure. Pendant la période du 8 au 31 octobre, ni Brossolette ni moi n'avons pensé que nous y échapperions. [...]

Confrontés à une situation de plus en plus critique, Brossolette et moi avons pris les choses en main et considéré les deux options suivantes : devrions-nous arrêter nos activités, nous cacher et attendre que la situation se soit calmée ou devrions-nous, au contraire, connaissant les risques, intensifier nos activités et faire le plus de choses possible avant d'être probablement arrêtés ?

Nous avons, selon nous à juste titre, opté pour le deuxième plan d'action. Notre raisonnement résultait du fait que, pour préserver le "moral", nous refusions d'être perturbés par l'offensive de la Gestapo, ce qui encouragerait ceux qui se tournaient vers nous pour des conseils ; que notre devoir était de remplir notre mission malgré les obstacles ; enfin, que nous adoptions la première ou la deuxième option, la marge de sécurité était si faible qu'on ne courrait guère plus de danger en intensifiant notre activité. [...]

Du côté des mouvements de la Résistance, nous avons réussi à contacter LENORMAND, JOSEPH, LEBRETON, LORRAIN et SALAR. Grâce à LORRAIN, je réussis à contacter JÉRÔME, "chef national du maquis" et, suite à une conversation très intéressante avec ce dernier, je décidai que la visite de plusieurs des maquis serait utile. Je convins ainsi avec JÉRÔME que je quitterais Paris le 2 novembre pour l'accompagner pendant trois jours. [...]

Le 27 octobre la réunion tardive du "Comité militaire" a eu lieu. [...]

Le 2 novembre, je suis parti pour le maquis, retrouvant Jérôme à Cahors. J'ai visité avec lui deux camps dans le département du LOT et de là nous sommes allés à Lyon où nous nous sommes séparés. [...] Après avoir quitté Jérôme, je suis allé à un autre camp dans le département de l'Ain. J'ai été très impressionné par ce que j'ai vu et si les camps que j'ai visités sont représentatifs du maquis tout entier, ils seront un de nos principaux atouts pour le *D-Day*. [...]

Les deux camps que j'ai visités dans le département du Lot étaient chacun composés de 30 hommes. Nous sommes arrivés tôt dans la matinée. Alors que nous approchions du camp, nous avons été arrêtés par un avant-poste, nous avons dû ensuite donner un mot de passe à un second avant-poste, pour arriver enfin au quartier général où se déroulait une cérémonie de lever du drapeau tricolore avec la croix de Lorraine. Malgré les divers accoutrements déployés, ce fut un spectacle assez émouvant. Les hommes étaient, de toute évidence, totalement sincères. Les ordres étaient donnés dans le meilleur style militaire et exécutés avec une rapidité et une précision qui témoignaient d'un entraînement sérieux. Je trouvai la discipline exemplaire, et les hommes, autant que je pus en juger, étaient heureux, déterminés et bien nourris. [...] J'ai discuté avec plusieurs d'entre eux et je les ai trouvés très motivés pour s'attaquer aux Allemands mais déçus par leur manque d'armes. J'ai partagé leur repas qui était bon et copieux. J'allai ensuite à un autre camp situé à quelques miles et où j'ai trouvé un groupe comparable de 30 hommes, tous aussi enthousiastes et bien disciplinés, mais dont l'armement n'était constitué que d'une carabine et de dix cartouches par personne. [...]

Le lendemain, je me rendis dans l'Ain et visitai un autre camp situé dans un lieu particulièrement inaccessible et qui est en liaison avec d'autres camps dans un rayon d'environ cinq miles. L'effectif total de ces camps est de 500 hommes. Celui que j'inspectai était composé de 60 hommes. [...] On ne pouvait l'approcher que par deux chemins très difficiles, chacun étant surveillé par un avant-poste de deux hommes. [...] Le camp était tellement bien situé que je ne pense pas que la reconnaissance aérienne aurait pu le repérer. [...] Les hommes de ce camp font leur propre pain que j'ai trouvé très bon. Quelques jours avant ma visite, les hommes de ce camp avaient mené un raid dans la ville de Bourg à trente miles, ils avaient attaqué l'Intendance

Générale [1] et en avaient rapporté tout le stock de café et de sucre. [...] J'eus une longue discussion avec l'officier en charge du camp, qui m'expliqua que les 500 hommes répartis dans les divers camps de la région envisageaient une grosse attaque sur Le Creusot. [...] Il m'a expliqué qu'ils pouvaient mobiliser 80 camions mis à leur disposition par divers sympathisants dans ce département. Tout ce qu'il me raconta semblait démontrer que, s'ils étaient bien armés et avaient l'appui nécessaire, ces maquis organisés pourraient nous offrir un soutien formidable et efficace lors du *D-Day*. Ils sont très mobiles, les hommes sont entraînés, habitués à de longues marches dans des conditions difficiles et très motivés pour s'en prendre aux “Boches”. Étant donné l'existence plutôt spartiate qu'ils mènent, pour la plupart depuis plusieurs mois, il est presque certain que seuls les hommes les plus déterminés restent dans les maquis. Tout ce qu'ils demandent est que nous leur fournissions des armes et des munitions et que nous leur donnions des directives afin que leurs efforts puissent être utilisés au mieux. Lors de mon retour à Paris, j'informai Brossolette de ce que j'avais vu et il me donna un compte rendu de ses activités pendant mon absence. [...]

Le 10 novembre, je fus avisé que je devrais quitter la France par une opération se déroulant sur un terrain dans les environs d'Arras et que je devais immédiatement me diriger vers cette ville. À midi, je pris donc un train de Paris qui arrivait à Arras en fin de journée. La météo était mauvaise et les messages de Londres étaient tellement confus qu'il était difficile de savoir si la mission aurait lieu. Je décidai de ne pas perdre de temps et de profiter de mon passage dans le Nord pour en voir l'organisation. Avec l'aide de Rod (Mussel), je pus entrer en contact avec certains groupes qui opéraient dans la région de Lille, Arras, Amiens. Ils m'ont semblé doués, plein d'enthousiasme et très motivés. [...] D'après mes observations, les groupes dans le Nord n'ont pas été infiltrés par des agents ennemis mais ils ont

1. Les dépôts de l'Intendance.

subi des pertes parce que des agents de liaison furent suivis, ce qui semble jusqu'à présent la principale méthode allemande pour combattre la Résistance. Le lendemain de ma visite à Amiens, il y eut une rafle en ville. Les Allemands arrêtèrent 48 résistants.

Le vendredi 12 novembre, je reçus une note d'un agent de liaison m'informant qu'un certain nombre d'arrestations avaient eu lieu à Paris qui concernaient des personnes avec qui le cdt Brossolette avait été en contact et, comme je savais qu'il était censé rencontrer l'une de ces personnes le samedi 13, je fis un bref aller-retour à Paris afin de l'informer du danger. [...] Je pus contacter le commandant Brossolette juste avant minuit, l'empêchant ainsi d'aller à son rendez-vous. [...] Je retournai ensuite à Arras [...]

Le dimanche 14, je suis tombé sur Piquier par hasard et il m'a expliqué qu'il essayait de me contacter, depuis longtemps, sans succès. Je lui demandai comment sa mission progressait. [...] Je n'ai pas pu discuter des affaires en profondeur car je m'attendais d'heure en heure à recevoir le message de la BBC annonçant mon opération. [...] Les conditions dans cette région sont probablement les plus dangereuses de toute la France. C'est une région très densément couverte par les troupes allemandes, d'innombrables agents de la Gestapo sont stationnés partout, la communication est très difficile et il y a un certain nombre de restrictions de la circulation. [...] Rod ne s'est pas ménagé et je pense que si on ne le ramène pas bientôt en Angleterre pour qu'il se repose, il s'écroulera par le stress et la fatigue. L'opération qu'il a préparée pour mon départ est le parfait exemple d'une excellente organisation. »

SOURCES

TNA : PRO HS 8/882, « War crimes : interrogations »
TNA : PRO HS 6/614, « Missions : YEO-THOMAS/PASSY and YEO-THOMAS/BROSSOLETTE »

POUR EN SAVOIR PLUS

Albertelli Sébastien, *Les Services secrets du général de Gaulle*, Perrin, 2009.
Foot Michael R. D., *Des Anglais dans la Résistance, le SOE en France, 1940-1944*, Tallandier, 2008.
Kogon Eugen, *L'État SS*, Seuil, 1970.
Marshall Bruce, *Le Lapin blanc*, Gallimard, 1953.
Seaman Mark et O'Mara Michael, *Bravest of the Brave*, 1997.

PÉTAIN, LAVAL : DE BIEN MAUVAIS PROCÈS

En cet été 1945, les autorités britanniques s'inquiètent de la tournure que peut prendre le « procès du siècle » intenté au maréchal Pétain. La publication quelques mois plus tôt, à Montréal, du livre *Les Accords Pétain-Churchill*, du professeur Louis Rougier qui avait rencontré Churchill en octobre 1940 en tant qu'émissaire du Maréchal, donne lieu, selon eux, à de fausses interprétations des accords ayant existé entre Vichy et le gouvernement britannique. Le nouvel ambassadeur britannique à Paris, Alfred Duff Cooper, envoie donc chaque jour son compte rendu de la journée du procès au Foreign Office à Londres. C'est ce journal inédit que nous publions ici, suivi de celui du procès de Pierre Laval. Un document passionnant, récit d'une tragédie judiciaire qui tourne à la *« farce décevante »*, selon le mot de Duff Cooper.

Moins que les éventuelles révélations sur les relations britanniques avec le régime de Vichy, c'est la tenue du procès de la Haute Cour de justice de Paris – il débute le 23 juillet 1945 dans la salle de la 1re chambre de la cour d'appel du Palais de justice – qui surprend les diplomates britanniques présents. Il y a d'abord l'extrême partialité et les nombreuses maladresses du procureur général André Mornet [1] chargé de porter l'accusation. Alfred Duff Cooper en citera quelques-unes à l'issue du procès de Laval, le 19 octobre 1945 : *« Mornet [...] fit son discours ennuyeux dans la salle d'audience qui s'obscurcissait peu à peu, incapable, à cause de son propre passé, de s'élever au ton d'indignation que méritait une vraie revanche publique. Il commit souvent des erreurs : 1914 au lieu de 1942 ; "ménage de Dieppe" au lieu*

1. André Mornet (1870-1956). Il obtient la condamnation à mort de l'espionne Mata-Hari, exécutée en 1917, fait partie de la Cour de Riom, chargée de juger Léon Blum, Daladier et les responsables civils de la défaite, et a servi durant toute la guerre l'administration de Vichy, comme beaucoup d'autres magistrats.

de "message de Dieppe" et même, bien que le jury le reprît, il dit deux fois "victoire de l'Allemagne" alors qu'il voulait de toute évidence dire "victoire de la France". »

Mais commençons par le procès Pétain. Les scènes que les diplomates peignent à coup de télégrammes diplomatiques sont souvent sombres : il faut imaginer un Pétain *« léthargique »*, vaincu qui assiste au sinistre défilé à la barre de tous les acteurs politiques et militaires de la tragédie de 1940. Les Britanniques sont également sévères avec cet étrange système juridique qu'ils ne comprennent pas toujours mais dont ils doutent qu'il soit favorable à l'accusé. La cause de celui-ci semble être entendue : ce sera la mort. La France ne sort pas grandie du « procès du siècle ». *« L'impression donnée à la presse étrangère est lamentable »*, écrit Alfred Duff Cooper. Condamné à mort le 15 août, le Maréchal sera gracié par de Gaulle deux jours plus tard et interné à l'île d'Yeu où il meurt, en 1951, à l'âge de 95 ans.

En octobre, c'est au tour de Pierre Laval et de Joseph Darnand [1], chef de la Milice, de comparaître. Le cerveau et la brute. Si ce dernier est rapidement envoyé au poteau d'exécution sans que personne ne s'en plaigne, les cinq jours du procès de Laval sont un *« chaos »* mais aussi un calvaire pour le tribunal. D'abord entré comme *« un lapin apeuré »* dans la salle d'audience, l'éloquence de Laval, sa récusation argumentée de la cour poussent celle-ci à l'interdire de parole durant les derniers jours du procès. Son suicide raté, l'empressement à l'exécuter après qu'il a été ranimé, sont le coup de grâce. *« Ce fut une affaire regrettable »*, écrit Ffreebairn Liddon Simpson, du Foreign Office, en marge de l'un des documents.

24 juillet 1945, télégramme n° 1021 d'Alfred Duff Cooper au Foreign Office : 1er jour du procès du maréchal Pétain

« Le maréchal Pétain lut un court discours reprenant tous ses anciens arguments : l'armistice avait aidé à gagner la guerre et, tandis que le général de Gaulle préparait la libération du pays depuis l'étranger, lui, Pétain, y contribuait de son côté en France.

1. Joseph Darnand (1897-1945). Héros de la Grande Guerre, militant des mouvements d'extrême droite, il s'engage en 1939 et, avec son corps franc, s'illustre à nouveau. Il devient chef de la Milice et est fusillé le 10 octobre 1945.

Ce fut une déclaration peu convaincante, bien que son discours fût bien prononcé. Pétain, vêtu de son uniforme de maréchal, paraissait remarquablement jeune et en bonne santé mais ne semblait pas conscient de ce qui se passait autour de lui. Il n'y eut aucune manifestation en sa faveur ou contre lui, ni au sein de la Cour, ni dans le public. »

25 juillet, télégramme n° 1025 d'Alfred Duff Cooper au Foreign Office : 2e jour, témoignages de Paul Reynaud et d'Édouard Daladier

« M. Reynaud a eu peu de difficultés à réfuter les allégations de la défense et répondit tellement habilement et avec tant de bonne humeur que toute la Cour en riait. Le comportement de M. Reynaud au procès a renforcé sa position et augure bien de son avenir. Il a eu l'honnêteté d'admettre que, comme beaucoup d'autres Français en 1940, il avait fait une erreur de jugement sur Pétain et qu'il devait en accepter la responsabilité. [...] Un aspect inquiétant du procès est l'extrême partialité du président. [...] Il montre trop clairement qu'il a déjà son propre verdict en tête. [...] Le maréchal Pétain semble parfois s'intéresser au procès, portant sa main à son oreille pour écouter les témoins, mais il sombre rapidement de nouveau dans la léthargie. »

26 juillet, télégramme n° 1028 d'Alfred Duff Cooper au Foreign Office : 3e jour, témoignages de Daladier et de Lebrun

« Ni Daladier ni Lebrun n'ont été excessivement troublés par la défense. [...] Il est intéressant de noter que Lebrun n'a pas mentionné sa fonction lorsqu'il a été appelé à témoigner. Techniquement, il est toujours président de la République. Il a donné l'impression d'une personne faible, totalement bouleversée par les événements de 1940. »

27 juillet, télégramme n° 1032 d'Adrian Holman, de l'ambassade britannique à Paris, au Foreign Office : 4e jour

« Le procès avance très lentement et il semble probable qu'il durera au moins trois semaines. Il n'y a jusqu'à présent pas eu de critique publique de la manière dont le procès est mené. [...] Aux yeux des Anglais, la procédure selon laquelle le témoin est autorisé à prononcer un long discours passionné contenant peu de détails précis sur la conduite de l'accusé, et un maximum d'informations justifiant ses propres activités, est étrange. Le procès est déjà beaucoup plus vaste que le seul procès du maréchal Pétain. C'est le procès de tous les acteurs de la tragédie de 1940. »

28 juillet, télégramme n° 1032 d'Adrian Holman au Foreign Office : 5e jour

« Pétain était aussi léthargique que les jours précédents. [...] Blum semblait en bonne forme. Il parla avec distinction, dans sa veine habituelle, philosophique et un peu humoristique. »

29 juillet, télégramme n° 1035 d'Adrian Holman au Foreign Office : 6e jour

« Le maréchal Pétain resta silencieux tout au long de l'audience, refusant de répondre à une question relative au témoignage de M. Clemenceau [1], qu'il a prétendu ne pas avoir entendu. Il semblait de temps en temps avoir conscience de ce qui se passait autour de lui, mais de toute évidence avait du mal à se concentrer longtemps. Il est de plus en plus clair que l'accusation a jusqu'à présent mal géré l'affaire. Elle ne semble pas savoir

1. Michel Clemenceau (1873-1964), fils de Georges Clemenceau, s'oppose à Vichy et est déporté. Libéré par les Américains en mai 1945.

précisément ce qu'elle tente d'établir contre le maréchal Pétain, ni s'il doit être condamné pour sa conduite après la défaite, ou parce qu'il n'a pas pris les mesures adéquates pour l'éviter, ou pour ses relations avant la guerre avec les ennemis de son pays. La Cour erre ainsi sans conclusion véritable, de la politique de Montoire[1] à l'histoire de la Cagoule[2], et de l'histoire de la Cagoule aux décisions prises par le Parlement et le Conseil supérieur de la guerre dix ans auparavant. »

Note manuscrite de Liddon Simpson du Foreign Office

« Jusqu'à présent, l'accusation ne semble pas avoir conduit le procès très sérieusement. »

2 août, télégramme n° 1045 d'Alfred Duff Cooper au Foreign Office : 7e jour

« La critique est générale sur la façon dont l'accusation mène son dossier. À ce jour, aucun témoin n'a pu donner de détails précis sur les activités du Maréchal après 1940. Le général Doyen est le seul témoin qui, jusqu'à maintenant, a donné des preuves utiles à propos des concessions spontanées que Pétain aurait faites aux Allemands. Il est regrettable que l'accusation n'ait pas tenté d'appeler à témoigner des personnes capables de donner des éléments concrets de la collaboration de Pétain avec les Allemands, et les preuves données jusque-là sont loin de suffire pour justifier une peine de mort. »

---

1. Le 24 octobre 1940, l'entrevue en gare de Montoire (Loir-et-Cher) de Hitler et de Pétain signe le début de la collaboration des autorités françaises.

2. Organisation d'extrême droite fondée en 1935 sous le nom d'« Organisation d'action révolutionnaire nationale » et surnommée la Cagoule, à l'origine d'attentats et d'assassinats.

2 août, télégramme n° 1046 d'Alfred Duff Cooper au Foreign Office : 8e jour. Témoignages du général Weygand et de deux déportés politiques

« Les deux déportés politiques ont attesté qu'ils furent les victimes de la police française qui les remit aux Allemands. Ils tenaient Pétain pour responsable des crimes commis par la police du gouvernement de Vichy. Leurs témoignages ont été les plus accablants et les plus factuels donnés jusqu'à présent contre le Maréchal. Pourtant, ils n'ont pas été appelés à témoigner par l'accusation. Ils étaient venus à la barre de leur propre initiative avec l'autorisation du président de la Cour. Le procès avance de mal en pis et tout le monde convient qu'il est conduit de la pire des façons. L'impression donnée à la presse étrangère est lamentable. Une grande partie du huitième jour a été consacrée à des arguments hors de propos quant aux responsabilités du général Weygand dans la demande d'un armistice et par M. Reynaud tentant de justifier ses propres actions. [...] Jusqu'à présent, aucune révélation n'a permis de démontrer que le Maréchal était plus qu'une personnalité sans pouvoir qui couvrait des crimes dont il n'était pas informé. La partialité choquante du président de la Cour, l'empressement désagréable de tous les acteurs du drame de 1940 à justifier leurs propres actions et à se décharger de toute responsabilité concernant le désastre, le manque d'organisation dans l'apparition des personnes appelées à témoigner et dans leurs témoignages, le temps consacré à tenter de dénouer les événements techniques de 1940 : tous ces facteurs combinés font du “plus grand procès de l'histoire”, comme on l'a appelé, une farce décevante, qui a malheureusement beaucoup en commun avec le procès de Riom. »

5 août, télégramme n° 1057 d'Alfred Duff Cooper au Foreign Office : 11e jour

« Pierre Laval est entré dans la salle d'audience comme un lapin apeuré et s'attendait, de toute évidence, à l'accueil hostile d'un tribunal révolutionnaire. Lorsqu'on s'adressa à lui avec respect en lui donnant du "Monsieur le témoin", il retrouva rapidement son calme. Le président de la Cour tenta d'éviter toute digression en lui posant des questions précises, mais presque aussitôt Laval se lança dans une longue justification de sa propre politique lorsqu'il fut ministre des Affaires étrangères avant la guerre en Abyssinie. [...] La Cour eut droit à une sorte d'avant-première de la défense de Laval à son propre procès et le maréchal Pétain fut oublié. [...] Le témoignage de Laval à propos de sa propre arrestation en décembre 1940 donna un aperçu des intrigues sordides des ministres du gouvernement de Vichy. L'apparence de Laval n'inspire pas confiance. Ses professions incessantes de son amour pour son pays et sa façon d'insister sur son profond attachement à la République ont sonné extrêmement faux et ont suscité des rires moqueurs, en particulier au sein des membres du jury ayant appartenu à la Résistance. La seule chose qu'il apporta au procès du maréchal Pétain fut de montrer que l'accusé était, en fait, très peu au courant de ce qui se passait autour de lui à Vichy. Le témoignage de Laval confirma ceux des autres témoins en montrant que, sur n'importe quel sujet, l'opinion du Maréchal était toujours celle de la dernière personne qui lui avait parlé. »

6 août, télégramme n° 1066 d'Alfred Duff Cooper au Foreign Office : 12e jour du procès. Interrogatoire de Pierre Laval

« L'axe principal de la défense de Laval est que le Maréchal et lui furent toujours du même avis et qu'il informa toujours Pétain de ce qu'il faisait. Laval pense probablement que Pétain ne sera pas exécuté. Ainsi, s'il réussit à associer le Maréchal à sa politique et à chacune de ses actions et à démontrer qu'ils étaient tous deux en parfait accord, il pourra, peut-être, sauver sa propre vie, bien que cela soit très peu probable. »

8 août, télégramme n° 1076 d'Alfred Duff Cooper au Foreign Office : 13e jour

« Le "double jeu" sur lequel la défense semble fonder son cas n'est pas sans risques [...]. À ce stade du procès, les deux partis (de la Collaboration et de la Résistance) semblent sur un pied d'égalité mais l'accusation, avec tous les documents qu'elle promet, pourra peut-être faire pencher la balance. Le procès durera au moins encore dix jours. »

11 août, télégramme n° 1084 d'Alfred Duff Cooper au Foreign Office : 16e jour

« Le 9 août les principaux témoins pour la défense furent Fernand de Brinon [1], délégué du gouvernement de Vichy à Paris, Joseph Darnand, commandant de la Milice et, pendant quelques mois, secrétaire général au Maintien de l'Ordre. [...] La présence de De Brinon et Darnand a été demandée par le jury car leurs noms figuraient souvent dans les déclarations des autres témoins [...]. Les informations qu'ils ont apportées étaient sans grande importance et pourraient être entièrement fausses. L'objet de leurs interrogatoires était d'établir si ces deux hommes, collaborateurs par excellence, dont les jours sont certainement comptés, étaient proches du Maréchal. De Brinon, une personnalité particulièrement repoussante, dit qu'il avait toujours eu des relations

1. Fernand de Brinon (1885-1947), avocat, ambassadeur de France auprès des Allemands, fervent partisan de la collaboration, exécuté le 15 avril 1947.

proches avec le Maréchal pour qui il avait le plus grand respect. [...] Darnand, un homme d'une force physique considérable et d'une intelligence de toute évidence limitée, avoua que Pétain avait signé sa nomination au poste de secrétaire général au Maintien de l'Ordre. »

14 août, télégramme n° 411 d'Alfred Duff Cooper au Foreign Office : 19e jour

« Le procureur a requis la peine de mort pour Pétain le 11 août. Il parla pendant plus de quatre heures, citant longuement des documents signés par le Maréchal, et bâtit une accusation de trahison solide et convaincante. Il inculpa l'accusé de trois sortes de trahison. [...] Même la presse de droite, qui peu à peu s'est montrée de plus en plus favorable à Pétain, a du mal à accepter l'enthousiasme avec lequel il aurait apparemment collaboré avec l'ennemi, selon les documents lus par M. Mornet. La droite estime que l'accusation de Mornet semble irréfutable mais espère malgré tout que la défense saura démontrer au monde qu'un maréchal de France ne s'est pas abaissé à une telle infamie. »

16 août, télégramme n° 417 d'Alfred Duff Cooper au Foreign Office : 21e jour

« Le 15 août, à 4 heures du matin, après avoir délibéré pendant sept heures la Haute Cour a rendu son verdict et prononcé la peine de mort et la perte des droits civiques. [...] Le dernier et vingtième *(sic)* jour du procès fut le plus impressionnant et le plus digne. »

Pétain, Laval : de bien mauvais procès

13 octobre 1945, télégramme n° 524 d'Alfred Duff Cooper au Foreign Office : Procès de Joseph Darnand et de Pierre Laval

« Après six semaines de congés, la Haute Cour de Paris s'est de nouveau rassemblée le 3 octobre pour les procès de Joseph Darnand et Pierre Laval. [...] La Haute Cour s'est immédiatement organisée et a entrepris, avec une énergie inhabituelle, de condamner Joseph Darnand à mort l'après-midi-même. [...] Le président de la Cour, dont l'attitude, au cours du procès de Pétain, de Darnand, et depuis au cours du procès de Laval, a le plus souvent été celle d'un persécuteur plutôt que d'un président de tribunal, a confronté Darnand, à l'ouverture du procès, à une contradiction concernant son passé militaire brillant et sa politique ultérieure de collaboration militaire. [...] Le cas de Darnand était, dès le début, désespéré. [...] Bien qu'aucune allusion n'y ait été faite par la Cour, il existe des raisons de croire que Darnand était en fait, en 1942, en contact avec la Résistance, et que le facteur principal dans sa décision de ne pas changer de camp fut que la Résistance ne réussit pas à lui offrir autant que les Allemands pour ses bons et loyaux services. Le seul témoin entendu fut le prêtre dominicain R.L. Bruckberger. [...] Après avoir délibéré pendant trente-cinq minutes, le jury a rendu un verdict de mort. [...] Darnand ne fut pas informé du rejet de son appel avant le matin du 10 octobre et son exécution eut lieu quelques heures après au fort de Châtillon. Cet empressement, absolument contraire à la procédure précédente, était de toute évidence une tentative de la part de la Haute Cour de sauver, à la veille des élections, sa réputation bien entamée. Si c'était le cas, le procès de Laval qui suivit eut l'effet complètement contraire. »

19 octobre, télégramme n° 537 d'Alfred Duff Cooper au Foreign Office : compte rendu sur le procès de Laval

« L'attitude de Laval devant ses juges, son boycott des trois derniers jours de procès et sa dernière tentative de suicide dépossédèrent son procès tant attendu de toute dignité judiciaire et gâchèrent en grande partie l'effet de son exécution. S'il était inconcevable que la mort d'un tel homme inspire la moindre sympathie, la manière dont il fut exécuté a laissé une mauvaise impression sur l'opinion publique et a certainement retiré au gouvernement tout le capital politique qu'il espérait obtenir par sa condamnation à la veille des élections. [...] Le procès, qui dura cinq jours, demeurera certainement comme l'un des plus étranges de l'Histoire. Si les débats n'atténuèrent en rien la culpabilité de Laval, ils lui offrirent une dernière opportunité de faire la démonstration de son talent incontesté en tant que défenseur et débatteur ; il éclipsa même pendant son absence le président de la Cour et le procureur et a décrédibilisé la Haute Cour avec tant de force, qu'une réforme prochaine semble inévitable. Laval prit ainsi en charge sa propre défense et au cours du procès si peu digne qui suivit, il réussit à inverser les rôles de la Cour à tel point que le président Mongibeaux semblait souvent être le procureur et parfois même l'accusé. [...]

À partir de là, l'autorité du président et du procureur général continua à s'affaiblir. [...] La Cour était entièrement entre les mains de Laval ; il se promena facilement de droite à gauche, s'adressant par moments au jury puis aux juges, tout en accordant de temps en temps un aparté aux journalistes. [...] À plusieurs reprises, il donna des informations précises sur la période de l'armistice, l'attitude des deux Chambres et la chronologie exacte des événements que ni les juges ni le procureur n'étaient en mesure de contredire. Il semblait progressivement que l'accusation était moins préparée que la défense. L'effort était toutefois trop grand pour Laval. Il demanda la suspension de l'audience. [...] Le premier jour de la procédure s'acheva dans un désordre considérable et Laval quitta la Cour parmi les sifflets et huées du jury et du public. Le président de la Cour prit ensuite une décision sans précédent, celle d'annoncer que l'on proposait d'exclure l'accusé des prochaines sessions. Le deuxième jour du procès commença, malgré tout, avec la présence de Laval et de ses deux avocats. [...] Laval se lança ensuite dans un autre plaidoyer brillant. [...] Le troisième jour du procès débuta avec plus d'une heure de retard. Laval avait alors compris que sa cause était vaine. En aventurier arrivé au bout de sa destinée, il décida de se transformer en victime aux yeux de l'Histoire. C'est au détriment de ceux que le Gouvernement provisoire avait choisis comme juges qu'il y parvint d'une certaine façon. Laval joua ses cartes à la perfection. [...] Lorsqu'il eut démontré que ses juges avaient effectivement tort, il se retira du procès. [...] Le procès qui avait débuté dans le chaos prit fin dans l'ennui général. [...] Le cinquième jour du procès débuta également avec du retard. [...] Mornet commença à faire son réquisitoire. Il fit son discours ennuyeux dans la salle d'audience qui devenait de plus en plus sombre, incapable, à cause de son propre passé, de s'élever au ton d'indignation que méritait une vraie revanche publique. Il commit souvent des erreurs : 1914 au lieu de 1942 ; "ménage de Dieppe" au lieu de "message de Dieppe" et même, bien que le jury le reprît, il dit deux fois "victoire de l'Allemagne" alors qu'il voulait de toute évidence dire "victoire de la France"... En tant que joueur "professionnel" Laval espérait peut-être jusqu'à la fin que quelque chose d'inattendu le sauverait du peloton d'exécution. En tout cas, sa tentative de suicide au moment où on le menait à la mort, les efforts désespérés des médecins pour le ranimer, les rumeurs d'ordres directs donnés par téléphone depuis la rue Saint-Dominique avant l'acte final, misérablement exécuté derrière les murs de la prison de Fresnes, ont laissé une impression très désagréable. Plusieurs journaux ont comparé ces procédures peu dignes aux procès organisés au même moment par les autorités britanniques à Luneberg, qui l'ont été de manière bien plus respectable. »

SOURCES

TNA : PRO FO 371/49142, « Purge in France : arrest and trial of collaborators : alleged 1940 negotiations between H.M. Government and Vichy authorities : trial of Marshal Pétain »
TNA : PRO FO 371/49143, « Purge in France : arrest and trial of collaborators : alleged 1940 negotiations between H.M. Government and Vichy authorities : trial of Marshal Pétain »
TNA : PRO FO 371/49144, « Purge in France : arrest and trial of collaborators : alleged 1940 negotiations between H.M. Government and Vichy authorities : trial of Marshal Pétain »
TNA : PRO FO 371/49145, « Purge in France : arrest and trial of collaborators : alleged 1940 negotiations between H.M. Government and Vichy authorities : trial of Marshal Pétain »

POUR EN SAVOIR PLUS

Amouroux Henri, *La Grande Histoire des Français sous l'Occupation, quarante millions de pétainistes*, Robert Laffont, 1979.
Rougier Louis, *Les Accords Pétain-Churchill*, Librairie Beauchemin, Montréal, 1945.

MASSACRES EN ALGÉRIE

« Il est à noter que la première cause de la révolte est qu'un policier français a perdu la tête. Je suis certain qu'autant de sang n'aurait pas coulé si les militaires français n'avaient pas aussi vivement désiré perpétrer un massacre. » On découvre ces deux phrases, émanant d'un diplomate du Foreign Office, griffonnées sur la page de garde du rapport de John Carvell, consul général britannique en poste à Alger depuis 1942, faisant le récit de l'émeute survenue à Sétif le 8 mai 1945, point de départ de l'embrasement de l'est de l'Algérie. C'est un document exceptionnel, fourmillant de détails sur l'émeute elle-même, les demandes françaises d'aide militaire aux Britanniques ou encore le déroulé des opérations de répression.

Mais, au-delà, la masse de documents contenus dans les archives britanniques concernant cet événement fondateur de l'histoire algérienne permet de donner un coup de projecteur indispensable sur les chapitres qui vont suivre, en grande partie consacrés à la décolonisation. *« Nos attitudes très différentes vis-à-vis de nos territoires coloniaux pourraient créer des tensions entre nos deux pays*, note ainsi un diplomate du Foreign Office dès le 28 février 1945, *[...] car tandis que nous encourageons le développement politique des autochtones dans nos colonies, en vue de leur ultime indépendance, les Français en Afrique du Nord et de l'Ouest ne cachent par leur hostilité à l'égard du nationalisme des habitants. Le but des Français n'est pas l'émancipation, mais l'assimilation et de faire de leurs territoires coloniaux une partie intégrante de la mère patrie. »*

Le 8 mai 1945, jour anniversaire de la victoire contre l'Allemagne, l'émeute populaire, tant prévisible en Algérie, a donc éclaté. À Sétif, petite ville du Constantinois, des drapeaux nationalistes sont soudain brandis dans le cortège qui se dirige vers le monument aux morts où doit être célébrée la victoire. Aussitôt, des policiers fendent la foule pour arracher cet emblème interdit des mains des manifestants, l'un d'eux tire sur un jeune musulman qui refuse de le lâcher et l'émeute éclate aussitôt : les Européens sont pris à partie, assassinés dans les rues tandis que de tous côtés policiers et militaires tirent sur les manifestants. L'insurrection gagne la région et, au total, 102 Européens sont tués. La réponse ne se fait pas attendre. *« Les autorités françaises ont immédiatement pris des mesures de répression très fermes »*, écrit John Carvell. Une vaste opération est engagée. Cette « révolte », les Français vont la traiter « impitoyablement », selon un autre membre du Foreign Office : bombardements aériens, tirs de bâtiments de la marine par-dessus les collines, enfin razzias de la Légion étrangère, des tabors marocains et des tirailleurs sénégalais.

Pour beaucoup de témoins et d'historiens, cette répression, d'une rare violence, est l'une des causes de la guerre d'Algérie qui débutera neuf ans plus tard, lors de la nuit de la Toussaint 1954. C'est aussi un événement encore controversé : quand en 2008 Bernard Bajolet, ambassadeur de France, avait déposé une gerbe devant l'un des monuments de la ville de Guelma, évoquant d'*« épouvantables massacres [...] qui ont fait insulte aux principes fondateurs de la République française et marqué son histoire d'une tache indélébile »*, les réactions avaient alors été vives parmi les défenseurs de la présence française en Algérie. Principal objet des débats, le nombre de victimes, les Algériens ayant longtemps retenu le chiffre exagéré de 45 000 morts, les historiens français estimant qu'entre 8 000 et 15 000 Algériens furent tués durant les semaines qui suivirent l'émeute de Sétif. Mais c'est John Carvell qui donne la meilleure réponse à cette question : *« Le nombre de morts parmi la population indigène ne sera jamais connu avec précision,* conclut-il dans son rapport du 23 mai. *Aucune déclaration publique n'a été faite à ce sujet. Le gouverneur général m'a dit que le nombre de tués se situait entre 900 et 1 000 mais les autorités médicales françaises estiment qu'il y a au moins 6 000 tués et 14 000 blessés. D'autres estimations sont beaucoup plus élevées. »*

Cette révolte n'est pas une surprise pour John Carvell. Dès février 1945, le consul avait prévenu le Foreign Office que des émeutes allaient sûrement éclater. Il s'appuie notamment sur un rapport rédigé par un officier du service de Renseignement militaire américain décrivant le mouvement nationaliste arabe en Algérie. Le pays a été bouleversé lui aussi par les années de guerre. Il y a d'abord eu la défaite de 1940, qui a démontré aux musulmans que la France n'était pas invincible, puis le vent de liberté apporté par le débarquement allié en Afrique du Nord en 1942. Enfin, pour ceux qui militent pour l'indépendance, la Charte de l'Atlantique[1] qui affirme le droit des peuples à disposer d'eux-mêmes. Mais la France ne veut pas entendre parler d'autodétermination dans ses colonies. Le principal leader indépendantiste Messali Hadj, fondateur du PPA, Parti du peuple algérien, enchaîne des séjours dans les prisons françaises. Quant au second, Ferhat Abbas, qui a fondé en mars 1944 le groupe des Amis du manifeste ayant pour but de « réclamer la liberté de parole et d'expression pour tous les Algériens », de Gaulle l'a envoyé réfléchir quelques mois en résidence surveillée.

Comme l'observe l'auteur du rapport américain qui sert de base au travail de John Carvell, c'est surtout la misère, celle que décrivait Albert Camus avant guerre dans ses *Chroniques algériennes*, et la façon dont les Algériens sont traités qui sont le vrai moteur de la révolte. *« L'une des causes principales du développement du mouvement nationaliste est que la population arabe souffre d'exploitation et de discrimination. [...] Le point de vue français est, dans l'ensemble, que les Arabes sont une race inférieure dont les habitudes ne justifient pas l'application de normes européennes dans les affaires gouvernementales ou économiques [...]. »* Si la réaction française étouffe pour un temps la contestation, John Carvell n'est pas dupe : *« La destruction impitoyable de villages et le massacre sans discernement de femmes et d'enfants ne seront jamais oubliés. Le mouvement passera forcément dans la clandestinité pendant un certain temps mais resurgira ensuite sous une autre forme. »* Les membres du PPA qui viennent le voir en juillet pour demander le soutien de la Grande-Bretagne lui confirment qu'on ne leur laisse d'autre issue que la violence. Le consul, suite aux annonces du gouvernement français envisageant des mesures visant à améliorer le sort des Algériens, tente de les rassurer : *« Les Algériens peuvent se réjouir à l'avance à l'idée d'un avenir de progrès politiques, sociaux et économiques comme ce qui se déroule au sein de l'Empire britannique. »* Mais il est loin de les convaincre. *« Leur réponse a été que les Français n'étaient pas les Britanniques et qu'ils ne feraient rien à moins d'y être forcés. »*

---

1. La Charte de l'Atlantique, déclaration faite le 14 août 1941 par F.D. Roosevelt et Winston Churchill, reconnaît le « droit de tous les peuples à choisir la forme de gouvernement sous laquelle ceux-ci veulent vivre. »

9 février 1945, télégramme n° 28 de John Carvell, consul général à Alger depuis le 5 décembre 1942, au Foreign Office

« Il y aura des troubles dès que les troupes britanniques et américaines quitteront le territoire algérien. [...] Les petits propriétaires français dans les environs d'Alger deviennent de plus en plus anxieux, [...] la tension actuelle est avant tout due aux mauvaises conditions économiques. »

Extraits du rapport confidentiel du service de Renseignement américain joint au télégramme du consul général britannique à Alger, John Carvell

Introduction

« La population européenne d'Algérie, bien que minoritaire, occupe une position de supériorité économique, politique et sociale qui crée de sérieux problèmes économiques et politiques. La population arabe a un très faible niveau de vie et souffre d'exploitation et de discrimination généralisées, qui constituent quelques-unes des principales causes du développement d'un mouvement nationaliste. »

Les principaux groupes nationalistes musulmans actifs en Algérie

« Les mouvements nationalistes datent du début des années 1930 et ont beaucoup de partisans. Les principaux partis sont l'Association des oulémas [1] ; le Parti du peuple algérien [2] ; la

1. Créée en 1931, l'Association des oulémas regroupe les théologiens de l'islam.

2. Le PPA est le Parti du peuple algérien fondé en 1937 par Messali Hadj après l'interdiction par les autorités françaises de son premier mouvement, l'Étoile nord-africaine. Messali Hadj (1898-1974) a réclamé, dès 1927, l'indépendance de l'Algérie. À la suite de la dissolution du PPA, il fonde en 1946 le Mouvement pour le triomphe des libertés démocratiques (MTLD) puis le Mouvement national algérien (MNA) en 1954.

Fédération des élus des musulmans algériens ; les Amis du manifeste des libertés [1]. Les communistes se sont également livrés à des activités nationalistes. »

Les objectifs et projets des musulmans nationalistes

« Les principaux objectifs des nationalistes varient entre les divers partis, de l'indépendance complète à la promotion de l'égalité économique et politique. Certains des dirigeants préconisent l'utilisation de la force, mais ce n'est pas le cas de la majorité. Beaucoup d'entre eux cherchent une aide qui viendrait de l'extérieur de l'Algérie. »

La position des Français

« Le point de vue français est, dans l'ensemble, que les Arabes sont une race inférieure dont les habitudes ne justifient pas l'application de normes européennes dans les affaires gouvernementales ou économiques. Les Français préconisent l'utilisation de la force afin de réprimer tout déclenchement de violence et des concessions limitées, ce qui laisserait inchangée leur hégémonie actuelle. »

Conclusions

« Le mouvement nationaliste est aujourd'hui plus puissant qu'avant la guerre ; il existe un sérieux mécontentement et on s'attend globalement à des troubles mineurs au cours des prochains mois. Cependant, toute tentative de la part des

---

1. Fondé en mars 1944 par Ferhat Abbas (1899-1985), leader nationaliste qui deviendra le premier président du gouvernement provisoire de la République algérienne et le premier chef d'État de la République algérienne, ce groupement a pour but de « réclamer la liberté de parole et d'expression pour tous les Algériens ».

musulmans d'utiliser la force échouera probablement à cause de leur faiblesse. »

28 février 1945, note manuscrite d'un membre du Foreign Office sur le télégramme de John Carvell

« Le rapport contient des renseignements utiles qui soulignent l'importance de subvenir aux besoins économiques de l'Afrique du Nord afin d'éviter des troubles. [...] Il y a, cependant, un problème encore plus important dans le long terme. J'ai peur que nos attitudes très différentes vis-à-vis de nos territoires coloniaux puissent créer de graves tensions entre nos deux pays, même si l'affaire syrienne[1] est résolue de façon satisfaisante, car tandis que nous encourageons le développement politique des autochtones dans nos colonies, en vue de leur indépendance définitive, les Français en Afrique du Nord et de l'Ouest ne cachent par leur hostilité à l'égard du nationalisme local. Le but des Français n'est pas l'émancipation, mais l'assimilation et de faire de leurs territoires coloniaux une partie intégrante de la mère patrie. »

---

1. À ce moment précis, en Syrie, les événements se sont précipités, aggravant les relations entre la France et la Grande-Bretagne : depuis plusieurs années, les Syriens réclament en effet leur indépendance, appuyés par la plupart des pays arabes, mais la France, qui depuis 1920 y exerce le mandat de la Société des Nations, ne veut rien entendre. À partir de la fin avril, les troupes françaises en Syrie sont attaquées et le délégué français à Damas, le général Oliva-Roget, lance ses troupes à l'assaut de la capitale où il mène une répression disproportionnée. Ce sont les Britanniques qui interviennent avec l'accord des Américains, provoquant, à terme, la fin de la présence française en Syrie, à la grande fureur du général de Gaulle.

16 mars 1945, télégramme de John Carvell au Foreign Office

« En référence à ma dépêche n° 28 du 9 février dernier, j'ai l'honneur de vous informer que depuis le début de cette année il y a eu des signes que le mouvement nationaliste arabe en Algérie a acquis une certaine cohésion et une orientation politique plus précise. On dit que Ferhat Abbas, le dirigeant du parti modéré connu sous le nom "Les Amis du manifeste des libertés", a récemment visité Hadj Messali, le dirigeant du parti extrémiste "Parti du peuple algérien" [...] et qu'ils sont parvenus à un accord au sujet d'une politique commune. Cela a été confirmé, il y a environ une semaine, par le fait que des pancartes ont été affichées à Alger appelant les Algériens arabes à oublier leurs différences et à s'unir derrière leurs dirigeants, Hadj Messali et Ferhat Abbas, dans la lutte pour la liberté algérienne. [...] On estime que Ferhat Abbas et Les Amis du manifeste des libertés ont maintenant, comme Hadj Messali et le Parti du peuple algérien, de fermes aspirations séparatistes et ne se satisfont plus de l'idée que l'Algérie soit une colonie au sein de l'Empire français [...]. »

29 avril 1945, télégramme de John Carvell au Foreign Office

« J'ai l'honneur de rapporter que deux représentants du Parti du peuple algérien m'ont récemment rendu visite. Je leur ai expliqué ma situation dès le début, et je les ai avertis que je ne pouvais pas, si c'était ce qu'ils avaient l'intention de faire, accepter de message de leur part à transmettre au gouvernement de Sa Majesté. Au fil de la discussion, il est apparu qu'ils étaient venus me voir afin que je transmette au gouvernement de Sa Majesté une demande visant à ce que les partis nationalistes algériens soient représentés à la conférence de San

Francisco[1]. [...] Ils étaient déçus que les populations autochtones de l'Afrique du Nord ne soient pas représentées à San Francisco et ont demandé s'il était possible de remédier à cette absence. J'ai répondu que c'était très peu probable étant donné que la conférence était sur le point de commencer et que, de toute façon, j'avais compris que seuls des États indépendants y étaient représentés. Ils ont ensuite expliqué que les Algériens arabes avaient perdu tout espoir d'obtenir satisfaction au sujet de leurs aspirations nationalistes de la part du gouvernement français et que la vie sous la domination française était devenue intolérable et, pour beaucoup, ne valait pas la peine d'être vécue. [...] Ils ont ensuite demandé quelle serait la position du gouvernement de Sa Majesté lorsque l'on discuterait de la question coloniale à San Francisco. J'ai dit que je n'avais pas d'informations à ce sujet. [...]

Mes interlocuteurs, qui étaient de jeunes Arabes éduqués vêtus dans le style européen, ont ensuite répété les doléances des Algériens autochtones dont la situation actuelle, confrontés à de graves manques de nourriture et de vêtements, est insupportable. Ils se sont plaints en particulier de la détention illégale de Hadj Messali. [...] Réalisant que j'avais affaire à deux jeunes têtes brûlées, j'ai fait de mon mieux pour leur conseiller patience et modération en soulignant que les difficultés matérielles dont souffraient les Algériens étaient des effets directs de la guerre qui touchait heureusement maintenant à sa fin. »

1. La conférence qui se tient à San Francisco du 25 avril au 26 juin 1945, initiée par les États-Unis, regroupe 51 États et donne naissance à l'Organisation des Nations unies et à la Charte des Nations unies.

10 mai 1945, télégramme n° 156 de John Carvell au Foreign Office

« Un communiqué officiel vient d'annoncer que le 8 mai, *VE-Day* [jour anniversaire de la victoire], des attaques perpétrées par des Arabes sur des habitants de Sétif et dans la région du Constantinois ont eu lieu et que la police a maintenu l'ordre avec l'aide de l'armée.

Selon des rapports non confirmés, 16 personnes, y compris le maire de Sétif, un administrateur civil et un prêtre, ont été tuées, et 35 blessées. Il y a eu également des troubles à Bône et Blida, où plusieurs personnes ont été tuées et blessées.

On dit que Ferhat Abbas a été arrêté et qu'un bataillon de tirailleurs sénégalais ainsi qu'une troupe de la Légion étrangère ont été envoyés sur les lieux des troubles. »

11 mai 1945, télégramme n° 157 de John Carvell au Foreign Office

« On rapporte que la région entre la côte et une ligne allant de Bougie jusqu'à Bône et passant par Sétif, Constantine et Guelma connaît des troubles généraux. Au moins 50 Européens ont été tués et 100 blessés. On dit que les autorités ont effectué un bombardement aérien punitif dans la région de Guelma.

La Royal Air Force a, à la demande des autorités françaises, transporté 75 soldats français dans quatre avions de transport jusqu'à l'endroit de l'insurrection. Les autorités françaises se sont également adressées à la Royal Air Force pour un approvisionnement en bombes antipersonnel. Je suppose qu'il n'y a pas de raisons politiques pour refuser que la Royal Air Force prête assistance aux Français, à condition qu'elle ne participe pas activement aux opérations militaires autres que le transport aérien. Il m'est venu à l'esprit que si les mesures françaises étaient excessivement dures, il risquerait d'y avoir des répercussions embarrassantes dans le monde arabe si on apprenait que nous leur avions porté assistance. »

12 mai 1945, télégramme n° 62, réponse du Foreign Office

« Votre télégramme n° 157 (du 11 mai : émeutes en Algérie)

Merci de nous tenir informés de la situation. Des sujets britanniques ont-ils été affectés ?

Il nous semble très peu souhaitable que la RAF fournisse des bombes à moins que cela soit indispensable pour protéger des vies européennes. »

12 mai 1945, télégramme n° 159 de John Carvell au Foreign Office

« Selon des renseignements obtenus par des sources militaires, l'ordre a été rétabli dans la ville de Sétif et ses alentours. Il y a toujours des pillages dans la région montagneuse au sud et au sud-ouest de Djidjelli où il est impossible d'envoyer des blindés. Un croiseur est en train de pilonner la zone et des avions ont effectué des bombardements. Dans la contrée de Guelma, les émeutes sont maintenant confinées à la région montagneuse de Sedrata. La ligne de chemin de fer entre Constantine et Tunis, qui avait été coupée par les insurgés, a maintenant été rouverte. Jusqu'à présent, il n'y a pas eu d'autres troubles à Bône ou Alger. Tout est calme à Oran et dans les territoires du Sud. Des renforts européens sont en train d'être envoyés de France. Il n'y a pas [...] de raison de douter que les Français n'ont pas la situation bien en main[1]. »

---

1. La double négation est bien présente dans l'archive.

16 mai 1945, télégramme n° 242 d'Alfred Duff Cooper, ambassadeur britannique à Paris, au Foreign Office

« Les autorités françaises ont maintenant demandé au SHEAF[1] de fournir immédiatement des moyens de transports afin d'envoyer les six bataillons d'infanterie légère et le régiment de reconnaissance de la 5e division armée française à Sétif. Le SHEAF n'a pas encore répondu mais on pense que les premières réactions du Département de la Guerre à Washington étaient défavorables. Le régiment de reconnaissance a été équipé dans le cadre d'un précédent programme de réarmement et a été désigné pour l'occupation de l'Allemagne. Il est contraire à la politique du SHEAF de désengager des unités désignées ainsi pour d'autres fonctions. Les six bataillons d'infanterie ne sont pas équipés et on pense que le SHEAF ne s'opposerait probablement pas à leur transfert en Afrique du Nord. »

16 mai, 18 heures. Alfred Duff Cooper envoie un deuxième télégramme (n° 740) au Foreign Office

« L'attaché militaire a été informé que le SHEAF a accepté de libérer le régiment de reconnaissance de la 5e division armée française ainsi que six bataillons d'infanterie légère pour s'occuper de la situation en Algérie. »

17 mai 1945, télégramme n° 165 de John Carvell au Foreign Office

« Le gouverneur général vient de m'informer qu'il était désormais prouvé que 102 Européens et entre 900 et 1 000 indigènes avaient été tués. Il a confirmé que les émeutes avaient cessé

1. Le commandement militaire interallié.

et a exprimé sa gratitude pour la vive coopération des autorités militaires britanniques. J'ai établi que cette coopération était limitée au transport aérien signalé dans mon télégramme n° 157 et à la mise à disposition de quelques porte-bombes pour des Spitfires.

Selon des chiffres obtenus officieusement de sources françaises, 6 000 indigènes sont morts et 14 000 ont été blessés. Je ne suis pas en mesure à ce jour de commenter cette importante divergence si ce n'est de préciser que les forces aériennes françaises ont effectué 300 sorties sur une période de six jours. [...] »

Note manuscrite sur le télégramme n° 165 de John Carvell

« Quels que soient les chiffres exacts, le nombre de victimes a atteint un seuil alarmant. »

20 mai 1945, télégramme de Frederick Robert Hoyer Millar, du Foreign Office, à John Carvell

« Ce télégramme fait référence aux sérieux troubles qui ont eu lieu dans le nord-est de l'Algérie [...] le 8 mai, *VE-Day*. Nous n'avons pas, jusqu'à présent, reçu de rapport complet sur ces troubles, et tous les télégrammes que nous avons reçus du consul général à Alger n'ont ni donné beaucoup de détails ni expliqué quelles étaient les causes exactes des troubles. [...]

Les premières nouvelles que nous avons reçues de l'affaire ont été deux télégrammes d'Alger le 11 mai. [...]

Peu après, le consul général a signalé que les troubles s'apaisaient, et qu'il n'avait pas entendu parler de victimes britanniques, et qu'il n'y avait aucune raison de douter que les Français n'avaient pas la situation bien en main. La RAF n'avait pas fourni de bombes. Le seul renseignement supplémentaire que nous avons eu récemment est que les Français ont demandé au

SHEAF de leur envoyer des troupes de France métropolitaine en Algérie. [...]

Il semble que les troubles soient maintenant finis. [...] Il pourrait, cependant, y avoir d'autres tensions (en particulier, je pense, au cas où des problèmes sérieux surviennent entre les Français et les États du Levant) et les Français pourraient bien, en conséquence de toute cette affaire, exercer davantage de pressions sur nous et sur les Américains afin de les aider à mettre à disposition davantage de denrées pour l'Afrique du Nord. »

23 mai 1945, rapport de John Carvell, « Native Uprising in the Department of Constantine » (Soulèvement indigène dans le département du Constantinois)

« En référence à mon télégramme n° 165 du 17 mai, j'ai l'honneur de vous rendre compte des graves émeutes qui ont eu lieu dans le département de Constantine le 8 mai et les six jours qui ont suivi. Les violences ont commencé dans la ville de Sétif et se sont ensuite étendues à une région d'une surface d'environ 150 miles sur 50 entre les ports de Bougie et Bône et une ligne passant par les villes de Sétif, Constantine, Guelma et Souk Ahras, dans le territoire berbère – relativement peuplé – appelé "Petite Kabylie". Comme on pouvait s'en douter, les rapports officiels ont prétendu que le déclenchement des violences reposait sur des attaques préméditées par les populations locales contre les populations européennes, à l'initiative de quelques leaders malavisés du mouvement nationaliste. Le rapport qui suit est basé sur des informations émanant des autorités militaires britanniques et de sources non officielles du gouvernement français.

Le 8 mai au matin, des boy-scouts musulmans qui avaient eu la permission officielle de descendre la grand-rue de Sétif pour aller déposer une couronne au monument aux morts étaient suivis par une procession de 2 000 autochtones parmi lesquels se trouvaient des femmes, des enfants et quelques Européens. Ce cortège, de toute évidence organisé par la branche locale du Parti du peuple algérien et les Amis du manifeste des libertés, portait des banderoles avec des inscriptions telles que “Pour la charte de l’Atlantique”, “Démocratie pour tous”, “Vive l’Algérie libre et indépendante”, “Libérez Messali Hadj”, “À bas le Colonialisme fasciste”, etc. Quand le cortège, très discipliné et sous le contrôle de la police, arriva en face du bureau de la compagnie A du 44e bataillon d’infanterie de l’armée de l’air sud-africaine, un policier essaya de s’emparer de la banderole où on lisait “Libérez Messali Hadj”. Une bagarre a alors éclaté, un policier a sorti son revolver et tué un indigène. D’autres coups de feu ont été tirés, tant par la police que par des civils français qui regardaient le défilé depuis leur balcon. Un désordre indescriptible s’ensuivit ; une fusillade entre Français et indigènes, sans distinction ; les indigènes qui n’avaient pas d’armes ont empoigné des chaises et tout ce qui leur tombait sous la main, les gens se faisaient attaquer quelles que soient leur race, leur couleur, leur croyance. À Sétif et ses environs, 49 Européens dont le maire et le proviseur d’une école, tous deux aussi appréciés des Européens que des indigènes, ont été tués. Le secrétaire de la branche locale du parti communiste a eu les deux mains coupées à la hache. [...] Les déclarations concernant la cause de la bagarre initiale ont été corroborées par l’officier commandant la compagnie A du 44e bataillon d’infanterie de l’armée de l’air sud-africaine et par des témoins oculaires français.

La nouvelle des événements survenus à Sétif a vite gagné l’Est grâce au “téléphone arabe”, et une révolte ouverte a embrasé toute la région située entre la mer et la ligne allant de Sétif à Souk Ahras. Les représentants des autorités françaises – gendarmeries, gardes forestiers – ont subi des attaques armées. Des fermes ont été brûlées et leurs occupants assassinés ; les Européens croisés sur les routes, attaqués et tués. Par chance, il n’y eut pas d'attaques contre des sujets britanniques ni contre le moindre Européen non français. Deux membres de la mission économique britannique qui voyageaient en voiture furent arrêtés à plusieurs reprises mais autorisés à poursuivre leur route sans encombre dès qu'il était avéré qu'ils étaient Britanniques. Les prisonniers italiens travaillant dans des fermes françaises ont été épargnés. Il y a eu des cas de viol et de mutilation de cadavres. Un prêtre a été tué, on lui a arraché le cœur et on l'a attaché autour du cou pour parodier des tableaux religieux bien connus. Quasiment toutes les victimes européennes ont été recensées dans les régions autour de Sétif (49 tués), Perigotville (21 tués) et Guelma (27 tués). Le gouverneur général m'a informé le 17 mai que, en tout, 102 Européens avaient été tués, et je n'ai aucune raison de douter de l'exactitude de son communiqué bien que d'autres sources officielles françaises aient estimé le nombre de tués à 300.

Les autorités françaises ont immédiatement pris des mesures de rétorsion très fermes. Des troupes, comprenant un bataillon de tirailleurs sénégalais et des blindés, furent dépêchées depuis Alger, Sidi Bel Abbès, Biskra, Bougie et Constantine. À la demande des autorités françaises, un détachement de 75 hommes de la Légion étrangère a été transporté depuis Sidi Bel Abbès dans quatre avions de la Royal Air Force jusqu'à un terrain d'aviation proche de Constantine. Un croiseur français et une frégate envoyés d'Alger à Bougie ont bombardé les groupements de rebelles dans la zone de Souk el-Taine. 1 200 hommes du 13e régiment d'infanterie, entièrement composé d'anciens membres des Forces françaises de l'intérieur de la Creuse et de la Dordogne, ont été acheminés de France par 100 avions B-26. Il y eut une activité aérienne intense durant la semaine du 8 au 14 mai, avec, selon les estimations, près de 300 sorties effectuées par des B-26 et des P-38. Bien qu'on dise que des bombes de 250 livres ont été utilisées, on pense que les avions ont essentiellement mitraillé et largué des bombes antipersonnelles. Des observations aériennes révèlent que des villages entiers (Douars) ont été détruits. À partir du 10 mai, la situation a été reprise en main, l'activité des rebelles se limitant aux plateaux situés au sud et au sud-ouest de Djidjelli, les collines autour de Guelma et la région montagneuse de Sedrata. Depuis le 13 mai, l'ordre est revenu ; quelques bandes armées isolées tiennent encore dans la montagne. À partir du 15 mai, des villages entiers se sont rendus en masse en livrant leurs armes. De nombreux leaders nationalistes, dont Ferhat Abbas, ont été arrêtés et l'on rapporte que 13 d'entre eux qui étaient directement impliqués ont été jugés par une cour martiale et condamnés à mort.

Le nombre de morts parmi la population indigène ne sera jamais connu avec précision. Aucune déclaration publique n'a été faite à ce sujet. Le gouverneur général m'a dit que le nombre de tués se situait entre 900 et 1 000 mais les autorités médicales françaises estiment qu'il y a au moins 6 000 tués et 14 000 blessés. D'autres estimations sont beaucoup plus élevées. La situation a poussé les autorités à prendre des mesures drastiques et celles-ci, impitoyables, ont été efficaces et, vu les circonstances, étaient peut-être justifiées.

Le fait que les troubles aient été limités à cette région de l'Algérie semble montrer que, contrairement à la version officielle, le soulèvement n'a pas été prémédité ou directement inspiré par le mouvement nationaliste, mais a été une révolte spontanée d'une partie de la population, qui a toujours été turbulente, suite au tir provocateur d'un policier à Sétif. Il n'y a aucun doute sur le fait que tout était en place pour une révolte à laquelle les autorités s'attendaient. Cette région a gravement souffert du manque de nourriture et de vêtements pendant l'hiver, qui a été exceptionnellement froid, au point que l'on n'était pas loin d'une famine. Pendant un certain temps, il n'y a pas eu de distribution régulière de céréales, certaines localités n'en ont pas eu durant deux mois et les habitants ont été obligés de se nourrir de racines. Il est donc certain que la propagande du Parti du peuple algérien et des Amis du manifeste des libertés a trouvé un terrain favorable. Il se pourrait qu'une révolte généralisée, dans toute l'Algérie, était en train d'être planifiée – les déclarations faites dans la brochure du PPA après les incidents du 1er mai sont à cet égard significatives – et que, en provoquant involontairement cette révolte localisée, les autorités aient devancé le projet nationaliste et empêché une chose bien pire. Les mesures prises pour réprimer le soulèvement auront, en tous les cas, un effet dissuasif pour l'avenir immédiat. Mais la situation est tendue et le malaise général demeurera, même s'il n'y a pas plus de troubles.

2 juin, note manuscrite d'un membre de l'Eastern Department du Foreign Office [1] sur le rapport de John Carvell

« Les Français ont réprimé cette révolte impitoyablement, mais d'autres émeutes peuvent éclater si les conditions économiques s'aggravent en Algérie. Avec les événements qui se sont produits en Syrie, les Français ont perdu la face, et cela peut également avoir des répercussions en Afrique du Nord. »

3 juin, note manuscrite d'un autre membre du Foreign Office, également sur le rapport de John Carvell

« Il est à noter que la première cause de la révolte est qu'un policier français a perdu la tête. Je suis certain qu'autant de sang n'aurait pas coulé si les militaires français n'avaient pas aussi

1. Département responsable en 1945 des relations avec l'Afghanistan, l'Iraq, la Perse, l'Arabie Saoudite, la Syrie et le Liban, le Yemen, la Palestine, la Transjordanie et avec les États d'Asie mineure. En 1981, il est divisé en deux : le Middle East Department et le Near East and North Africa Department.

vivement désiré perpétrer un massacre. Comme l'ont démontré les événements en Syrie, les Français ne savent pas gérer les troubles indigènes. »

12 juin, télégramme n° 96 de John Carvell au Foreign Office

« En référence à mon télégramme n° 175 du 26 mai, j'ai l'honneur de vous informer qu'il n'y a pas eu jusqu'à présent d'autres troubles en Algérie. Il n'y a aucun doute qu'il existait une très grande inquiétude au sein des cercles officiels qui craignaient que des événements de type “guerre sainte” soient sur le point de débuter. Les Européens, qui ont été les victimes des plus folles rumeurs, sont dans un état de nerfs proche de la panique. Ceux qui vivent dans le pays ont fortifié leurs maisons et ont passé beaucoup de nuits blanches. [...]

Je pense, néanmoins, qu'on peut maintenant dire avec une certitude que les mesures drastiques prises par les autorités militaires pour supprimer les troubles qui ont éclaté il y a un mois ont eu l'effet dissuasif voulu. Il existe un principe de conduite local selon lequel tout acte d'agression par les Arabes doit être impérativement puni dans les quarante-huit heures afin d'éviter toute propagation de troubles. Les autorités ont agi en conséquence en augmentant le nombre de garnisons militaires et en gardant des patrouilles armées dans les régions concernées. Ils ont également arrêté tous les dirigeants nationalistes les plus actifs. Messali a été emmené à Brazzaville et Ferhat Abbas à Libreville. On peut probablement affirmer que le mouvement nationaliste algérien a été maîtrisé mais il serait peu judicieux de dire qu'il a été éradiqué. La destruction impitoyable de villages et le massacre sans discernement de femmes et d'enfants ne seront jamais oubliés. Le mouvement passera forcément dans la clandestinité pendant un certain temps, mais resurgira ensuite sous une autre forme. [...]

L'organisation d'un débat sur l'Algérie à l'Assemblée consultative est une preuve des craintes suscitées par les événements récents. La capacité administrative française a été fortement mise à l'épreuve et s'est plutôt laissé déborder. M. Maurice Viollette-Blum[1] *(sic)*, ancien gouverneur général de l'Algérie et auteur des propositions de réforme de 1936 qui furent rejetées, a écrit dans l'*Alger républicain* que les administrateurs français n'avaient pas su reconnaître la vitesse à laquelle la conscience politique musulmane s'était développée au cours des dernières années et que les réformes approuvées par l'ordonnance du 7 mars 1944 n'allaient pas assez loin et arrivaient trop tard.

Les récriminations et la chasse aux boucs émissaires continuent avec la même violence. La gauche a demandé la démission de tous les fonctionnaires nommés sous le régime de "Vichy", la purge des officiers dans les forces armées et que M. Berque et M. Balensi soient remplacés. [...] M. Yves Chataigneau[2], le gouverneur général, a été critiqué par la droite, mais est soutenu par la gauche. [...] M. Chataigneau a laissé entendre qu'il ne serait pas contre le fait de retourner en Syrie, arguant que si on l'avait autorisé à y rester la crise actuelle ne se serait jamais produite. Depuis notre intervention en Syrie, beaucoup d'idiots, y compris des fonctionnaires haut placés, veulent maintenant croire que des agents britanniques ont fomenté les troubles récents. »

7 juillet, télégramme n° 111 de John Carvell au Foreign Office

« En référence à ma dépêche n° 106 du 28 juin, j'ai l'honneur de rapporter que M. Adrien Tixier[3], le ministre de l'Intérieur, a

1. Maurice Viollette (1870-1960), gouverneur de l'Algérie de 1925 à 1927, ministre d'État dans le gouvernement de Léon Blum.

2. Yves Chataigneau (1891-1969), diplomate délégué de la France au Levant de 1943 à 1944, gouverneur général d'Algérie depuis le 8 septembre 1944.

3. Adrien Tixier (1893-1946), ministre de l'Intérieur depuis septembre 1944.

donné, le 29 juin, pour conclure sa visite, un discours radiodiffusé sur les troubles récents dans le département du Constantinois. [...]

M. Tixier a avoué que les événements avaient causé une profonde crise morale en Algérie et toutes sortes de doutes et de peurs. Il a déclaré, toutefois, que le gouvernement était absolument résolu à maintenir la souveraineté française en Algérie et à assurer la protection de tous les Français qui travaillent sur le sol algérien. Le gouvernement était également résolu à mettre en application l'ordonnance du 7 mars 1944. [...]

Le ministre a ensuite annoncé une série de réformes administratives. La composition des "délégations financières" devrait être radicalement modifiée. Il n'existerait plus des délégations séparées constituées de "colons", de "non-colons" et d'"autochtones", mais trois nouvelles délégations qui seraient constituées en fonction du niveau d'impôts payés, et dans chacune desquelles les autochtones représenteraient deux tiers des membres. Le gouvernement général, qui, selon le ministre, était indispensable en tant qu'organisme de coordination pour les trois départements de l'Algérie, devrait être simplifié et modernisé. [...] L'administration locale serait progressivement démocratisée. Enfin, les compartiments hermétiques qui existaient dans certains domaines entre les administrations métropolitaine et algérienne seraient progressivement supprimés, permettant ainsi un rajeunissement des cadres de l'administration algérienne grâce à l'injection d'un nombre important de jeunes Français qui assureraient la liaison entre l'Algérie et les jeunes générations de la nouvelle France libérée. Le discours du ministre est important ne serait-ce que parce qu'il représente le premier aveu officiel public des causes des troubles récents. »

9 juillet, télégramme n° 116 de John Carvell au Foreign Office

« En référence à ma dépêche n° 82 du 29 avril, j'ai l'honneur de rapporter que, deux membres du Parti du peuple algérien ayant exprimé le désir de me parler à propos d'une affaire concernant le gouvernement de Sa Majesté, j'ai accepté de les recevoir à ma résidence le 3 juillet. Mes visiteurs, dont l'un m'avait déjà rendu visite, ont commencé par dire combien le monde arabe était reconnaissant de l'intervention britannique en Syrie et qu'il n'y avait aucun doute que cette intervention avait sauvé beaucoup de vies arabes. Il est ensuite devenu évident que le but de leur visite était d'obtenir une garantie ou des encouragements que le gouvernement de Sa Majesté interviendrait à l'avenir en Algérie si jamais des troubles se produisaient. Comme vous pouvez l'imaginer, j'ai fait très attention de ne pas donner le moindre encouragement à ce vœu pieux non dénué de folie. Ils ont ensuite exprimé leur amertume quant à la sévérité de la répression des troubles récents en Algérie. [...] Ils sont maintenant plus que jamais convaincus que le gouvernement français n'a pas la moindre intention d'abandonner sa politique bien établie de répression et d'exploitation. Il y a beaucoup de musulmans, jeunes et âgés, qui n'ont aucun espoir en l'avenir et qui se moquent de ce qui se passera ; ils sont tout à fait prêts à risquer leur vie dans des entreprises désespérées.

Après avoir écouté les propos de mes visiteurs, j'ai cherché à les raisonner en leur disant que les Algériens ne pouvaient pas s'attendre à obtenir leur indépendance dans un futur proche et qu'ils ne seraient pas capables de tenir debout tout seuls même s'ils l'obtenaient. Ils ont répondu que cela serait peut-être le cas mais qu'ils souhaitaient essayer malgré tout. J'ai ensuite tenté de les convaincre que le gouvernement français actuel avait montré qu'il avait des opinions éclairées sur le problème colonial et que les Algériens pouvaient se réjouir à l'avance à l'idée d'un avenir de progrès politiques, sociaux et économiques à l'instar de l'évolution au sein de l'Empire britannique. Leur réponse était que les Français n'étaient pas les Britanniques et qu'ils ne feraient rien à moins d'y être forcés. Ils m'ont ensuite demandé si je pensais que les Britanniques, avec leur sens de la justice et du "fair-play", soutiendraient les Algériens, et si je pensais qu'il y avait des chances que les Nations unies mettent en application leurs paroles raisonnables et exercent une pression sur le gouvernement français. Ignorant la première question, j'ai répondu qu'il y aurait certainement beaucoup de discussions [...] au sujet des affaires coloniales sous les auspices des Nations unies, et qu'aucun pays ne pourrait ignorer la ligne de pensée générale.

L'entretien ayant duré plus d'une heure, j'ai dû congédier mes visiteurs afin d'être à l'heure pour un autre rendez-vous. Mon sentiment quant à la conversation [...] était que les éléments nationalistes en Algérie avaient certainement été encouragés par la création de la Ligue arabe et par les événements en Syrie, et qu'ils étaient fatalement résolus à poursuivre leurs efforts. »

24 juillet, note manuscrite d'un membre du Foreign Office sur le télégramme de John Carvell du 9 juillet

« Les chiffres côté arabe divergent de ceux annoncés par M. Tixier. Ces chiffres sont sans doute grossièrement exagérés, mais les Français ont certes réagi très rapidement et vigoureusement à la révolte. Les Algériens arabes ont profité de la situation en Syrie pour essayer de chasser les Français d'Afrique du Nord et aimeraient pouvoir compter sur notre soutien pour le faire. »

Sources

TNA : PRO FO 371/49275, « Political situation in North Africa : French administration : Arab national movement in Algeria 1945 »

TNA : PRO FO 371/49276, « Political situation in North Africa : French administration : Arab national movement in Algeria 1945 »

POUR EN SAVOIR PLUS

Camus Albert, *Chroniques algériennes 1939-1958*, Folio, 2002.
Peyroulou Jean-Pierre, *Guelma, une subversion française dans l'Algérie coloniale*, La Découverte, Paris, 2009.
Reggui Marcel, *Les Massacres de Guelma*, La Découverte, Paris, 2006.
Rey-Goldzeiguer Annie, *Aux origines de la guerre d'Algérie, de Mers-el-Kébir aux massacres du Nord-Constantinois*, La Découverte, Paris, 2006.

1947 : RÉVOLTE À MADAGASCAR

Le mardi 1er avril 1947, un télégramme tombe sur les bureaux du Foreign Office à Londres : durant la nuit du samedi au dimanche, Madagascar, la « Grande Île », s'est révoltée. La dépêche, au texte hésitant, est signée de Peter Ivan Lake, consul britannique à Tananarive, appelée aussi Antananarivo, et ne tient qu'en quelques mots où il est question d'*« insurgés autochtones »* et de *« victimes européennes »*. Madagascar n'a alors plus grande importance sur l'échiquier britannique, si ce n'est qu'y vivent quelques dizaines d'aventuriers anglais, la plupart du temps dans des plantations au fin fond de la brousse. Les derniers soldats britanniques ont quitté l'île un an auparavant. Ils y sont arrivés le 5 mai 1942 quand, à la grande colère du général de Gaulle, a été lancée, sans qu'il en soit averti, l'opération « Ironclad ». Le corps expéditionnaire britannique avait alors débarqué autour du grand port de l'île, Diégo-Suarez. Face à eux, les troupes de Vichy opposent une vigoureuse résistance qui dure près de six mois, jusqu'à leur reddition en novembre. Passant ensuite sous le contrôle de la France libre, l'île est intégrée en 1946 à l'Union française. Mais cet épisode a laissé des traces, estime Frederick Robert Hoyer Millar, du Western Department [1] du Foreign Office : *« le prestige des Français n'est pas très élevé parmi la population locale »*. Comme dans les autres territoires de l'Empire, il existe un mouvement qui réclame l'indépendance, le MDRM (Mouvement démocratique de rénovation malgache) ; il a remporté les élections locales et obtenu trois députés à l'Assemblée nationale (Joseph Ravoahangy, Jacques Rabemananjara et Joseph Raseta qui est resté à Paris), provoquant la fureur des colons mais aussi du gouvernement français. Quand le nouveau gouverneur

1. Département du Foreign Office responsable des relations principalement avec les pays d'Europe de l'Ouest (bien que la liste de ceux-ci change de 1940 à 1981).

général Marcel de Coppet [1] débarque en mai 1946, il est conspué par la foule. La raison, selon Peter Lake : l'*« antagonisme grandissant entre une administration "progressiste" et des "colons réactionnaires" »*.

Mais personne ne peut encore deviner qu'en ce printemps 1947 vient de s'ouvrir l'une des pages les plus sombres de la décolonisation. À Madagascar, vivent quatre millions de Malgaches et environ 35 000 Européens. Pour ces derniers comme pour le ministre SFIO des Colonies, Marius Moutet [2], le MDRM est le parti à abattre. L'insurrection, initiée par des sociétés secrètes, en sera l'occasion. Une violente répression se déchaîne pendant de longs mois, causant entre 11 000 et 89 000 morts malgaches selon les historiens tandis que 550 Européens sont tués, dont 350 militaires. Tortures, viols, villages rasés, exécutions sommaires, on y aurait même inventé les « bombes psychologiques » : des prisonniers jetés d'avions au-dessus des villages en révolte. Les députés Joseph Ravoahangy et Jacques Rabemananjara sont arrêtés, torturés et condamnés à mort après avoir vu leur immunité parlementaire levée [3].

Les mêmes constatations du représentant britannique durant la révolte du Constantinois se répètent (voir chapitre « Massacres en Algérie »). D'abord la faiblesse militaire des Français : à peine 6 000 hommes sur place qui, peu à peu, recevront des renforts, essentiellement des tirailleurs sénégalais, des troupes d'origine comorienne, des parachutistes et la Légion étrangère. L'effort militaire étant consacré à la guerre d'Indochine, l'armée est obligée de quémander des bombes antipersonnel aux Britanniques qui, cette fois, les fournissent. Face à eux, les insurgés ne disposent que de quelques centaines de fusils. Menés par d'anciens soldats ayant combattu durant la Seconde Guerre mondiale, ils vont pourtant résister durant de longs mois, faisant craindre à plusieurs reprises la chute de la capitale et exaspérant

---

1. Marcel de Coppet (1881-1968), administrateur colonial. Passionné par la « Grande Île », il fut également l'ami de deux Prix Nobel de littérature, André Gide et Roger Martin du Gard.

2. Marius Moutet (1876-1968), député socialiste et sénateur. Ministre des Colonies dans les gouvernements du Front populaire, il fait interdire le bagne et met fin au code de l'indigénat. Il est l'un des 80 parlementaires qui refusent de voter les pleins pouvoirs à Pétain. Il retrouve le ministère de l'Outre-Mer de 1946 à 1947. Favorable à la politique de l'assimilation dans les colonies et opposé à la violence coloniale, il ordonnera pourtant d'abattre le MDRM « par tous les moyens. »

3. Leur peine commuée en prison à perpétuité, ils ne retrouveront la liberté qu'en 1956.

les autorités qui, selon Lake, « *ne sont pas à prendre avec des pincettes* ». Quant à la violence de la répression, le consul britannique la résume en quelques lignes : « *Les prisonniers sont traités de la façon la plus inhumaine, qu'ils soient coupables ou tout simplement suspects.* » C'est le chef de la Sûreté générale, Marcel Baron [1], qui est le premier visé : « *Les méthodes dignes de la Gestapo avec lesquelles il traite les suspects politiques, ses incendies impitoyables et sans distinction de villages malgaches ont suscité la désapprobation des ministres. [...] Le renvoi de ce fonctionnaire est fortement souhaitable car sa présence a causé une grande partie du climat de suspicion et de xénophobie auquel j'ai déjà fait référence à plusieurs reprises.* » Marcel Baron est bien connu dans l'océan Indien en raison de ses méthodes musclées. Le 28 juin, Lake envoie une lettre au Foreign Office, rendant compte d'un message envoyé par le capitaine Patureau [2], le consul français à l'île Maurice. « *Le capitaine Patureau, Mauricien de naissance, est bien au courant des menaces dont souffrent les Mauriciens à Madagascar et des activités nocives du chef de la Sûreté, M. Baron, "ex-Petit Commissaire de Police"...* »

Lake conclut en une formule qui vaudra pour tous les conflits à venir dans l'Empire français. « *Ici se trouve l'une des principales contradictions de la politique coloniale, en théorie si magnanime, mais en pratique souvent cruellement répressive.* » Comme l'écrira le président de la République Vincent Auriol dans ses Mémoires, « *il y a eu évidemment des sévices par la police et on a pris des sanctions. Il y a également eu des excès de la répression. On a fusillé un peu à tort et à travers et sans jugement* ». L'important n'est pas là. Il fallait faire un exemple. Afin que les autres possessions françaises de par le monde ne soient pas tentées de suivre l'exemple des rebelles indochinois ou malgaches.

1. Marcel Baron, chef de la Sûreté générale depuis mai 1946, rejoindra ensuite l'archipel des Comores, où il exercera les mêmes fonctions et où il décédera, avant leur indépendance, sans avoir jamais été inquiété.

2. Hector Patureau (1902-1977), né à l'île Maurice de parents français, représentant du général de Gaulle lors de la prise de l'Île de la Réunion en 1942 après le débarquement des Britanniques à Madagascar. Consul de France à l'île Maurice.

1er avril 1947, télégramme de Peter Lake, consul britannique à Tananarive, au Foreign Office sur les événements de la nuit du 29 au 30 mars

« Insurgés autochtones ont attaqué campement militaire et poignardé 20 personnes dont 8 Européens 50 miles à l'est d'Antananarivo. Soulèvements mineurs à d'autres endroits et victimes européennes signalés. Situation restera sans doute critique pendant prochains jours jusqu'à ce que les autorités puissent rétablir l'ordre. »

7 avril, rapport de Peter Lake au Foreign Office sur les incidents

« J'ai l'honneur de vous adresser un compte rendu des événements de la semaine passée à Madagascar, dont mon télégramme n° 26 a donné une brève indication. Des éruptions de violence simultanées dans différentes régions ont provoqué des frayeurs frisant la panique aussi bien parmi la population autochtone qu'européenne et ont suggéré qu'il existe une organisation clandestine qui serait à l'origine de la violence. Pendant la nuit du 29 au 30 mars, des hordes rebelles ont massacré près de vingt Européens dans des circonstances qui montrent qu'après cinquante ans de gouvernement français les méthodes d'élimination de l'ennemi n'ont rien perdu du raffinement traditionnel des races orientales. Après une semaine agitée, au cours de laquelle d'autres centres européens ont été attaqués ou menacés, les rapports alarmistes se sont multipliés. Les mesures de rétorsion prises par les autorités semblent avoir rétabli un semblant d'ordre. Des expéditions punitives sont toujours en cours, les régions excentrées doivent encore être atteintes et des disparitions de colons être expliquées. Lorsque le décompte final des victimes européennes sera enfin fait, le chiffre ne sera pas inférieur à quarante.

Mis à part Diégo-Suarez, où des armes ont été saisies, les rebelles ont limité leurs activités à des endroits de moindre importance : Vatomandry, Mananjary, Vohipeno, Manakara et Farangana sur la côte est, et Moramanga sur la ligne de train entre Tamatave et Tananarive. Hormis quelques incidents mineurs, la capitale est restée calme mais vigilante, et aucun affrontement n'a été signalé à moins de cinquante miles.

Les faits précités suffisent, je pense, à montrer que les désordres lors de l'arrivée du gouverneur général de Coppet en mai de l'année dernière furent d'une nature très différente des troubles actuels, et cette offensive vis-à-vis de l'autorité française requiert les mesures les plus sévères. Les événements ont mis en relief l'antagonisme grandissant entre une administration "progressiste" et des "colons" réactionnaires. L'indignation a atteint son comble et la responsabilité du carnage a été mise sur le dos d'une administration qui aurait négligé les signaux d'avertissement et honteusement ignoré les intérêts réels de la colonie. La presse et l'opinion publique ont fait explicitement savoir que M. de Coppet devait faire ses bagages. [...] Beaucoup de personnes pensent qu'il devrait remettre son pouvoir à l'armée par une proclamation de loi martiale.

Ces scènes ont causé encore plus d'embarras au gouvernement français et à l'administration française à Madagascar qui fait face à sa plus grande crise depuis de nombreuses années. Avant qu'un jugement serein ne puisse être établi, beaucoup seront tenus pour responsables, car la seule façon d'apaiser l'opinion publique française en de telles occasions est de lui offrir un bouc émissaire en sacrifice. [...]

Afin de comprendre les troubles actuels, et par souci d'impartialité, il est essentiel de saisir la portée de certaines caractéristiques locales et l'influence de certains facteurs extérieurs. Parmi ces facteurs : l'agitation générale des populations colonisées, et particulièrement la guerre en Indochine ; le soutien évident des communistes français qui sapent ainsi la poursuite d'une politique coloniale ferme. Au niveau local, la contagion du mécontentement des travailleurs et des actions de grève par les représentants de la CGT, le fait que, malgré deux avertissements de la Sûreté générale, l'administration n'a pas perçu les dangers imminents et les leçons tirées d'une année de troubles civils, de mécontentements, d'émeutes, sont des facteurs décisifs pour expliquer les incidents actuels.

Des mesures de rétorsion suivirent les déclenchements de violence avec une rapidité admirable. [...] Pendant la semaine, des expéditions punitives furent organisées depuis Tananarive, les régions assiégées ont été libérées ou ont reçu des armes. [...] Dans toutes les zones européennes, des armes ont été distribuées aux hommes entre 17 et 50 ans. [...] Les colons résidant dans des régions isolées, sur des plantations par exemple, on été déplacés dans les agglomérations. Les suspects politiques ont été arrêtés avec quelques exceptions, notamment deux des députés malgaches, Rabemananjara et Ravoangy *(sic)*. [...]

Selon un rapport officiel, les insurgés projetaient d'affaiblir systématiquement la résistance européenne dans le but d'établir leur indépendance. Le plan échoua, mais il est révélateur que les premières attaques aient été menées par des anciens militaires malgaches qui se sont battus dans les guerres européennes et que leur objectif était de s'emparer des armes. [...] Il est également important de noter que les autochtones montrèrent de toute évidence peu de sympathie pour la cause rebelle, alors que s'ils avaient simplement fait la grève, ils auraient pu paralyser la vie de la colonie. La réaction dominante a naturellement été la peur. [...] Au moment où j'écris ce compte rendu, je suis heureux de pouvoir dire que jusqu'à présent aucune vie ni propriété britanniques n'ont souffert. »

10 avril, télégramme de Peter Lake au Foreign Office

« La situation reste difficile bien que l'ordre ait été rétabli dans la plupart des régions. Le récent carnage a provoqué une sérieuse agitation politique et des troubles sociaux qui ne cesseront pas de sitôt. Environ quarante Européens et des centaines d'autochtones ont été tués. [...] La situation des étrangers est de façon générale très délicate dans la mesure où les Français ne tiennent pas compte de leur obligation de leur offrir une protection. J'ai été obligé d'interdire aux sujets britanniques de participer activement aux mesures de défense commune afin d'éviter de compromettre notre position. La nationalité britannique offre en pratique peu de protection dans des conflits raciaux et l'insécurité de nos ressortissants persistera tant que les autorités françaises n'auront pas de politique ferme. »

Note du 17 avril de Frederick R. Hoyer Millar, Western Department du Foreign Office

« Bien que nous espérons que ces troubles cesseront et ne conduiront pas à des difficultés plus sérieuses, il est, je pense, plus que probable que d'autres conflits surviendront dans l'avenir et que avec l'émergence de mouvements nationalistes dans d'autres possessions d'outre-mer françaises, les éléments autochtones à Madagascar deviendront de plus en plus actifs politiquement. La situation est bien sûr compliquée car le prestige des Français n'est pas très élevé parmi la population locale, l'île ayant était occupée par le régime de Vichy puis par les Britanniques pendant la guerre [...]. »

5 mai, télégramme de Peter Lake au Foreign Office

« Après plus d'un mois d'échauffourées, les rebelles gardent l'initiative en utilisant des tactiques de guérilla, multipliant les raids et les pillages. [...] Le mécontentement risque de s'étendre si les autorités ne prouvent pas de façon décisive qu'elles peuvent gérer la situation. Tant qu'il y aura moins de 2 000 soldats français et sénégalais et que le gouvernement français restera fortement engagé ailleurs, il y a, je pense, peu d'espoir d'un retour à une situation de paix. Le prestige français déjà précaire n'est pas amélioré par les critiques concernant la manière dont ils traitent les autochtones. »

12 avril, télégramme n° 311 de Sir Donald Mackenzie Kennedy, gouverneur de l'île Maurice, au secrétaire d'État aux Colonies[1], Arthur Creech Jones

« Je dois vous dire que des compagnies privées ainsi que des particuliers à l'île Maurice ont reçu des demandes d'armes et de munitions de Madagascar. J'ai donné l'ordre au préfet de police de refuser les permis pour de telles exportations. [...] Je voudrais bien avoir vos conseils quant à la réponse à donner si le gouvernement de Madagascar formulait une demande similaire. Je dois également vous communiquer une rumeur locale selon laquelle la rébellion aurait été encouragée ou lancée par les Anglais. »

1. Le secrétaire d'État aux Colonies (Secretary of State for the Colonies) était responsable du gouvernement des colonies britanniques. L'administration de chaque colonie était assurée par les divers gouvernements coloniaux, le gouverneur agissant comme le représentant direct de Sa Majesté la Reine.

Note de John Cecil Sterndale Bennett (Colonial Office[1]) à Joseph William Blanch (Western Department)

« La rumeur locale à l'île Maurice [...] selon laquelle les troubles à Madagascar ont été lancés par les Britanniques est inquiétante, mais je suppose qu'on ne peut pas y faire grand-chose. Comme on le vit fréquemment au temps de Vichy, si un certain type de Français se met en tête que les Britanniques essaient de désintégrer leur empire, on ne peut rien dire ni faire pour le convaincre qu'il a tort ! »

30 avril, télégramme de Richard John McMoran Wilson (Western Department) à John Bennett

« En réponse au télégramme du gouverneur de l'île Maurice, aucune arme ne doit être fournie aux autorités françaises à Madagascar [...] sans consultation préalable avec Londres. »

14 mai, télégramme de Joseph William Blanch

« Le chef d'escadrille Wilton, du ministère de l'Air, a téléphoné pour dire que l'attaché du ministère de l'Air français avait fait la demande de 2 000 bombes antipersonnel de 40 livres et 1 000 bombes de 20 livres pour Madagascar. Je lui ai expliqué

1. Créé à l'origine en 1768 pour s'occuper des affaires coloniales dans les territoires britanniques en Amérique du Nord, le Colonial Office fut ensuite responsable du gouvernement des colonies britanniques, à l'exception de l'Inde qui était gouvernée par l'India Office. En 1966, le Colonial Office fusionna avec le Commonwealth Relations Office (responsable des relations avec les membres du Commonwealth, les anciennes colonies britanniques) pour former le Commonwealth Office. En 1968, le Commonwealth Office fusionna avec le Foreign Office qui fut renommé le Foreign and Commonwealth Office. Le Colonial Office était dirigé par le secrétaire d'État aux Colonies.

que, comme dans le cas de l'Indochine, il ne pouvait pas s'attendre à ce qu'on fournisse du matériel de guerre aux Français pour un usage spécifique contre les rebelles malgaches ; les Français devraient certainement utiliser des termes plus généraux pour de telles requêtes. »

19 mai, note écrite à la main de Joseph William Blanch

« Le ministère de l'Air vient d'appeler pour dire qu'ils peuvent fournir les bombes de leurs stocks du Moyen-Orient et vont en informer les Français qui devront en organiser eux-mêmes le transport. »

7 juin, lettre de Peter Lake à Joseph William Blanch

« Cher M. Blanch,

[...] Comme vous l'aurez constaté par mon télégramme n° 49 du 23 mai, ma mission de reconnaissance n'a pas porté ses fruits. J'ai vu aussi le haut commissaire et le général commandant en chef qui m'ont fait comprendre qu'ils ne souhaitaient pas que ni moi ni d'autres représentants étrangers se rendent dans les zones rebelles. Je me suis plaint vigoureusement du manque d'information et de la difficulté à faire un bilan de la situation ou d'avoir des nouvelles des sujets britanniques, et je dois admettre que mes plaintes ont eu quelque effet. Je dois également avouer que je ne connais pas du tout la majorité des sujets britanniques dans les zones concernées et, si je connais leurs noms, ce n'est que par le bouche à oreille. Les formalités comme l'"enregistrement auprès du consulat britannique le plus proche" ont peu de sens pour des gens comme eux, qui ont vécu toute leur vie dans la "brousse". [...] C'est pour ces raisons que j'ai été obligé de lancer une campagne de "recensement" pour connaître plus précisément nos sujets à Madagascar. [...] La situation actuelle est plus ou moins stable. Il n'y a pas de signes que la contagion se répande, bien que les pillages continuent ; toute la côte est de Vatomandry à Farafangana et à l'intérieur des terres sur environ 100 kilomètres est en état de siège. Avec les troupes et les armes que les Français ont à leur disposition, je ne vois vraiment pas ce qu'ils peuvent espérer faire. Lorsqu'ils parlent de renforts, ils parlent d'un bataillon alors que nous enverrions un régiment entier : et, à l'exception des véritables commandants militaires, personne parmi les chefs ne semble, selon moi, avoir la moindre conception de l'ampleur de la tâche militaire qui les attend. »

Compte rendu de la réunion du 16 juin au Foreign Office sur le plan d'évacuation des citoyens britanniques de Madagascar

« Le président a entamé la réunion en expliquant que, bien que très peu d'informations sur la situation générale à Madagascar aient pu être obtenues des autorités locales ou de Paris, le consul général à Antananarivo avait le sentiment que si, toutefois, les émeutes empiraient au point de nécessiter l'évacuation des sujets britanniques, on ne pouvait pas compter sur les autorités françaises pour leur porter assistance efficacement ou protéger leurs vies. Le Foreign Office était ainsi de l'avis que le gouvernement de Sa Majesté devrait prendre les mesures nécessaires pour l'évacuation éventuelle des sujets britanniques. »

14 juin, rapport de Peter Lake sur la situation

« Les troubles à Madagascar ne figurent peut-être pas très haut sur la liste des grandes calamités mondiales, mais pour l'Union française, embryonnaire, ils menacent de mettre au monde un enfant mort-né. Presque tous les territoires français d'outre-mer sont aux prises avec des mouvements nationalistes et il ne serait pas surprenant que l'Union française en soit tenue pour responsable. [...]

Le concept de l'Union française, fondé sur l'égalité des droits de tous les hommes, sans distinction de race ni de couleur, tel qu'annoncé par M. Giacobbi et mis en pratique par le haut commissaire actuel, M. de Coppet, s'opposa dès le début [...] aux planteurs et industriels qui prédirent à juste titre des troubles ouvriers, et par les autochtones eux-mêmes qui perçoivent de telles mesures comme une humiliation plutôt que comme de la générosité.

[...]

L'origine de la révolte est due à de multiples causes, certaines profondément enracinées dans l'histoire de Madagascar, d'autres politiques et d'autres principalement économiques. Dans sa présentation des événements devant l'Assemblée nationale, M. Marius Moutet ne laisse aucun doute sur le fait que le MDRM (Mouvement démocratique de la rénovation malgache) est le principal responsable. L'ascendant de ce parti sur tous les autres [...] démontre de façon frappante les principales faiblesses du système de colonisation français ; faiblesses qui ont été exploitées avec grande habileté et ruse psychologique [...].

À Madagascar, le mouvement repose sur trois facteurs principaux. Premièrement, la diffusion de l'idéal de l'indépendance parmi l'élite autochtone en faisant appel à des valeurs patriotiques et d'amour-propre ; deuxièmement, l'exploitation du mécontentement parmi les masses, en particulier dans les régions où une mauvaise administration était courante ; et, troisièmement, l'existence de 8 000 soldats malgaches rapatriés et avec une expérience des conflits modernes. On pourrait ajouter un quatrième facteur, l'influence de sorciers et de sociétés secrètes sur certaines tribus moins développées. Il semble incroyable que les autorités, qui prétendent avoir été bien informées des activités subversives du MDRM, l'ont laissé poursuivre ses activités en dehors de tout contrôle [...].

À l'heure où j'écris, la situation peut être présentée comme stable. [...] Il faudra des forces [...] considérables pour libérer les régions actuellement sous la coupe des rebelles. Le processus sera long et personne n'est capable de prédire quand les Européens pourront de nouveau vivre en sûreté sur leurs plantations. En attendant, l'avenir économique des régions touchées reste en péril. [...] On se demande comment les autorités s'attelleront au difficile travail de pacification. »

28 juin, Peter Lake envoie un autre rapport complétant le précédent

« J'ai l'honneur de compléter mes précédents rapports avec des éclaircissements supplémentaires sur la révolte indigène qui, depuis trois mois, a ravagé 20 000 miles carrés des régions les plus riches et fertiles de Madagascar.

Les Français sont en colère à cause de ce qui s'est passé et ne sont pas à prendre avec des pincettes. Ivres de colère, ils clament vengeance ; dans leur méfiance cynique, ils accusent n'importe qui et n'importe quoi avec une déraison exécrable. Une telle folie est dangereuse, pour eux aussi bien que pour les autres, mais elle est passagère.

Il ne fait aucun doute que la révolte fut une surprise pour la plupart de la population européenne. Pendant la guerre, il y avait les signes d'une agitation qui avait tendance à croître au fur et à mesure que l'influence militaire britannique diminuait. Avec un égoïsme compréhensible, la population malgache accueillit favorablement l'arrivée des troupes britanniques et ne s'attendait pas à les voir partir ; les Français n'ont jamais pardonné cette attitude aux Malgaches. [...] Bien que la force des rebelles vienne avant tout des faiblesses françaises, il ne faut pas sous-estimer leur organisation. S'ils avaient des armes modernes, la situation serait similaire à celle en Indochine et la “rébellion” serait une “guerre”. [...]

Presque trois mois se sont écoulés maintenant depuis que le premier coup a été frappé à Moramanga. Aujourd'hui la situation est infiniment plus inquiétante ; bien que la possibilité d'attaques surprises soit moindre, de vastes régions sont sous le contrôle des insurgés et ces insurgés s'étendent sur les hauts plateaux. [...] Outre les menaces sur la capitale [...] une des conséquences les plus graves de l'impuissance des Français à rétablir l'ordre est leur incapacité à protéger les tribus qui leur sont loyales, celles-ci jugent ainsi qu'il est plus sûr de rejoindre les rebelles plutôt que de s'exposer à la barbarie des militaires sénégalais. [...] Lors de plusieurs cérémonies publiques, le haut commissaire, M. de Coppet, a souligné la distinction qui serait faite entre les meneurs et les suiveurs ou ceux qui ont été forcés d'obéir. [...] Mais ces arguments fallacieux ne pèsent pas lourd dans un pays où des superstitions populaires, comme celle voulant que les hommes blancs enlèvent le cœur des bébés malgaches, ne peuvent pas être dissipées, et où aujourd'hui les prisonniers sont traités de la façon la plus inhumaine, qu'ils soient coupables ou tout simplement suspects. Ici se trouve l'une des principales contradictions de la politique coloniale, en théorie si magnanime, mais en pratique souvent cruellement répressive. [...] Les indigènes, et en particulier les élites qui sont éduquées politiquement, ont mis peu de temps à percevoir et à exploiter cette divergence entre théorie et pratique [...]

[...]

La probité et l'honnêteté intellectuelle de M. de Coppet sont hors de doute, mais comme en 1940 il a montré une faiblesse fatale et aujourd'hui ni les Européens ni les indigènes n'ont confiance en lui. Son départ, en dépit de la plaidoirie menée par M. Moutet à l'Assemblée nationale, semble ainsi aussi inévitable qu'imminent. [...] La démission, ou la “révocation”, la plus surprenante est celle de M. Baron, chef de la Sûreté générale, à laquelle je fais référence dans ma lettre S/POL-4 du 28 juin au Western Department. Ce rapport explique que, dans son élan, M. Baron est allé trop loin, et que les méthodes dignes de la

Gestapo avec lesquelles il traite les suspects politiques, les incendies de villages malgaches qu'il ordonne, impitoyables et sans distinction, ont suscité la désapprobation des ministres. Il a repris ses fonctions immédiatement après sa démission et ceux qui s'en réjouissaient trop ouvertement ont dû rapidement se raviser. Le renvoi de ce fonctionnaire est fortement souhaitable car sa présence a causé une grande partie du climat de suspicion et de xénophobie auquel j'ai déjà fait référence à plusieurs reprises. [...]

Il faut espérer le retour rapide du général Pellet, qui lors de ma première visite officielle m'a donné l'impression d'être énergique, déterminé et franc. Il semblait avoir une image claire de la situation et en savoir beaucoup plus sur les forces et les faiblesses des rebelles qu'aucun autre officiel n'a jusqu'à présent su l'admettre en ma présence. »

12 juillet, dépêche de Lake au Foreign Office. Il envoie des copies de plusieurs lettres (écrites en français) dont celle d'un prisonnier politique malgache à propos des tortures qui lui ont été infligées par le chef de la Sûreté, Marcel Baron

« Arrêté le 1er avril 1947 et conduit à la Sûreté générale le même jour, j'ai été reçu par des coups de nerf de bœuf dans la salle d'attente du bureau de la Sûreté générale. La nuit du 11 avril, à partir de 20 heures, trois hommes m'ont roué de coups de bâton et de nerf de bœuf pour me forcer à me dire membre d'une soi-disant société JIM. Le lendemain matin, à 4 heures, quand je revins de mon évanouissement, je me trouvais couché sur la dalle mouillée d'un couloir, les membres ligotés. La nuit suivante, on me ramena au bureau du directeur de la Sûreté où je reçus une pluie de coups et d'injures raciales et, à ma grande stupéfaction, une femme française me donna aussi des coups de pied et m'accabla d'insultes. [...] N'ayant pu m'arracher jusque-là quoi que ce fût, pour m'obliger à accuser toutes sortes de personnes que je ne connaissais d'ailleurs pas, Baron et un gendarme m'ont pris la verge avec une pince universelle et, au mépris de toute loi républicaine et de la dignité humaine, ces deux représentants de la France me firent souffrir à tel point que je fus obligé de signer une déclaration prérédigée. [...] Du 1er au 9 mai 1947, le jour comme la nuit, on me roua de coups de nerf de bœuf, de bâton de rue, plongé dans un baril rempli d'eau et d'urine en provenance de la famille Baron – le pot de chambre plein a été descendu de chez les Baron par un Sénégalais, devant les rires diaboliques de M. Baron, de son adjoint et de la dame employée à la Sûreté. J'avais du mal à croire que j'étais avec des Français ! [...] La dernière nuit que je passai à la Sûreté, on me fit coucher sur le dos, mains et pieds ligotés, et l'on me donna des coups avec le revers d'un coupe-coupe tandis qu'on me menaçait d'un mousqueton et d'un revolver. On me fit également absorber une cuillerée de piment rouge. [...] »

Sources

TNA : PRO FO 371/67720, « Disturbances in Madagascar, April 1947 : Madagascan nationalism »

TNA : PRO FO 371/67721, « Disturbances in Madagascar, April 1947 : Madagascan nationalism »

TNA : PRO FO 371/67722A, « Disturbances in Madagascar, April 1947 : Madagascan nationalism »

Pour en savoir plus

Auriol Vincent, *Journal du septennat* (édition établie par Pierre Nora et Jacques Ozouf), Tallandier, 2003.

Benot Yves, *Massacres coloniaux*, La Découverte, 2001.

1950 : LE TOUR DE FRANCE D'UN AMBASSADEUR

À quoi ressemble la France provinciale des années cinquante ? C'est pour le savoir que Sir Oliver Harvey, ambassadeur britannique à Paris, se lance au printemps 1950 dans un long périple, comme il l'explique dans l'introduction du rapport qu'il adresse au Foreign Office, le 4 avril, lors de son retour dans la capitale : *« Depuis mon arrivée ici, je visite, une par une, diverses parties de la France. J'ai déjà visité Lyon, Rouen, Le Havre, Lille, Bordeaux et Marseille ainsi que diverses régions agricoles. Bien qu'il reste beaucoup d'endroits importants que je n'ai pas encore vus, je peux d'ores et déjà faire un résumé de mes impressions générales. J'avais trois objectifs : me familiariser sur place avec le travail des officiers consulaires de Sa Majesté, entrer en contact avec les autorités provinciales et, enfin, me faire une image de la France tout entière, chose que je ne peux qu'imaginer en restant à Paris. »*

Même s'il ne les décrit pas toutes, c'est d'abord un portrait charmant que Sir Oliver Harvey dresse des villes de province et de leurs habitants, bon nombre d'entre eux, en raison de liens ancestraux, réservant un accueil chaleureux au représentant britanniques. Mais c'est aussi, à travers ses rencontres avec les dirigeants, un tableau intéressant de cette France de l'après-guerre, partagée *« entre une prodigieuse transformation économique et la pérennité des mœurs du passé »*, selon les mots de l'historienne Georgette Elgey. Dans chaque municipalité, il rencontre d'abord les préfets, ces « empereurs au petit pied », comme les appelait Napoléon, leur créateur, que l'ambassadeur juge comme un *« corps d'élite dont la France peut être fière »*. Il voit ensuite le maire et les conseillers municipaux, le président et les membres de la chambre de commerce, le recteur de l'université (quand il y en a une), l'évêque, l'archevêque (ou le cardinal) et le général de la division militaire. *« On trouve ces mêmes personnes, d'un rang plus ou moins élevé, dans chaque département français. Ils représentent les traditions et les repères fixes et solides de la vie française. »*

Mais l'ambassadeur doit aussi répondre aux nombreuses questions que se posent ses supérieurs du Foreign Office. La plus pressante concerne l'emprise communiste dans les villes, situation que ne connaissent pas les Britanniques. En France, après avoir été chassés du gouvernement en mai 1947, les communistes ont été à l'origine de grèves et de manifestations très violentes qui ont fait redouter une véritable insurrection. Mais le PCF sort battu de cette épreuve de force et si le communisme est toujours la référence de bon nombre d'intellectuels, le premier parti de France commence son long déclin, bien que connaissant encore des scores électoraux importants. Aux législatives de 1951, le PCF obtient 26,27 % des voix et peut encore compter sur 2 000 maires, mais une vingtaine de villes importantes comme Marseille, Toulon, Nantes, Reims, Limoges, Nîmes, Avignon, Ajaccio, Nevers ou Troyes lui avaient quand même échappé aux élections municipales de 1947.

Autre inquiétude des diplomates britanniques à ce sujet, les universités et la possibilité d'y voir la subversion communiste se développer. On verra que la réponse de Sir Oliver Harvey a de quoi dissiper, à juste titre, toute inquiétude, du moins en province...

4 avril 1950, rapport de l'ambassadeur britannique à Paris Sir Oliver Harvey au député Kenneth Gilmour Younger

« Le préfet, qui n'a pas d'homologue au Royaume-Uni, représente le gouvernement central dans le département et est en contact direct avec le ministre de l'Intérieur. Il forme la structure de base sur laquelle l'administration française est bâtie. Les préfets gouvernent leur département avec les autorités locales, mais ils n'y sont pas soumis. Leurs tâches sont très variées car ils représentent tous les ministères du gouvernement dans leur région et on attend d'eux qu'ils s'occupent de n'importe quel problème qui surviendrait, tout en dirigeant leurs services locaux. [...] En temps normal, et d'autant plus dans des situations exceptionnelles, ils gouvernent pratiquement le pays. J'ai été très impressionné par les compétences de tous les préfets que j'ai rencontrés ; certains étaient déjà préfets avant la guerre, d'autres ont été recrutés depuis en raison de leur participation exemplaire dans la Résistance. On dit que depuis qu'il est ministre de l'Intérieur M. Moch [1] a montré une préférence pour les préfets ayant des tendances socialistes. Ceci est peut-être vrai, mais ceux que j'ai rencontrés forment un corps d'élite dont la France peut être fière.

Le grand nombre de votes communistes dans beaucoup de municipalités et l'augmentation, en conséquence, de ceux en faveur du RPF [2] ont eu tendance à créer des divisions extrêmes et malsaines dans beaucoup de villes. Toutefois, il semble que le balancier retourne vers le centre et que les partis modérés, les radicaux et les indépendants en particulier, gagnent du terrain.

Un changement intéressant depuis la Libération est la façon dont l'évêque ou l'archevêque de la région participent maintenant aux fonctions publiques aux côtés du maire et du préfet. Ceci est dû, bien sûr, au MRP [3], qui a permis au clergé de coopérer avec les autorités républicaines dans la vie publique d'une manière qui n'était pas possible avant la guerre. La position de la hiérarchie reste toutefois incertaine en raison des sympathies pétainistes de certains membres du haut clergé. Le cardinal Gerlier de Lyon, qui était avocat avant de devenir prêtre, a su s'identifier à la France nouvelle malgré son passé douteux pendant l'Occupation. L'évêque d'Autun, au contraire, qui était aumônier dans l'armée française, eut personnellement un rôle très actif dans la Résistance. Le cardinal Liénart de Lille fut également très courageux. Le nouvel évêque de Paris, qui vient de Bordeaux, aida quelques juifs pendant la guerre mais, à part cela, sa participation ne fut pas significative. D'une manière

---

1. Jules Moch (1893-1985), ministre de l'Intérieur de novembre 1947 au 7 février 1950.

2. Rassemblement du peuple français, parti fondé le 14 avril 1947 par le général de Gaulle.

3. Mouvement républicain populaire, fondé en 1944 par Georges Bidault, de tendance centriste et démocrate chrétienne.

générale, le clergé d'un rang moins élevé s'est bien mieux comporté. La hiérarchie ecclésiastique montre maintenant un grand intérêt pour l'assistance sociale, sans doute selon les ordres du Vatican, au point que certains évêques ont récemment pris le parti des grévistes. En fait, bien qu'on ne puisse pas encore dire que le fossé traditionnel entre le clergé et le reste de la population soit une chose révolue, leurs relations se sont manifestement améliorées. On le doit, en grande partie, au besoin de s'unir pour former un front commun contre le communisme. Pourvu que le MRP reste un parti populaire important après les prochaines élections (ce qui reste incertain), le processus de réconciliation devrait continuer.

Je rencontre aussi, autant que possible, des citoyens importants du milieu des affaires et des secteurs professionnels. J'ai visité des usines de soie à Lyon, des usines textiles à Lille, des éleveurs de bovins et des agriculteurs dans le Charolais et d'autres régions, et des viticulteurs à Bordeaux. La taille relativement petite des entités économiques et des usines dans les secteurs d'activités industriels et ruraux est frappante. Les usines de soie à Lyon, tout comme les usines de textiles à Lille, sont des entreprises individuelles relativement petites dans lesquelles les patrons sont intimement liés aux tâches quotidiennes dans leurs usines. Ce sont pour la plupart des affaires familiales héritées de père en fils. [...] Il y a aussi beaucoup de mariages au sein de ces dynasties commerciales. La persistance de ces petites unités économiques dans tant de régions et de secteurs en France suggère qu'elles correspondent mieux aux caractéristiques individualistes françaises. [...] La résistance au communisme en France provient avant tout du dégoût inné d'être contraint de faire partie de gros bataillons.

Les visites de membres du personnel de l'ambassade suscitent un grand intérêt et enthousiasme. Ceci est particulièrement remarquable dans le nord de la France. Les relations franco-britanniques sont traditionnellement plus fortes dans la région de Lille-Arras-Amiens, en raison des contacts maintenus entre les industries textiles des deux pays et plus encore, à cause des deux guerres durant lesquelles des soldats britanniques se sont battus et sont morts par milliers. Même en Normandie, bien que les Normands soient traditionnellement des "pisse-froid", on est certain d'être chaleureusement accueilli. En effet, le Normand se plaît à adopter une attitude paternaliste envers l'Angleterre. Lyon se considère *sui generis (sic)* parmi toutes les villes françaises. Le sentiment d'amitié franco-britannique y est très fort en grande partie en raison de l'influence de Monsieur Herriot [1]. Le Lyonnais, qui méprise un peu les autres Français, éprouve un sentiment de parenté avec les Britanniques. Dans le Sud, les sentiments sont superficiels et l'enthousiasme, éveillé sans peine, s'éteint avec la même facilité. Cependant, à travers cette grande partie du pays, qui s'étend au sud de la Loire jusqu'à la Garonne, la Dordogne et le Tarn, et autrefois formait le royaume d'Henri II d'Angleterre et d'Aliéonor d'Aquitaine et qui fut le champ de batailles entre Anglais et Français pendant plus de 300 ans, il demeure un remarquable attachement et une sympathie pour notre pays. Partout, dans la campagne, il y a des châteaux et des monuments qu'on signale comme ayant été érigés "par les Anglais". Ici, à ma grande surprise, l'"occupation" est synonyme de l'occupation anglaise, et on en parle encore aujourd'hui. »

1. Édouard Herriot (1872-1957), président du Parti radical, député-maire de Lyon, plusieurs fois président du Conseil avant la Seconde Guerre mondiale, président de l'Assemblée nationale, fut, en tant qu'agrégé de lettres, docteur *honoris causa* de l'université de Glasgow.

4 avril 1950, lettre de Sir Oliver Harvey au député Kenneth Gilmour Younger sur sa visite de Marseille du 25 au 27 mars 1950

« Nous arrivâmes à Marseille en train le samedi matin. Après les visites habituelles au préfet et au maire accompagné du consul général de Sa Majesté, on m'offrit un vin d'honneur à la chambre de commerce de Marseille. [...] Après le déjeuner, on me fit visiter le nouveau bâtiment de Le Corbusier qui est en construction dans la banlieue de Marseille et où seront logées 300 familles dans un nouvel environnement "tout-compris", un bâtiment unique où il y aura des magasins, des restaurants, une piscine, des crèches. [...] Le projet est financé par le ministère français de la Reconstruction et est critiqué localement, où l'on doute que l'on trouvera des locataires capables de payer les loyers fixés. [...] Le dimanche, nous nous sommes rendus en Camargue, [...] invités par M. Richard [1] *(sic)*, un riche fabricant de pastis qui fait des essais d'irrigation et de plantations de riz afin de récupérer ces terres chargées de sel. Ce n'est que le début des essais, mais il produit déjà une récolte de riz considérable et suffisante pour nourrir Marseille. [...] Ce soir-là, nous dînâmes avec le consul général de Sa Majesté qui avait invité le préfet, le maire, les présidents des chambres de commerce français et britannique et leurs femmes.

Le lendemain matin, nous prîmes un bateau pour aller visiter le port qui, malgré sa destruction pendant la guerre et à la Libération, a repris une activité supérieure à celle d'avant guerre. On y reconstruit une jetée de grande taille avec une assurance et un optimisme remarquables. [...] Les autorités semblaient confiantes sur la reprise du commerce malgré les événements politiques qui interrompent actuellement les échanges réguliers entre l'Est et

1. Sans doute Paul Ricard (1909-1997), inventeur du pastis Ricard et fondateur de la société éponyme.

Marseille. Je ne vis que quatre ou cinq navires britanniques dans le port. [...]

Le préfet, M. Baylot[1], un homme particulièrement énergique, et le maire, Me Carlini[2], qui est membre du RPF, m'assurèrent que l'influence communiste était en déclin. Le maire lui-même avait été élu malgré une forte opposition communiste. On m'assura également que, même dans les ports, les grèves étaient maintenant sans importance. En effet, le dimanche, malgré l'appel à la grève générale lancée dans toute la France, le nombre de dockers travaillant était supérieur à la moyenne. [...] Le général de Gaulle passa également par Marseille le même dimanche. Il organisa une réunion plus ou moins privée avec ses partisans, et le préfet m'expliqua par la suite que tout s'était déroulé dans le plus grand calme. [...] Selon le préfet, l'influence du Général était également en déclin, et le RPF se réduisait de plus en plus à un petit parti de droite. »

Rapport de la visite de Sir Oliver Harvey à La Rochelle et Rochefort les 29 et 30 avril adressé au député Ernest Bevin

« Les attractions touristiques locales, telles que le môle construit par Richelieu afin de repousser le duc de Buckingham et les fortifications érigées par Napoléon après les victoires de Lord Cochrane à Aix, marquent la rivalité plutôt que l'amitié franco-britannique, mais ils sont signalés avec fierté et dans un esprit de camaraderie entre deux peuples de marins que les

1. Jean Baylot (1897-1976). Fonctionnaire, résistant, il commence une carrière préfectorale après la Seconde Guerre mondiale. Préfet de police de Paris à partir de 1951, il fait réprimer violemment une manifestation d'Algériens en 1953. François Mitterrand, ministre de l'Intérieur, obtient sa mise à l'écart en 1955. Il sera l'un des instigateurs de l'« affaire des fuites » qui éclaboussera le futur président de la République.

2. Michel Carlini (1889-1967), avocat, élu maire de Marseille en 1947, il doit aussitôt faire face à des grèves et des manifestations importantes organisées par le PCF.

expériences de la dernière décennie n'ont fait qu'enrichir. J'y trouvai une compréhension des traditions britanniques ainsi qu'une admiration et une affection pour notre pays et notre peuple. [...] À l'exception d'un groupe communiste, petit mais tumultueux, le département a un caractère conservateur. [...] Sa tradition bonapartiste porte maintenant La Rochelle vers le gaullisme, mais sa représentation parlementaire reflète aussi d'autres couleurs politiques, du centre et de droite. La Rochelle bénéficie d'un revenu régulier provenant de son petit port de pêche, de son parc d'huîtres situé à Marennes et d'une riche industrie touristique, et n'a aucune raison de craindre l'avenir. Toutefois, Rochefort, un port situé maintenant à neuf miles de la mer, rencontre de grosses difficultés. Le quartier général de la marine et l'arsenal ont récemment été transférés à Bordeaux et une usine aéronautique est sur le point de fermer. La situation actuelle est telle que les communistes sont prêts à en tirer profit dès que possible. On craignit fortement que la décision du ministre de la Marine de décerner la croix de guerre à la ville provoquerait des manifestations gênantes lors de notre visite. En fait, les conseillers municipaux communistes se contentèrent de ne pas assister aux réceptions, m'expliquant leurs raisons dans la lettre polie qu'ils m'ont adressée. »

1er mai 1950, questions complémentaires de William Ivo Mallet, assistant du sous-secrétaire d'État aux Affaires étrangères

« À propos de l'état d'esprit des Français, une question de la plus grande importance : est-il possible de donner une appréciation générale ? L'opinion dans les provinces est-elle sensiblement différente de l'opinion à Paris sur des questions telles que la guerre en Indochine, le Conseil de l'Europe, ou sur d'autres questions clés ? Au sujet du communisme, il serait intéressant de savoir si vous avez rencontré des maires et des conseillers municipaux communistes et comment vous les avez trouvés.

Comment, par exemple, leur travail administratif se compare-t-il avec celui de leurs homologues non communistes ? Je vois que vous avez aussi rencontré les recteurs des universités. Pouvez-vous nous donner une idée des tendances politiques de ces centres d'enseignement provinciaux ? »

20 juin 1950, lettre de Sir Oliver Harvey à William Ivo Mallet en réponse à sa lettre du 1er mai

« Au sujet du moral, il n'existe fondamentalement aucune différence entre Paris et la province. Le principal apôtre du défaitisme, le journal *Le Monde*, est lu par de nombreuses personnes influentes en France et la plupart des journaux de province tirent leurs articles de ceux publiés simultanément par leurs équivalents politiques dans la capitale. À l'inverse, le climat dans les cercles politiques de Paris est influencé par l'opinion des provinces car presque tous les députés et sénateurs passent leurs week-ends dans leurs circonscriptions et assimilent ainsi les opinions de leurs partisans locaux. Toutefois, il est probablement exact que l'opinion politique dans les provinces évolue, dans l'ensemble, lentement et n'est pas beaucoup affectée par les activités plus bouillantes des hommes politiques ici. Les gens en province ne portent pas grand intérêt aux affaires internationales et sont, avant tout, préoccupés par leur propre bien-être. Ils sont donc réticents à envisager la possibilité d'une autre guerre et il existe un sentiment répandu d'appréhension et de méfiance, voire d'aversion, envers les États-Unis, même parmi les non-communistes.

Naturellement, je ne fus invité dans aucune ville où il existe une municipalité communiste, et les conseillers communistes dans les villes que je visitai se sont toujours absentés des cérémonies officielles auxquelles j'assistai. Les membres de mon personnel estiment que les municipalités communistes sont en général gérées efficacement, mais que ces dirigeants montrent une préférence pour leurs sympathisants. Cette constatation est en accord avec la discipline et l'efficacité générale du parti communiste lui-même. [...]

Il est difficile de déterminer jusqu'à quel point les universités influencent l'opinion politique dans leurs régions. Il semble que le communisme ait perdu du terrain parmi le personnel enseignant et les étudiants. J'ai demandé aux consulats des informations supplémentaires sur ces points, et je vous écrirai de nouveau lorsque j'aurai reçu leurs réponses. »

29 août 1950, lettre de Sir Oliver Harvey à William Ivo Mallet, faisant part des informations qu'il a reçues des consuls britanniques sur les municipalités communistes

« Les réponses des consuls indiquent que, dans l'ensemble, les municipalités communistes ont la réputation d'être bien gérées et de façon plus honnête que les municipalités non communistes. C'est largement une question de personnalités. Les maires communistes sont souvent des membres de longue date du parti et sont ainsi capables et désireux d'appliquer les idéaux communistes d'ordre et d'efficacité. Les branches locales du parti communiste sont disciplinées et leur sens de l'organisation peut facilement être adapté à l'administration de n'importe quelle ville dans laquelle les conseillers municipaux communistes détiennent la majorité. De plus, étant donné qu'il est dans leur intérêt de garder le soutien des ouvriers, ces municipalités sont des pionnières en termes de modernisation des transports en commun, de distribution alimentaire, de rénovation et de construction de logements pour les ouvriers. De par ses liens avec les branches locales de la CGT, une administration communiste est également capable de limiter les rivalités entre les travailleurs de la municipalité et d'éviter que la ville ne soit paralysée par des grèves. [...]

La partialité de l'administration est l'une des rares critiques formulées à l'encontre des municipalités communistes. Il a été suggéré qu'une distinction est faite entre les membres du parti et les autres et que ces derniers ont davantage de difficultés lorsqu'ils requièrent les services de la mairie. Les municipalités communistes favorisent fréquemment, en leur offrant des subventions, les branches locales des organisations pour lesquelles elles ont des affinités et les mouvements et projets qui les intéressent. [...] Mais, dans l'ensemble, ces critiques sont relativement mineures et rien ne prouve qu'il existe un mécontentement général envers les administrations locales communistes.

Les universités françaises en province sont organisées différemment des nôtres. Les logements étudiants dans les universités ne constituent pas la norme, et de nombreux étudiants et professeurs vivent en dehors de la ville. Ainsi, les universités n'ont-elles pas de vie collective et les étudiants et les professeurs se rencontrent uniquement dans le cadre du travail. Il existe peu d'associations universitaires et, bien qu'individuellement les étudiants s'intéressent aux affaires politiques, ceci ne mène pas à une activité politique au sein de l'université. En conséquence, la question de l'influence des universités sur l'opinion politique locale peut être presque entièrement écartée. [...] L'influence communiste au sein des universités est relativement faible. »

19 octobre, rapport de la visite de Sir Oliver Harvey à Nantes et Saint-Nazaire

« Ma femme et moi-même avons fait une visite officielle à Nantes et Saint-Nazaire les 14 et 15 octobre. [...] Nous sommes partis en train de Paris le soir du 13 octobre et avons été accueillis à la gare par le préfet, qui nous a gentiment hébergés pendant deux nuits. Le lendemain matin, après la réception habituelle donnée par le maire à l'hôtel de ville et le dépôt de gerbes au monument aux morts, je visitai les bureaux de consulat. [...] La municipalité et la chambre de commerce nous invitèrent à un déjeuner au Château des ducs de Bretagne. [...] Après le déjeuner, il y eut des discours du président de la chambre de commerce, du maire et du préfet, qui tous exprimèrent leur respect pour la Grande-Bretagne, leur gratitude pour ma visite et leurs espoirs dans la reprise du commerce entre les deux pays. Dans ma réponse, j'évoquai la situation commerciale entre la France et l'Angleterre, et l'exportation du charbon en particulier, dont dépend une grande partie de la vie économique de Nantes. Comme je le fais toujours, j'en profitai également pour rendre hommage à la Résistance et à tous ceux qui se rallièrent au général de Gaulle. Je parlai aussi de la position, à présent beaucoup plus forte, de la France et de la Grande-Bretagne, en raison de leurs liens et parce que faisant toutes deux partie, non seulement de la Western Union, mais aussi du Pacte atlantique. [...]

Le lendemain matin, nous sommes allés en voiture à Saint-Nazaire. [...] Saint-Nazaire est triste à voir, ayant été presque rasée au cours de plusieurs bombardements. Le maire me reçut dans ses bureaux temporaires et me montra des plans pour la reconstruction de sa ville, qui prendra de nombreuses années même s'il réussit à obtenir les fonds nécessaires. Il n'y a même pas de cinéma dans la ville. [...] Nous avons ensuite rapidement visité le port et vu l'entrée du bassin que le *HMS Campbeltown* détruisit[1]. Nous sommes ensuite passés par les Chantiers de Penhoët et les Ateliers et chantiers de la Loire. [...] Nous avons ensuite visité le cimetière britannique à La Baule-Escoublac. [...] Nous sommes rentrés à Paris, dimanche, par le train du soir.

Nantes est, bien sûr, une ville beaucoup plus grande et ancienne que Saint-Nazaire et doit une grande partie de sa richesse au commerce des esclaves. Nantes s'est ensuite tourné

1. Dans la nuit du 27 au 28 mars 1942 a lieu l'opération « Chariot » durant laquelle le *HMS Campbeltown*, vieux navire de la flotte britannique, est lancé, bourré d'explosifs à retardement, contre la forme Joubert, seule cale sèche de l'Atlantique à pouvoir accueillir le cuirassé allemand *Tirpitz*. Elle sera entièrement détruite.

vers le commerce du charbon et devint, en fait, le principal port d'entrée pour le charbon du Pays de Galles. Ce commerce fut sévèrement interrompu par la guerre et presque tous ceux avec qui j'ai discuté s'interrogeaient sur les possibilités de sa reprise. Je dois admettre, toutefois, que M. Meiklereid [l'attaché commercial de l'ambassade qui accompagne Harvey] et moi-même ne sommes pas très optimistes. Des liens très serrés ont toutefois été tissés entre Nantes et Cardiff et de nombreuses initiatives ont été menées pour encourager les échanges d'étudiants entre les deux villes. Le maire en est très fier et a lui-même récemment visité Cardiff. [...]

Politiquement, Nantes est à majorité RPF ou PRL, bien qu'il y ait des communistes au conseil municipal. Le maire, M. Orrion [1] (RPF), m'expliqua toutefois qu'il n'y avait, en fait, parmi les communistes que trois ou quatre idéologues authentiques. [...]

Alors que Nantes bénéficie d'autres ressources, [...] Saint-Nazaire dépend presque entièrement de la construction navale. [...] Ce commerce est maintenant en danger [...] car il n'y a pas de nouvelles commandes.

Saint-Nazaire est socialiste et son maire, M. Blancho [2], est un ancien poseur de rails des chantiers navals. Il est maire depuis de nombreuses années et montre un intérêt passionné pour la reconstruction de sa ville. Lui non plus ne s'est pas montré sérieusement troublé par le poids des communistes dans la ville pourvu que le chômage de masse soit évité ; il s'agit toutefois d'une menace imminente désormais à cause de la réduction de l'activité dans les chantiers de construction. »

1. Henri Orrion (1891-1971), maire de Nantes de 1942 à 1944 et de 1947 à 1965 et député de la Loire-Atlantique de 1958 à 1962.

2. François Blancho (1893-1972), maire de Saint-Nazaire de 1925 à 1941 puis de 1945 à 1968, député socialiste de la Loire-Atlantique de 1928 à 1942 et de 1962 à 1967, a occupé plusieurs postes de sous-secrétaire d'État.

1950 : le tour de France d'un ambassadeur

Sources

TNA : PRO FO 371/89180 HM, « Ambassador Sir Oliver Harvey's reports of various visits to different parts of France and his report on communist-controlled municipalities »

Pour en savoir plus

Elgey Georgette, *Histoire de la IVe République, la République des illusions*, 1945-1951, Fayard, 1969.

Fauvet Jacques (avec Duhamel Alain), *Histoire du Parti communiste français*, Fayard, 1977.

DIÊN BIÊN PHU

Avril 1954 : l'issue de huit années de guerre en Indochine se joue dans une cuvette du haut Tonkin, au nord-ouest du Vietnam. 14 000 soldats du Corps expéditionnaire français en Extrême-Orient (CEFEO) qui ont investi le site de Diên Biên Phu afin d'y constituer un verrou imprenable sont pris au piège. Le général Giap a réussi l'impossible : faire hisser, pièce par pièce, son artillerie au sommet des collines qui surplombent la position. « Qui tient les hauts tient les bas », c'est en vertu de l'adage du maréchal Vauban que, depuis le 13 mars, la garnison, pilonnée par les obus du Viêt-minh, mène un combat désespéré et perdu d'avance. Qu'attendent les Alliés, Américains et Britanniques, pour intervenir ?

Les Américains y sont largement favorables. Moins pour aider la France que parce qu'ils sont résolus à partir en croisade contre la menace communiste qui risque à terme d'emporter toute l'Asie du Sud-Est en s'étendant à la Thaïlande, la Birmanie et la Malaisie. L'amiral Radford, qui dirige le Comité des chefs d'état-major américains, préconise même, depuis quelques années, d'attaquer directement la Chine communiste, ce qui n'entraînerait pas, assure-t-il aux Britanniques, l'entrée en guerre de l'Union soviétique. Dans les derniers jours d'avril, alors que les hommes du général de Castries s'apprêtent à être submergés, les Américains pressent donc leurs alliés britanniques de se joindre à eux pour les secourir, condition absolue pour obtenir l'autorisation du Congrès américain d'intervenir. Jusque-là, même s'ils détestent le système colonial français et estiment qu'ils n'ont plus rien à faire en Indochine, les Américains n'ont pu faire que des gestes limités pour soulager la garnison en prêtant, par exemple, des avions et des mercenaires pour effectuer des raids sur les positions Viêt-minh autour de Diên Biên Phu.

Ce sont les Britanniques qui vont s'opposer à *« cette expédition injustifiable »*. Ils n'en ont ni les moyens ni l'envie. Et, s'ils sont désolés pour leurs amis français, ils estiment surtout qu'ils s'y sont mal pris durant toutes ces années. Car la Grande-Bretagne est elle aussi aux prises avec une rébellion communiste dans la région, en Malaisie, à 3 000 kilomètres au sud-ouest d'Hanoi. Territoire vital pour l'économie britannique – quand l'Inde, abandonnée en 1947, n'était plus qu'une possession symbolique –, les Britanniques vont y développer une autre politique de contre-insurrection, couronnée de succès cette fois. Une expérience rare qui a même fait l'objet, en 2009, d'une recherche lancée par le ministère français de la Défense pour nourrir sa réflexion sur les zones où sévissent actuellement des rébellions, comme l'Afghanistan.

Le 21 avril 1954, Anthony Eden, secrétaire d'État aux Affaires étrangères, qui subit les assauts incessants de John Foster Dulles, son homologue américain, pour intervenir, reçoit ainsi le rapport d'un spécialiste de ce conflit, le lieutenant général Sir Charles Loewen, commandant en chef de l'armée en Extrême-Orient, *« qui a récemment fait une visite en Indochine »* et arpenté la base de Diên Biên Phu au moment des premiers combats. *« C'est maintenant une guerre civile, Vietnam contre Viêt-minh, nécessitant un commandement de guerre civile et une organisation politico-militaire adaptée au problème, tels qu'ils ont été nécessaires pour faire face à la crise en Malaisie. Je n'ai observé aucun signe qu'on mettait en œuvre ce type de système, je n'ai pas constaté non plus de prise de conscience ni par les dirigeants vietnamiens ni par les Français qu'il s'agissait là de la clé du problème. »* Si les Français, soucieux de se retirer dans les meilleures conditions alors que se profilent les discussions de la conférence de Genève, ont transféré les pouvoirs civils aux autorités du Vietnam, ils l'ont fait trop tard. Pour le lieutenant général Sir Charles Loewen, la valeur de l'armée française n'est pourtant pas en cause : *« J'ai acquis un grand respect pour les commandants, l'état-major et les troupes françaises. D'après ce que j'ai compris ils y ont l'élite de leur armée. »* Il estime même – ce qui n'est pas rien pour un officier supérieur britannique – que *« certains d'entre eux seraient assez qualifiés pour occuper des postes similaires dans l'armée britannique »*.

La méthode employée par le Royaume-Uni en Malaisie a été bien différente. Lorsqu'en 1948 les communistes entrent en scène, ils choisissent d'abord de le faire par la voie institutionnelle. Les autorités britanniques favorisent ce mouvement, accordant la liberté de la presse et des syndicats. Mais le Parti communiste malais (PCM) sombre vite dans la violence et la guérilla. Ses membres reprennent dans la jungle le chemin des maquis d'où ils harcelaient l'occupant japonais pendant la guerre. La contre-insurrection menée par les autorités britanniques durant les premières années est un échec et les massacres commis contre les populations suscitent l'indignation de l'opinion. C'est Winston Churchill, revenu au pouvoir, qui, devant la dégradation de la situation, nomme Sir Gerald Templer, plus jeune général britannique de la Seconde Guerre mondiale, à la fois haut commissaire et directeur des opérations, double titre qui lui permet de mener une politique claire où pouvoirs civil et militaire sont étroitement imbriqués au lieu de s'opposer. « *Gagner les cœurs et les esprits* » est la devise de Templer qui, à partir de février 1952, décline ainsi sa doctrine : « *Le gouvernement doit avoir un but politique clairement défini : établir et maintenir un pays libre, indépendant et unifié qui soit politiquement et économiquement viable ; le gouvernement doit travailler conformément à la loi. Un gouvernement qui n'agit pas de la sorte perd le droit d'être reconnu en tant que tel et ne peut attendre de la population qu'elle obéisse à la loi*[1]. » Les populations sont protégées, le territoire découpé en zones – noires pour celles aux mains de l'ennemi, blanches pour celles sous contrôle –, la police et le renseignement renforcés, les villageois favorables à la rébellion et assurant sa survie sont regroupés dans des villes nouvelles où le flux de marchandises est strictement contrôlé et souvent très sévèrement rationné s'ils ne collaborent pas. Carotte et bâton sont les deux armes du général Templer. Une gestion très décentralisée du conflit et du renseignement, une large place laissée aux supplétifs locaux dans la contre-insurrection, une propagande incitant les rebelles à la reddition et des opérations de petites unités commandos SAS rapides et efficaces parachèvent cette stratégie de reconquête. Au moment où les défenseurs de Diên Biên Phu succombent sous les vagues humaines du Viêt-minh, les rebelles en Malaisie ont perdu la moitié de leurs combattants et le pays peut s'engager sur la voie de la normalisation qui le mènera à l'indépendance en 1957. À la décharge des Français, les Britanniques avaient deux avantages stratégiques : la rébellion était confinée dans la jungle et ne bénéficiait, en raison de l'isolement géographique de la péninsule malaisienne, d'aucune aide militaire extérieure, au contraire du Viêt-minh, massivement aidé par la Chine communiste.

---

1. « État d'urgence en Malaisie, un exemple d'adaptation à la contre-insurrection par les forces britanniques, 1948-1960 », *Cahiers de la recherche doctrinale*, Centre de doctrine d'emploi des forces (CEDF), ministère de la Défense, juillet 2009.

Diên Biên Phu ne sera donc pas secouru. La garnison se rend le 7 mai. 2 300 soldats sont morts au combat, 11 000 partent vers des camps de prisonniers dont les deux tiers ne reviendront pas. 50 000 soldats ont laissé leur vie en Indochine. En pure perte. Le 21 juillet 1954, à Genève, le nouveau président du Conseil, Pierre Mendès France [1], officialise la fin de la présence française en Indochine. Le Vietnam est coupé en deux parties à partir du 17e parallèle. Une défaite qui, comme le déclarait Anthony Eden lors d'une réunion d'urgence le 25 avril 1954, ne sera pas sans conséquences sur l'avenir de l'Empire français : *« Si après la chute de Diên Biên Phu le gouvernement français abandonne le combat en Indochine, sa position en Afrique pourrait bien être ébranlée et son prestige en tant que puissance mondiale sérieusement affaibli. »* Avant d'ajouter : *« Ces considérations ne doivent pas, toutefois, nous entraîner dans une aventure militaire injustifiable en Indochine. »* Une position ferme que Churchill confirme deux jours plus tard en recevant l'ambassadeur de France, René Massigli : *« Ne comptez pas sur moi. [...] J'ai subi Singapour, Hongkong, Tobrouk. Les Français subiront Diên Biên Phu [2]. »*

9 avril 1954, rapport du lieutenant général Sir Charles Loewen, commandant en chef de l'armée en Extrême-Orient, adressé par Albert Victor Alexander, du ministère de la Défense, à Anthony Eden, secrétaire d'État aux Affaires étrangères

« J'ai, en réalité, prêté beaucoup d'attention à l'Indochine au cours de ces derniers mois, y compris en apprenant à connaître la plupart des personnalités françaises et vietnamiennes et en passant une journée particulièrement intéressante à Diên Biên

1. Pierre Mendès France (1907-1982), radical-socialiste, participe au Front populaire ; aviateur dans les Forces aériennes françaises libres (FAFL), président du Conseil socialiste en 1954, il conclut la paix en Indochine ; ministre d'État dans le gouvernement de Guy Mollet en 1956, dont il démissionne en raison de sa politique algérienne.

2. Tournoux Jean-Raymond, *Secrets d'État, secrets et sortilèges de la guerre d'Indochine*, Plon, 1960.

Phu à fureter dans ses défenses avant que l'assaut ne devienne si violent. [...]

Le problème militaire franco-vietnamien

Les Français ont maintenant entièrement transféré l'administration civile aux États associés [1], aussi l'épreuve consiste maintenant à faire émerger le Vietnam et à refouler le Viêt-minh. [...]

Le Viêt-minh exerce son contrôle principalement par le biais de troupes de la région qui travaillent dans des cellules communistes locales. Toute la machine peut ainsi passer dans la clandestinité et se mêler à la population civile si des forces alliées supérieures apparaissent, puis reprendre vie sous la forme de troupes, de bataillons, voire de corps plus importants si nécessaire. [...]

Afin de couler Hô Chi Minh, il faut faire trois choses :

a) Regagner progressivement la plus grande partie de l'Indochine actuellement sous contrôle des troupes opérant dans les régions du Viêt-minh et de leurs partisans, et lorsque le Vietnam aura été reconquis, le contrôler avec un soutien français minimum.

b) Contenir – au minimum – l'armée du Viêt-minh sur le terrain pendant que la reconquête est en cours.

c) Tandis que celle-ci s'enclenche et progresse, circonscrire l'armée du Viêt-minh du côté de la frontière chinoise, et la détruire ou l'obliger à passer de l'autre côté de la frontière.

La clé est la reconquête. [...] Les Français ont bien essayé de contenir le Viêt-minh cette année, mais leur mobilité sera limitée tant qu'une grande partie du pays ne sera pas reconquise.

La reconquête n'est pas, pour les Français, un problème purement militaire. C'est un problème politico-militaire semblable à celui de la Malaisie. Mais, maintenant que les Français ont transféré le gouvernement civil au Vietnam, ce problème est

1. Il s'agit du Vietnam auquel s'ajoutent les États associés du Cambodge et du Laos.

maintenant entre les mains du gouvernent militaire vietnamien. Il doit le résoudre en utilisant des troupes vietnamiennes et avec le soutien minime nécessaire des troupes françaises. Et c'est ici qu'il me semble que tout tombe à l'eau.

Il s'agit désormais d'une guerre civile, Vietnam contre Viêt-minh, nécessitant un commandement de guerre civile et une organisation politico-militaire adaptée au problème, tels qu'ils ont été nécessaires pour faire face à la crise en Malaisie. Je n'ai observé aucun signe qu'on mettait en œuvre ce type de système, je n'ai pas constaté non plus de prise de conscience ni par les dirigeants vietnamiens ni par les Français qu'il s'agissait là de la clé du problème. Tant qu'ils n'en prendront pas conscience, et qu'une vraie direction et organisation vietnamienne ne se développera pas, je ne vois pas comment les Français ni les Vietnamiens pourront arriver à quoi que ce soit.

Je ne veux pas être trop pessimiste, mais simplement réaliste. [...] Il est possible que des leçons valables soient tirées de l'opération "Atlante[1]", à laquelle je n'ai pas assisté. Mais il me paraît extrêmement important de bien comprendre que le cœur du problème se situe là, et non pas, par exemple, simplement dans la taille et l'efficacité de l'armée vietnamienne. L'armée vietnamienne serait suffisante pour libérer une grande partie du Vietnam, s'il existait une organisation politico-militaire adaptée et une direction efficace dans la façon de mener la guerre du Vietnam. [...]

[...] J'ai acquis un grand respect pour les commandants, l'état-major et les troupes françaises. D'après ce que j'ai compris, ils y ont l'élite de leur armée. Certains d'entre eux seraient assez qualifiés pour occuper des postes similaires dans l'armée britannique. Ils se sont attaqués à un travail difficile avec un bon état d'esprit, et ils sont bien meilleurs que ce à quoi je m'attendais.

---

1. L'opération « Atlante » est lancée en janvier 1954 afin de pacifier et « assainir » le sud du Vietnam mais le général Giap, en attaquant Diên Biên Phu, paralyse l'offensive française.

[...]

Le pire scénario

Ce dont je suis certain c'est que si l'Indochine et le Siam commencent à dépérir, nous serons contraints de nous confronter au problèmede "devoir y aller le plus rapidement et avec le plus d'hommes possible". Je suis sûr que vous serez d'accord qu'il s'agit d'une zone indispensable pour la défense de la Malaisie, et nous ne pouvons pas nous permettre de laisser ce terrain indispensable entre des mains hostiles. »

Compte rendu de Norman Brook, le secrétaire du Cabinet, de la première réunion d'urgence organisée au 10 Downing Street le dimanche 25 avril

« Le secrétaire d'État aux Affaires étrangères a expliqué que, pendant qu'il était à Paris pour la réunion de l'Organisation du traité de l'Atlantique-Nord, le secrétaire d'État aux Affaires étrangères des États-Unis, M. Dulles, a entamé un certain nombre de discussions sur la situation militaire en Indochine. [...] Les propositions que M. Dulles a émises sont d'une importance telle qu'Eden a estimé qu'il fallait retourner à Londres pour des consultations personnelles avant de se rendre à la conférence de Genève. [...]

Le secrétaire d'État aux Affaires étrangères a expliqué que la situation militaire en Indochine était extrêmement grave. Il semble maintenant inévitable que la garnison française à Diên Biên Phu soit anéantie, ou forcée de se rendre. M. Dulles a de toute évidence peur que cette défaite ne soit suivie par l'effondrement de toute la résistance française en Indochine ; et, afin de l'éviter, il est partisan d'un geste solennel et d'une intervention anglo-américaine en Indochine. Il avait à l'origine envisagé une intervention des forces aériennes américaines pour secourir Diên Biên Phu ; mais on l'a depuis persuadé que celle-ci ne pourrait pas sauver la garnison. [...] L'intervention militaire en Indochine ne sera pas autorisée par le gouvernement des États-Unis sans l'approbation du Congrès ; et M. Dulles pense qu'il y aurait plus de chances d'obtenir son accord si l'intervention avait lieu en vertu d'un accord anglo-américain. Plus précisément, sa proposition consiste à ce que les gouvernements des États-Unis et du Royaume-Uni donnent ensemble leur assurance aux Français qu'ils participeront à la défense de l'Indochine contre l'agression communiste ; et que, pour démontrer qu'ils ont sérieusement l'intention de tenir cette promesse, il doit y avoir une assistance militaire immédiate y compris avec la participation symbolique de troupes britanniques.

M. Dulles pense qu'une initiative anglo-américaine de ce type aurait un effet puissant sur le moral et permettrait de rallier les forces anticommunistes en Indochine. Il semble également penser qu'une intervention militaire uniquement menée par les forces aériennes pourrait contribuer à soulager efficacement la situation militaire locale. Le secrétaire d'État aux Affaires étrangères dit qu'il ne peut partager aucun de ces avis et qu'il a fait de son mieux pour l'expliquer lors de ses discussions avec M. Dulles. Il doute qu'une telle intervention puisse avoir un réel impact permettant de rallier l'opinion publique en Indochine. Il est certain que cela ne serait pas accueilli favorablement par l'opinion nationaliste en Asie du Sud-Est. Quant aux résultats militaires, les mesures limitées envisagées par les Américains n'auraient selon lui pas d'effets substantiels. [...] L'amiral Radford n'avait pas envisagé la possibilité d'envoyer des forces terrestres en Indochine. Cependant, la "guerre" en Indochine est en fait une insurrection généralisée, comparable à la situation telle que nous y avons été à l'origine confrontés en Malaisie ; et aucune aide militaire aux Français ne serait pleinement efficace si elle n'inclut pas l'acheminement de forces terrestres.

Le secrétaire d'État aux Affaires étrangères a expliqué que les Français ont d'abord montré peu d'enthousiasme pour les propositions de M. Dulles. En particulier, ils ne nous ont demandé aucune aide militaire – bien qu'ils aient dit qu'ils nous seraient reconnaissants pour toute l'aide que l'on pourrait éventuellement leur offrir. Ceci a d'autant plus incité le secrétaire d'État aux Affaires étrangères à penser que les Américains devaient être dissuadés d'entreprendre une action précipitée telle qu'envisagée par M. Dulles ; et il a fait de son mieux pour souligner les dangers de ce type d'action et ses avantages limités pour les Français. Enfin, il a fait savoir qu'il était très peu probable que le gouvernement du Royaume-Uni se sente capable de s'associer à l'initiative américaine, et qu'il devrait certainement consulter ses collègues à Londres avant de pouvoir donner une opinion finale sur la proposition de M. Dulles.

Le secrétaire d'État aux Affaires étrangères dit que, après avoir réfléchi plus longuement au sujet et en avoir discuté avec le Premier ministre, il recommande à ses collègues de refuser de donner une garantie immédiate pour une assistance militaire aux Français en Indochine. Il semble maintenant inévitable que de larges zones de l'Indochine tombent sous contrôle communiste, et la meilleure issue pour une solution durable se trouve dans un projet de partition. [...]

Nous ne sommes pas prêts à donner des garanties maintenant – avant Genève – concernant l'action militaire britannique en Indochine.

Mais nous apporterons tout le soutien diplomatique possible à la délégation française à Genève afin d'aboutir à un accord honorable.

[...]

Au cours des discussions qui ont suivi, les remarques suivantes ont été faites :

Le moral français est indubitablement au creux de la vague. Si la garnison de Diên Biên Phu est anéantie ou forcée de se rendre, il est très probable que le gouvernement français tombera. [...] Et si, après la chute de Diên Biên Phu, la France abandonne le combat en Indochine, sa position en Afrique pourrait bien être ébranlée à son tour et son prestige en tant que puissance mondiale sérieusement affaibli.

Ces considérations ne doivent pas, toutefois, nous entraîner dans une expédition militaire injustifiable en Indochine. Si nous avions pu aider à secourir les Européens de Diên Biên Phu, l'intervention aurait pu paraître acceptable aux yeux de l'opinion publique britannique. Cette opération est toutefois irréalisable. [...]

Une garantie générale d'assistance militaire anglo-américaine pour la défense de l'Indochine nous amènerait sûrement à engager des forces terrestres. Et, à la lumière de l'histoire de ce conflit, il semble probable que des forces très importantes seraient requises sur une longue période. [...]

Il semble probable que l'action aérienne envisagée par l'amiral Radford ne se limiterait pas à l'Indochine. On sait que l'amiral Radford a considéré pendant un certain temps qu'on devait mettre fin au soutien chinois des insurrections communistes dans d'autres pays d'Asie par une action militaire énergique contre la Chine continentale. [...] Il pensait qu'une attaque directe contre les Chinois pouvait être menée sans faire entrer l'Union soviétique dans le conflit. Le secrétaire d'État aux Affaires étrangères a dit que selon lui une telle intervention était beaucoup plus risquée. [...]

Le Premier ministre [...] a dit que nous serions de toute évidence peu judicieux d'encourager les Américains à s'impliquer dans un conflit armé précipité en Indochine. Les effets d'une victoire communiste à Diên Biên Phu seraient graves et d'une portée considérable. Elle serait ressentie à travers l'Asie comme un triomphe notable du communisme sur le capitalisme, et des Asiatiques sur les Européens. Au sein de l'Indochine l'opinion parmi les Vietnamiens deviendrait aussitôt peu favorable aux Français et la situation locale certainement beaucoup plus grave. Plus tard, de sérieuses menaces d'invasion communiste se développeraient au Siam, en Birmanie et éventuellement en Malaisie. [...]

La discussion sur cette ébauche de directive a entraîné les remarques suivantes :

Dans les mesures à prendre pour la défense de l'Asie du Sud-Est [...] notre rôle principal sera de défendre la Malaisie. [...]

Le contrôle communiste de l'Indochine réduirait les réserves de riz pour les pays libres de l'Asie du Sud-Est. Le secrétaire d'État des Colonies s'est engagé à étudier immédiatement ce problème [...]

Si l'invasion communiste s'étendait de l'Indochine jusqu'au Siam, en Birmanie et en Indonésie, il nous serait, à long terme, beaucoup plus difficile de maintenir notre position en Malaisie. Il est toutefois peu probable que cette situation se produise avant un certain temps. [...] »

27 avril 1954, Anthony Eden envoie au Foreign Office le compte rendu d'une conversation avec son homologue John Foster Dulles

« Avant cette réunion, j'ai échangé quelques mots avec M. Dulles, seul à seul. Il a commencé par dire qu'il avait eu peur lors de notre discussion tripartite d'hier en voyant que je semblais encourager les Français à un cessez-le-feu qui serait, selon lui, fatal pour leur situation militaire tout entière en Indochine. J'ai répondu que cela n'était certainement pas mon intention et que notre opinion restait qu'un cessez-le-feu général ne serait possible que dans le cadre, ou comme une partie d'un accord politique. J'avais seulement dit hier que nous étions enclins à penser qu'un cessez-le-feu était peut-être moins hors de propos à l'heure actuelle qu'il ne l'avait été il y a un mois, ou qu'il ne le serait dans quelques semaines. [...]

M. Dulles a dit que [...] les Français étaient particulièrement éprouvés et que nos deux gouvernements ne leur donnaient pas la direction à suivre et les conseils dont ils avaient besoin. J'étais d'accord sur le fait que notre but devait être d'aider les Français par un soutien moral commun sans bornes et que j'espérais qu'il ne pensait pas que nous étions peu enclins à encourager les Français à poursuivre le combat même si Diên Biên Phu devait tomber. [...] Notre seule limite était de promettre que nous interviendrions dans le combat en Indochine. J'ai demandé à M. Dulles quels conseils il pensait que nous devions donner aux Français. Il n'avait pas grand-chose à dire à part que nous devions les aider à garder le moral. »

Sources

TNA : PRO CAB 129/68
TNA : PRO FO 371/112057
TNA : PRO FO 371/112058
TNA : PRO FO 371/112063

Pour en savoir plus

« État d'urgence en Malaisie, un exemple d'adaptation à la contre-insurrection par les forces britanniques, 1948-1960 », *Cahiers de la recherche doctrinale*, Centre de doctrine d'emploi des forces (CEDF), ministère de la Défense, juillet 2009.

Rutter James (lieutenant-colonel), « La guerre qu'on ne peut pas gagner : vaincre une insurrection populaire, enseignements de l'expérience britannique en Malaisie », *Doctrine* n° 13, CEDF, septembre 2007.

Fall Bernard, *Indochine, 1946-1962*, Robert Laffont, 1962.

Franchini Philippe, *Les Guerres d'Indochine*, Texto, Tallandier, 2011.

Diên Biên Phu

Pouget Jean, *Nous étions à Diên Biên Phu*, Presses de la Cité, 1962.
Roy Jules, *La Bataille de Diên Biên Phu*, Julliard, 1963.
Tournoux Jean-Raymond, *Secrets d'État, secrets et sortilèges de la guerre d'Indochine*, Plon, 1960.

« KAMERUN ! »

Une guerre au Cameroun ? Des chefs nationalistes assassinés par l'armée française au terme d'une répression féroce ? *« Tout cela [relève] de la pure invention »*, estimait François Fillon en mai 2009, interrogé sur cette sale guerre livrée par la France à partir de 1955. Tout débute le 22 mai par des émeutes dans la plupart des villes du Cameroun français, dont la capitale politique Yaoundé. À l'origine, des manifestations de l'Union des Populations du Cameroun (UPC), mouvement indépendantiste fondé en 1948 et dirigé par Ruben Um Nyobè et Félix-Roland Moumié. La répression est violente même si les effectifs français sont, comme le note Ronald Finlay, consul britannique à Douala encore une fois *« ridiculement faibles »*. La Grande-Bretagne est aux premières loges puisqu'elle administre le territoire voisin, le Cameroun britannique. Issus du Kamerun, ancienne possession allemande, les deux territoires ont été répartis par la Société des Nations (SDN) entre les vainqueurs après le premier conflit mondial. C'est du côté britannique que se réfugient les leaders de l'UPC dont le mouvement est officiellement dissous le 13 juillet 1955. Le 18 décembre 1956, l'UPC lance la lutte armée contre l'occupant colonial, début d'une véritable guerre dirigée côté français par l'inflexible Pierre Messmer [1], haut commissaire du Cameroun.

Si ce conflit demeure peu connu des Français, c'est parce qu'il se déroule en toile de fond de la guerre d'Algérie qui a débuté sept mois plus tôt, la nuit de la Toussaint 1954. Tous les yeux sont alors tournés vers ce joyau de l'empire, tandis que le Cameroun n'intéresse personne en dehors des gouvernements français en place et surtout des militaires. Car c'est dans ce pays d'Afrique, comme en Algérie, que se met

1. Pierre Messmer (1916-2007), héros de la France libre, ministre des Armées du général de Gaulle de 1960 à 1969, Premier ministre de 1972 à 1974.

en place l'« école française de la contre-insurrection », comme l'expliquent les auteurs du remarquable ouvrage *Kamerun !*[1]. Celle-ci *« confère une place centrale à l'arme psychologique et au renseignement et elle légitime – aux yeux de leurs promoteurs – le quadrillage et la surveillance implacable des populations, l'utilisation massive de la propagande et le recours systématique à la torture »*. Cette nouvelle forme de guerre a été théorisée à la suite du long conflit indochinois et de la cuisante défaite de Diên Biên Phu survenue le 7 mai 1954 (voir chapitre « La chute »), à peine un an avant les émeutes de Yaoundé. Pour tenir les territoires colonisés, il faut utiliser les mêmes méthodes que l'adversaire communiste auxquels sont assimilés tous les partisans de l'indépendance. Durant plusieurs années, au Cameroun, les militaires auront carte blanche pour tester leur nouveau concept : quadrillage serré du territoire, action psychologique auprès des populations pour séparer les masses de l'UPC puis les utiliser comme milices, création de camps de regroupement où sont déplacées les populations, enfin opérations de guerre contre les indépendantistes avec bombardements aériens.

Le 1er janvier 1960, après cinq années de combats et de répression, l'indépendance des territoires français du Cameroun est proclamée, la présidence en étant confiée à un fidèle allié de la France, Ahmadou Ahidjo, qui continue la guerre durant plusieurs années – avec le concours de l'armée française – contre les indépendantistes. Une partie des territoires contrôlés par les Britanniques les rejoint en 1963 au sein de la République fédérale du Cameroun. Bilan total de ce conflit : *« De 61 300 à 76 300 civils tués »* entre 1956 et 1964 (sur une population de trois millions d'habitants), selon la chercheuse américaine Meredith Terretta[2]. Les deux leaders de l'UPC y perdront aussi la vie. *« Um Nyobè fut tué près de Boumnyebel le 13 septembre [1958] au cours d'un affrontement avec une patrouille de l'armée »*, écrit Finlay au Foreign Office. Télégramme sur lequel on trouve, manuscrite, cette épitaphe anonyme : *« Um Nyobè était un homme dangereux et sa mort doit être un soulagement pour les Français. »* Traqué, il a été abattu par des tirailleurs tchadiens dirigés par un officier de renseignement français. Quant

1. Deltombe Thomas, Domergue Manuel et Tatsitsa Jacob, *Kamerun ! Une guerre cachée aux origines de la Françafrique, 1948-1971*, La Découverte, 2011.

2. Terretta Meredith, « The fabrication of the Post-colonial State of Cameroon. Village Nationalism and the UPC's Fight for Nation, 1948-1971 », thèse d'histoire, University of Wisconsin, Madison, 2004, p. 151.

à Félix-Roland Moumié, il est assassiné le 3 novembre 1960 à Genève, empoisonné par William Bechtel, un agent des services secrets français.

Pourquoi le Cameroun britannique n'a-t-il pas connu la même agitation que les territoires français pourtant si proches ? C'est toute l'histoire de la décolonisation des deux pays qui est posée ici. Les Britanniques ont rapidement compris que les colonies étaient un fardeau économique et ne pouvaient être conservées ou maîtrisées. L'éloignement et la taille du Kenya ou de l'Inde rendaient tout recours à la force impensable. La différence est également idéologique. Les Britanniques n'ont jamais vu dans la colonisation une « mission civilisatrice » comme les Français. Enfin, l'empire, de Brazzaville à Alger, capitale de la France libre, a été au cœur de la reconquête du pays durant le second conflit mondial. Là où les Britanniques cherchent à se ménager des points d'appui pour préparer au mieux leur sortie lors de l'indépendance inexorable de ces pays, les Français ont eux choisi le maintien et le recours à la violence en suivant un programme méthodique. La brutalité française est l'un des sujets de friction, comme nous allons le voir dans l'un des rapports que nous publions ici : les Britanniques estiment que les demandes d'aide françaises pour capturer des membres de l'UPC au Cameroun britannique ne risquent pas d'être couronnées de succès auprès de la police : *« On me rapporta les détails de plusieurs cas lors desquels les hommes appréhendés du côté britannique furent livrés aux Français et aussitôt ligotés et battus sous les yeux de nos policiers. […] On ne peut pas s'attendre à beaucoup de coopération si les Français se comportent ainsi. Nos policiers n'ont pas peur d'appréhender les criminels français et de les livrer de façon assez informelle, mais on ne peut pas s'attendre à ce qu'ils acceptent le fait de voir leurs concitoyens battus après livraison. »*

Les relations entre les deux pays au sujet du Cameroun vont se compliquer après l'échec de l'expédition de Suez en décembre 1956 (voir chapitre « Le piège de Suez »), véritable point de divergence entre les deux façons de gérer les empires. Concernant le Cameroun, elles n'ont, de toute façon, jamais été faciles en raison de la différence de politique menée sur le terrain : *« Le contraste entre le progrès et la liberté politique dans les Cameroons britanniques et français est une source d'irritation permanente »*, écrit le Britannique M. Ryvie. Mais il ne faut pas non plus exonérer les Britanniques de quelques perfidies. Les auteurs de *Kamerun !* révèlent ainsi que Gaston Defferre, alors ministre des Affaires étrangères du gouvernement du Guy Mollet, intervint fermement auprès du secrétaire d'État des Colonies britannique pour que les grandes sociétés anglaises locales, tel Unilever, cessent d'apporter leur aide à l'UPC. Faute de quoi, il se verrait obligé d'inviter à Paris les chefs des minorités du Nigeria et de la Gold Coast (futur Ghana), voire de faire en sorte que des troubles éclatent dans les territoires britanniques.

Les premiers documents présentés ici évoquent les émeutes de mai 1955, puis les nombreuses demandes françaises visant à obtenir la coopération des Britanniques pour arrêter les opposants réfugiés de l'autre côté de la frontière ou les empêcher de s'exprimer devant les autorités de l'ONU en mission dans le pays. Enfin, les indépendantistes de l'UPC menant des raids au Cameroun français depuis leur retraite en territoire britannique, les militaires français, en retour, ne se priveront pas d'y mener quelques expéditions punitives. Or, *« ils n'en ont aucun droit »*.

En 1982, après vingt-deux ans passés au pouvoir, Ahmadou Ahidjo a cédé la place à l'actuel président Paul Biya, en poste aujourd'hui depuis 29 ans. Et le Cameroun est ainsi devenu, depuis les émeutes de 1955, l'un des piliers de la « Françafrique ».

Extrait des renseignements politiques du Nigeria n° 57 pour la période du 22 mai au 22 juin 1955 [1]

« Suite aux émeutes survenues dans le Cameroun français au cours de la seconde moitié du mois de mai, un certain nombre de membres de l'Union des Populations du Cameroun, y compris Ruben Um Nyobè, le secrétaire général, et Felix Moumie *[sic]*, le président, ont trouvé refuge au Cameroun britannique. Peu après, deux policiers français en civil, qui sont arrivés en bateau sans préavis, ont été démasqués à Tiko en train de faire des enquêtes et on leur a demandé de repartir ; en même temps, la police française a été formellement avisée par l'officier en charge de la police nigérienne à Victoria que si des procédures d'extradition correctes étaient lancées, la police du Nigeria offrirait sa pleine coopération.

Le gouvernement du Cameroun français a demandé à être tenu informé des mouvements des personnes recherchées en

1. Le nom de l'auteur n'apparaît pas sur le document original.

relation avec les émeutes tant qu'elles sont au Cameroun britannique et a laissé entendre qu'il souhaitait mettre en place des échanges réguliers de renseignements politiques sur des sujets d'intérêt commun. [...] Ces deux demandes sont maintenant en train d'être examinées favorablement, sous réserve qu'un quelconque accord de liaison ne diverge pas des dispositions officielles pour l'échange de renseignements déjà existantes.

Ces demandes ont été faites en personne par M. Lefèvre, un officiel français responsable des affaires extérieures au siège du gouvernement français à Yaoundé. M. Lefèvre a fait un compte rendu honnête des émeutes, dont les points principaux sont listés ci-dessous ; [...] bien qu'honnête, il représente le point de vue officiel français.

L'UPC est le plus grand parti politique au Cameroun français. [...]

Aux yeux des Français la nature communiste de l'UPC ne fait aucun doute. [...]

Bien que Ruben Um Nyobè, le secrétaire général, soit le dirigeant reconnu de l'UPC, c'est le président, Felix Moumié, qui a joué un rôle majeur dans les émeutes.

Les émeutes ont été planifiées afin de coïncider avec la visite du ministre de l'Outre-Mer venu inaugurer un nouveau pont à Douala. [...]

Les émeutes se sont déclenchées le 15 mai et se sont inscrites dans une série d'incidents qui se sont propagés sur une large région et qui ont duré jusqu'à la fin du mois. Les incidents les plus violents ont eu lieu à Mbanga, Penja, Loum et à New Bell, un quartier de Douala. Environ vingt-six personnes ont été tuées au total, le nombre de victimes étant plus ou moins identique du côté des émeutiers et des forces gouvernementales. À deux reprises, des détachements de forces de sécurité sous commandement européen ont été brutalement battus et désarmés. Trois Européens ont été tués pendant les émeutes de New Bell à Douala, mais le fait qu'ils étaient européens est sans importance ; ils ont été tués parce qu'ils gênaient le passage, pas à cause de leur race. Il y a eu plusieurs pillages et incendies criminels, en particulier à New Bell, durant lesquels le siège de l'UPC a été incendié. La cause et le nom du responsable de l'incendie restent inconnus. Les émeutiers ont attaqué la prison de Douala et des postes de contrôle de la police et de l'administration. Les émeutes semblaient viser essentiellement l'administration. [...]

Les forces de sécurité dont disposaient les Français étaient ridiculement faibles. [...] Selon M. Lefèvre il n'y a que quelques centaines d'agents de police armés sur tout le territoire et deux compagnies. Des renforts [...] ont finalement été envoyés de Brazzaville.

En revanche, dans les tribunaux, l'exercice de la justice après l'arrestation des émeutiers a été extraordinairement rapide.

Selon M. Lefèvre, les premiers coups de feu ont été tirés trop tard. Lorsque le feu a été ouvert, des armes automatiques ont été utilisées (du type Sten) et le résultat fut immédiatement décisif. Des grenades non létales ont été utilisées, mais cela fut une erreur, car après le premier choc de l'explosion leur absence d'effet ne fit qu'augmenter la confiance des émeutiers.

Des comptes rendus de sources britanniques aussi bien dans la zone française que britannique suggèrent que le compte rendu officiel français omet deux facteurs qui ont pu jouer un rôle important dans le déclenchement des émeutes. Ces rapports indiquent non seulement que les Français s'attendaient à des troubles à l'occasion de la visite du ministre de l'Outre-Mer français, mais qu'ils les ont délibérément précipités, tout d'abord en regroupant les principaux agitateurs de l'UPC [...] à Douala où ils pouvaient être gardés sous surveillance et, ensuite, en se livrant à des arrestations préventives avant l'arrivée du ministre. Il est possible que cela ait été le déclencheur des émeutes à Douala, et on remarquera qu'une attaque a été dirigée contre la prison. »

Commentaires de M. Ryvie au sujet des émeutes dans le Cameroun français en mai 1955

« *Répercussions dans les Cameroons britanniques*

Quelle que soit la raison donnée pour expliquer les émeutes, il est évident qu'elles ont démontré la puissance de l'UPC dans une partie du territoire et l'existence d'un potentiel mécontentement que l'UPC pourrait sans doute exploiter de nouveau. La possibilité que des troubles de ce genre se reproduisent, et sur une plus grande échelle, doit être prise au sérieux.

Dans l'immédiat, cependant, il ne semble pas y avoir de raison de se soucier de répercussions dans les Cameroons britanniques. L'UPC est en mauvais termes avec le Dr Endeley[1] et le KNC [...], le Kamerun National Democratic Party, qui aurait conclu une alliance avec l'UPC, dispose de très peu de partisans. [...] Les émeutes elles-mêmes ont de toute évidence peu attiré et de manière étonnante l'attention dans les Cameroons britanniques et dans l'ensemble du Nigeria. [...]

Du point de vue français, cependant, la proximité des Cameroons britanniques est évidemment un facteur important dans les troubles. Le territoire britannique, dans lequel on peut facilement entrer, offre un refuge aux dirigeants de l'UPC. Ruben Um Nyobè s'y trouvait avant les émeutes et s'y échappa après avec Mournie *[sic]*. En outre, le contraste entre le progrès et la liberté politique dans les Cameroons britanniques d'un côté et le Cameroun français de l'autre est une source d'irritation permanente. Il est notable que les troubles principaux aient eu lieu dans des villes très proches de la frontière des Cameroons britanniques (à l'exception de Yaoundé). C'est là que l'UPC est le plus puissant.

1. Docteur Emmanuel Endeley (1916-1988), fondateur du Cameroons National Federation (CNF), mouvement indépendantiste qui rejoint le Kamerun United National Congress (KUNC) pour fonder le Kamerun National Congress (KNC). En 1958, le Dr Endeley devient Premier ministre du « *self-government* » du Cameroun britannique.

Cette situation pourrait causer des tensions avec les Français. C'est devenu incontestable lorsque la police française a tenté d'arrêter des dirigeants de l'UPC qu'elle avait poursuivis en territoire britannique, et qu'on leur refusa de les ramener, à moins que ne soient lancées des procédures d'extradition officielles. Toutefois, l'intérêt des Français réside dans la recherche d'une coopération britannique bien qu'ils puissent percevoir les Cameroons britanniques comme une épine dans leur pied. La visite de M. Lefèvre et le fait qu'il demande un maximum d'échanges d'informations politiques montrent que leur réaction va dans ce sens. Lagos est en train de réfléchir à cette demande, mais garde sans doute en tête le fait qu'il serait peu souhaitable de donner l'impression de soutenir les politiques françaises dans les Cameroons de manière inconditionnelle. Il est difficile d'envisager comment nous pourrions nous opposer à un plus grand partage d'informations confidentielles, d'autant que cela pourrait améliorer nos connaissances de la situation de l'autre côté de la frontière.

En anticipant ce qui risque de se passer dans les prochaines années, il semble plus que probable que le contraste entre les deux territoires sera accentué par le renforcement de l'hostilité entre l'UPC et le gouvernement du côté français, et des progrès politiques plus poussés du côté britannique. Cette situation signifierait que le risque de conflits pourrait augmenter. Alors que les Cameroons du Sud se rapprochent de l'indépendance, le fait que le Royaume-Uni ne donne aucune impression, localement, de s'allier avec un gouvernement plus "réactionnaire" dans le territoire français pourrait être appréciable. D'un autre côté, les Français réclameront peut-être une coopération plus grande à la frontière afin d'empêcher les fauteurs de troubles d'utiliser les Cameroons britanniques comme refuge. Il sera peut-être nécessaire de préserver un équilibre fragile. »

19 septembre 1955, compte rendu de Charles Arthur Evelyn Shuckburgh, assistant du sous-secrétaire d'État aux Affaires étrangères, d'une conversation avec M. Lebel, de l'ambassade de France à Londres

« M. Lebel de l'ambassade de France m'a rendu visite pour me demander mon aide dans l'affaire suivante. Pendant les remous survenus au Cameroun français, le mois de mai dernier, un certain nombre de dirigeants politiques ont fui vers les Cameroons britanniques du Nigeria. Les autorités françaises s'efforcent de localiser ces hommes et de découvrir les activités actuelles de certains d'entre eux. Pour une raison ou une autre, ces recherches n'ont abouti à rien et l'ambassade a reçu l'ordre de demander au Foreign Office de solliciter le Colonial Office. Ils ont particulièrement peur que les troubles actuels au Maroc [1] ne soient un prétexte pour un autre soulèvement au Cameroun et souhaitent garder un œil sur ces individus. Le plus dangereux et le plus puissant d'entre eux est Um Ruben Nyobe *(sic)*.

M. Lebel a ajouté qu'il y avait une autre petite affaire à propos de laquelle le gouvernement français apprécierait également notre aide. Une commission d'enquête du Conseil de tutelle des Nations unies visite actuellement, ou est sur le point de visiter, le Nigeria et les Cameroons britanniques. Le gouvernement français espère qu'il sera possible d'éviter que des membres de cette commission n'entrent en contact avec les dirigeants exilés du Cameroun français lorsqu'ils seront en territoire britannique. »

1. Durant l'été 1955, des violences éclatent au Maroc qui devient indépendant le 18 novembre 1955.

10 octobre 1955, lettre de John Brayne-Baker, commissaire intérimaire des Cameroons britanniques, au secrétaire en chef de la Fédération de Lagos. Il donne un compte rendu d'une discussion avec Lefèvre qui eut lieu juste avant l'arrivée de la mission des Nations unies

« Une discussion franche et amicale a eu lieu avec M. Lefèvre, le 7 octobre, en présence du commissaire divisionnaire de police et d'officiers administratifs. [...]

En ce qui concerne les activités et la localisation des chefs de bandes [...] auxquels les Français s'intéressent, le commissaire divisionnaire de police et moi-même avons expliqué que nous n'avions pas d'informations très concrètes à offrir pour le moment, mais que certaines enquêtes en cours pourraient donner prochainement des nouvelles plus sûres concernant l'un ou plusieurs d'entre eux. Il fut convenu que le commissaire divisionnaire de police rencontrerait son homologue français pendant la dernière semaine d'octobre et on espérait que des informations utiles pourraient alors être échangées.

M. Lefèvre remarqua que l'UPC [...] "en exil" souhaiterait probablement contacter la mission en visite et qu'il était essentiel que les Français aient le maximum d'informations au préalable. [...]

Jusqu'à ce point de la discussion, nous avons pu promettre une coopération aussi discrète que possible. Mais M. Lefèvre fit une autre demande plus délicate. Il expliqua que la présence de réfugiés politiques dans des régions près de la frontière était embarrassante pour les autorités françaises. En l'absence de restrictions, il leur est possible de passer la frontière impunément. Ceci leur permet de faire de la propagande et de s'organiser avec leurs partisans côté français. Cela montre qu'ils utilisent le territoire britannique comme une base pour leurs activités qui leur permet de se moquer de l'interdiction de leur parti en territoire français. Il demanda ainsi que nous prenions les mesures nécessaires afin d'exiger que tous les chefs de bande résident suffisamment loin de la frontière afin qu'ils ne puissent plus la franchir. [...] Il ne s'attendait pas à une réponse immédiate pour une requête qu'il reconnait lui-même comme étant difficilement acceptable pour les Britanniques mais il sera reconnaissant si nous pouvions y réfléchir.

Je pensai qu'il ne serait pas bon d'encourager M. Lefèvre à penser que nous pouvions y faire quelque chose, et je fus soutenu par le commissaire divisionnaire de police à ce sujet. [...] M. Lefèvre, bien qu'il regrettât que nous ne pussions rien faire, semblait être sensible à ces arguments.

Il fut convenu qu'il était important et souhaitable d'organiser d'autres réunions, et que le moment optimal pour une prochaine rencontre entre M. Lefèvre et un officier administratif serait début décembre après le départ de la mission [...]. »

12 octobre 1955, lettre de John Greveille Stanley Beith, conseiller à Paris, à Thomas Eardley Bromley, du Foreign Office, après son entrevue avec Pierre-Henri Teitgen, ministre de la France d'Outre-Mer

« Cher Tom,

J'ai été convoqué aujourd'hui au ministère de la France d'Outre-Mer pour recevoir de la part du ministre, M. Teitgen, un aide-mémoire sur la décision du quatrième comité des Nations unies d'écouter les représentants de trois organisations du Cameroun qui ont été dissoutes par le gouvernement français. [...]

M. Teitgen m'a dit que l'ambassade de France à Londres avait déjà reçu l'ordre de faire la même requête auprès du Foreign Office que celle que les Français avaient déjà adressée à l'ambassade britannique à Paris. [...] Il m'a résumé brièvement les raisons qui ont motivé la décision du gouvernement français de dissoudre l'Union des Populations du Cameroun, la Jeunesse démocratique camerounaise et l'Union démocratique des femmes camerounaises. [...]

Le gouvernement français souhaite que nous comprenions à quel point la décision des Nations unies d'écouter les représentants de ces groupes était dangereuse et inacceptable. [...] Ces personnes gagneraient un prestige excessif dans leur pays si elles étaient autorisées à s'adresser aux Nations unies. De plus, en les auditionnant, les Nations unies mettaient en doute la décision française, prise légalement et en accord avec la législation française de 1936, de dissoudre ces organisations. [...]

Le gouvernement français a demandé au gouvernement américain de refuser de délivrer des visas pour les États-Unis aux représentants de ces organisations et les Américains ont accepté. Il demande maintenant notre aide en vue de deux possibilités :

a) Certains de ces Camerounais réfugiés au Nigeria pourraient demander des documents de voyage ou des visas de transit à nos autorités.

b) Certains des chefs de bande qui, après avoir organisé les actes mentionnés ci-dessus, sont retournés à Varsovie et Prague où ils ont été formés, pourraient y demander des visas de transit pour assister aux débats des Nations unies.

M. Teitgen dit qu'il espère que l'on fera tout notre possible pour empêcher ces individus d'aller à New York. [...] Je lui ai dit qu'il serait cependant utile que les Français nous donnent une liste de noms. Il a accepté de le faire immédiatement, mais a expliqué que les individus pourraient également prendre un faux nom pour le voyage. »

15 mars 1956, télégramme de Ronald Agnew Finlay, consul britannique à Douala, à Selwyn Lloyd, secrétaire d'État aux Affaires étrangères

« Monsieur,

J'ai l'honneur de vous informer que la situation locale a peu changé, du moins en surface, depuis que je vous ai adressé mon télégramme n° 31 du 21 novembre 1955 [...].

Lorsque la mission du Conseil de tutelle des Nations unies se trouvait aux Cameroons britanniques, elle a refusé de recevoir des membres ou des représentants de l'UPC. Les craintes du haut commissaire étaient ainsi infondées. Une grande réunion des fugitifs de l'UPC et de leurs adhérents a été organisée récemment à Kumba, dans les Cameroons britanniques, non loin de la frontière avec le Cameroun français. Les autorités françaises semblent en avoir été bien informées et elles gardent sans doute nombre d'informateurs et d'agents du côté britannique de la frontière.

Le 9 mars, 1956, M. Brayne-Baker, le commissaire intérimaire des Cameroons britanniques, est arrivé à Douala pour rendre visite au délégué de la Haute Commission qu'il avait rencontré à Buea le 31 octobre 1955. [...] Lorsque j'ai emmené M. Brayne-Baker voir M. Guidon-Lavallée [1], le délégué ne cacha pas que les autorités françaises avaient été informées de la réunion à Kumba. [...] M. Guidon-Lavallée déclara également que tout était calme et tranquille à Douala et dans le territoire en général. Cependant, ceci n'est guère en accord avec certaines déclarations qu'il a faites récemment ni avec d'autres renseignements qui ont été portés à ma connaissance. [...]

Comme je l'avais indiqué dans le paragraphe 9 de mon télégramme n° 21 du 13 mars, le délégué a demandé qu'aucun coup de canon ne soit tiré à Douala en guise de salut pendant la visite [du navire] *HMS Magpie* à cause de l'état de nervosité de la

1. Délégué du haut commissaire à Douala.

population africaine. Lorsque j'emmenai le capitaine Newham rendre visite à M. Guidon-Lavallée, le 28 février, il expliqua que tout était calme mais mentionna également que la situation était "délicate". [...]

Un signe prémonitoire encore plus important a été porté à ma connaissance le 11 mars lorsque je suis allé à Penja pour rendre visite au directeur – anglais – des plantations détenues par la Compagnie des Bananes. [...] Il m'expliqua que lui et son second qui dirigeait les plantations excentrées allaient avoir très prochainement une réunion avec les fonctionnaires français et les officiers de police militaire responsables de la sécurité et de l'ordre publics. L'objet de la réunion est de constituer une garde armée locale composée de bénévoles et de prendre des dispositions pour créer un point de ralliement pour les Européens en cas de troubles comme ceux de l'année passée. [...] Une réserve d'armes et de munitions va être stockée dans la région à l'usage de la "garde de surveillance" et d'autres. [...] Il m'a également informé que sa société achetait des postes de radio. [...] Je considère que cette information vient d'une source fiable et responsable et, si elle s'avère exacte, elle ne confirme guère la déclaration selon laquelle tout va pour le mieux dans le Cameroun français. »

5 juin 1958, lettre de Sir Ralph Grey (Government House Nigeria) à Christopher Gilbert Eastwood (West African Department du Colonial Office) dans laquelle il rend compte de la visite de The Honorable Nigel Henry Bruce, un fonctionnaire du Foreign Office, du 26 au 29 mai

« Il m'a dit qu'il était très embêté d'avoir appris par le haut commissaire du Cameroun français ainsi que par le délégué à Douala qu'il y avait eu récemment des raids répétés au Cameroun français depuis notre côté de la frontière [...] et que le consul Finlay avait rendu compte de ces actes mais que nous n'avions rien fait pour aider les Français à y mettre fin ou à appréhender les coupables. [...] Bruce expliqua que Finlay passait des moments très difficiles avec les Français [...] et réussissait seulement à les arrêter en disant que l'affaire était en consultation à Londres. [...]

Il est évident, d'après ce que l'on m'a dit à Buea, qu'il y a eu au moins un raid important. Mais la faute ne se situe pas entièrement du côté britannique. Les personnes concernées sont des Camerounais français. Si elles ont déjà commis des crimes en territoire français et que toutes les informations liées à ces crimes et aux personnes qui les ont commis sont transmises aux autorités britanniques, ces dernières seront très coopératives et livreront les coupables si elles peuvent les attraper. [...] Mais on me rapporta les détails de plusieurs cas indiquant que des hommes qui avaient été appréhendés du côté britannique furent livrés aux Français et aussitôt ligotés et battus sous les yeux de nos policiers. On ne peut pas s'attendre à une coopération significative si les Français se comportent de la sorte. Nos policiers ne craignent pas d'appréhender les criminels français et de les livrer de façon assez informelle, mais on ne peut pas s'attendre à ce qu'ils apprécient de voir leurs concitoyens battus après avoir été livrés.

Jusqu'à présent, les Français ont dit que nous devrions empêcher leurs "réfugiés" de repasser la frontière et de mal se comporter ; toute la responsabilité en reviendrait à l'administration britannique dans les Cameroons du Sud car ces hommes n'y sont pas arrêtés. [...] Les Français doivent prendre leur part de responsabilité dans la mesure où ils n'ont pas arrêté les criminels de leur côté de la frontière et n'ont pas réussi à les appréhender avant qu'ils ne s'enfuient. Notre tâche n'est pas plus facile que la leur ; en fait, c'est le contraire.

[...] J'espère que le Foreign Office comprendra d'après ce que je vous ai dit que les plaintes françaises ne sont peut-être pas aussi fondées qu'ils le pensaient. »

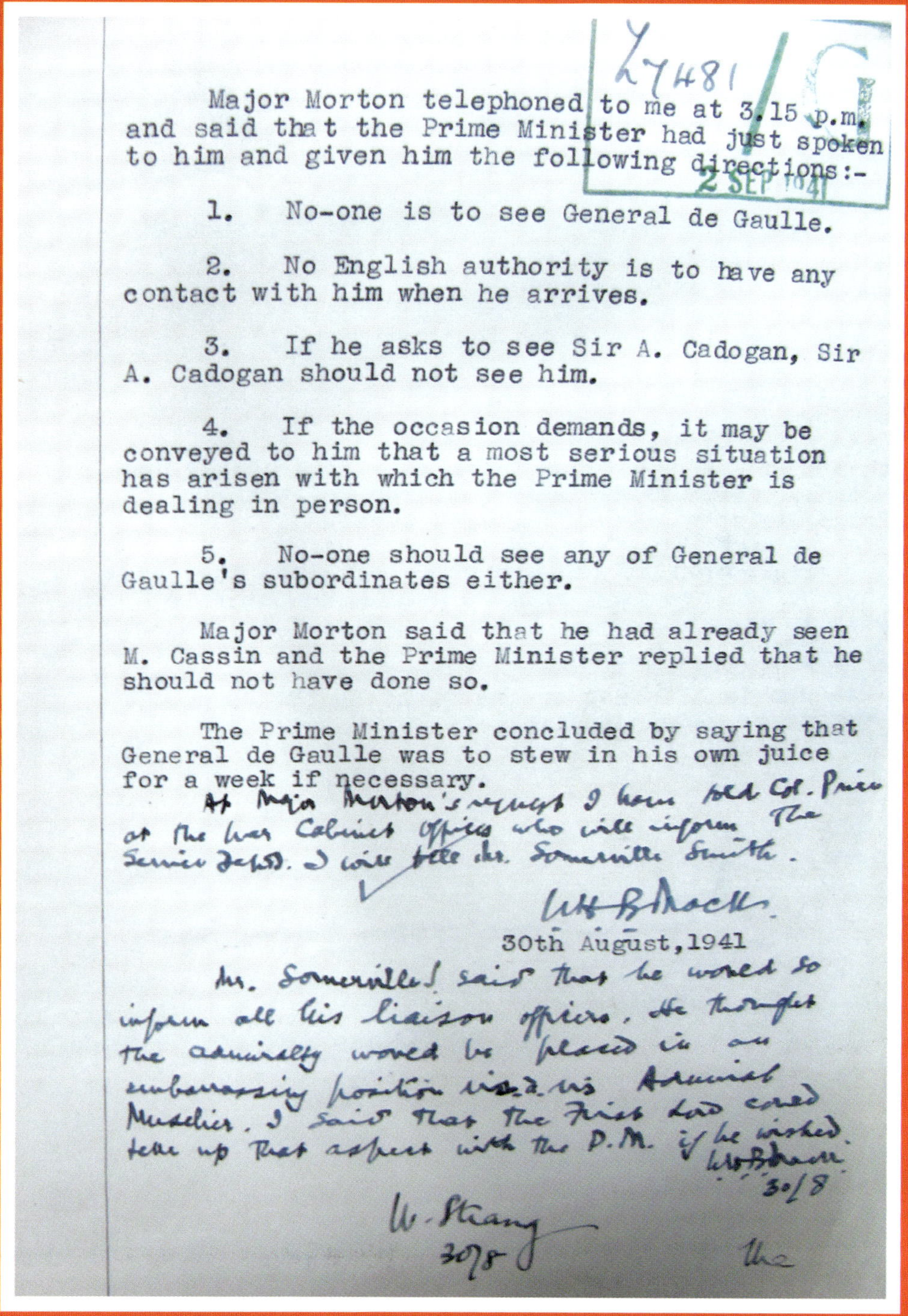

Z 7481 /G

2 SEP 1941

Major Morton telephoned to me at 3.15 p.m. and said that the Prime Minister had just spoken to him and given him the following directions:-

1. No-one is to see General de Gaulle.

2. No English authority is to have any contact with him when he arrives.

3. If he asks to see Sir A. Cadogan, Sir A. Cadogan should not see him.

4. If the occasion demands, it may be conveyed to him that a most serious situation has arisen with which the Prime Minister is dealing in person.

5. No-one should see any of General de Gaulle's subordinates either.

Major Morton said that he had already seen M. Cassin and the Prime Minister replied that he should not have done so.

The Prime Minister concluded by saying that General de Gaulle was to stew in his own juice for a week if necessary.

At Major Morton's request I have told Col. Price at the War Cabinet Offices who will inform the Service Depts. I will tell Mr. Somerville Smith.

W.H.B. Mack.

30th August, 1941

Mr. Somerville S. said that he would so inform all his liaison officers. He thought the Admiralty would be placed in an embarrassing position vis-à-vis Admiral Muselier. I said that the First Lord could take up that aspect with the P.M. if he wished.

W.H.B. Mack

30/8

W. Strang

30/8

1 30 août 1941 : « Le Premier Ministre a conclu que le général de Gaulle devait mijoter dans son propre jus pendant une semaine si nécessaire. » La crise a éclaté entre Winston Churchill et le chef de la France libre à la suite de l'affaire syrienne (chapitre « Il est possible que de Gaulle soit fou ») : « Personne ne doit voir le général de Gaulle. Aucune autorité britannique ne doit entrer en contact avec lui lors de son arrivée (…) », ordonne le vieux lion, furieux.

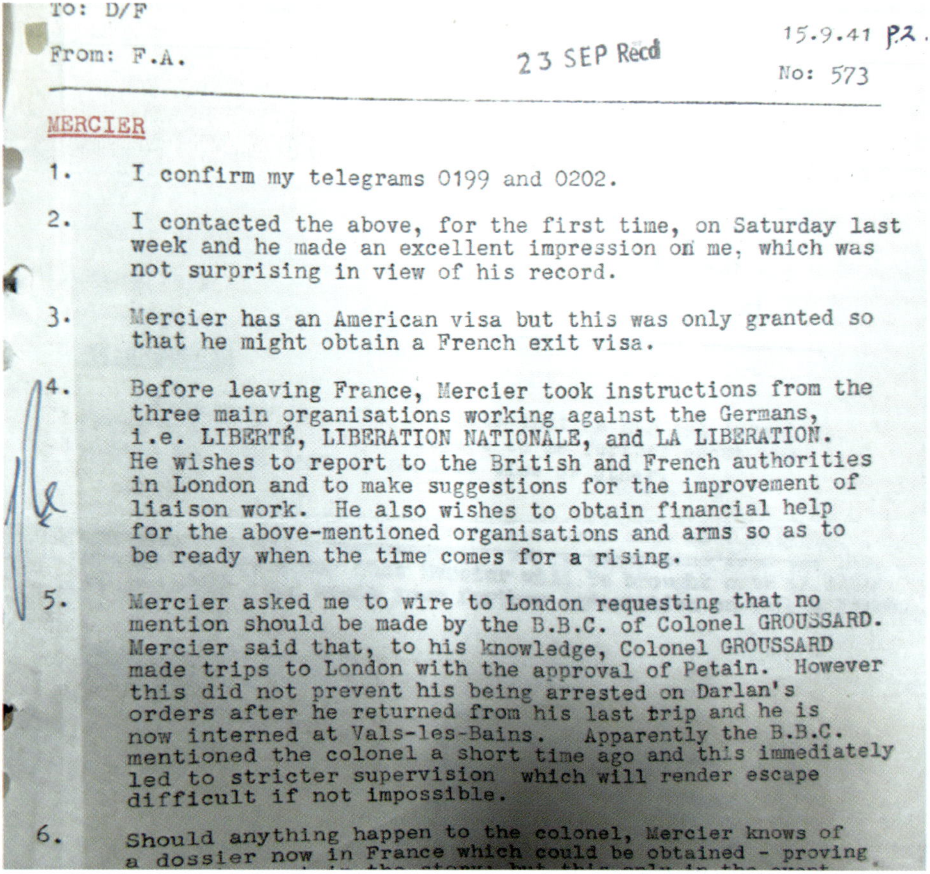

To: D/F

From: F.A. 23 SEP Recd

15.9.41 P.2.

No: 573

MERCIER

1. I confirm my telegrams 0199 and 0202.

2. I contacted the above, for the first time, on Saturday last week and he made an excellent impression on me, which was not surprising in view of his record.

3. Mercier has an American visa but this was only granted so that he might obtain a French exit visa.

4. Before leaving France, Mercier took instructions from the three main organisations working against the Germans, i.e. LIBERTÉ, LIBERATION NATIONALE, and LA LIBERATION. He wishes to report to the British and French authorities in London and to make suggestions for the improvement of liaison work. He also wishes to obtain financial help for the above-mentioned organisations and arms so as to be ready when the time comes for a rising.

5. Mercier asked me to wire to London requesting that no mention should be made by the B.B.C. of Colonel GROUSSARD. Mercier said that, to his knowledge, Colonel GROUSSARD made trips to London with the approval of Petain. However this did not prevent his being arrested on Darlan's orders after he returned from his last trip and he is now interned at Vals-les-Bains. Apparently the B.B.C. mentioned the colonel a short time ago and this immediately led to stricter supervision which will render escape difficult if not impossible.

6. Should anything happen to the colonel, Mercier knows of a dossier now in France which could be obtained - proving

2

2 Extrait des premiers télégrammes des services secrets britanniques au sujet de Jean Moulin alias « Mercier », après leur prise de contact à Lisbonne, en septembre 1941, quelques semaines avant que le futur chef du Conseil national de la Résistance ne s'envole pour la Grande-Bretagne. « Il fit une excellente impression, ce qui n'est pas surprenant étant donné son passé. » (chapitre « Rex »)

3 Le 29 juillet 1945, Michel Clemenceau, le fils du « Tigre », prête serment au procès du maréchal Pétain (assis à droite). Opposant au gouvernement de Vichy, Michel Clemenceau a été arrêté dès le début de la guerre puis déporté avant d'être libéré par les troupes américaines.

3

4

4 Forest Frederick Edward Yeo-Thomas, agent du SOE. Héros de la Résistance, compagnon de mission de Pierre Brossolette en France occupée. Arrêté à Paris le 21 mars 1944, torturé puis déporté à Buchenwald, il y sauve la vie de Stéphane Hessel, jeune lieutenant des services secrets de la France libre.

5 « Grand, brun, élancé, bel homme », c'est le portrait du jeune général Jacques Chaban-Delmas, « environ trente ans », dressé en novembre 1945 par les services britanniques qui le désignent comme « un des piliers de la Résistance française. » (chapitre « Le brillant général Chaban »)

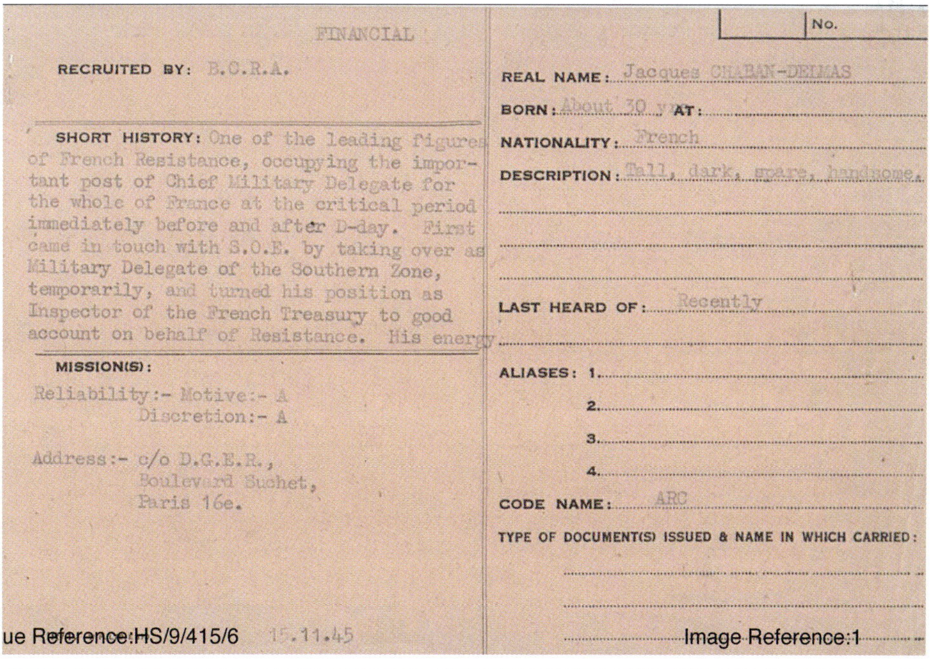

FINANCIAL

RECRUITED BY: B.C.R.A.

SHORT HISTORY: One of the leading figures of French Resistance, occupying the important post of Chief Military Delegate for the whole of France at the critical period immediately before and after D-day. First came in touch with S.O.E. by taking over as Military Delegate of the Southern Zone, temporarily, and turned his position as Inspector of the French Treasury to good account on behalf of Resistance. His energy

MISSION(S):

Reliability:- Motive:- A
Discretion:- A

Address:- c/o D.G.E.R.,
Boulevard Suchet,
Paris 16e.

NO.

REAL NAME: Jacques CHABAN-DELMAS

BORN: About 30 yrs AT:

NATIONALITY: French

DESCRIPTION: Tall, dark, spare, handsome.

LAST HEARD OF: Recently

ALIASES: 1.
2.
3.
4.

CODE NAME: ARC

TYPE OF DOCUMENT(S) ISSUED & NAME IN WHICH CARRIED:

ue Reference:HS/9/415/6 15.11.45 Image Reference:1

5

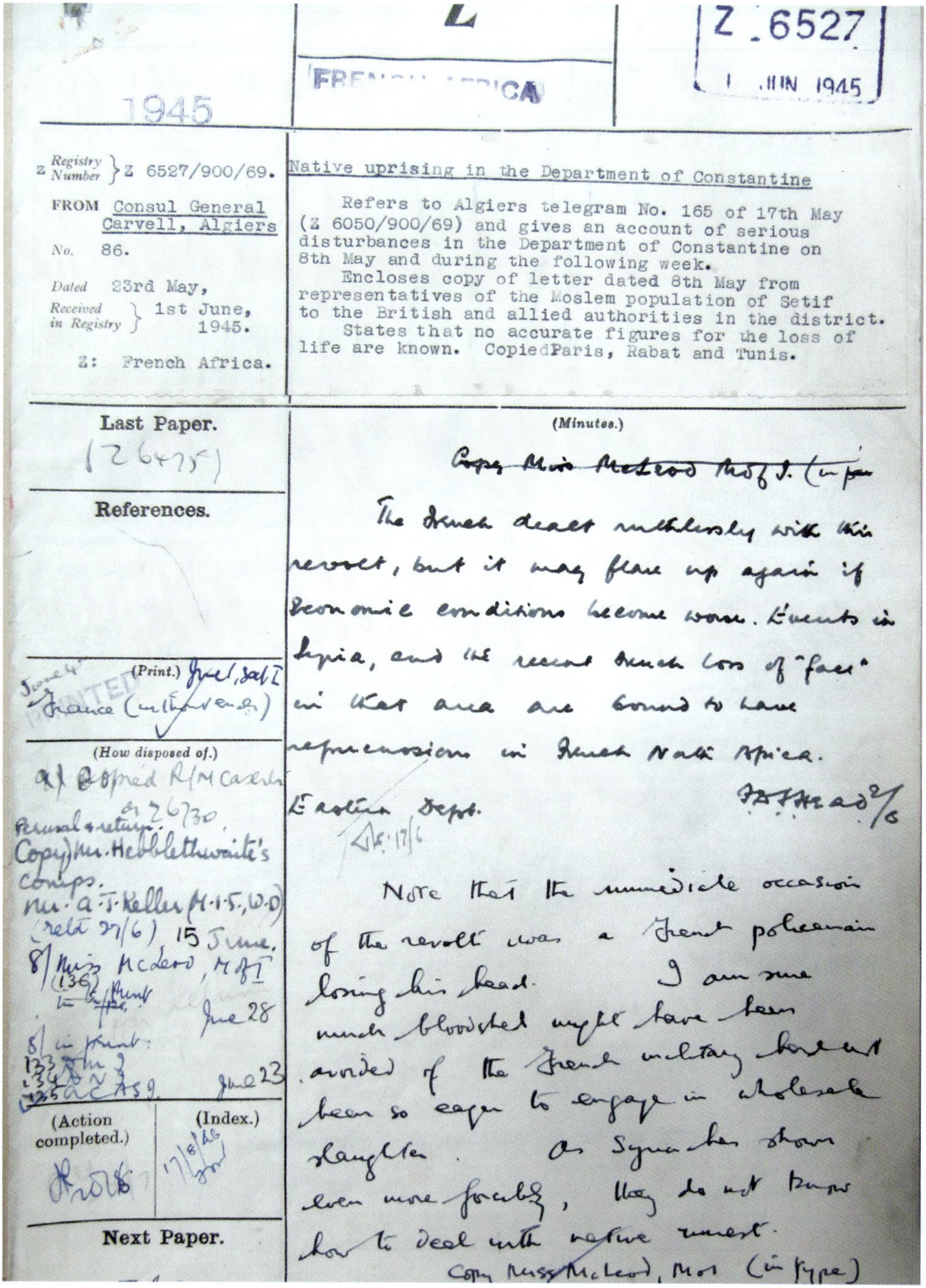

Z

Z 6527
1 JUN 1945

FRENCH AFRICA

1945

Z Registry Number } Z 6527/900/69.

FROM Consul General Carvell, Algiers

No. 86.

Dated 23rd May,

Received in Registry } 1st June, 1945.

Z: French Africa.

Native uprising in the Department of Constantine

Refers to Algiers telegram No. 165 of 17th May (Z 6050/900/69) and gives an account of serious disturbances in the Department of Constantine on 8th May and during the following week.

Encloses copy of letter dated 8th May from representatives of the Moslem population of Setif to the British and allied authorities in the district.

States that no accurate figures for the loss of life are known. CopiedParis, Rabat and Tunis.

Last Paper.

(Z 6475)

References.

(Print.) June 4th, Sect I

France (with enclosure)

PRINTED

(How disposed of.)

(Minutes.)

~~Copy Miss McLeod MofI.~~ (in pen)

The French dealt ruthlessly with this revolt, but it may flare up again if economic conditions become worse. Events in Syria, and the recent French loss of "face" in that area are bound to have repercussions in French North Africa.

Eastern Dept.

[illegible] 2/6

Note that the immediate occasion of the revolt was a French policeman losing his head. I am sure much bloodshed might have been avoided if the French military had not been so eager to engage in wholesale slaughter. As Syria has shown even more forcibly, they do not know how to deal with native unrest.

Copy Miss McLeod, MoI (in type)

(Action completed.)

(Index.)

Next Paper.

6 « Il est à noter que la première cause de la révolte est qu'un policier français a perdu la tête. Je suis certain qu'autant de sang n'aurait pas coulé si les militaires français n'avaient pas aussi vivement désiré perpétrer un massacre », écrit un diplomate du Foreign Office sur le rapport de John Carvell, consul général britannique en poste à Alger faisant le récit de l'insurrection du Constantinois et de sa répression en mai 1945.

CONFIDENTIAL

VISIT OF FRENCH FINANCE MINISTER
TO LONDON, JULY 1962

Brief No.2

Biographical Note on
Monsieur Valéry Giscard d'Estaing

Monsieur Giscard d'Estaing was born in 1926 at Koblenz where his father, Edmond Giscard d'Estaing (now President of the International Chamber of Commerce) was serving in the French High Commission of the Rhine. He was educated at the Polytechnique School and at the Ecole Nationale d'Administration. Despite his youth he did very well during the war and received the Croix de Guerre.

After the war he resumed his studies and passed the Inspection des Finances in 1954 becoming only six months later Assistance Directeur du Cabinet to the President of the Council, M. Edgar Faure. He was elected to the Assembly in the 1956 election for the constituency represented for many years by his grandfather, the late M. Jacques Bardoux (the famous pre-war journalist and author), who made way for his promising young grandson. He soon distinguished himself in Parliament and played a particularly active part with M. Paul Reynaud in working for constitutional reform. He was re-elected in 1958 but resigned when appointed Secretary of State for Finance in the 1959 Debré Government. He was a member of the French Delegation to the 11th, 12th and 13th Sessions of the United Nations General Assembly (1956-57). He was appointed Minister of Finance and Economic Affairs in January 1962, on M. Baumgartner's resignation.

At 35 M. Giscard d'Estaing is the youngest Finance Minister since the war, and has all the makings of a brilliant career ahead of him. Unlike his predecessor, he is a politician (Independent), and although he is not expected to introduce any substantial changes in the country's economic and financial policy he may show more tactical flexibility. In outlook a liberal conservative, with sensible views about North Africa and colonial policy, he is a man of independent mind who is not afraid of expressing his opinions, even to the face of General de Gaulle on matters which do not directly concern him.

He is tall, goodlooking and exceptionally intelligent with an assured political position and influential friends. His wife, whom he married in 1952, is a daughter of the Comte de Brantes, who was Military Attaché in London before the war. They have two small children.

7

7 « À l'âge de 35 ans, M. Giscard d'Estaing est le plus jeune ministre des Finances depuis la guerre, et il a tout pour se lancer dans une carrière brillante », notent, en 1962, les conseillers du Foreign Office à l'occasion du voyage à Londres du futur président de la République.

The Daily Express 18.1.63
WATCH THIS MAN
PICTURE BY MICHAEL McKEOWN. COPYRIGHT BEAVERBROOK NEWSPAPERS 1963
EX-PREMIER FLEES POLICE
For Bidault, safety in Piccadilly Circus

8

9

10

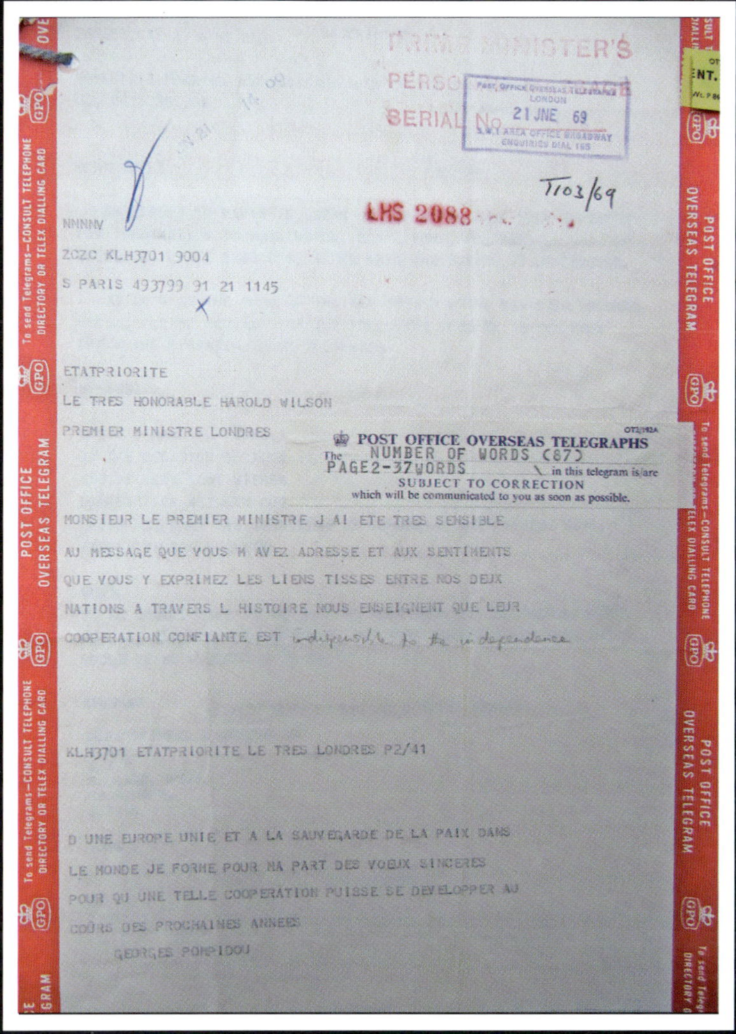
PRIME MINISTER'S PERSONAL ... SERIAL No.

POST OFFICE OVERSEAS TELEGRAMS LONDON 21 JNE 69 ... AREA OFFICE BROADWAY ENQUIRIES DIAL 165

T103/69

LHS 2088

NNNNV

ZCZC KLH3701 9004

S PARIS 493799 91 21 1145

ETATPRIORITE

LE TRES HONORABLE HAROLD WILSON

PREMIER MINISTRE LONDRES

POST OFFICE OVERSEAS TELEGRAPHS
The NUMBER OF WORDS (87) PAGE2-37WORDS in this telegram is/are
SUBJECT TO CORRECTION
which will be communicated to you as soon as possible.

MONSIEUR LE PREMIER MINISTRE J AI ETE TRES SENSIBLE
AU MESSAGE QUE VOUS M AVEZ ADRESSE ET AUX SENTIMENTS
QUE VOUS Y EXPRIMEZ LES LIENS TISSES ENTRE NOS DEUX
NATIONS A TRAVERS L HISTOIRE NOUS ENSEIGNENT QUE LEUR
COOPERATION CONFIANTE EST indispensable to the independance

KLH3701 ETATPRIORITE LE TRES LONDRES P2/41

D UNE EUROPE UNIE ET A LA SAUVEGARDE DE LA PAIX DANS
LE MONDE JE FORME POUR MA PART DES VOEUX SINCERES
POUR QU UNE TELLE COOPERATION PUISSE SE DEVELOPPER AU
COURS DES PROCHAINES ANNEES

GEORGES POMPIDOU

POST OFFICE OVERSEAS TELEGRAM — To send Telegrams—CONSULT TELEPHONE DIRECTORY OR TELEX DIALLING CARD

11

8-9 Tous les rebelles français se pressent au micro de la BBC à Londres. Charles de Gaulle en 1940 mais aussi Georges Bidault en 1963, l'un des chefs de l'OAS, photographié par le *Daily Express* alors que les autorités britanniques ont assuré à la France qu'il ne se trouvait pas sur leur territoire. Quant à Daniel Cohn-Bendit, sa participation en juin 1968 à l'émission « Students in Revolt » provoque la fureur des diplomates des deux côtés de la Manche.

10 7 mai 1971, à bord du Concorde, conférence de presse en direct du président Georges Pompidou à l'ORTF lors du vol officiel du supersonique franco-britannique. « Il coûtera presqu'autant que deux tunnels sous la Manche et ne sera manifestement pas rentable », ont estimé les experts britanniques dès le début de l'aventure.

11 21 juin 1969 : télégramme de Georges Pompidou à Harold Wilson, Premier ministre britannique, en réponse à son télégramme de félicitations à la suite de son élection à la présidence de la République le 15 juin.

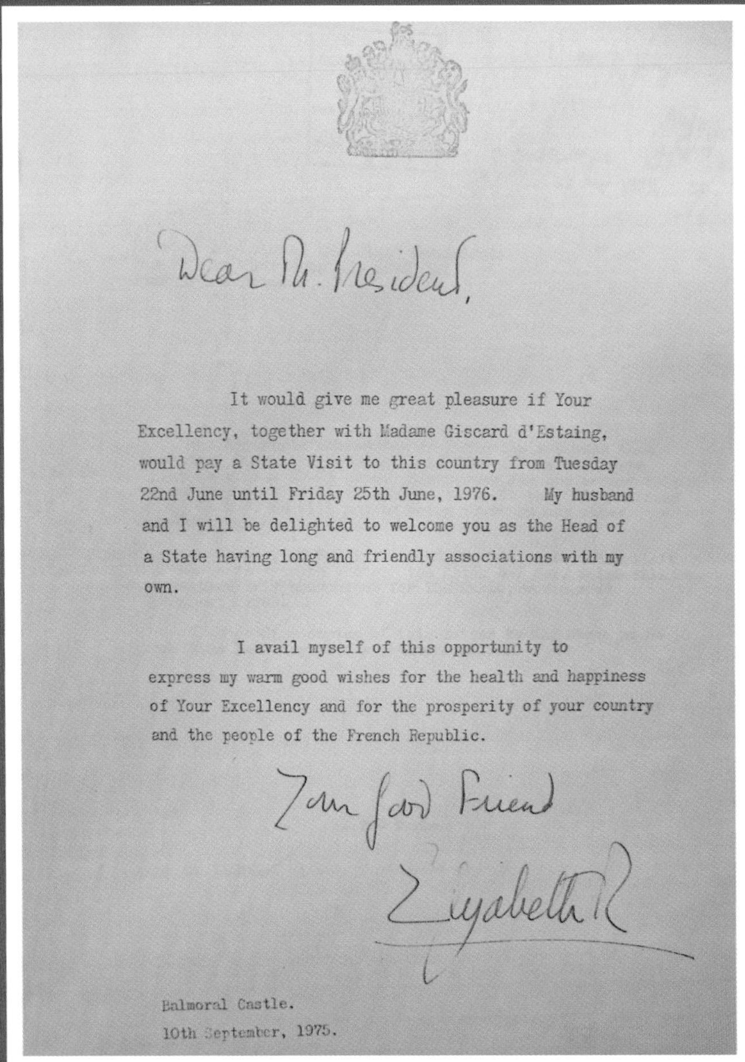

Dear Mr. President,

It would give me great pleasure if Your Excellency, together with Madame Giscard d'Estaing, would pay a State Visit to this country from Tuesday 22nd June until Friday 25th June, 1976. My husband and I will be delighted to welcome you as the Head of a State having long and friendly associations with my own.

I avail myself of this opportunity to express my warm good wishes for the health and happiness of Your Excellency and for the prosperity of your country and the people of the French Republic.

Your good Friend

Elizabeth R

Balmoral Castle.

10th September, 1975.

12

12 Une signature rare, celle de la reine Elizabeth II, en bas de la lettre écrite au château de Balmoral, le 10 septembre 1975, et destinée à Valéry Giscard d'Estaing et son épouse pour les inviter en visite officielle.

13 Les 10 et 11 septembre 1981 se tient à Londres le premier sommet franco-britannique auquel assiste François Mitterrand en tant que président de la République. Il avait déjà rencontré le Premier ministre Margaret Thatcher le 29 juillet, en marge du mariage du prince Charles et de Lady Diana.

13

Sources et crédits photos :

1, 2, 5, 6, 7, 8, 11, 12. Sources : The National Archives (UK)

3. © Hulton Archive / Keystone / Getty Images

4. © Central Press / Intermittent / Hulton Archive / Getty Images

9. © Hulton-Deutsch Collection / Corbis

10. © Keystone / Intermittent / Getty Images

13. © Bettmann / Corbis

8 juin 1958, lettre de Sir Ralph Grey à Ronald Agnew Finlay

« Je viens de rentrer d'une brève visite aux Cameroons du Sud en tant que haut commissaire titulaire afin d'inaugurer le système de gouvernement ministériel. [...]

Je suis désolé que, comme Bruce l'a expliqué, les Français vous aient causé des soucis et se soient plaints de notre manque de coopération. D'après les enquêtes que j'ai pu mener ici et à Buea, il ne semble pas que nous soyons d'aussi grands criminels qu'on le dit. Je suis sûr que l'administration et la police dans les Cameroons du Sud feront de leur mieux [...] pour veiller à ce que le territoire britannique ne serve pas de base pour des opérations criminelles en territoire français. Mais les Français doivent aussi faire ce qu'ils ont à faire. Nous aimerions avoir des renseignements détaillés sur-le-champ, si nous devons appréhender des gens de notre côté – et vous connaissez bien les difficultés que nous avons à livrer des individus susceptibles de connaître un traitement incertain de l'autre côté. Nous voulons donc être sûrs que nous avons affaire à des criminels qui seraient inculpés en tant que tels devant les cours de justice. [...] »

12 juin 1958, lettre de John Hugh Adam Watson, directeur de l'African Department au Foreign Office, à Aaron Emanuel Esq., secrétaire adjoint au Colonial Office

« Il est évident d'après les rapports de Finlay que les Français font un tas d'histoires. Je pense que beaucoup d'entre eux pensent sérieusement que nous devrions faire davantage pour les aider. Les autorités coloniales françaises perçoivent peut-être ces choses-là d'un œil assez différent du nôtre. Je ne sais pas à quel point notre propre besoin de respecter les vœux de la population locale à la veille d'une gouvernance autonome devrait être pris en compte. Mais il est évidemment dans notre intérêt, et notre devoir international, de mettre fin aux raids, depuis un territoire sous notre contrôle, dans des territoires voisins. [...]

La lettre de Grey à Eastwood souligne clairement les difficultés auxquelles nous sommes confrontés : et l'histoire selon laquelle la police française bat des prisonniers devant les yeux de notre police, indique que les Français ont beaucoup à apprendre s'ils s'attendent à une entière coopération [...] »

16 juin 1958, compte rendu de discussions officielles franco-britanniques à Londres le 16 juin, « Discussions officielles franco-britanniques, Londres, conclusion de la note sur l'UPC et les troubles récents entre les Cameroons britanniques et français »

« (a) Les autorités britanniques ont, au cours des trois dernières années, fait tout leur possible afin de coopérer avec les Français et répondre à leurs demandes. Cette volonté de coopérer n'a pas évolué et il ne devrait ainsi exister aucune plainte française à propos de l'attitude britannique ici ou au Nigeria.

(b) Il ne peut y avoir aucune coopération sans information convenable et préalable et sans contact proche sur le terrain. [...]

(c) Il existe un traité d'extradition en vigueur entre la France et le Royaume-Uni qui s'applique également aux Cameroons britanniques. Les Français ont ainsi la possibilité de lancer des procédures d'extradition contre des individus dans les Cameroons britanniques si les crimes dont ils sont accusés relèvent du traité d'extradition. [...]

(d) Les Français semblent avoir laissé entendre à M. Finlay que si les autorités britanniques ne pouvaient pas prendre les mesures nécessaires, ils devraient éventuellement poursuivre les intrus dans les Cameroons britanniques. Ils n'en ont aucun droit. »

Sources

TNA : PRO CO 554/1185, « Political Situation in the French Cameroon »
TNA : PRO FO 371/113496, « Political refugees from French Cameroon in the British Cameroons and Nigeria »
TNA : PRO FO 371/113497, « Discussions on the French Cameroon in the UN General Assembly »
TNA : PRO FO 371/119353, « Internal political situation in French Cameroon and Togoland »
TNA : PRO FO 371/125643, « Internal political situation in Cameroon »
TNA : PRO FO 371/125657, « Armed forces of France in Cameroon »
TNA : PRO FO 371/131413, « Internal political situation in French Cameroon »
TNA : PRO FO 371/131414, « Internal political situation in French Cameroon »

Pour en savoir plus

Deltombe Thomas, Domergue Manuel et Tatsitsa Jacob, *Kamerun ! Une guerre cachée aux origines de la Françafrique, 1948-1971*, La Découverte, 2011.
Faligot Roger et Guisnel Jean (sous la direction de), *Histoire secrète de la Ve République*, La Découverte, 2006.

LE PIÈGE DE SUEZ

Une tonne de documents représentant 27 mètres de linéaire, c'est ce qu'occupent aux National Archives la crise de Suez et l'intervention militaire franco-britannique qui, à l'automne 1956, embrase le monde. Une masse d'archives qui traduit d'abord l'importance de l'Égypte et du canal de Suez pour les Britanniques : du vendredi 27 juillet, date de la première réunion au lendemain de l'annonce de sa nationalisation par le colonel Nasser [1], jusqu'au 20 décembre 1956, plus de cent réunions ont lieu pour débattre de l'attitude à adopter. C'est le texte de cette toute première discussion ministérielle que nous présentons ici. Il révèle que, dès les premières heures de la crise, les Britanniques sont déterminés à utiliser la force, même s'ils n'obtiennent pas l'aide de leurs alliés. « *Le Cabinet s'est accordé sur le fait que nos intérêts essentiels dans cette région doivent, si nécessaire, être sauvegardés par une action militaire.* » Ce ne serait pas la première fois : en 1882, les Britanniques avaient débarqué pour remettre les nationalistes égyptiens au pas, trop inquiets qu'ils ne mettent la main sur le canal par lequel, treize ans après son ouverture, 80 % des marchandises étaient transportées par des navires britanniques. Leurs dernières troupes ne se retireront qu'en juin 1956. Un mois plus tard, les rires de Nasser ponctuant son annonce de la nationalisation du canal retentissent sur les écrans de télévision du monde entier et provoquent une grave crise internationale.

Pourquoi la France s'est-elle soudain liée à l'expédition voulue par les Britanniques ? L'une des raisons se trouve dans l'amitié sincère née

1. Gamal Abdel Nasser (1918-1970), officier, il a mené le coup d'État en Égypte de 1952 avec le général Néguib qu'il écarte progressivement du pouvoir pour devenir le maître du pays en 1954. Favorable à l'aide aux mouvements d'indépendance, l'échec de l'expédition de Suez lui donne une audience internationale parmi les pays non alignés.

entre Anthony Eden, Premier ministre britannique, et Guy Mollet, président socialiste du Conseil depuis le début de l'année 1956. Le premier est un francophile passionné, collectionneur de peintures impressionnistes, le second est un ancien professeur d'anglais profondément probritannique. Il voudrait même ressusciter le vieil accord d'union des deux pays de juin 1940. Mais surtout les deux hommes ont un ennemi commun : le colonel Nasser, « Hitler au petit pied », selon Guy Mollet. Comme aux jours les plus noirs, devant ce nouveau Munich que représente la nationalisation du canal, il faut agir par la force. Le président du Conseil qui a déclaré au printemps la guerre au FLN en Algérie, en signant les « pouvoirs spéciaux [1] » et en y envoyant le contingent, veut aussi abattre Nasser qui y soutient la rébellion qui y sévissent. D'alliés potentiels, les Français poussent les feux, s'appuyant sur un autre partenaire, Israël, auquel Guy Mollet n'a jamais ménagé son soutien militaire.

Le 26 octobre, l'offensive israélienne débute, suivie de celle de ses alliés qui parviennent à Port-Saïd le 5 novembre. Mais ce sont les Américains et les Soviétiques qui, dans un double jeu complexe, sifflent la fin de la récréation. Les Britanniques lâchent prise devant les pressions américaines, mettant les Français devant le fait accompli. Pour les deux pays, c'est un choc immense : c'en est fini de la politique de la canonnière et des colonies comme instruments de leur puissance. Cela signe aussi une rupture entre eux. Les Britanniques, qui considèrent déjà l'empire comme un fardeau économique, choisissent de se replier pour ne pas attiser les feux de l'indépendance qui couvent partout dans le monde. *« Comparée au repentir britannique, la réaction des Français à cette humiliation fut résolue et impitoyable »*, écrivent Robert et Isabelle Tombs [2]. Les « paras » du général Massu [3] sont envoyés des

1. Le 12 mars 1957, l'Assemblée nationale vote les pouvoirs exceptionnels donnés aux militaires et à la police en Algérie : on peut interdire la circulation des biens et des personnes, dissoudre tout mouvement, transférer les pouvoirs de police à l'armée, instituer des camps de regroupement, les tribunaux militaires sont substitués aux juridictions civiles.

2. Tombs Robert et Isabelle, *La France et le Royaume-Uni. Des ennemis intimes*, Armand Collin, 2012.

3. Le général Jacques Massu (1908-2002) rejoint la France libre dès juin 1940, sert sous le général Leclerc dans la 2e DB, Compagnon de la Libération, dirige la reprise de Saigon au Viêt-minh en 1946, commande la 10e division parachutiste durant l'expédition de Suez, puis pendant la bataille d'Alger. Il quitte l'Algérie en 1960, est nommé commandant en chef des forces françaises en Allemagne en 1966.

sables d'Égypte à ceux d'Algérie. Inutile de leur préciser qu'après avoir été battus en Indochine et défaits à Suez, il n'est plus question pour eux de perdre une guerre...

27 juillet 1956, conclusions d'une réunion du Cabinet organisée dans le bureau du Premier ministre à la Chambre des Communes [1]

« Le Cabinet a étudié la situation créée par la décision du gouvernement égyptien de nationaliser la Compagnie du canal de Suez.

Le Premier ministre a dit qu'il avait vu la veille au soir, avec certain de ses [...] collègues, l'ambassadeur de France et le chargé d'affaires des États-Unis et les avait informés des faits tels que nous les connaissions. Il leur a annoncé que le gouvernement de Sa Majesté considérait très sérieusement cette situation et que si les puissances occidentales ne prenaient pas les mesures nécessaires pour reprendre le contrôle du canal, il y aurait des conséquences désastreuses pour leur vie économique ainsi que pour leur prestige et leur influence au Moyen-Orient. Le Cabinet doit maintenant décider de l'attitude à adopter afin de sauvegarder nos intérêts. Notre premier but doit être de trouver un accord commun sur la crise avec les Français, en tant que partenaires dans la Compagnie du canal, et avec le gouvernement des États-Unis. Le ministre français des Affaires étrangères, M. Pineau [2], devrait arriver à Londres le 29 juillet ; et il propose d'envoyer un message

1. « House of Commons », première Chambre du Parlement britannique qui est constituée de membres élus, les Members of the Commons (MPs). Responsable de la législation, la House of Commons a un rôle similaire à celui de l'Assemblée nationale en France. La House of Commons est aussi responsable de la législation financière (voter de nouveaux impôts par exemple).

2. Christian Pineau (1904-1995), ministre des Affaires étrangères du gouvernement de Guy Mollet.

urgent au président des États-Unis l'invitant à déléguer un représentant pour participer aux discussions au début de la semaine prochaine.

Le Cabinet a reçu l'information suivante relative à l'importance du canal de Suez pour le commerce et la circulation de vivres, et à la position financière de l'Égypte :

(i) Pétrole – Pour un total de 70 millions de tonnes de pétrole qui circulent tous les ans du golfe Persique à travers le canal de Suez, 60 millions de tonnes sont à destination de l'Europe de l'Ouest et représentent deux tiers de ses réserves. Il faudrait le double de tankers pour transporter ce volume de pétrole par une route de remplacement passant par Le Cap. [...]

(ii) Commerce – Une ingérence dans le trafic traversant le canal de Suez n'affecterait pas sérieusement le flux d'importations dans le pays à part le pétrole, mais elle entraverait sérieusement les exportations, en particulier vers l'Inde. [...]

(iii) Solde de livres sterling de l'Égypte – L'Égypte a £102 millions sur un compte bloqué dont il n'est pas prévu que les fonds soient libérés avant janvier 1957. [...] Le blocage des soldes courants n'incommoderait probablement pas sérieusement l'Égypte pour l'instant. [...]

Le Cabinet a examiné ensuite la position légale et le fondement à partir duquel il est possible de justifier un refus de la décision du Premier ministre égyptien, le colonel Nasser, de nationaliser le canal.

Le Cabinet s'est accordé sur le fait que nous serions dans une position de faiblesse si nous fondions notre résistance sur l'argument limité que le colonel Nasser a agi illégalement. La Compagnie du canal de Suez était inscrite au regard de la loi égyptienne en tant que société égyptienne ; et le colonel Nasser a fait savoir qu'il a l'intention d'indemniser les actionnaires au prix du marché en vigueur. D'un point de vue purement légal, son action ne représente rien de plus qu'une décision de racheter les parts des actionnaires. Notre cas devrait être mis en avant dans un contexte international plus large. Notre argument devrait être que le canal est un bien et un équipement international important, et que l'Égypte ne peut être autorisée à l'exploiter dans un but purement national. Les Égyptiens n'ont pas la capacité technique de le gérer efficacement ; et leur comportement récent n'inspire aucunement confiance sur le fait qu'ils reconnaîtront leurs obligations internationales à ce sujet. De plus, ils ne sont pas capables de fournir les ressources nécessaires pour l'investissement indispensable à l'élargissement et au creusement du canal, qui permettraient de gérer le trafic supplémentaire prévisible dans les années à venir. Le canal est un lien vital entre l'Est et l'Ouest et son intérêt en tant que voie d'eau internationale, reconnu dans la convention signée en 1888, a augmenté avec le développement de l'industrie pétrolière et la dépendance du monde aux réserves de pétrole. Ce n'est pas une propriété égyptienne mais un bien international de la plus haute importance et il doit être géré comme une propriété fiduciaire internationale.

Le Cabinet s'est accordé à dire que, pour ces raisons, tous les efforts doivent être mis en œuvre afin de restaurer un contrôle international effectif sur le canal. Il est évident que les Égyptiens ne céderont pas à de seules pressions économiques. Ils doivent être soumis à une pression politique maximale qui pourrait être exercée par les nations maritimes et commerciales dont les intérêts sont les plus touchés. Et, en dernier recours, cette pression politique doit être appuyée par la menace – et, si nécessaire, l'emploi – de la force.

Le Cabinet a ensuite étudié les facteurs à prendre en compte dans la préparation d'un plan d'opération militaire contre l'Égypte. Dans cette partie de la discussion, les remarques suivantes ont été faites :

a) Les forces militaires égyptiennes sont principalement constituées de trois divisions d'infanterie et d'une division blindée. [...] Environ deux tiers des forces égyptiennes sont stationnés dans la région du Sinaï ; la division blindée, cependant, est positionnée de part et d'autre du canal.

b) Une opération militaire contre l'Égypte – incluant des forces pour assurer le bon fonctionnement du canal et contrôler la région – requiert l'équivalent de trois divisions. Les forces nécessaires pourraient être mises à disposition mais, étant donné qu'il faudrait qu'une grande quantité de véhicules et d'autres équipements blindés lourds soient transportés dans la région par voie maritime, les préparatifs de rigueur prendraient plusieurs semaines. [...]

c) Pendant que le plan d'opération militaire sera défini, des préparatifs seront engagés pour prévoir un périmètre de bases autour de l'Égypte d'où pourront être lancés des bombardements. Des escadrons seront également envoyés à Chypre. [...]

d) Les forces maritimes disponibles dans la Méditerranée sont constituées d'un porte-avions, d'un croiseur de la marine néo-zélandaise, de trois contre-torpilleurs de la classe Daring, de sept contre-torpilleurs et d'un escadron de combat amphibie. Un autre croiseur est en train d'approcher le canal par la mer Rouge et, après discussion, il a été convenu qu'il serait dérouté vers Aden. Il était prévu que le congé d'été de la flotte nationale débute la semaine prochaine : il est nécessaire d'envisager son annulation.

e) Dans la préparation de tout plan d'opération militaire, il faut tenir compte des effets possibles sur nos alliés arabes au Moyen-Orient et dans le golfe Persique dans l'hypothèse où la force serait employée contre l'Égypte. Il est important de planifier les opérations en vue de réduire au maximum le risque que d'autres États arabes en viennent à soutenir l'Égypte.

f) Il faut réfléchir à l'éventualité de couper l'oléoduc qui relie le canal au Caire, et qui est indispensable à la vie économique de la capitale égyptienne.

Le Premier ministre a dit que, dans ce contexte, le Cabinet devait décider de la politique à suivre. Il est entièrement d'accord sur le fait que le problème n'est pas d'ordre légal mais doit être traité comme une affaire de la plus haute importance internationale. Notre but doit maintenant être de placer le canal de Suez sous le contrôle des pouvoirs intéressés par le transport maritime et le commerce international, au moyen d'une nouvelle commission internationale au sein de laquelle l'Égypte aurait une juste représentation. Le geste du colonel Nasser nous a donné l'occasion de trouver une solution durable à ce problème, et nous ne devons pas hésiter à en profiter. Une note provisoire de protestation contre la décision de nationaliser le canal doit être envoyée immédiatement au gouvernement égyptien et celle-ci doit être suivie, dès que possible, par des démarches plus réfléchies en concertation avec les Américains et les Français. Nous devons également envisager d'inviter d'autres puissances maritimes et commerciales à soutenir cette pression diplomatique. Les gouvernements du Commonwealth suggéreront peut-être que l'affaire soit renvoyée devant le Conseil de sécurité. Le Premier ministre n'en est pas partisan car cela nous exposerait au risque d'un veto soviétique. Il serait utile, cependant, d'envisager de dénoncer la violation du *Canal Base Agreement* de 1954 étant donné que l'Égypte s'était engagée dans cet accord à ne pas s'immiscer dans la gestion du canal. Toutefois, la question fondamentale à laquelle le Cabinet devait répondre est s'il était prêt à poursuivre son objectif par la menace, voire même par l'emploi de la force, et, en l'absence de soutien des États-Unis et de la France, à entreprendre seul des actions militaires.

Le Cabinet s'est accordé sur le fait que nos intérêts essentiels dans cette région doivent, si besoin, être sauvegardés par une action militaire et, à cette fin, les préparatifs nécessaires doivent être mis en place. Si on ne réussit pas à garder le canal de Suez, ceci conduirait inévitablement à la perte, l'un après l'autre, de tous nos intérêts et biens au Moyen-Orient et, même si nous devions agir seuls, nous ne pouvons pas, si tous les autres moyens s'avéraient inefficaces, renoncer à utiliser la force pour protéger notre position.

Pour finir, le Cabinet a discuté d'un certain nombre d'affaires connexes sur lesquelles des décisions devaient être prises :

g) Le croiseur britannique en visite d'amitié à Alexandrie doit se retirer sur-le-champ. [...]

h) L'exportation d'armes et d'équipements militaires vers l'Égypte doit cesser immédiatement.

i) Aucune action n'est nécessaire en ce qui concerne les Égyptiens qui suivent des formations dans des établissements militaires et autres dans ce pays. [...]

j) On pourrait décider, le 30 juillet, si les congés de la Marine nationale doivent être annulés ou non. [...]

k) La Banque d'Angleterre et les banques commerciales ont besoin d'une autorisation formelle pour bloquer les comptes courants égyptiens détenus à Londres. Il est difficile de justifier la libération de tels fonds dans les circonstances actuelles et certains soutiennent l'idée que ces fonds devraient être bloqués si le gouvernement français décidait de prendre des mesures similaires concernant ceux détenus en France. [...]

l) On pense qu'entre 10 000 et 15 000 sujets britanniques résident en Égypte en ce moment. Cela inclut environ 8 000 Maltais et environ 800 employés contractuels dans la zone du canal. Il est impossible d'organiser l'évacuation de toutes ces personnes. Le Foreign Office doit néanmoins envisager, de toute urgence, s'il ne faut pas conseiller à certains d'entre eux de partir. [...] »

Le piège de Suez

Sources

TNA : PRO CAB 128/30, « Cabinet conclusions : 1-104 (1956 Jan 3 – Dec 20) ; 1-4 (1957 Jan 3 – Jan 9) »

Pour en savoir plus

Lefebvre Denis, *Les Secrets de l'expédition de Suez*, Perrin, 2010.

Tombs Robert et Isabelle, *La France et le Royaume-Uni. Des ennemis intimes*, Armand Collin, 2012.

Weber Jacques, *Le Siècle d'Albion, l'Empire britannique au XIX*e *siècle, 1815-1914*, Les Indes savantes, 2011.

LA « BATAILLE D'ALGER »

« Amélioration dans le traitement des détenus politiques en Algérie. » C'est sous ce titre que le télégramme envoyé le 30 septembre 1957 par Roderick Francis Gisbert Sarell, consul général britannique à Alger, est distribué aux différents départements du gouvernement à Londres. Huit mois plus tôt, l'enfer s'est abattu sur la ville quand ordre a été donné par le gouvernement de Guy Mollet aux 8 000 hommes de la 10e division parachutiste commandée par le général Jacques Massu, de retour de Suez, de démanteler l'infrastructure terroriste du FLN qui multiplie les attentats à la bombe : perquisitions et arrestations nocturnes, torture et exécution de près de 3 000 Algériens, trop « abîmés » pour être relâchés, les atrocités de la « bataille d'Alger » sont en train de prendre fin. Un mois après l'envoi de cette note, l'arrestation ou la mort des derniers chefs FLN de la Zone autonome d'Alger signent la victoire des « paras ». Si l'on devine bien quelles ont été leurs méthodes, il faudra encore longtemps, devant leurs dénégations et celles des hommes politiques, pour que l'on mesure l'ampleur des ravages de l'« école française » de contre-insurrection.

R.F.G. Sarell a également envoyé cette dépêche, plutôt encourageante, au représentant britannique aux Nations unies à New York, mais la délégation y a reçu, quelques jours plus tôt, un document moins enthousiasmant : le mémorandum de la secrétaire générale de la Fédération démocratique internationale des femmes, Carmen Zanti, adressé au secrétaire général de l'ONU qui décrit longuement les exactions françaises dans la Ville blanche à partir de témoignages de femmes musulmanes racontant les viols, les tortures et les exécutions. *« C'est assurément une lecture répugnante »*, note un membre de la délégation britannique sur le document qu'il renvoie le 19 septembre à l'African Department du Foreign Office. *« Nous serons malheureusement embarrassés si ce genre de choses venait à être débattu aux Nations unies »*, ajoute-t-il. D'autant que pourraient être également évoqués les camps de regroupement, nombreux en Algérie. Dans un autre télégramme, R.F.G. Sarell s'étonne d'ailleurs des conclusions de la commission internationale qui a été envoyée pour enquêter et chiffre à 5 000 le nombre de détenus : *« Si vous prenez en considération la liste des prisons, camps et camps de transit donnée dans le rapport de la Commission, il semble que leur chiffre a probablement perdu un zéro au cours de l'impression. »*

En réalité, les Britanniques ne veulent pas intervenir auprès du gouvernement français même si son intransigeance depuis le début du conflit en Algérie les irrite car elle met à mal les relations des pays occidentaux avec bon nombre de pays de la région. Depuis l'échec de Suez, les Britanniques en sont convaincus : c'est la fin des empires coloniaux. Reste que la neutralité du gouvernement est de plus en plus mal vécue par une partie de l'opinion publique britannique, surtout après les révélations, en mars 1958, de la presse britannique. Sous le titre *« The torture of suspects, French action in Algeria »*, le *Guardian* publie ainsi le témoignage d'Henri Alleg, l'éditeur de l'*Alger républicain*, le journal communiste, arrêté et torturé en juin 1957 par les parachutistes. L'article qui avait été publié à l'origine par *France Observateur* a valu au journal d'être saisi par la police parisienne, tout comme, quelques semaines plus tôt, le livre d'Henri Alleg, *La Question*. À la lecture de ces articles, certains électeurs britanniques, comme on va le voir, écrivent à leurs députés pour leur demander d'intervenir. *« Quoi que nous fassions, faisons-le bientôt. Le temps n'est plus où l'on pouvait dire que ce n'étaient pas nos affaires »*, écrit l'un d'eux qui ajoute, perspicace : *« N'est-il pas évident que quelque chose surviendra en France si on laisse faire les choses ? Il faudra qu'il y ait soit une révolution soit un coup militaire. »* Ce sera un coup d'État, mais policé, avec le retour du général de Gaulle le 13 mai 1958.

6 septembre 1957, télégramme de R.F.G. Sarell, consule britannique à Alger, au secrétaire d'État aux Affaires étrangères, Selwyn Lloyd

« Monsieur,

Au cours des derniers mois, et en particulier depuis mon télégramme n° 27 du 9 août rendant compte d'une conversation avec le capitaine Frequelin, j'ai dû rapporter de nombreux cas où les preuves que l'armée française et les forces de sécurité avaient torturé et maltraité des prisonniers et des suspects semblaient indéniables. J'ai maintenant l'honneur de vous informer d'un changement bienvenu. Un membre de mon personnel a récemment rencontré deux commerçants algériens musulmans, à qui il a affaire depuis plusieurs années, qui lui ont spontanément donné un compte rendu plus satisfaisant du comportement des forces de sécurité, et qui ont confirmé le jugement exprimé par la Commission internationale contre le régime des camps de concentration, qui était le sujet de la lettre de la chancellerie à Paris du 30 juillet. Ce témoignage est d'autant plus intéressant que les deux hommes furent tous deux arrêtés en février dernier, après la grève générale lancée par le Front de libération nationale (FLN) pour coïncider avec l'Assemblée générale des Nations unies, et furent emmenés par un certain capitaine Duval, du 1er régiment de la Légion étrangère de parachutistes [1], qui avait à l'époque une sinistre réputation à Alger.

Les hommes ont été arrêtés, soupçonnés d'être des agents du FLN, accusation qu'ils ont reconnue au cours de notre conversation. Ils ont également affirmé n'avoir rien fait de mal, à part transmettre oralement des ordres du FLN. Ils ont déclaré avoir été bien traités par les paras tout au long de leur interrogatoire, et même avec courtoisie, et avoir ensuite été envoyés au camp d'internement à Paul Cazelle *(sic)*. Ils sont restés au camp [...] jusqu'au début du mois d'avril, et ne pouvaient que faire l'éloge du directeur qu'ils ont décrit comme un homme d'une grande endurance physique qui faisait son travail avec humanité et dignité. Il est peut-être significatif qu'ils aient dit que le directeur avait raconté à la commission qui avait visité le camp pendant leur séjour, certainement la Commission Béteille, qu'il y avait eu “une ordure de commandant avant, mais [qu'il s'en était] débarrassé et il y a maintenant une justice pour tout le monde”. Ceci expliquerait une

1. En réalité, il s'agit du 1er REP, régiment étranger parachutiste, dissous en 1961 pour avoir participé au putsch des généraux.

remarque d'un musulman de classe moyenne, le Dr Bouderba, sur le fait que, même dans les camps d'internement, tout n'allait pas bien.

Après leur séjour à Paul Cazelle, ils ont été envoyés avec 75 autres prisonniers au centre de tri à Beni Messous, juste derrière El Biar, dans les montagnes à l'ouest d'Alger. Ils ont expliqué qu'ici aussi ils ont été bien traités et ont dit que le directeur était du même genre que celui de Paul Cazelle, faisant la remarque significative qu'il était "un vrai Français et pas un Français algérien [d'Algérie]", une distinction qui résume, je pense, les sentiments d'une grande partie de la population algérienne musulmane.

Ces deux hommes ont dit que certains de ceux qui étaient internés avaient été battus et torturés, mais ils ont confirmé la thèse depuis toujours soutenue par l'armée française que seulement ceux contre qui il existait des preuves de méfaits étaient torturés. Ceci ne justifie pas le comportement très autoritaire et arbitraire des forces de sécurité, car ceux qui travaillent selon ce principe, sont amenés à torturer des hommes en se basant sur des preuves elles-mêmes obtenues à la suite de tortures. Le capitaine Frequelin m'a affirmé qu'il était possible de savoir rapidement si un homme avait quelque chose à dire ou non et que ceux qui étaient innocents ne recevaient jamais plus qu'un "traitement très léger" qui "ne leur faisait pas de mal". Ceci n'est qu'une piètre consolation pour les victimes et encore moins pour leurs familles. Une telle attitude ne fait que montrer à quel point il est insidieux d'accepter la torture comme méthode d'enquête routinière et combien rapidement ses auteurs deviennent inhumains, si ce n'est sadiques, et oublient le moindre scrupule qui aurait pu initialement retenir leurs actes.

J'envoie une copie de cette dépêche à l'ambassadeur de Sa Majesté à Paris, au représentant du Royaume-Uni aux Nations unies à New York et au commandant en chef de la Méditerranée à Malte. »

18 septembre 1957, télégramme de R.F.G. Sarell à John Beith Esq. à Paris

« J'ai été aussi surpris que vous par le faible chiffre donné par la Commission internationale contre le régime de camps de concentration, et cité dans votre lettre du 30 juillet, estimant la population des camps d'internement en Algérie à 5 300. Je n'ai fait aucun commentaire car je n'avais à l'époque aucune information suffisamment fiable pour prouver le contraire. Nous avons eu l'occasion de rediscuter avec les deux musulmans qui faisaient l'objet de ma dépêche n° 31 du 6 septembre, et les chiffres qu'ils m'ont donnés semblent correspondre beaucoup mieux à la situation telle que nous la connaissons.

Leurs chiffres concernent seulement deux camps. Pour Paul Cazelle, où ils ont été emprisonnés, ils disent que la population du camp était de 3 700 prisonniers, et à Beni Messous, juste en dehors d'Alger – certes seulement un camp de transit (dont le séjour peut aller jusqu'à six mois) –, la population se situait entre 2 000 et 3 000 individus. Si vous prenez en compte la liste des prisons, camps et camps de transit donnée dans le rapport de la Commission, il semble que leur chiffre a probablement perdu un zéro au cours de l'impression.

Nos informateurs donnent une raison supplémentaire pour penser que la population des camps d'internement doit être probablement très importante : tout musulman de moins de 30 ans incapable de prouver qu'il a un emploi, est désormais détenu dans ces camps, qu'il existe des accusations portées contre lui ou non. Un de nos informateurs a confié que son propre frère était actuellement détenu pour cette raison et il est en fait en train d'entreprendre des négociations, par le biais d'un conseiller juridique officieux, Me Marquinez, pour le faire libérer du fait qu'il l'aide à la gestion de son magasin.

Cette histoire de l'internement de jeunes hommes coïncide avec des rapports que nous avons reçus, en février dernier, sur le fait que les parachutistes à Alger rassemblaient les jeunes hommes en masse et arrêtaient tous ceux qui étaient incapables de prouver qu'ils avaient un emploi régulier. À l'époque, le général Massu m'a dit qu'il essayait de leur donner une formation et il y a en effet à Maison-Carrée une école de commerce dont l'existence a été annoncée à grand renfort de publicité et qui a été fondée à peu près à cette époque. Compte tenu du nombre communément admis de chômeurs, une telle école ne peut évidemment qu'effleurer le problème, et il est donc probable que les jeunes hommes au chômage ont en fait été détenus, ce qui peut être aussi justifiable dans une certaine mesure car cette classe d'âge représente le foyer de recrutement le plus fécond pour le FLN. [...]

Il est intéressant que le désir de notre informateur de faire sortir son frère provient du fait qu'il a besoin de son aide au magasin et non pas parce qu'il estime que l'internement est, dans les circonstances actuelles, une épreuve très difficile. En fait, il a avoué que beaucoup de ces jeunes hommes estiment se trouver mieux dans la paix et la sécurité d'un camp où ils ne sont pas constamment entre le marteau et l'enclume du FLN et des forces de sécurité françaises. »

Lettre d'un électeur, G. Davison, au Premier ministre

« Je viens de lire un article dans le *Manchester Guardian* d'aujourd'hui sur les atrocités françaises en Algérie. Je vous demanderai de lire cet article vous-même, et, si vous vous sentez aussi dégoûté que je le suis, de protester vigoureusement auprès du gouvernement français.

Nous nous sommes battus dans une guerre mondiale afin de mettre fin à des pratiques aussi répugnantes, mais aujourd'hui un de nos alliés se permet des actes qui ont rendu le nom de l'Allemagne nauséabond aux narines civilisées. Les parachutistes français hurlent à propos de leur ressemblance avec la Gestapo ! Si le gouvernement français tolère ces actes, il faut lui faire comprendre que les honnêtes gens sont scandalisés, et que la

France sera exclue de toute coopération européenne si elle persiste dans cette brutalité.

S'il vous plaît, faites de votre mieux afin de faire comprendre au gouvernement français le mal causé par une telle folie. »

13 mars, réponse donnée par le Foreign Office à Miss E. Powell, secrétaire personnelle du Premier ministre, sur la réponse à donner à M. Davison

« Je pense que dans votre réponse à M. Davison vous pourriez souligner que les cas qui font actuellement l'objet de publicité dans ce pays se sont en fait produits il y a quelque temps, et que, depuis, la force de l'opinion publique en France sur ce sujet a mené à la formation d'une organisation pour enquêter sur des cas semblables. Cette organisation, le Comité pour la protection des droits et libertés individuels [1] *(sic)*, a depuis publié son rapport et transmis ses recommandations au gouvernement français. Dans ces circonstances, le gouvernement de Sa Majesté ne peut jouer aucun rôle dans ces affaires qui relèvent strictement de la justice intérieure de la France. Nous ne pouvons pas contester ce principe, pas plus que nous ne pourrions accepter que des gouvernements étrangers aient le droit d'intervenir au sujet de nos actes dans des territoires sous notre juridiction. Mais l'inquiétude du public, au Royaume-Uni, exprimée par la presse et les organisations, aura fait comprendre au gouvernement français la force et l'intensité des sentiments de la population britannique sur le sujet. »

1. La Commission de sauvegarde des droits et libertés individuels est installée dans ses fonctions le 10 mai 1957 par Guy Mollet. Son rapport est révélé par *Le Monde* le 14 décembre et rendu public le lendemain par le gouvernement.

Sources

TNA : PRO FO 371/131696, « Torture of prisoners in Algeria »
TNA : PRO FO 371/125949, « Concentration camps and prisons in Algeria : torture of prisoners »

Pour en savoir plus

Alleg Henri, *La Question*, Éditions de Minuit, 1958, rééd. 2000.
Aussaresses Paul (général), *Services spéciaux. Algérie 1955-1957*, Perrin, 2011.
Rocard Michel, *Rapport sur les camps de regroupement et autres textes sur la guerre d'Algérie*, Mille et une nuits, 2003.
Tombs Robert et Isabelle, *La France et le Royaume-Uni. Des ennemis intimes*, Armand Collin, 2012.
Vidal-Naquet Pierre, *La Raison d'État*, La Découverte, 2002 (nouvelle édition du livre publié en 1962 aux Éditions de Minuit).
Vidal-Naquet Pierre, *La Torture dans la République, Essai d'histoire et de politique contemporaine*, Éditions de Minuit, 1975.
Vidal-Naquet Pierre, *Les Crimes de l'armée française : Algérie 1954-1962*, nouvelle édition, La Découverte, 2001.

LA PASIONARIA DU FLN

Difficile pour les diplomates britanniques, en ce début d'année 1958, de demeurer impassibles face au torrent de protestations et de témoignages sur la situation en Algérie. L'une des affaires qui mobilisent la presse et l'opinion internationales est la condamnation à mort de Djamila Bouhired, 21 ans, l'une des adjointes de Yacef Saadi, chef de la Zone autonome d'Alger du FLN. Blessée le 9 avril 1957, lors d'une fusillade dans une rue d'Alger, et capturée par les soldats français, elle a été condamnée à mort le 15 juillet 1957 pour avoir participé à plusieurs attentats à la bombe. Mais son défenseur, Jacques Vergès, transforme son procès en tribune contre l'État colonial et, très vite, une question se pose : Djamila Bouhired sera-t-elle graciée par le président de la République René Coty ? Celui-ci n'a jamais eu la main légère : depuis le 19 juin 1956, date des premières exécutions de militants FLN, le plus souvent au terme de parodies de justice, une centaine d'entre eux ont été guillotinés dans les cours des principales prisons d'Algérie.

Tout commence le 26 janvier 1958 avec un article sur le procès de Nora Bellof, la correspondante parisienne de l'*Observer*. Il met le feu aux poudres entre diplomates français et britanniques, le Quai d'Orsay allant jusqu'à menacer d'expulser la journaliste. Sir George Peregrine Young, ministre à l'ambassade britannique à Paris, doit donc rencontrer ses homologues pour calmer le jeu sans pour autant aliéner la liberté d'écriture de la journaliste et en leur démontrant combien une expulsion serait contre-productive. L'un d'eux « *exprim[ant] le désir que [l]es articles [de Nora Beloff] soient plus objectifs à l'avenir, j'ai répondu que je ne le promettais en aucun cas ; le fait est qu'expulser des journalistes est généralement perçu comme une bêtise* ». Bien plus ennuyeux, c'est ensuite la publication par la presse d'une lettre envoyée le 5 février au président René Coty par 72 députés travaillistes lui demandant d'accorder sa grâce à Djamila Bouhired. Cette fois, c'est Gladwyn Jebb, ambassadeur à Paris, qui doit rencontrer le président de la République : *« Je pense qu'il était plutôt énervé que la lettre ait été publiée bien avant qu'il ne l'ait reçue. Il a ajouté, cependant, qu'il pensait que, dans l'intérêt de la malheureuse fille elle-même, une telle intervention était particulièrement malavisée. [...] Même s'il était peut-être enclin à accorder une grâce, il devait maintenant envisager ce qui se passerait si on disait que celle-ci avait été obtenue uniquement en raison d'une intervention étrangère. »*

Autre inquiétude, un projet d'émission à la télévision anglaise avec Georges Arnaud, scénariste et romancier, l'auteur du *Salaire de la peur*, mais aussi, avec Jacques Vergès, du pamphlet qui vient d'être publié, *Pour Djamila Bouhired. « Compte tenu des opinions publiées par Arnaud sur le sujet, il semble évident que l'entretien offensera le gouvernement français »*, écrit Gladwyn Jebb à Patrick Francis Hancock, directeur du Western Department au Foreign Office. Djamila Bouhired ayant finalement été graciée, *« l'émission télévisée à propos de laquelle vous vous inquiétiez a en fait été annulée non pas à la suite d'une intervention de notre part, mais en conséquence de plaintes directes de l'ambassade de France à la société ITV »*. Enfin, il y a aussi la pression de certains électeurs britanniques, de plus en plus furieux de l'attitude passive de leur gouvernement : *« Je vous écris pour vous demander ce que vous proposez de faire à propos du cas de Djamila Bouhired* [...], écrit l'un d'eux. *Il vaut la peine de se rappeler que ce pays a passé six années à subir ce que ce grand homme d'État, Sir Winston Churchill, a appelé* "Blood, toil, sweat and tears[1]" *afin de sauver la France pour que le fascisme ne lui soit pas imposé de force... »*

31 janvier 1958, lettre de Sir George Peregrine Young, de l'ambassade britannique à Paris, à Charles Peter Hope, directeur du News Department du Foreign Office[2]

« Vous avez peut-être déjà entendu dire par l'ambassade de France que les Français sont assez remontés à propos de l'*Observer* de dimanche dernier, qui contenait un article de Nora Beloff

1. « [Je n'ai rien d'autre à offrir que] du sang, du labeur, des larmes et de la sueur. »
2. Département de la presse.

sur le procès de Djamila Bouhired et un autre, dans la rubrique "Comment", sur le même sujet.

Le service qui s'occupe des renseignements concernant le Royaume-Uni au Quai a dit à Palliser [1] l'autre jour que l'on parlait de prendre des "mesures draconiennes" contre l'*Observer*, et qu'on évoquait même la possibilité d'expulser Nora Beloff de France. Palliser, bien sûr, a expliqué combien cela serait idiot, mais le Quai lui a expliqué plus tard qu'il semblait probable que ceux qui étaient favorables à des mesures sévères prendraient le dessus.

Par conséquent, j'ai demandé à Nora Beloff de passer me voir et je lui ai expliqué que, bien que je ne visse personnellement rien dans son article qui justifierait ne serait-ce que vaguement son expulsion, et bien qu'elle ne fût pas responsable des autres articles, elle devait comprendre que toute l'affaire avait suscité beaucoup d'émotion et que l'on parlait même de la faire expulser. Je lui ai suggéré qu'elle serait, dans son propre intérêt, bien avisée d'aller passer un peu de temps assise aux pieds de Baraduc [2] et de comprendre le point de vue du parti sur cette affaire afin qu'on ne puisse pas l'accuser de ne pas s'intéresser suffisamment au revers de la médaille. J'ai dit que si elle agissait de la sorte, de mon côté je soulignerais au Quai l'importance de ne pas commettre d'erreur. Elle a promis d'aller voir Baraduc aujourd'hui.

Je suis ensuite allé voir Jacques Roux, assistant directeur général des affaires politiques, et je lui ai raconté ce que j'avais dit à Nora Beloff en insistant sur le fait que je ne l'avais en aucun cas réprimandée mais que j'avais simplement suggéré de simples mesures de correction qu'elle avait promis de prendre pour le bien commun. Jacques Roux ne semblait pas être au courant qu'on parlait de l'expulser, toutefois il a dit qu'il savait que Chauvel [3] était inquiet du ton général de l'*Observer*. Il s'est accordé à dire que

---

1. Arthur Michael Palliser, premier secrétaire à l'ambassade de Grande-Bretagne à Paris.

2. Pierre Baraduc, diplomate français.

3. Jean Chauvel (1897-1979), ambassadeur de France à Londres de 1955 à 1962.

ceci ne concernait pas directement la correspondante parisienne et que c'était une affaire que l'ambassade française pourrait mentionner à Londres. Il était entièrement d'accord sur le fait qu'expulser Nora Beloff serait une folie et m'a rassuré sur ce point. Il a cependant exprimé le désir que ses articles soient plus objectifs à l'avenir ; j'ai répondu que je ne le promettais en aucun cas ; le fait est qu'expulser des journalistes est généralement perçu comme une bêtise.

J'espère que cette conversation aura étouffé l'affaire dans l'œuf ; mais on ne peut jamais en être certain ; les hommes les plus durs ici pourraient réessayer plus tard.

Le compte rendu ci-dessus est pour votre information ; je ne suppose pas un instant que vous puissiez faire quoi que ce soit avec l'*Observer*. Si vous le souhaitez, je pourrais écrire à David Astore, qui est un ami personnel de longue date ; mais je ne le ferai pas à moins d'avoir de vos nouvelles. »

16 janvier, lettre d'un électeur, A. Howlett, adressée au député F.M. Bennett

« Étant l'un de vos électeurs je vous écris pour vous demander ce que vous proposez de faire à propos de la situation de Djamila Bouhired. [...]

Je suis conscient qu'on ne peut pas faire grand-chose contre l'esprit général de fascisme qui fait son chemin petit à petit dans la politique française et que nous n'avons, en Grande-Bretagne, aucun droit d'indiquer à un pays voisin le type de gouvernement qu'il choisit d'élire. Je pense cependant que l'on peut, et doit agir à propos des cas particuliers comme celui-ci qui mènent de plus en plus fréquemment à des erreurs judiciaires très choquantes.

Il convient de se rappeler que ce pays a passé six années à se battre, ce que ce grand homme d'État, Sir Winston Churchill, a appelé *"Blood, toil, sweat and tears"*, afin de sauver la France pour que le fascisme ne lui soit pas imposé de force... »

14 février, note manuscrite de Charles Martin Anderson sur la lettre de Sir George Peregrine Young à Charles Peter Hope du 31 janvier

« J'ai préparé un rapport séparé suite à une lettre du député F.M. Bennett adressée à M. Harvey.

Depuis la lettre de M. Harvey, il est devenu évident que la campagne pour un nouveau procès de cette femme (qui est organisée par ses avocats) s'intensifie et que nous serions bien avisés de ne pas nous laisser entraîner officiellement, à cause des répercussions intérieures en France.

Je crois savoir d'après l'ambassade de France qu'ils reçoivent beaucoup de demandes de renseignements et semblent les gérer sans en être perturbés. Il y a eu des articles dans le *New Statesman* ainsi que dans l'*Observer* et je ne pense pas qu'il serait bon que l'on dise quoi que ce soit à aucun des deux journaux.

Mon impression est que nous devrions laisser les organisateurs de cette campagne aller trop loin ; et laisser les organismes officiels faire ce qu'ils ont à faire. »

18 février, réponse de Ian Harvey (Parliamentary Under-Secretary of State for Foreign Affairs [1]) au député F.M. Bennett

« Cette affaire a plusieurs dimensions : premièrement les allégations générales d'erreur judiciaire, de cruauté, etc. En ce qui concerne la conduite du procès, je dois dire que nous ne pouvons pas intervenir dans les procédures judiciaires d'un autre pays. Il y a aussi la question de la grâce pour la femme condamnée. Sur ce point, nous savons d'après l'ambassade de France que, pendant

1. Position ministérielle subalterne au Secretary of State for Foreign and Commonwealth Affairs et au Minister of State for Foreign Affairs.

plus de vingt ans, aucune peine de mort prononcée contre une femme n'a été exécutée ni en France ni en Algérie [1].

C'est une affaire hautement controversée sur laquelle l'opinion publique en France est profondément divisée. D'un côté, il y a eu des allégations de traitements inhumains de la prisonnière (dans ce cas précis et dans d'autres), qui ont fait l'objet d'enquêtes par le gouvernement français. De l'autre côté, il y a les faits basés sur des preuves pour lesquels Djamila Bouhired a été condamnée, ce qui, d'après ce que j'ai compris, inclut la participation directe dans un attentat à la bombe dans lequel deux femmes ont été tuées et quinze personnes grièvement blessées. La sévérité de telles condamnations doit être examinée dans le contexte d'une situation très tendue, et une situation dans laquelle toute plainte [...] émanant d'autres pays serait probablement [...] mal accueillie et contre-productive. »

13 février 1958, lettre de Gladwyn Jebb, ambassadeur britannique à Paris, au député William David Ormsby-Gore

« Cher David,

Le sujet de la lettre adressée au président Coty, le 5 février, par 72 députés du parti travailliste [...] a été soulevé au cours d'une conversation que j'ai eue aujourd'hui avec le président de la République.

Le président a dit que des lettres similaires étaient sans doute occasionnellement adressées à Sa Majesté la Reine par des députés de gauche de parlements étrangers. Il n'attachait ainsi pas une importance excessive à ce geste, mais je pense qu'il était plutôt énervé que la lettre ait été publiée bien avant qu'il ne l'ait reçue. Il a ajouté, cependant, qu'il pensait que, dans l'intérêt de la

---

1. En réalité, la dernière femme exécutée en métropole, Germaine Leloy-Godefroy, l'a été en 1949 ; quant à l'Algérie, une seule femme sera guillotinée durant la présence française, Madeleine Mouton, en 1948.

malheureuse fille elle-même, une telle intervention était particulièrement malavisée. Il allait sans doute être confronté à la question d'une éventuelle grâce à un moment ou à un autre. [...] Lorsque ce serait le cas, il lui serait impossible d'oublier complètement le fait qu'il y ait eu une intervention étrangère dans cette affaire qui semblait concerner uniquement le gouvernement français. Même s'il était peut-être enclin à accorder une grâce, il devait maintenant envisager ce qui se passerait si on disait que celle-ci avait été obtenue uniquement à la suite d'une intervention étrangère. »

10 mars, lettre de Gladwyn Jebb à P.F. Hancock au Foreign Office

« Cher Pat,

Vous aurez sans doute vu ma lettre du 13 février adressée à David Ormsby-Gore à propos d'un appel au président Coty par 72 députés du parti travailliste pour commuer la condamnation à mort de l'Algérienne Djamila Bouhired. La question d'une "intervention étrangère" dans cette affaire est revenue sous une forme plus grave.

Le Quai d'Orsay a convoqué Palliser aujourd'hui pour dire qu'ils avaient appris de l'ambassade de France à Londres que la BBC avait invité M. Georges Arnaud, l'un des auteurs du livre sur l'affaire de Djamila Bouhired qui a connu une certaine publicité dans la presse britannique, à réaliser un entretien télévisé sur le sujet le jeudi 13 mars. [...] Compte tenu des opinions publiées par Arnaud sur le sujet, il semble évident que l'entretien offensera le gouvernement français.

Le Quai a dit que l'ambassade de France s'était déjà plainte auprès du responsable intérimaire du News Department. Toutefois, il voulait qu'on en soit également informés et espérait que l'on vous inciterait à tenter de faire annuler l'entretien. Le Quai a souligné l'effet déplorable qu'il aurait sans doute sur la majorité de l'opinion française et ajouté que c'était particulièrement désobligeant car l'affaire est toujours devant les tribunaux. Ils ont exprimé l'opinion, qui pourrait être correcte, que si Djamila Bouhired avait été, par exemple, un sujet britannique (un Chypriote [1], par exemple) condamné à la peine de mort par une cour britannique et attendant d'être peut-être gracié par la reine, un entretien de même genre que celui proposé par la BBC serait sans le moindre doute perçu comme un outrage à magistrat et donc passible de poursuites.

Le Quai a ajouté pour notre propre information que M. Lacoste [2] avait en fait déjà recommandé la commutation de la peine de mort en octobre dernier. [...] Toutefois, le Comité des grâces [3] n'a jusqu'à présent pas pu présenter l'affaire au président parce que Me Vergès, l'avocat de Djamila Bouhired et le coauteur du livre sur le sujet, n'avait pas encore soumis le mémorandum sur son cas, ce qu'il était tenu de faire afin de compléter le dossier pour le Comité des grâces. Le Quai prétendait qu'il ne l'avait pas fait parce qu'il savait parfaitement qu'elle ne serait jamais exécutée, mais qu'il souhaitait profiter le plus possible de son cas auprès de l'opinion internationale afin de pouvoir soutenir que c'était la pression de l'opinion publique qui avait forcé le président à la gracier. Palliser demanda pourquoi, si c'était vrai, ce fait n'avait pas été rendu public, afin qu'une pression contraire puisse être exercée sur Me Vergès. La réponse plutôt peu convaincante (bien que je pense que dans des circonstances similaires nous aurions donné la même) était que les autorités ne pouvaient pas publier de tels détails justement parce que l'affaire était encore devant les tribunaux.

---

1. En 1955, les Chypriotes grecs se sont révoltés à nouveau contre la Grande-Bretagne qui a annexé l'île en 1914. Chypre obtient son indépendance en 1959.

2. Robert Lacoste (1898-1989), ministre résident en Algérie.

3. Conseil supérieur de la magistrature qui décide des dossiers de condamnés à mort retenus pour être exécutés. Ils sont ensuite soumis au président de la République, qui détient le pouvoir ultime de gracier.

Quoi qu'il en soit – et en effet peu importe les aspects moraux de cette affaire en particulier –, il ne fait presque aucun doute que Djamila Bouhired ne sera pas exécutée, ne serait-ce que parce que c'est une femme. Le seul danger possible pour elle que j'anticipe à présent est que, si une pression étrangère trop forte est exercée, il y aura une réaction violente de la droite en France et le président Coty aura du mal à la gracier sans être fortement critiqué pour avoir cédé à une telle pression. Vous aurez constaté d'après ma lettre à Ormsby-Gore que le président m'a signifié cette remarque quand je l'ai vu.

En résumé, il y a peu de doutes que si la BBC permet cet entretien, son effet sur les relations franco-britanniques sera [...] nuisible – similaire, par exemple, à l'effet que donner un visa à Ferhat Abbas, à propos duquel je vous ai également écrit récemment, pourrait avoir. Mais ce qui est probablement encore plus important est que l'entretien pourrait être dangereux pour Djamila Bouhired elle-même, alors que le but des organisateurs est sans doute d'obtenir précisément le résultat contraire. Je recommande ainsi fortement que vous fassiez tout ce que vous pouvez pour empêcher cette entreprise bien intentionnée mais malavisée de la BBC. Les Français se sont sans aucun doute exposés à des critiques dans cette affaire : mais il serait dommage que des organismes d'opinion britanniques, même si leur intention est de rendre service :

a) augmentent l'intransigeance française à un moment où les autorités tentent de commuer la peine ;

b) encouragent ceux qui souhaitent avant tout créer de l'embarras dans l'affaire. »

17 mars, lettre du Foreign Office à Gladwyn Jebb

« Merci pour votre lettre du 10 mars à propos de Djamila Bouhired. Depuis que vous avez écrit, sa peine de mort a, bien sûr, été commuée en prison à perpétuité.

L'émission télévisée à propos de laquelle vous vous inquiétiez a en fait été annulée non à la suite d'une intervention de notre part, mais en conséquence de plaintes directes de l'ambassade de France à la société (ITV, et non la BBC).

Voici ce qui s'est passé. Quelques jours avant que votre lettre n'arrive, le conseiller français à l'Information parla au News Department. Herbert Peter Selfe Matthews, assistant dans le News Department, qui par la suite eut l'opportunité de discuter amicalement et de manière informelle avec le correspondant d'ITV, lui fit remarquer que cette affaire était encore devant les tribunaux en France. Mais, au-delà de ça, il avait été décidé qu'on ne leur adresserait pas de plainte formelle avec ITV.

Le 11 mars, Tiné, de l'ambassade de France, vint voir Anderson [...] et lui demanda si on pouvait intervenir officiellement afin de faire annuler cette émission. On lui expliqua que le News Department l'avait fait de façon officieuse et qu'il était difficile pour le gouvernement de Sa Majesté d'essayer d'influencer la décision d'une société commerciale. [...]

Le lendemain, Tiné téléphona pour dire que, en réponse aux plaintes directes de l'ambassade, la société avait décidé d'annuler l'émission et que notre intervention officielle n'était plus requise.

J'espère que ceci conclura cet épisode et que les Français seront encouragés par ce succès et essayeront à l'avenir de résoudre ce genre de problèmes de façon similaire. [...] »

Sources

TNA : PRO FO 371/137252, « Case of Djamila Bouhired condemned to death by France for alleged terrorism in Algeria »

TNA : PRO FO 371/131694, « Appeals from UK to President of France for reprieve of terrorist held in Algeria »

POUR EN SAVOIR PLUS

Arnaud Georges et Vergès Jacques, *Pour Djamila Bouhired*, Les Éditions de Minuit, 1957.
Massu Jacques (général), *La Vraie Bataille d'Alger*, Plon, 1971.

QUAND SALAN ÉCRIVAIT À LONDRES

Le 3 mars 1962, le consul général britannique à Alger, Trefor Ellis Evans, reçoit deux lettres du général Raoul Salan, 62 ans, chef de l'OAS[1], qui, à ce moment, se terre dans l'une de ses multiples caches de la Ville blanche. Salan lui demande de transmettre la première à l'ambassadeur britannique à Paris, Pierson Dixon, et la seconde au Premier ministre Harold Macmillan dont il orthographie d'ailleurs mal le nom puisqu'il l'écrit en deux mots, « Mac Millan ». Quel est le message du proscrit, de celui dont les « commandos Delta » font régner depuis un an la terreur à Alger, et à Oran « qu'ils ont transformée en Chicago moderne » selon son préfet, mais aussi en métropole, allant jusqu'à tenter d'assassiner de Gaulle, dans une fuite en avant de desperados ?

Le consul confirme tout d'abord que la lettre est bien de Salan, dont on sait qu'il est un graphomane invétéré, ce qui vaut aux membres de l'organisation terroriste de vivre au rythme de ses incessantes notes de service et instructions religieusement numérotées, sans oublier ses courriers et proclamations envoyés aux rédactions et aux personnalités. « *L'OAS attache une grande importance aux relations publiques – bien qu'elle ne les gère pas toujours très habilement ; et Salan a par le passé adressé un torrent de lettres à des personnalités politiques en France* », écrit T.E. Evans. L'analyse de la lettre de « Soleil » – le pseudonyme de Salan dans la clandestinité – à laquelle se livre T.E. Evans pour le Foreign Office s'avère difficile tant le chef de l'OAS est peu habitué à la clarté. « *Il y a un certain flou, peut-être parce qu'il n'a naturellement pas envie*

1. Organisation armée secrète. Fondée le 11 février 1961, cette structure clandestine politique et militaire rassemble des Européens d'Algérie ultras, des militaires et des civils métropolitains qui luttent par la violence contre la politique du général de Gaulle en Algérie visant à lui donner l'indépendance.

de montrer son jeu, mais qui pourrait également refléter une certaine incertitude quant à l'avenir. Ceci s'accorderait avec notre diagnostic actuel de l'état d'esprit des dirigeants de l'OAS. » Raoul Salan le sait, la partie est perdue et l'Organisation armée secrète n'en a plus pour très longtemps. Lui-même, après treize tentatives infructueuses, est arrêté le 20 avril à Alger. Dramatisant la situation, il ne manque pas d'alerter les Britanniques, soulignant que tout accord avec le GPRA[1] *« favorise la mainmise communiste sur le bassin méditerranéen ». « L'objectif de Salan en l'écrivant est sans doute de s'autojustifier et peut-être une tentative, bien que désespérée, d'obtenir, si ce n'est du soutien, au moins de la compréhension et de la compassion. »*

Celui que l'on surnomme aussi « Le Chinois » ou « Le Mandarin », en raison de son long passé en Indochine, est condamné à la prison à perpétuité par le haut tribunal militaire le 23 mai 1962 après avoir revendiqué ses responsabilités à la tête de l'OAS, qui a fait plus de 2 000 victimes dont 90 % d'Algériens musulmans. Il est le dernier membre de l'OAS élargi de la prison de Tulle, en juin 1968, par grâce présidentielle après les « événements » du printemps. Il est réintégré en 1982 dans ses prérogatives de général d'armée et de grand-croix de la Légion d'honneur après l'amnistie votée par le Parlement. Il décède deux ans plus tard à Paris, à l'âge de 85 ans.

3 mars 1962, lettre de Raoul Salan (écrite en français) adressée à Dixon, l'ambassadeur britannique à Paris

« Monsieur l'Ambassadeur,

Au moment où le Gouvernement de la République française tente de franchir l'ultime stade vers l'abandon de l'Algérie, je tiens à préciser ma position et le sens de la Résistance de mes compatriotes.

J'ai l'honneur de vous adresser ci-joint une lettre destinée à Son Excellence M. MAC MILLAN, Premier ministre du Royaume-Uni de Grande-Bretagne, en vous demandant de bien vouloir lui réserver la suite que vous jugerez utile.

---

1. Gouvernement provisoire de la République algérienne, instance politique du FLN qui négocie les accords d'Évian mettant fin à la guerre d'Algérie.

Je vous prie d'agréer, Monsieur l'Ambassadeur, l'assurance de ma très haute considération. »

Lettre de Raoul Salan (écrite en français) adressée au Premier ministre britannique Harold Macmillan

« À Son Excellence Monsieur MAC MILLAN,
Premier ministre du Royaume-Uni de Grande-Bretagne.

Excellence,

Le Gouvernement de la République française tente vainement de résoudre un problème, dans le sens contraire aux aspirations de tous. En donnant l'indépendance à l'Algérie, sous l'égide du GPRA, il laisse le champ libre à l'installation d'une démocratie populaire et favorise la main mise *(sic)* communiste sur le bassin méditerranéen.

La révolte de mes compatriotes aussi bien en Algérie, qu'en Métropole, est légitime. Les violences qu'elle engendre sont la conséquence de l'incompréhension d'un Chef de l'État dont nous ne pouvons accepter la politique sans renier nos serments et toutes nos traditions nationales.

Les jours et les semaines à venir, risquent d'alourdir le climat national et international. Conscient de mes responsabilités, je tiens cependant à préciser que la Résistance active de mes compatriotes chrétiens, musulmans et israélites n'est pas contre la France, ni contre la République, mais contre un gouvernement qui, sur le plan National, ne peut être que celui de la trahison.

Ce Pouvoir porte l'entière responsabilité du sang quotidiennement versé sur cette terre par ceux qui veulent rester Français. Personne ici, ne cherche à s'emparer de l'autorité et à imposer par la force, un régime qu'on pourra assortir de tous les qualificatifs. Notre Résistance aura accompli son devoir envers le pays, envers le monde libre, les violences et l'angoisse cesseront lorsque l'actuel Gouvernement de la République française aura disparu.

Je vous prie de bien vouloir agréer, Excellence, les assurances de ma très haute considération.

R. SALAN »

13 mars 1962, lettre de Trefor Ellis Evans, consul général britannique à Alger, au secrétaire d'État aux Affaires étrangères, Alexander Frederick Douglas-Home, The Right Honorable Earl of Home

« My Lord,

J'ai l'honneur de joindre à cette lettre l'original de la lettre de l'ex-général Salan au Premier ministre. [...]

Le seul intérêt [...] de ce curieux message réside bien sûr dans la lumière qu'il pourrait projeter sur les intentions ou la pensée de l'Organisation armée secrète (OAS) dont Salan est, au moins en Algérie, le dirigeant. Ces intentions et la capacité de l'OAS à les mettre à exécution constituent à présent le seul obstacle immédiat à un accord algérien.

J'ai peu de doutes quant à l'authenticité de la lettre ; et le délégué général, M. Morin [1], à qui je l'ai montrée n'en doute pas non plus. Salan, depuis ses cachettes, a été un auteur prolifique de lettres. L'OAS attache une grande importance aux relations publiques – bien qu'elle ne les gère pas toujours très habilement ; et Salan a, par le passé, adressé un torrent de lettres à des personnalités politiques en France apparemment dans le but de préparer le terrain pour le renversement du régime actuel. [...]

1. Jean Morin (1916-2008), résistant, haut fonctionnaire, nommé le 1er décembre 1960 par le général de Gaulle délégué général en Algérie.

M. Morin m'a dit qu'il avait récemment écrit à M. Joxe [1]. Mais il semble que ce soit la première fois qu'il s'adresse au chef du gouvernement de l'un des pays alliés de la France. On m'a informé que les consuls généraux américain et allemand avaient également reçu des lettres de Salan ; je ne sais pas encore si c'est le cas d'autres de mes collègues. La lettre est de toute évidence provoquée par l'accord imminent d'un cessez-le-feu avec le GPRA. Il semble, toutefois, qu'en choisissant ce moment pour l'écrire, Salan, qui comme d'autres soldats célèbres a une certaine naïveté en ce qui concerne les affaires politiques, a peut-être également l'intention de profiter de la divergence des points de vue entre le général de Gaulle et ses alliés par rapport à la conférence de Genève.

Il est intéressant de constater que la lettre semble accepter, dans une certaine mesure, que l'indépendance algérienne sera réalisée, à moins qu'il n'y ait un changement de gouvernement en France. Auparavant l'OAS s'est toujours vantée qu'elle pouvait empêcher, et empêcherait effectivement, que tout accord avec le gouvernement provisoire algérien soit mis en application ici sur le terrain, bien qu'elle semble en même temps avoir calculé [...] que pour être réussie leur action devrait être suivie de près par la chute du régime en France. Le sabotage de l'accord avec le GPRA reste sans doute leur intention, et la lettre semble en partie représenter un avertissement [...] et une sorte de présentation de leurs excuses pour les problèmes supplémentaires qu'il pourrait créer pour l'Ouest. Elle pourrait même être interprétée comme un présage ou comme une tentative pour expliquer la nécessité d'un coup de main en France. Mais la lettre donne l'impression que l'OAS pense désormais qu'un accord avec le GPRA aura lieu et qu'elle se retrouvera alors confrontée à une nouvelle situation. Le ton est déterminé mais peut-être un

---

1. Louis Joxe (1901-1991), diplomate et homme politique. C'est en tant que secrétaire d'État chargé des Affaires algériennes de 1960 à 1962 qu'il négocie les accords d'Évian avec les représentants du GPRA.

peu moins confiant qu'auparavant. Il semble également exclure toute intention de former un État séparé en Algérie.

Un aspect curieux de la lettre est son insistance sur le fait que le différend de Salan n'est pas avec la République mais avec son gouvernement actuel. Cela laisse un certain doute sur la distinction qu'il souhaite on non faire entre la Ve République construite autour de la personne du général de Gaulle, et le gouvernement dirigé par M. Debré [1]. Mais à première vue ceci semble très peu probable. Salan a jusqu'à présent fait du général de Gaulle la principale cible de ses injures et dans cette lettre, il l'accuse en effet d'"incompréhension". De plus, bien qu'il parle de l'"actuel gouvernement", Salan utilise aussi dans le même contexte le mot "Pouvoir", qui semble englober le régime tout entier. Ainsi, je n'aurais peut-être pas essayé de voir dans la lettre une telle interprétation, si M. Morin ne m'avait pas dit que, dans sa lettre à M. Joxe, Salan avait écrit spécifiquement que la violence de l'OAS cesserait lorsque M. Debré aurait quitté le pouvoir. L'objection particulière à M. Debré est, bien sûr, étrange en soi car il est connu pour avoir été moins opposé aux objectifs de l'OAS que M. Joxe, par exemple. Mais l'explication donnée par M. Morin est que c'est justement pour cette raison que Salan est particulièrement hostile à M. Debré – il le considère comme un traître à la cause de l'Algérie française.

Les conclusions à tirer de cette lettre, dont la formulation, bien qu'empreinte de dignité, reste prudente et indirecte, sont loin d'être claires. L'objectif de Salan, en l'écrivant, est sans doute de s'autojustifier et peut-être une tentative, bien que désespérée, d'obtenir, si ce n'est du soutien, au moins de la compréhension et de la compassion. L'accent qu'il met sur la

1. Michel Debré (1912-1996), résistant, est ministre de la Justice de De Gaulle en 1958 puis Premier ministre. Très favorable à l'Algérie française, il démissionne en avril 1962 à la suite d'un différend avec de Gaulle sur l'Algérie. De 1966 à 1968, il est ministre de l'Économie et des Finances puis des Affaires étrangères, de 1968 à 1969, et de la Défense nationale, de 1969 à 1973.

possible menace que fait peser le communisme sur la région méditerranéenne, son insistance sur le fait qu'il ne cherche pas à prendre le pouvoir, et encore moins à diriger un État fasciste, et son regret sous-entendu que les événements en Algérie, dans les prochains jours et semaines, pourraient aggraver le climat international (indiquant peut-être que l'OAS envisage encore plus d'actions téméraires et meurtrières) semblent suffisamment bien indiquer cela. Quant au reste, il y a un certain flou, peut-être parce qu'il n'a naturellement pas envie de montrer son jeu, mais qui pourrait également refléter une certaine incertitude quant à l'avenir. Ceci s'accorderait avec notre diagnostic actuel de l'état d'esprit des dirigeants de l'OAS. »

Sources

TNA : PRO PREM 11/3641, « Prime Minister received letter from General Salan, titular head of Organisation de l'Armee Secrete (OAS) in Algeria »

Pour en savoir plus

Calvas Pierre, « Les généraux de l'OAS à la prison de Tulle : réalités et rumeurs » publié en 2010 sur le site Crimino corpus : *http://www.criminocorpus.cnrs.fr/article707.html.*

Dard Olivier, *Voyage au cœur de l'OAS*, Perrin, 2005.

Fleury Georges, *Histoire secrète de l'OAS*, Grasset, 2002.

Kauffer Rémi, *OAS, histoire d'une guerre franco-française*, Seuil, 2002.

UN CHEF DE L'OAS À LA BBC

Ce 18 janvier 1963, la France et la Grande-Bretagne frôlent l'incident diplomatique quand le *Daily Express* publie une photo de Georges Bidault prise à Londres. L'ancien résistant, qui avait succédé en 1943 à Jean Moulin à la tête du Conseil national de la Résistance (CNR), est devenu un proscrit. Farouchement opposé à l'abandon de l'Algérie française, il préside un nouveau CNR, fondé en mai 1962 à Rome, avec deux officiers en rupture de ban, Pierre Sergent et Antoine Argoud, et Jacques Soustelle, ancien gaulliste passé lui aussi à la rébellion. Le CNR n'est rien d'autre que l'organe politique de l'OAS, qui depuis avril 1961 multiplie les actions terroristes en Algérie et en métropole et a été décapitée au printemps 1962 avec l'arrestation du général Salan. Pour ne rien arranger, en France, l'OAS est dans toutes les têtes car le 28 janvier débute au fort de Vincennes le procès de Jean-Marie Bastien-Thiry et du commando qui ont tenté d'assassiner le général de Gaulle au Petit-Clamart le 22 août 1962 [1].

Comment Georges Bidault est-il parvenu à Londres alors que, depuis septembre, une vaste chasse à l'homme est lancée pour capturer les derniers comparses de l'organisation ? Le 5 septembre 1962, l'ambassade de France à Londres avait envoyé au Foreign Office une liste d'environ soixante-dix ressortissants participant à des activités contre l'État, dans laquelle figurait le nom de Georges Bidault. Les autorités françaises avaient demandé que le Royaume-Uni leur refuse le droit d'entrée et expulse tous ceux qui se trouvaient déjà sur le territoire britannique. Le 7 janvier 1963, le ministère du Foreign Office avait envoyé une note à l'ambassadeur de France confirmant que « *les dossiers officiels n'ont révélé la présence au Royaume-Uni d'aucune des*

1. Condamné à mort, le lieutenant-colonel Bastien-Thiry est fusillé au fort d'Ivry, 11 mars 1963.

personnes nommées sur la liste » et que « *des mesures adéquates ont été prises afin d'assurer qu'une attention particulière soit prêtée aux mouvements de toute personne figurant sur la liste qui entrerait sous la juridiction des contrôles portuaires du Royaume-Uni* ».

L'affaire pourrait paraître anecdotique mais elle tombe mal, au moment où la Grande-Bretagne souhaite rejoindre l'Europe, une adhésion que Charles de Gaulle vient justement de lui refuser le 14 janvier 1963. Mais les diplomates britanniques ont une autre interrogation. Que faisait donc Georges Bidault à Londres ? La réponse leur est apportée une semaine plus tard, le 25 janvier, quand la BBC informe le Foreign Office que, dans le cadre de son émission « Panorama », elle a enregistré un entretien du chef du CNR qu'elle prévoit de diffuser trois jours plus tard. On imagine leur stupéfaction. Une photo passe encore, mais un entretien sur le média national… « *Une diffusion de l'entretien sur la BBC serait fortement indésirable […]*, note Hugh T.A. Overton, du Foreign Office. *La diffusion serait utilisée par de Gaulle afin de soulever des sentiments antibritanniques en France et semer la confusion au sein des parties de l'opinion publique favorables à l'adhésion britannique.* »

Si la BBC est indépendante, elle connaît les intérêts du pays. Ses responsables acceptent donc de différer la diffusion jusqu'au 4 mars. Celle-ci provoque des débats houleux à la Chambre des communes et une forte réaction française. Quant à Georges Bidault, sa fuite le mènera au Brésil dont il ne reviendra qu'en 1968, une fois l'amnistie prononcée.

28 janvier 1963, note de Hugh T.A. Overton, membre du Foreign Office

« Vendredi, la BBC a informé le Home Office [1] qu'ils avaient enregistré un entretien avec Georges Bidault qu'ils prévoyaient d'inclure lundi (28 janvier) dans "Panorama". Ils ont demandé s'il y avait ou non des raisons d'intérêt national allant à l'encontre de la diffusion de l'émission. Ils ont été envoyés au Foreign Office. […]

1. Ministère responsable de l'immigration, de la sécurité et de l'ordre publics en Angleterre et au Pays de Galles. L'équivalent britannique du ministère de l'Intérieur.

Il semble ainsi presque certain que Bidault était ici, bien qu'il ait pu quitter le pays depuis l'entretien. Les archives du Home Office ne montrent toutefois aucune trace de Bidault et il semble probable qu'il est entré au Royaume-Uni sous un faux nom. La police poursuit l'enquête. [...] Une diffusion de l'entretien sur la BBC serait fortement indésirable pour les raisons suivantes :

(a) Dans l'état actuel des négociations de la CEE, le général de Gaulle et la machine de propagande française pourraient exploiter, au sein des Cinq et de l'opinion publique européenne en général, le spectacle de Bidault, le chef proscrit et fugitif d'une organisation criminelle et traître, participant à des activités perçues comme politiques et subversives par le biais du réseau de diffusion national à Londres. Le général de Gaulle agit en ce moment de façon délibérément injurieuse et provocante dans le but de troubler notre sang-froid. Une diffusion sur la BBC jouerait en sa faveur.

(b) La diffusion serait aussi utilisée par de Gaulle afin de soulever des sentiments antibritanniques en France et semer la confusion au sein des parties de l'opinion publique favorables à l'adhésion britannique.

(c) Une diffusion de Bidault sur la BBC mettrait le gouvernement de Sa Majesté (Foreign Office et Home Office) dans une situation embarrassante. Le gouvernement de Sa Majesté aurait l'air stupide en niant son arrivée et sa présence ici alors qu'il a de toute évidence séjourné au Royaume-Uni pendant plusieurs jours et a été interviewé par des journalistes. Une visite clandestine sous un faux nom est une chose mais la poursuite d'activités publiques est tout autre. »

Le 5 mars 1963, Sir Pierson Dixon, ambassadeur britannique à Paris, envoie au Foreign Office ses conseils quant au message à faire passer lors des débats à la Chambre des Communes

« Je vous envoie mes réflexions que vous pouvez éventuellement prendre en compte pour préparer votre discours à la

Chambre des Communes. [...] Il n'est pas dans notre intérêt de laisser cette affaire devenir une nouvelle source de discorde entre les gouvernements britannique et français. Quoi qu'en dise Bidault, il ne fait pas de doute que les futurs assassins du président de la République se considèrent comme étant sous l'autorité du Conseil national de la Résistance dont Bidault est le président. Il me semble qu'il n'y a aucun intérêt à nier le fait que Bidault devait être en Angleterre (en janvier) lors de l'enregistrement de l'entretien avec "Panorama". On pourrait toutefois ajouter, si c'est vrai, que nous n'avons aucune preuve qu'il est toujours en Angleterre. Je pense que nous devons, dans tous les cas, fortement nier que la BBC est, en temps de paix, soumise à un quelconque contrôle du gouvernement. Le gouvernement n'aurait rien pu faire pour empêcher la BBC de diffuser l'émission "Panorama". Je pense que nous pouvons ajouter également que le gouvernement n'a été mis au courant de la diffusion de la BBC que quelques heures auparavant. Nous devons toutefois faire attention à ne pas révéler, ni autoriser la BBC à révéler, le fait que, peu après l'enregistrement de l'entretien, le gouvernement lui a demandé de ne pas diffuser l'émission pour le moment, c'est-à-dire tant que les négociations à Bruxelles sont en cours. »

13 mars 1963, explications d'Edward Heath, Premier ministre britannique, à la Chambre des Communes après la diffusion de l'émission « Panorama »

« Le Foreign Office a appris le 25 janvier que la BBC avait enregistré un entretien avec M. Bidault. Le Foreign Office a alors demandé confirmation à la BBC, souligné les implications internationales, et s'est enquis des plans de la BBC pour la diffusion de l'enregistrement. Le BBC a déclaré qu'ils avaient déjà décidé de ne pas le diffuser à ce moment-là. Par la suite, la BBC a pris ses responsabilités en tant qu'institution indépendante et décidé de diffuser l'enregistrement le 4 mars. Le gouvernement n'a pas été consulté avant celui-ci. »

21 mars 1963, compte rendu du Conseil des ministres

« Le Home Secretary [1] recommande deux choses :

Si M. Bidault ou l'un de ses principaux collaborateurs arrivent ouvertement au Royaume-Uni, on doit leur en refuser l'entrée s'il leur est possible de se rendre dans un pays autre que la France.

Si la seule alternative (qu'ils arrivent ouvertement ou clandestinement) est de les renvoyer en France, nous devons les admettre au Royaume-Uni.

Il est certain que la présence de Bidault nous embarrasserait dans nos relations avec la France. Sa présence en tant qu'opposant politique déclaré au général de Gaulle serait non seulement un affront au gouvernement français et au général de Gaulle, mais serait aussi exploitée par les Français contre nous comme un acte hostile et antieuropéen. Nous sommes ainsi d'accord que M. Bidault ne devrait pas être autorisé à entrer au Royaume-Uni s'il est possible de l'éviter. »

Sources

TNA : PRO FCO 33/85, « France : exclusions orders against M. Bidault and other OAS activists and admission of Daniel Cohn-Bendit »
TNA : PRO FO 371/169152, « Activities of Georges Bidault and fellow members of OAS »
TNA : PRO FO 371/169153, « Activities of Georges Bidault and fellow members of OAS »

1. Le Home Secretary est l'équivalent du ministre de l'Intérieur.

POUR EN SAVOIR PLUS

Dard Olivier, *Voyage au cœur de l'OAS*, Perrin, 2005.
Demory Jean-Claude, *Georges Bidault*, Julliard, 1995.
Fleury Georges, *Histoire secrète de l'OAS*, Grasset, 2002.
Kauffer Rémi, *OAS, histoire d'une guerre franco-française*, Seuil, 2002.

L'AFFAIRE BEN BARKA

« Une histoire digne d'un James Bond *a tout d'un coup pris vie »* : l'affaire Ben Barka semble passionner Sir Patrick Reilly, l'ambassadeur britannique à Paris. Le premier secrétaire de l'ambassade, Sir Crispin Tickell, assiste même au procès des auteurs de l'enlèvement du leader de l'opposition marocaine qui débute le 5 septembre 1966 : *« Le fil tortueux de l'intrigue a été, bien sûr, fascinant. Je suis allé en personne trois ou quatre fois au tribunal et j'en ai ressenti, à chaque fois, l'atmosphère d'une tragi-comédie. »* Celle-ci a débuté dix mois plus tôt, le 29 octobre 1965, devant la brasserie Lipp, boulevard Saint-Germain à Paris, quand Mehdi Ben Barka, 45 ans, est abordé par deux policiers en civil qui le font monter dans leur voiture. On ne reverra jamais l'ancien président de l'Assemblée consultative du Maroc, fondateur, en 1959, de l'UNFP (Union nationale des forces populaires), homme de gauche, opposant au tout jeune roi Hassan II et qui avait dû s'exiler à la suite d'une tentative d'assassinat. Cela n'avait pas été la dernière puisque ce « commis voyageur de la révolution », selon l'expression de l'historien Jean Lacouture, mène aussi un inlassable combat au niveau international pour fédérer les forces révolutionnaires des pays du tiers-monde. Il doit d'ailleurs participer à la Conférence tricontinentale, dont il préside la commission préparatoire, qui se tiendra en janvier 1966 à La Havane.

Son enlèvement et sa très probable exécution sont un *« scandale national majeur »*, selon l'ambassadeur. L'affaire mettant en cause deux pays « amis », les Britanniques, comme on va le voir, s'y intéressent beaucoup. D'autant que très vite l'affaire connaît de multiples rebondissements : alors qu'on croyait les seuls services secrets marocains responsables de l'enlèvement de l'opposant, il s'avère rapidement que des Français ont participé à l'opération. Une « barbouzerie » où se mêlent agents du contre-espionnage, policiers et truands qui ont agi avec la bénédiction de hauts responsables de l'appareil politique.

« M. Frey[1]*, le ministre de l'Intérieur, a été accusé de complicité, et M. Aubert*, son "directeur de cabinet", d'avoir couvert l'enlèvement. » Quant à de Gaulle, il est *« furieux que cet incident se soit produit sur le sol français, [et il] s'intéresse personnellement de près à l'affaire »*. Celle-ci survient en effet à quelques semaines de l'élection présidentielle où le Général doit affronter celui qu'il considère comme son plus dangereux rival : François Mitterrand.

« De plus en plus de scandales, en particulier à propos des méthodes de la police française, ont été révélés, écrit, le 3 décembre 1965, Cynlais Morgan James, premier secrétaire à l'ambassade de Grande-Bretagne à Paris. *Tout cela a donné la désagréable impression que les méthodes de la police française, toujours suspectes, ne sont pas meilleures sous la Ve République que dans les républiques précédentes. »* Il mentionne également le commanditaire de l'opération, un agent du SDECE[2], le contre-espionnage français, *« [Antoine] Lopez, agent d'Air France d'origine marocaine qui travaille à Paris à Orly, employé par les services secrets marocains et français »*. Quant au montage de l'opération, le diplomate n'en fait pas mystère : *« On sait de source sûre que le complot pour l'enlèvement de Ben Barka fut élaboré à l'origine à Rabat par le service de sécurité marocain et des représentants régionaux du SDECE. »* Celui-ci n'en sortira pas indemne, avertit le diplomate britannique : *« Prétendument corrompu, véreux, dépourvu d'une bonne direction ou d'un vrai contrôle, le SDECE va prendre une dérouillée très sévère. »*

Côté marocain, un nom est très vite apparu : celui du général Oufkir[3], ministre de l'Intérieur : *« Une rumeur court également dans les cercles de l'UNFP, qui n'a pas été rendue publique et pour laquelle il n'existe aucune confirmation, selon laquelle le général Oufkir était lui-même à Paris la semaine dernière et aurait pu organiser l'enlèvement »*, écrit dès sa première dépêche Adrian John Sindall, troisième secrétaire à l'ambassade de Grande-Bretagne à Rabat. L'affaire tend les relations entre la France et le Maroc, et les Britanniques eux-mêmes n'échappent pas aux remous diplomatiques car le souverain marocain souhaite

1. Roger Frey (1913-1997) rallie la France libre au sein du bataillon du Pacifique, baron du gaullisme, ministre de l'Intérieur de 1961 à 1967, président du Conseil constitutionnel de 1974 à 1983.

2. Service de documentation extérieure et de contre-espionnage.

3. Mohamed Oufkir (1920-1972), ancien capitaine de l'armée française, a combattu en Indochine avant de devenir aide de camp du sultan Mohamed V puis ministre de l'Intérieur puis de la Défense d'Hassan II, chargé des dossiers spéciaux. Il se suicide – ou est abattu – au soir du coup d'État avorté contre le souverain, en août 1972.

envoyer un émissaire à la reine pour lui expliquer ce qui s'est passé. Inacceptable pour les diplomates britanniques, qui trouvent une bonne excuse permettant d'éviter une telle visite.

Le 21 février 1966, le général de Gaulle couvre les services officiels lors d'une conférence de presse : *« Du côté français, que s'est-il passé ? Rien que de vulgaire et de subalterne. Rien, absolument rien, n'indique que le contre-espionnage et la police, en tant que tels et dans leur ensemble, aient connu l'opération,* a fortiori *qu'ils l'aient couverte. »* Mais de Gaulle prend Roger Frey à partie et décapite le SDECE qui, de l'autorité du Premier ministre Georges Pompidou, passe sous celle du ministre des Armées, le fidèle légionnaire Pierre Messmer.

À l'issue du procès, les deux policiers sont condamnés à six et huit ans de prison, Antoine Lopez à huit ans, le général Oufkir et les membres de la pègre parisienne ayant participé à l'enlèvement écopant de la perpétuité par contumace. Le roi Hassan II refusera toujours de les extrader. L'enquête ouverte en 1975 pour « assassinat » n'a jamais été refermée, passant de juge en juge, et n'a été reprise véritablement qu'en 2001. De révélations en péripéties diverses, le dossier est aujourd'hui instruit par le juge Patrick Ramaël. Le corps de Mehdi Ben Barka n'a jamais été retrouvé. Mais comme le soulignait, en 1966, à l'issue du procès, Crispin Tickell, *« le scandale Ben Barka restera sans doute en sommeil comme d'autres du même genre »*.

2 novembre 1965, télégramme d'Adrian John Sindall, troisième secrétaire à l'ambassade britannique à Rabat, au Foreign Office

« Il y a une interrogation considérable ici depuis l'annonce de la disparition de Mehdi Ben Barka à Paris le 29 octobre. [...] Selon l'UNFP, le Quai d'Orsay et le ministère de l'Intérieur français nient toute connaissance ou participation dans l'enlèvement et concluent qu'il doit être le fait d'une organisation étrangère. [...] Les autorités marocaines n'ont fait aucune déclaration sur l'incident, ce qui n'a fait qu'augmenter les suspicions de l'UNFP quant à l'implication de la Sûreté nationale marocaine. [...] Une rumeur court également dans les cercles de l'UNFP, qui n'a pas été rendue publique et pour laquelle il n'existe aucune confirmation, selon laquelle le général Oufkir était lui-même à Paris la semaine dernière et aurait pu organiser l'enlèvement. »

8 novembre 1965, télégramme de Sir Patrick Reilly, ambassadeur britannique à Paris, au Foreign Office

« Le général de Gaulle, qui est furieux que cet incident se soit produit sur le sol français, s'intéresse personnellement de près à l'affaire. Le Quai pense que Ben Barka est probablement mort et que son enlèvement a été organisé par des individus de la droite marocaine. Ils ont refusé de commenter directement les articles dans les journaux français de ce soir selon lesquels le général Oufkir, le ministre de l'Intérieur marocain, qui était à Paris peu avant l'enlèvement, serait personnellement impliqué, mais ils pensent de toute évidence qu'ils sont plus ou moins fondés. Ils ont suggéré qu'il existe peut-être une certaine complicité entre la police française et les ravisseurs marocains. »

9 novembre, télégramme d'Adrian John Sindall, de l'ambassade britannique à Rabat, à Peter William Unwin, premier secrétaire aux Affaires étrangères

« La position des Français dans cette affaire est embarrassante. Bien que peu de Marocains pensent sérieusement que les Français ont organisé l'enlèvement, le fait est que Ben Barka a disparu en pleine journée au milieu de Paris, et que les forces de sécurité françaises ne devaient pas ignorer complètement [...] les activités de ceux qui en ont été les auteurs. Les Français n'ont pas nié officiellement les allégations de l'UNFP selon lesquelles les autorités françaises auraient été au courant des activités des équipes de sûreté marocaines en France, qui surveillaient l'UNFP et d'autres Marocains de la gauche. [...]

Si la complicité officielle marocaine dans l'affaire était prouvée, il pourrait y avoir de graves conséquences pour l'image du roi Hassan. [...]

Les perspectives pourraient également être sombres pour les relations franco-marocaines, en particulier pour ce qui est de l'image de la France aux yeux de l'ensemble des partis de l'opposition au Maroc. »

16 novembre, télégramme d'Adrian John Sindall, de l'ambassade britannique à Rabat, à Peter William Unwin, du Foreign Office

« Il est encore trop tôt et les faits sont trop obscurs pour bien évaluer l'importance de l'affaire. Il semble, toutefois, déjà assez évident que :

a) Elle aura des conséquences politiques internes. Il semble à présent que celles-ci mettront fin à l'idée d'une "ouverture" vers la gauche que caressait le roi Hassan.

b) Elle mènera à une dégradation des relations entre Paris et Rabat. [...] »

16 novembre, rapport de Peter William Unwin, du Foreign Office

« Ce qui suit tente de résumer ce que nous savons de l'affaire Ben Barka. Mis à part le télégramme de Paris n° 754 et deux lettres de Rabat, nous dépendons d'articles de presse, dont certains semblent peu fiables ; mais une série de commentaires cohérents s'est peu à peu dégagée au cours des deux dernières semaines. [...]

Il semble raisonnable d'affirmer pour le moment que l'enlèvement a été organisé par le général Oufkir qui agissait au nom de certains éléments de la droite marocaine. Si nous acceptons, comme il semble légitime de le faire, l'idée que le but de l'enlèvement était d'entraver les tentatives du roi Hassan pour créer une "ouverture vers la gauche" [...] il semble peu probable que le roi lui-même ait été au courant de ce qui se projetait. [...] »

19 novembre, compte rendu de la rencontre entre Leonard Gibson Holliday, ambassadeur britannique à Rabat, et Ahmed Taïeb Benhima, ministre marocain des Affaires étrangères

« Je n'ai jamais vu M. Benhima s'exciter autant. J'ai eu l'impression qu'il reflétait l'attitude du roi Hassan ; que les esprits s'emportaient et que le gouvernement marocain "ne garderait pas son sang-froid" pendant longtemps. »

3 décembre 1965, Cynlais Morgan James, premier secrétaire à l'ambassade de Grande-Bretagne à Paris, envoie à Mlle Gillian Gerda Brown, premier secrétaire aux Affaires étrangères, un nouveau compte rendu de la situation

« On ne sait toujours pas avec certitude s'il est mort ou vivant, mais de nombreux fonctionnaires et journalistes français pensent qu'il a été exécuté. De plus en plus de scandales, en particulier à propos des méthodes de la police française, ont été révélés. L'affaire fait toujours la Une des magazines, bien qu'il existe des signes prouvant que l'administration souhaite mettre un frein à davantage de publicité.

[Antoine Lopez] n'a pas seulement impliqué un journaliste français nommé Philippe Bernier dans le complot, mais également des membres du SDECE (l'organisation française d'espionnage et de contre-espionnage). (On sait de source sûre que le complot pour l'enlèvement de Ben Barka a été élaboré à l'origine à Rabat par le service de sécurité marocain et des représentants régionaux du SDECE.) Les deux agents du SDECE ne semblent pas être haut placés. Mais certains journaux ont suggéré que le complot a été ordonné à un niveau plus élevé. Il a même été suggéré qu'un député gaulliste serait impliqué. Que tout cela soit vrai ou non, il semble probable que les deux agents du SDECE savaient que Lopez travaillait pour leur organisation et qu'ils ont participé à l'affaire, agissant soit de leur propre autorité soit avec la bénédiction de leurs supérieurs. Il existe également des preuves que Lopez a procuré des femmes aussi bien aux membres français du SDECE qu'aux Marocains en visite. [...] Comme l'a signalé *Le Nouvel Observateur*, l'inaction du service de sécurité français semble prouver sa complicité. [...]

L'affaire est importante, aussi bien intérieurement que dans le domaine des relations entre la France et le Maroc. Intérieurement, elle a donné la désagréable impression que les méthodes de la police française, toujours suspectes, ne sont pas meilleures sous la Ve République que dans les républiques précédentes. Prétendument corrompu, véreux, dépourvu d'une bonne direction ou d'un vrai contrôle, le SDECE va prendre une dérouillée très sévère. [...] Il est surprenant que l'affaire n'ait pas été davantage exploitée lors des élections présidentielles. M. Mitterrand l'a brièvement citée comme un exemple des méthodes de police caractéristiques d'un régime autoritaire, mais l'affaire n'a pas été mentionnée, autant que je sache, dans les discours des autres candidats. J'ai demandé pourquoi l'autre jour à un fonctionnaire antigaulliste très modéré. Il m'a dit que ce serait une bonne arme à utiliser dans les élections. La plupart des Français partent du principe que la police est corrompue. [...] En ce qui concerne les conséquences pour les relations franco-marocaines, le Français moyen s'en moque complètement. Les conséquences sur les relations franco-marocaines semblent moins graves maintenant qu'elles ne l'étaient lors de l'envoi du télégramme auquel nous faisons ici référence. [...] Depuis, toutes les preuves semblent indiquer une plus grande complicité dans l'affaire du côté français. Les deux côtés semblent maintenant être responsables à parts égales. »

17 janvier 1966, télégramme de Sir Patrick Reilly au Foreign Office

« Les révélations faites ce week-end par les officiers de police pendant leur interrogatoire suggèrent que tout ceci est sur le point de devenir un scandale national majeur. Le côté marocain a presque été oublié.

Jusqu'à maintenant, seuls les noms de quelques personnalités relativement mineures de la pègre, de la police et de l'espionnage français avaient été traînés dans la boue. [...]

Cependant, il semble maintenant évident que beaucoup de personnalités de rangs plus élevés étaient depuis longtemps au courant des circonstances de l'enlèvement et de l'assassinat, presque certain, de Ben Barka. Les confessions faites peu après l'enlèvement par les deux officiers de police concernés semblent avoir été temporairement étouffées par leurs supérieurs. [...] La police a, par la suite, travaillé si lentement que beaucoup de gens supposent qu'elle a tacitement protégé ceux qui étaient impliqués.

Tout a maintenant changé. M. Frey, le ministre de l'Intérieur, a été accusé de complicité, et M. Aubert, son "directeur de cabinet", d'avoir couvert l'enlèvement. [...]

Le général de Gaulle a demandé que la vérité soit révélée coûte que coûte. [...] Les choses pourront désormais difficilement être étouffées. Une histoire digne d'un *James Bond* a tout d'un coup pris vie [...] »

19 janvier, télégramme de Sir Patrick Reilly au Foreign Office

« Il y a eu d'autres rebondissements dramatiques à la suite de la mort, le 17 janvier, de M. Georges Figon [1], qui semble s'être

1. Georges Figon, producteur, est l'homme qui a rendez-vous avec Mehdi Ben Barka devant la brasserie Lipp pour mettre en contact l'opposant marocain, qui

tiré dessus au moment où la police allait l'arrêter. [...] Il semble probable que les circonstances de sa mort donnent lieu à de virulentes controverses.

Bien que l'enquête judiciaire ne soit pas complète, le gouvernement a de toute évidence décidé de se rendre à l'évidence. Après le Conseil des ministres aujourd'hui, M. Bourges, le secrétaire d'État à l'Information, a annoncé que le général Jacquier, le chef du SDECE [...], avait été remplacé par le général Guibaud. [...]

D'après le ton des remarques de M. Bourges, le gouvernement essaiera maintenant de mettre une partie des responsabilités sur le dos des Marocains. M. Bourges a dit que l'affaire était une entreprise criminelle organisée depuis l'étranger, dans laquelle des agents des services spéciaux et de la police française avaient été impliqués. »

27 janvier 1966, télégramme de Leonard Gibson Holliday, ambassadeur à Rabat, au Foreign Office

« Le ministre des Affaires étrangères [marocain], qui a rencontré plusieurs de mes collègues pendant la journée, m'a convoqué cet après-midi et m'a demandé de transmettre une requête du roi Hassan à Sa Majesté la Reine. Le Roi propose d'envoyer son représentant personnel, M. Balafrej, à Londres le dimanche 6 février. Il sera chargé d'une mission spéciale et serait reconnaissant si la Reine pouvait le recevoir le lundi 7 février afin qu'il lui transmette un message personnel de la part du Roi.

M. Benhima a expliqué que M. Balafrej serait chargé d'une mission similaire auprès du Shah et des chefs d'État de la Suisse et des pays scandinaves.

Selon le Roi l'action du gouvernement français attaque son honneur et celui de son pays, dont il souhaite blanchir le nom.

---

souhaite réaliser un film sur la décolonisation, avec une équipe de cinéastes. Il « se suicide » au moment où la police vient l'arrêter.

La lettre adressée à la Reine demanderait simplement à Sa Majesté de choisir un de ses ministres pour recevoir M. Balafrej et écouter ses explications.

J'ai expliqué au ministre que je pensais qu'il y aurait des objections constitutionnelles à la procédure qui était proposée, compte tenu du but politique de la mission. M. Benhima a répondu que pour le Roi il serait normal de recevoir un émissaire lui portant une lettre personnelle de la part de la Reine. Balafrej n'essaierait pas de discuter en détail de l'affaire avec la Reine. Il ne donnerait aucun entretien à la presse. Je lui ai répondu que je vous demanderais des instructions. »

28 janvier, commentaires manuscrits de Sir Alan Hugh Campbell, directeur du Western Department, sur le télégramme de Holliday

« Cette affaire s'est maintenant transformée en un scandale politique de premier ordre en France, avec des conséquences politiques dont on ne peut encore prédire l'importance. Il me semble que, de ce point de vue, il est dans notre intérêt de nous tenir, autant que possible, à l'écart. [...] À la lumière de ceci, je me demande s'il est souhaitable d'aviser le secrétaire d'État de recevoir M. Balafrej. Je pense qu'il serait préférable de profiter de l'absence potentielle de Sa Majesté la Reine pour trouver une excuse concrète et refuser la proposition marocaine. Il me semble que dans ces circonstances l'ambassadeur de Sa Majesté pourrait être autorisé à faire part de l'absence de la Reine et à proposer de recevoir lui-même toute communication que le Roi souhaiterait lui confier. Nous pourrions ainsi minimiser le risque de trop nous mêler à l'affaire. »

31 janvier, rapport de Mlle Gillian Gerda Brown, premier secrétaire aux Affaires étrangères

« Le ministre des Affaires étrangères marocaines a expliqué à l'ambassadeur de Sa Majesté à Rabat, le 27 janvier, que le roi Hassan souhaitait envoyer son représentant personnel, M. Balafrej, en mission spéciale afin de transmettre un message personnel à Sa Majesté la Reine le 7 février. Le message demanderait simplement à la Reine de nommer un de ses ministres pour recevoir M. Balafrej et écouter ses explications. Le ministre des Affaires étrangères a expliqué que le Roi s'attendrait à ce que Sa Majesté nomme soit le Premier ministre, soit le secrétaire d'État aux Affaires étrangères. En fait, Sa Majesté aura alors quitté le pays pour son tour des Caraïbes qui débute avant la date proposée pour la visite de M. Balafrej. Nous savons d'après Buckingham Palace que, même si elle avait été présente, elle n'aurait en temps normal pas accepté de recevoir un émissaire envoyé dans un tel but. Ceci élimine la question de rendre visite ou non à Sa Majesté, mais il nous reste le problème de trouver une solution de rechange.

La position est d'autant plus compliquée que nous avons appris de Washington, le 29 janvier, que les Marocains avaient également demandé au Président de recevoir un émissaire. [...]

L'affaire Ben Barka est très complexe, mais il semble raisonnable d'accepter le point de vue général selon lequel le ministre de l'Intérieur marocain, le général Oufkir, serait impliqué au premier chef, et, en effet, il s'est probablement débarrassé de Ben Barka lui-même. Il a, toutefois, invariablement nié toute participation et le roi Hassan [...] a continué à l'assurer de son soutien.

À la suite de plusieurs tentatives, par la voie diplomatique, pour convaincre le roi Hassan de prendre des mesures contre le général Oufkir, les autorités françaises ont lancé un mandat d'arrêt international contre lui. Il est probable que cette action a été ordonnée par le général de Gaulle, autant parce qu'il désire sincèrement que justice soit faite, que pour déplacer le poids de la critique des épaules de son propre gouvernement sur celles des Marocains. Toutefois, du point de vue marocain, le mandat d'arrêt a été une action choquante allant à l'encontre de la procédure judiciaire normale telle qu'elle est expliquée dans la Convention judiciaire franco-marocaine de 1957, et le signe d'un retour frappant d'une attitude "colonialiste" envers le Maroc. Le mandat porte, selon eux, directement atteinte aussi bien à l'honneur du pays qu'à celui du roi Hassan.

Les Marocains ont ainsi d'assez bonnes raisons d'en vouloir aux Français pour leur comportement au cours de l'affaire. Ceci en soi justifierait d'éviter de repousser la demande marocaine. Mais l'affaire a également réduit la marge de manœuvre politique du roi Hassan à l'intérieur du pays et a eu un effet néfaste sur ses relations avec les Français qui en sont presque à la rupture. Si jamais elles s'effondraient, les personnalités au Maroc qui souhaitent maintenir de bonnes relations avec l'Ouest seraient peut-être éclipsés. Le roi Hassan prévoit sans doute que les voyages de ses émissaires consolideront sa position vis-à-vis d'eux. Ceci est une deuxième raison pour faire notre possible afin de satisfaire la demande marocaine d'une audience sans nous impliquer dans l'affaire.

Il y a toutefois un danger à ce que le voyage de M. Balafrej soit mis en avant dans la presse marocaine (et dans celle de l'opposition en France) comme une preuve que ceux qui le reçoivent sont solidaires de la cause marocaine et critiques envers le gouvernement français. Pour cette raison, et à cause des autres conséquences politiques possibles et imprévisibles de l'affaire en France, le directeur du Western Department suggère que nous utilisions l'absence de Sa Majesté la Reine comme une excuse concrète pour éviter une visite de M. Balafrej [...]. Il propose qu'on donne l'ordre à l'ambassadeur de Sa Majesté à Rabat de mentionner l'absence de la Reine et d'offrir ses propres services pour transmettre le message que le Roi souhaiterait lui confier. Cette position semble concorder avec la réaction initiale du ministère américain des Affaires étrangères.

En traitant avec un pays comme le Maroc, lequel, on doit s'en souvenir, est une monarchie absolue et très autoritaire, on devrait poursuivre une ligne d'action encore plus sévère. Le roi Hassan se trouve dans une impasse et la suggestion de mandater un envoyé spécial est sans doute importante pour lui aussi. [...] Bien que nous puissions donner à l'ambassadeur de Sa Majesté à Rabat l'autorité d'essayer d'en dissuader les Marocains, je pense que si le Roi est fermement décidé à envoyer un émissaire, toute tentative de lui sortir cette idée de la tête serait à nos risques et périls. L'option la moins désavantageuse pour nous semble être de satisfaire autant que possible les désirs du Roi en privé, tout en faisant tout notre possible pour réduire les risques d'une représentation publique souhaitable. Bien que nous ne connaissions pas encore sa destination [...] M. Balafrej a déjà quitté le Maroc et nous pouvons ainsi supposer qu'au moins un pays a déjà accepté de le recevoir et qu'il sera peut-être difficile d'empêcher son arrivée à Londres.

Le directeur du Western Department a suggéré que si M. Balafrej était reçu ici, Sir P. Reilly à Paris devrait en être informé et recevoir l'ordre d'expliquer à l'avance nos raisons au gouvernement français. Ceci me semble une suggestion très utile.

Je recommande ainsi que nous nous mettions d'accord dans les grandes lignes avec les Américains et nous devrions leur souligner les inconvénients de repousser les Marocains à ce moment critique. J'envoie ainsi l'ébauche d'un télégramme à Washington, en copie à Rabat et Paris, qui a été approuvé par le département du Protocole et par Buckingham Palace. [...] »

15 février, télégramme de Leonard Gibson Holliday au Foreign Office

« Je me suis limité à remercier M. Balafrej pour son explication claire et je lui ai dit que je pensais qu'il comprenait bien que le gouvernement de Sa Majesté ne pouvait pas s'impliquer dans cette malheureuse affaire qui concerne deux pays qui sont tous deux nos amis. Je lui ai assuré que j'avais soigneusement pris note de ce qu'il avait dit. J'espérai que M. Balafrej s'abstiendrait de parler de son entretien à la presse. [...]

Le fait que le gouvernement de Sa Majesté accepte de recevoir un simple émissaire a sans doute profité aux relations anglo-marocaines. [...] À l'inverse il est peu probable que l'entretien ait mis à mal les relations franco-britanniques. Comme vous le savez, ma décision de recevoir M. Balafrej fut expliquée à l'avance au Quai d'Orsay, leur réponse a été qu'ils ne se seraient pas attendus à ce que nous refusions une demande d'entretien. Les mentions dans la presse britannique ont été minimes et pas de nature à offenser la France. »

Lettre de la Reine, préparée par le Foreign Office, pour le Roi Hassan

« Monsieur mon Frère,

Je remercie Votre Majesté pour Votre lettre datée du 26 janvier 1966, qui fut communiquée à Londres par la main de Votre émissaire, Son Excellence M. Ahmed Balafrej, et qui me fut transmise pendant mon voyage aux Caraïbes. Je vous rends chaleureusement les sentiments amicaux que Votre Majesté a exprimés à propos des relations entre nos deux pays. Je profite de cette occasion pour vous renouveler, Votre Majesté, l'assurance de l'amitié et de l'estime invariables par lesquelles je suis, Monsieur mon Frère, la bonne sœur Votre Majesté Elizabeth R. »

17 février, télégramme de Leonard Gibson Holliday au Foreign Office

« Je regrette de devoir vous signaler que lors de mon entrevue de ce jour avec le ministre des Affaires étrangères, ce dernier a profité de l'occasion pour me dire que le gouvernement marocain était mécontent de la manière dont M. Balafrej avait été traité à Londres. Ils s'attendaient à ce que, en l'absence de la Reine, il soit reçu par le Premier ministre. Ils ont eu l'impression que vous considériez, Monsieur, de le recevoir comme un devoir inévitable. [...] De plus, il comprenait que vous aviez demandé l'approbation des gouvernements français et américain avant même d'accepter la visite. [...] Selon moi, cet accès de colère qui ne lui ressemble pas est une preuve de la grande inquiétude du roi Hassan au sujet des relations franco-marocaines. »

25 février, lettre de Denis James Speares, chef du Département d'Afrique du Nord et de l'Est du Foreign Office, à Leonard Gibson Holliday

« Je suis désolé d'apprendre par votre télégramme n° 64 que vous ayez dû faire face à un accès de colère de Benhima à propos de l'affaire Ben Barka. Ses plaintes sont fondamentalement inacceptables et je suis content que vous les ayez réfutées. »

10 mars 1966, télégramme de Peter Edward Ramsbotham, conseiller et chef de la chancellerie à Paris, à Denis J. Speares au Foreign Office

« Si les choses se résolvaient ainsi et que de Gaulle acceptait la décision du roi Hassan de renvoyer Oufkir de son gouvernement comme une réaction adéquate, ce serait probablement la meilleure solution pour les deux parties. Oufkir s'en tirerait certainement à bon compte. Comme je vous l'ai expliqué dans ma lettre du 25 février, l'innocence d'Oufkir est peu probable, peu importe les arguments sur la participation française. Oufkir doit être tenu pour principal responsable de la disparition de Ben Barka, sur le sol français. En effet, nous devons reconnaître que le gouvernement français a, dans l'ensemble, fait preuve d'une grande modération, les preuves accusant un ministre d'un gouvernement ami étant flagrantes. »

7 novembre 1966, lettre de Crispin Tickell, premier secrétaire à Paris, à John Henry Lewen, premier secrétaire et chef de la chancellerie à Rabat

« En ce qui concerne l'essentiel de l'affaire, beaucoup de choses restent encore inconnues et il est probable qu'elles le restent – si ce n'est pour toujours, pendant longtemps du moins. Même s'il serait intéressant et enrichissant d'écrire un compte rendu approfondi du drame, nous avons conclu que nous devons veiller à nos priorités et gérer avant tout les affaires immédiates les plus importantes. […] Comme vous le savez, l'affaire est plus ou moins en suspens depuis que Dlimli s'est rendu, et la situation restera probablement la même tant que les tractations légales continueront. Le fil tortueux de l'intrigue a bien sûr été fascinant. J'ai pu aller en personne trois ou quatre fois au tribunal et en ressentir l'atmosphère de tragi-comédie. Avant l'ouverture d'une des séances lors de laquelle des révélations étaient attendues, Tixier-Vignancour me prit de côté pour me faire une imitation très vivante du général de Gaulle essayant de parler allemand ! »

9 juin 1967, lettre de Crispin Tickell au Foreign Office à propos de la fin du procès

« La fin du procès a donné lieu à relativement peu de commentaires, que ce soit dans la presse ou ailleurs, en partie parce que des événements plus importants l'ont repoussé de la Une des journaux, et en partie aussi parce que personne, et encore moins les juges, n'a encore élucidé ce qui est arrivé à Ben Barka, et qui est véritablement responsable de sa disparition et de sa mort présumée. [...]

Ainsi le mystère demeure-t-il. Personne ne s'attend à connaître un jour l'entière vérité, encore moins le degré de complicité ou de connaissance préalable du ministère ou d'autres fonctionnaires haut placés dans le gouvernement français. La difficulté à découvrir les responsables et l'épuisement général du public, si ce n'est son indifférence, ont pour l'instant privé l'affaire de son importance politique antérieure. [...] À moins que, et jusqu'à ce que, l'affaire ne prenne une tournure nouvelle ou que l'opposition puisse y trouver un lien avec d'autres scandales politiques plus récents, le scandale Ben Barka restera sans doute en sommeil comme d'autres du même genre. En effet, du point de vue du gouvernement, l'affaire s'est épuisée, comme il le souhaitait, sans trop discréditer l'administration ni trop nuire aux relations franco-marocaines. [...] L'honneur est donc sauf de tous les côtés. »

SOURCES

TNA : PRO FO 371/184006, « Political relations : France : Ben Barka affair »
TNA : PRO FO 371/190286, « Political relations : France : Ben Barka affair »
TNA : PRO FO 371/190287, « Political relations : France : Ben Barka affair »
TNA : PRO FO 371/190288, « Political relations : France : Ben Barka affair »
TNA : PRO FO 174/385, « Ben Barka affair : opposition leader abducted in France »

L'affaire Ben Barka

TNA : PRO FO 174/387, « Ben Barka affair : opposition leader abducted in France »
TNA : PRO FO 174/388, « Ben Barka affair : opposition leader abducted in France »
TNA : PRO FO 174/395, « Ben Barka affair : opposition leader abducted in France »

POUR EN SAVOIR PLUS

Derogy Jacques et Ploquin Frédéric, *Ils ont tué Ben Barka*, Fayard, 1999.
Faligot Roger et Guisnel Jean (sous la direction de), *Histoire secrète de la Ve République*, La Découverte, 2006.
Peyreffite Alain, *C'était de Gaulle*, tome II, Fayard, 1997.

LE « *SHADOW CABINET* » DE FRANÇOIS MITTERRAND

Il est 18 heures, ce jeudi 10 novembre 1966, lorsque le Premier ministre britannique Harold Wilson, chef du parti travailliste, reçoit François Mitterrand dans son bureau de la Chambre des Communes. Celui-ci est accompagné de Guy Mollet, son ministre des Affaires étrangères dans le contre-gouvernement, sorte de « *shadow cabinet* » à la française que le tout nouveau chef de la Fédération de la gauche démocrate et socialiste (FGDS) a créé quelques mois plus tôt. « *M. Mitterrand a débuté sa carrière très tôt. Il s'est avéré être un ministre dynamique, n'ayant jamais peur de se faire des ennemis, sans scrupule, coriace et plein d'imagination en tant qu'administrateur, respecté si ce n'est activement redouté* », a pu lire Harold Wilson dans la « note de personnalité » que lui ont préparée les spécialistes du Foreign Office.

En moins d'un an, François Mitterrand, pourtant lesté d'un lourd passé, a connu une résurrection politique en mettant le général de Gaulle en ballottage à l'élection présidentielle de 1965. C'était inespéré. Même le Général n'avait pas vu le coup venir. C'était sans compter sur « *son habileté politique, un savant amalgame de ruse et de séduction* », selon son biographe Franz-Olivier Giesbert. Nous avions laissé François Mitterrand en 1944, ministre éphémère du gouvernement du général de Gaulle. Deux années ont suivi où il a observé, guetté, cultivé les contacts non sans s'emporter contre la prise en main du pays par les gaullistes. Mais il faut vivre et, après avoir un temps tâté du barreau, il devient rédacteur en chef du magazine *Votre beauté*, propriété du groupe L'Oréal. Sa participation, en janvier 1947, au gouvernement de Paul Ramadier, en tant que ministre des Anciens Combattants, marque son retour en politique. Il connaît alors une fulgurante ascension, enchaînant onze postes ministériels. « *Ses qualités ont été particulièrement évidentes lorsque, en tant que ministre de l'Intérieur sous M. Mendès France, il a remanié entièrement l'appareil policier. Dans le gouvernement de M. Mollet, il devint critique de la politique algérienne en cours et critiqua l'opération de Suez.* » Les Britanniques sont indulgents car, en tant que ministre de la Justice de Guy Mollet en 1956 et 1957, François Mitterrand a été inflexible. Favorable aux premières exécutions capitales de nationalistes algériens – 45 seront guillotinés durant son passage place Vendôme –, il ne dénonce la torture pratiquée par l'armée en Algérie que quelques semaines avant la chute du gouvernement, ce qui ne le grandira pas auprès de nombreux militants de gauche.

Mais c'est une autre affaire qui va porter le coup le plus rude à celui qui est devenu sénateur en avril 1959. Dans la nuit du 15 au 16 octobre 1959, François Mitterrand échappe à une tentative d'assassinat près des jardins de l'Observatoire de Paris. La presse fait son éloge jusqu'à ce que Robert Pesquet, un politicien d'extrême droite au passé sulfureux, à l'origine de l'attentat, ne dénonce un coup monté avec la complicité de François Mitterrand. Le scandale est énorme, l'immunité parlementaire de François Mitterrand est levée et c'est la loi d'amnistie, sept ans plus tard, qui enterre l'affaire. S'ensuit une longue traversée du désert jusqu'à l'élection présidentielle de 1965 durant laquelle, profitant de l'échec du premier postulant à la candidature à gauche, Gaston Defferre, il parvient à mettre le feu à la maison gaulliste. Le Général, même s'il considère François Mitterrand comme « *un arsouille* », selon Alain Peyreffite, a refusé d'utiliser les zones d'ombre : « *Il ne faut pas porter atteinte à la fonction au cas où [François Mitterrand] viendrait à l'occuper.* » En retour, François Mitterrand n'exploitera pas l'affaire Ben Barka lors de la campagne.

Dans la foulée de son succès [1], il crée la Fédération de la gauche démocrate et socialiste qui rassemble les socialistes de la SFIO et les radicaux et imagine ce « contre-gouvernement », à l'image de ce qui existe en Grande-Bretagne : « *Une victoire personnelle considérable* », jugent les Britanniques. Objectif de la FGDS : les élections législatives de 1967, troisième round de la présidentielle. Pour les travaillistes britanniques, alors au gouvernement, leurs homologues socialistes français ont un énorme avantage : contrairement au général de Gaulle, ils ne comptent pas barrer la route à la Grande-Bretagne dans son cheminement vers l'Europe.

1. 55,2 % pour le général de Gaulle, 44,8 % pour François Mitterrand.

Le « shadow cabinet » *de François Mitterrand*

Les documents publiés ici évoquent la création de la FGDS et l'action de François Mitterrand pour fédérer les forces hétéroclites de la gauche mais aussi la situation du général de Gaulle face à ce succès inattendu. Enfin, savoureuses, les notes de personnalité de Guy Mollet et de François Mitterrand. *« Si aujourd'hui il représente, pour beaucoup, le pire du passé politique de la France, il a néanmoins réussi à maintenir le parti socialiste en vie pendant les difficiles années gaullistes »*, disent les diplomates de l'ancien président du Conseil. Dans un portrait assez laudateur, ils prédisent également une belle destinée au futur président de la République : *« M. Mitterrand a presque toutes les qualités pour occuper un poste de haut niveau, sauf celle de faire en sorte que les gens l'aiment et lui fassent confiance. On se souvient aussi bien des hauts que des bas de sa carrière et son sourire un peu sinistre a tendance à donner à ses remarques une signification qu'elles n'ont pas. On ne pourra jamais lui accorder le bénéfice du doute. »*

10 mai 1966, télégramme n° 61 de Sir Patrick Reilly, ambassadeur britannique à Paris, au Foreign Office

« Le 5 mai, M. François Mitterrand a annoncé la formation d'un contre-gouvernement qu'il avait convoqué le 13 mars. Il a été autorisé à choisir lui-même l'équipe, lors d'une réunion récente du comité exécutif de la Fédération de la gauche (socialistes, radicaux, clubs politiques, etc.).

[...] Lorsque M. Mitterrand a proposé, pour la première fois, l'idée d'un contre-gouvernement, il s'agissait de l'une des propositions par lesquelles il espérait rendre la Fédération beaucoup plus efficace en interne et en même temps crédible à l'extérieur, dans le but final de fusionner les diverses organisations membres dans un nouveau parti, d'ici un ou deux ans. Les principaux partenaires de la Fédération, les socialistes et les radicaux [...] ont été naturellement sceptiques lorsque les propositions de M. Mitterrand ont été annoncées. Mais M. Mitterrand a clairement indiqué en privé que, si ses propositions n'étaient pas acceptées, il démissionnerait de la présidence de la Fédération. L'accord éventuel des socialistes et des radicaux à la formation d'un contre-gouvernement et au droit de M. Mitterrand d'en choisir lui-même les ministres a été, à juste titre, annoncé comme une victoire personnelle considérable.

Le choix de M. Mitterrand a été difficile. D'un côté, la Fédération dépendait du soutien des machines socialiste et radicale, mais il souhaitait également inclure de jeunes éléments brillants afin de montrer que son but n'était pas de revenir à la IVe République. Étant donné ses faibles possibilités de manœuvre, M. Mitterrand s'en est tiré probablement aussi bien qu'il le pouvait. Malgré tout, presque tous les commentaires dans la presse ont été hostiles. Les communistes ont été particulièrement critiques, et les journaux favorables à la Fédération ont ouvertement montré leur déception. Tous ont repris la nomination de M. Guy Mollet au poste clé des Affaires étrangères. Injustement ou pas, M. Mollet reste le symbole de tout ce qu'il y avait de pire dans la IVe République.

M. Mitterrand aurait peut-être pu éviter beaucoup de ces critiques s'il avait pu contrebalancer la présence de M. Mollet avec celle de M. Mendès France. Ce dernier commence à sortir de sa retraite politique et a parlé lors d'une conférence à Grenoble les 30 avril et 1er mai. Le principal objectif de cette réunion était de définir un programme à long terme pour instaurer le socialisme en France. Insistant avant tout sur la nécessité d'établir un programme détaillé, et à long terme, avant de discuter de tactiques ou d'alliances électorales, la réunion n'aida en rien les affaires de M. Mitterrand. M. Mendès France n'est pas encore prêt à mouiller sa chemise. Il semble encore croire que le régime gaulliste s'achèvera par une catastrophe. Un peu comme le général de Gaulle à Colombey-les-Deux-Églises, dans les années 1950, il attend que la nation vienne à lui [...] pour la sortir du fond de l'abîme.

Le contre-gouvernement organisera sa première réunion le 12 mai. M. Mitterrand annoncera ensuite les noms de quinze autres personnes qui assisteront le travail du contre-gouvernement. On s'attend à ce qu'il y ait parmi elles plus de jeunes politiciens des clubs politiques et moins de visages des anciens partis. Cela aidera peut-être à atténuer l'hostilité de la presse vis-à-vis du contre-gouvernement, mais cela n'est probablement pas d'une très grande importance. M. Mitterrand a, après tout, de nouveau réussi, contre toute attente, à convaincre ses partenaires de le soutenir dans son projet. L'existence de la Fédération devient de plus en plus une réalité politique qu'on ne peut ignorer. Cela inquiétera probablement de plus en plus les gaullistes et les communistes, au fur et à mesure que les élections approcheront. »

31 octobre 1966, télégramme n° 180 de Sir Patrick Reilly au Foreign Office, intitulé « French Socialist Party Congress », compte rendu du congrès SFIO organisé à Suresnes du 29 au 30 octobre 1966

« La position du parti a été expliquée dans un remarquable discours de conclusion de M. Mollet, qui, lors du 20e anniversaire de son élection au poste de secrétaire général, a bien montré qu'il avait repris le dessus sur le parti, depuis son éclipse partielle durant la période de la candidature de M. Defferre aux élections présidentielles. Il expliqua que les nouvelles tactiques électorales du parti n'étaient pas le résultat d'un compromis politique sordide, mais une étape nécessaire vers la construction d'une société socialiste en France. [...] À travers une critique succincte et efficace de la politique étrangère du Général, [...] il a cherché à convaincre le parti qu'il était du devoir de la gauche de combattre aussi bien les politiques étrangères et de défense du régime gaulliste que ses politiques économiques et sociales. »

31 octobre 1966, télégramme n° 181 de Sir Patrick Reilly au Foreign Office, intitulé « General de Gaulle and the internal political situation »

« L'injonction du général de Gaulle à l'ensemble des électeurs de voter gaulliste ou bien de faire face au déluge – si le pays votait pour les nombreux petits partis minoritaires – a été reprise par M. Sanguinetti, le ministre des Anciens Combattants, dans une déclaration prononcée le même jour sur Radio Luxembourg. [...] Le général de Gaulle lui-même a pris soin de ne pas dire ce qu'il ferait si le gouvernement perdait la majorité à l'Assemblée. Il a toutefois clairement indiqué qu'il ne tolérerait pas une situation où des groupes minoritaires s'associeraient pour mener les affaires publiques et qu'il ne travaillerait pas non plus avec une coalition de groupes minoritaires dont les profondes divergences n'étaient que temporairement cachées. [...]

Les menaces du général de Gaulle sont similaires à celles qu'il avait exprimées, le 4 novembre 1965, avant l'élection présidentielle. [...] Comme à l'époque, il s'agit peut-être d'un signe de faiblesse de sa part d'estimer que ces menaces sont nécessaires. Tout comme celles-ci inaugurèrent la campagne présidentielle, elles ouvrent maintenant la campagne pour les élections législatives. Il doit penser que si elles n'avaient pas porté leurs fruits en 1965, elles le feraient en 1967. Plutôt que les élections ne soient restreintes à des affaires locales, ce qui favoriserait sans doute l'opposition, ses remarques ont servi à les transformer en une affaire nationale dans laquelle il peut user de sa propre influence. Il est peu probable qu'il ait bien réfléchi à ce qu'il fera si le pays refuse une majorité au gouvernement pour la deuxième fois. Mais il est sans doute convaincu que les Français peuvent, et doivent, être poussés à voter pour le gouvernement et il est prêt à créer une atmosphère de doute et de menace autour de ses objectifs. Il souhaite avant tout léguer une majorité solide et docile à son successeur, si toutefois il n'arrivait pas au bout de son mandat de sept ans.

Plutôt que de les discréditer, les remarques du général de Gaulle pourraient, comme en 1965, galvaniser les partis de l'opposition et les pousser à une plus grande cohésion. Leurs lignes électorales ont certainement été ainsi plus clairement définies et devraient être favorablement accueillies parce qu'elles sont représentatives d'un gouvernement démocratique et témoignent d'un respect pour les institutions parlementaires. [...] Bien qu'aucun parti de l'opposition ne puisse s'attendre à gagner une majorité à lui tout seul, et que la majorité actuelle demeure presque certainement le plus grand groupe parlementaire, il semble y avoir plus d'opportunités qu'auparavant. La campagne est lancée. »

7 novembre 1966, directives rédigées par le Western Department, « *Brief* » sur MM. François Mitterrand et Guy Mollet

« MM. Mitterrand et Mollet seront préoccupés par les élections législatives à venir qui doivent avoir lieu avant avril 1967. [...] Le comité exécutif de la Fédération de la gauche, dont M. Mitterrand est le président et dont le parti socialiste de M. Mollet est le principal membre, a adopté une résolution sur leurs tactiques électorales, le 6 octobre. [...] La résolution a été approuvée lors du congrès du Parti socialiste français qui s'est tenu les 29 et 30 octobre. [...] Il a clairement été avancé qu'ils ont l'intention de développer des contacts avec le parti communiste. Lors de sa conférence de presse du 3 novembre, M. Mitterrand avait expliqué qu'il existe des différences entre la Fédération de la gauche et le parti communiste mais qu'il souhaite les résoudre, dans la mesure du possible, sans compromettre le programme de la Fédération.

Il serait intéressant de connaître les points de vue de MM.Mitterrand et Mollet quant à la possibilité de former une alliance électorale avec les communistes, et également s'ils pensent qu'au second tour le centre démocratique se joindra aux partis d'opposition de la gauche ou aux gaullistes. [...] En ce qui concerne l'Europe, la Fédération de la gauche est, dans l'ensemble, favorable au développement de la Communauté vers une plus grande intégration politique, et n'est pas opposée à l'entrée de la Grande-Bretagne pourvu que cela n'entrave pas ses progrès dans la direction d'une plus grande intégration politique. MM. Mitterrand et Mollet souhaiteront certainement connaître les opinions de nos ministres sur les perspectives de l'entrée britannique, et dans quels termes elle serait éventuellement possible. [...] »

NOTES DE PERSONNALITÉ

MOLLET, Guy

« M. Mollet s'est fait un nom, pour la première fois, en tant que partisan de l'Europe. [...] Il s'est battu énergiquement pour la Communauté de défense européenne et ensuite pour les accords de Paris ainsi que les traités de l'Euratom [1] et de Rome. [...] Mais ce ne fut que lorsqu'il fut élu Premier ministre [président du Conseil] en 1956 qu'il accéda à la notoriété et s'imposa en tant qu'homme d'État. Son gouvernement a été le plus long de tous ceux de l'après-guerre et il a géré les affaires publiques avec une fermeté, une détermination et une confiance grandissantes. Rétrospectivement, son mandat a été marqué par sa gestion de deux affaires, l'Algérie et Suez, qui causèrent en partie l'effondrement, non seulement de son gouvernement, mais aussi de celui de la IVe République.

En Algérie, ses tentatives initiales de poursuivre une politique de "cessez-le-feu, élections libres, négociation" furent sans succès. Sa visite catastrophique à Alger, en février 1956, le poussa

1. L'Euratom ou CEEA (Communauté européenne de l'énergie atomique), créé le 25 mars 1957 par les six pays membres de la Communauté européenne du charbon et de l'acier, a pour but de fédérer la recherche dans le domaine nucléaire.

à lancer la politique énergique de “pacification” dont l’échec a mené à l’indépendance, au cours de la décennie suivante. [...]

M. Mollet s’est cramponné avec ténacité à son poste de secrétaire général du parti socialiste. Sa maîtrise de la machine et son expérience de la manipulation politique lui ont permis de jouer un rôle essentiel, lors du congrès du parti à Suresnes les 29 et 30 octobre 1966, pour empêcher M. Defferre de créer un parti travailliste français rassemblant la gauche non communiste. [...] Il a réaffirmé de façon convaincante la domination du parti socialiste.

M. Mollet figure parmi les hommes politiques remarquables de la IVe République qui ont survécu jusque dans la Ve. Son courage, ses compétences et son pouvoir de conservation sont légendaires. C’est un socialiste convaincu et un partisan du gouvernement parlementaire. Si aujourd’hui il représente pour beaucoup le pire du passé politique de la France, il a néanmoins réussi à maintenir le parti socialiste en vie, pendant les difficiles années gaullistes, et a trouvé, dans la Fédération, de nouvelles possibilités pour son renouvellement. En dépit des pressions des gaullistes, des communistes et de beaucoup de ses propres sympathisants, il reste convaincu de la nécessité d’une solidarité atlantique et d’une alliance proche entre la France et les États-Unis. Il est sincèrement attaché à la Grande-Bretagne et est fier de son anglais. Il soutient l’entrée de la Grande-Bretagne dans la Communauté économique européenne, à condition que le gouvernement de Sa Majesté soit prêt à travailler pour une Europe politique aussi bien qu’économique.

Marié avec deux enfants. »

MITTERRAND, François

« Député de la Nièvre. Candidat à la présidence de la République en 1965. Président de la Fédération de la gauche.

Né en 1916. Fils d'un agent des chemins de fer. Journaliste et avocat. Prisonnier de guerre, 1940-42, puis eut un rôle actif dans la Résistance, qui inclut des missions à Londres et Alger. [...]

M. Mitterrand a débuté sa carrière très tôt. Il s'est avéré être un ministre dynamique, n'ayant jamais peur de se faire des ennemis, sans scrupule, coriace et plein d'imagination en tant qu'administrateur dans les affaires publiques, respecté si ce n'est activement redouté. Ses qualités ont été particulièrement évidentes lorsque, en tant que ministre de l'Intérieur sous M. Mendès France, il a remanié entièrement l'appareil policier. Dans le gouvernement de M. Mollet, il devint critique de la politique algérienne en cours et critiqua l'opération de Suez. Il dirigea ensuite, avec M. Mendès France, le petit groupe de l'opposition non communiste à l'Assemblée, jusqu'à la crise de mai 1958. Il devint alors le principal porte-parole des membres de la gauche, y compris des communistes, qui exigèrent que le gouvernement de M. Pflimlin maintienne sa position face à l'armée et au général de Gaulle. Sa réputation grandit alors, au point qu'on parlait de lui comme le chef possible d'un gouvernement de “front populaire” contre l'armée.

Après le succès du général de Gaulle et ayant perdu son siège au Parlement, M. Mitterrand se retira brièvement de la vie publique. À la suite de son élection au Sénat en 1959, il fut impliqué dans une mystérieuse affaire, l'affaire de l'Observatoire, qui porta atteinte à sa réputation et pour laquelle il est encore critiqué aujourd'hui. [...] M. Mitterrand a toujours protesté de son innocence mais sa réputation en est restée altérée. Le gouvernement préfère de toute évidence que les choses en restent là.

Depuis son retour à l'Assemblée en 1962, M. Mitterrand a été un des orateurs les plus percutants de l'opposition. Par sa lucidité, sa capacité à donner des arguments convaincants et la rapidité de ses réponses, il est devenu un fléau autant pour les ministres que les membres du parti gaulliste. Il ne décida de lancer sa candidature à la présidentielle que lorsque les tentatives de M. Defferre de former une fédération avec une base plus étendue échouèrent. Alors qu'aucun candidat de la gauche n'avait encore été choisi mais que certains commençaient à se mettre en avant, M. Mitterrand décida, avec son audace caractéristique et le support tacite de M. Mollet, que le moment était venu de prendre l'initiative. Cela valait la peine de prendre le risque. En homme de gauche relativement peu engagé, il réussit à obtenir le soutien du gouvernement sans avoir à le demander ni à souscrire, comme le souhaitaient les communistes, à un programme électoral commun. [...] Du jour au lendemain, il devint une personnalité d'envergure nationale, et lors du second tour des élections il représentait aux yeux de l'électorat une réelle alternative au général de Gaulle. [...]

Depuis l'élection présidentielle, M. Mitterrand a cherché à donner une forme institutionnelle au soutien qu'il a obtenu aux élections. En tant que président de la Fédération de la gauche, il a tenté de trouver des moyens pour coopérer avec le parti communiste. [...] Sa tâche n'a pas été facile et il a eu beaucoup de mal à garder soudés les membres de la Fédération. Ils savent très bien que son but ultime est de les fusionner au sein d'une structure politique unie. Certains préfèrent l'idée d'une alliance avec le centre plutôt qu'avec le parti communiste, mais la plupart partagent l'avis de M. Mitterrand selon lequel le centre est entaché de gaullisme et que le parti communiste connaît une évolution qui l'aidera à retrouver une place au sein de la vie politique française.

M. Mitterrand a presque toutes les qualités pour occuper un poste de haut niveau, sauf celle de faire en sorte que les gens l'aiment et lui fassent confiance. On se souvient aussi bien des hauts que des bas de sa carrière et son sourire un peu sinistre a tendance à donner à ses remarques une signification qu'elles n'ont pas. On ne pourra jamais lui accorder le bénéfice du doute. Compte tenu de son passé, il serait toutefois injuste de croire que ses déclarations publiques ne sont pas sincères. C'est un partisan convaincu du mouvement européen et il ne souscrit pas à l'antiaméricanisme des gaullistes, des communistes, ou d'ailleurs de beaucoup de ses propres sympathisants. Jusqu'à présent, il ne s'est pas beaucoup intéressé aux affaires étrangères, mais il fait maintenant l'effort de les comprendre et de faire, à cet égard, la distinction entre la position de la Fédération et celle du gouvernement. Il a souvent déclaré son amitié pour la Grande-Bretagne et pense que l'adhésion britannique à la Communauté économique européenne est à la fois nécessaire et souhaitable.

Marié avec deux enfants. »

11 novembre 1966, lettre d'Arthur Michael Palliser, chef du personnel de la planification au Foreign Office, à Nicholas Maxted Fenn Esq., assistant du secrétaire privé du secrétaire d'État aux Affaires étrangères : compte rendu de la réunion de François Mitterrand et Guy Mollet avec Harold Wilson

« Le Premier ministre a reçu M. Mitterrand et M. Mollet à 18 h 30, dans son bureau à la Chambre des Communes, le jeudi 10 novembre. Gwyn Morgan de Transport House [QG du parti travailliste] et moi-même étions également présents. M. Mitterrand et M. Mollet sont restés environ une heure, et ont eu une discussion générale avec le Premier ministre, essentiellement à propos de leurs propres perspectives politiques en France et de la déclaration du Premier ministre faite cet après-midi-là sur la Grande-Bretagne et la CEE.

Sur le premier point, Mitterrand, de toute évidence, ne croyait pas qu'il y avait de réelles chances d'infliger une défaite électorale aux sympathisants du général de Gaulle lors des prochaines élections. Il n'a pas parlé de ses relations avec le parti communiste, mais expliqué que ses sympathisants et lui espéraient être le groupe d'opposition le plus important à l'Assemblée lors des prochaines élections, et, après le départ de De Gaulle, obtenir une éventuelle majorité. Il n'a pas dit s'il sera candidat lors de la prochaine élection présidentielle. Mais, lors d'une discussion sur le successeur éventuel de De Gaulle, Mollet et lui sont tombés tous deux d'accord sur le fait que Pompidou serait probablement le dauphin de De Gaulle. Mollet parla assez dédaigneusement des compétences politiques de Pompidou, mais Mitterrand a protesté. [...]

En ce qui concerne la déclaration du Premier ministre sur l'Europe, Mollet et Mitterrand l'avaient tous deux entendue dans la Chambre des Communes. [...] Mitterrand est resté assez énigmatique tout au long de la discussion mais il semblait un peu plus enthousiaste que Mollet. Ceci n'est peut-être pas totalement surprenant dans le sens où (autant que je me souvienne) Mitterrand n'a jamais été un "Européen" convaincu. »

Sources

TNA : PRO PREM 13/919 FRANCE, « Francois Mitterand *[sic]* formed "contre-gouvernment" (Shadow Cabinet) »

TNA : PRO PREM 13/2648 FRANCE, « Visit of Guy Mollett and Francois Mitterand *[sic]* to UK : record of meeting with Prime Minister, 10 November 1966 ; further planned visit of M.Mollett in 1968 was cancelled »

Pour en savoir plus

Giesbert Franz-Olivier, *François Mitterrand ou la tentation de l'histoire*, Seuil, 1977.

Malye François et Stora Benjamin, *François Mitterrand et la guerre d'Algérie*, Calmann-Lévy, 2010.

Mitterrand François, *Ma part de vérité*, Fayard, 1969.

Peyreffite Alain, *C'était de Gaulle*, Fayard, 1997.

LE LIVRE INTERDIT

Jamais un livre publié en Grande-Bretagne n'aura causé autant de controverses et de contorsions diplomatiques pour finalement ne pas paraître en France, de peur d'y provoquer une levée de boucliers des anciens de la Résistance et de leur chef suprême, le général de Gaulle. Nous sommes pourtant en 1966, plus de vingt ans après la fin de la guerre, mais comme l'explique l'ambassadeur britannique à Paris, Sir Patrick Reilly, *« il peut sembler surprenant que ces questions soient encore si sensibles en France, mais les Français sont comme ça... Des gens qui n'étaient même pas encore nés parlent avec cœur de l'affaire Dreyfus ».*

L'ouvrage de l'historien Michael R. D. Foot [1] porte sur un sujet délicat : le rôle prépondérant du SOE et de ses agents dans le combat mené par la Résistance. Le *Special Operations Executive*, rappelons-le, a été fondé dès juillet 1940 pour organiser la subversion en Europe. C'est lui qui fournit les moyens nécessaires aux résistants des différents pays occupés, les forme, les entraîne, assure parachutages et atterrissages nocturnes.

À partir de l'automne 1960, Michael R. D. Foot, titulaire de la chaire d'histoire moderne à l'université de Manchester mais aussi ancien commando parachuté en France, se voit ouvrir les portes du

1. Michael R.D. Foot (1919-2012) avait été membre des SAS (Special Air Service) et parachuté en août 1944 en Bretagne avec pour mission de neutraliser un tortionnaire nazi. Capturé et torturé, Foot, qui appartenait à une vieille famille anglaise d'officiers de marine, sera finalement échangé contre un officier de sous-marin allemand. Après la guerre, il est professeur à Oxford, puis titulaire de la chaire d'histoire moderne à Manchester.

fonds des archives du SOE par le Her Majesty's Stationery Office[1] (HMSO) – désormais la propriété des National Archives – qui souhaite voir écrite l'histoire de ce service si particulier. Une seule exigence : que l'historien ne travaille que sur documents sans rencontrer les anciens agents. Le livre s'intitule *SOE in France. An Account of the Work of the British Special Operations Executive in France 1940-1944*[2]. La sortie de l'ouvrage en Grande-Bretagne engendre de telles réactions de la part de certains anciens Français libres que sa publication en France, prévue chez Fayard, est annulée. Oublié, le livre ne sera publié en France qu'en 2008 par les éditions Tallandier à l'initiative de l'historien et ancien résistant Jean-Louis Crémieux-Brilhac qui en rédige l'appareil critique. Quant au *Nouvel Observateur* qui devait en publier les « bonnes feuilles » à l'époque, il doit renoncer car le HMSO britannique n'hésite pas à lui intenter un procès pour éviter toute promotion du livre. *« Ni l'histoire diplomatique, ni l'histoire littéraire n'offrent rien de comparable »*, écrira Jean-Louis Crémieux-Brilhac, dans l'avant-propos du livre en 2008 en évoquant *« [sa] mise à l'index imposée durant quarante ans par un gouvernement étranger et ami »*.

« La vision de Foot était très anglaise. Il s'accaparait des gens comme Brossolette, Morandat[3], les transformant en agents britanniques, a expliqué Jean-Louis Crémieux-Brilhac dans une interview donnée en 2012, après le décès de Michael R. D. Foot. *Cela ne nous faisait pas très plaisir. Il faut rappeler que tout cela se passait à une époque où les archives françaises étaient totalement fermées. Mais surtout les Britanniques ne voulaient pas soulever la colère du général de Gaulle. Longtemps, le discours a été que la France s'était libérée par ses propres moyens. Il est vrai cependant que, sans la logistique anglaise, on ne voit pas très bien les possibilités qu'auraient eues tous les membres*

---

1. « Her Majesty's Stationery Office » (HMSO) fait aujourd'hui partie des National Archives. Fondé en 1786, il détient le *Crown copyright*, les droits pour tous les documents publiés par la Couronne et le gouvernement britanniques. Depuis 1889 il est l'imprimeur et l'éditeur officiel de toutes les lois britanniques.

2. Foot Michael R. D., *Des Anglais dans la Résistance, le SOE en France, 1940-1944*, Tallandier, 2008.

3. Marie Léon Yvon Morandat (1913-1972), dit Yvon Morandat. Après avoir combattu à Narvik, rejoint les Forces françaises libres en juin 1940. Parachuté dès 1941 en France pour prendre contact avec les syndicats et les mouvements de la France libre, il travaille avec Jean Moulin, puis André Philip et Alexandre Parodi. Parachuté à nouveau en 1944, il participe à la libération de Paris.

de la Résistance pour agir[1] ». La publication du livre tombait également à une mauvaise période. Le pouvoir gaulliste, pour faire oublier le désastre de la guerre d'Algérie, magnifiait alors l'action de la Résistance en multipliant les cérémonies comme celle du transfert du cénotaphe contenant les cendres présumées de Jean Moulin au Panthéon, le 19 décembre 1964.

« Votre ouvrage sur le SOE, par l'éclairage qu'il projette sur des aspects, encore mal connus, de l'action des services secrets britanniques dans la France occupée, apporte une très intéressante contribution à l'histoire de la Seconde Guerre mondiale », répond, aimablement, de Gaulle à Michael Foot pour le remercier de l'envoi de son livre en version anglaise. Mais un briscard de la France libre se charge de *« donner des coups de bâton »* aux Britanniques, comme l'écrit Sir Patrick Reilly. L'ambassadeur avait cru prendre ses précautions en envoyant le livre avant sa publication au colonel Passy, ancien chef du BCRA, les services secrets de la France libre, et grand rival du SOE. Cela n'empêchera pas Passy d'écrire des articles virulents en France et en Grande-Bretagne contre le livre de Michael R. D. Foot qui devra en même temps affronter plusieurs procès en diffamation d'anciens agents britanniques.

« À travers ces attaques, c'est en grande partie la vieille controverse de la guerre qui est inévitablement relancée car elle est évoquée dans le livre même, explique Sir Patrick Reilly, amené à donner son avis sur l'opportunité d'une publication en France. *Des accusations bien connues sont relancées, que nous n'autorisions pas les Français libres à mener eux-mêmes les opérations en France mais que nous encouragions à la place "deux Résistances", que notre méfiance à l'égard de la sécurité française était injuste ou que nous aurions dû alors aider les Français libres à l'améliorer, et que les Français qui s'étaient échappés de France pour rejoindre les Français libres étaient mis sous pression afin qu'ils rejoignent le SOE. »* Mais l'ambassadeur a d'autres raisons pour conseiller au gouvernement de ne pas autoriser cette publication. *« Je me sens obligé de vous avertir du danger en particulier à déclencher des critiques en France à un moment où nous espérons un changement d'attitude des Français à propos de l'adhésion britannique au Marché commun. »* Cela n'empêchera pas de Gaulle, le 27 novembre 1967, de s'opposer pour la deuxième fois à l'entrée de la Grande-Bretagne dans l'Europe.

---

1. Entretien avec l'un des auteurs, Lepoint.fr, 28/02/2012.

Le livre de Michael R. D. Foot demeure une référence pour tous ceux qui s'intéressent à cette période et à ceux qui ont sacrifié leur vie, Britanniques ou Français, pour que la Résistance existe. C'est ce qu'écrivait l'historien, dans la courte introduction de l'édition française de son livre trente-cinq ans après l'édition anglaise : « *Avant de perdre la France, les Allemands avaient, en plusieurs années d'occupation, capturé et emprisonné dans leurs camps de concentration quelques dizaines de milliers de membres de la Résistance française, dont environ 200 agents entraînés par le SOE pour travailler en France. Parmi ces derniers moins de quarante sont revenus pour raconter ce qu'ils avaient subi. La meilleure justification de la guerre et de toutes ses pertes, c'est d'avoir détruit le régime qui fit exister ces camps.* »

11 mai 1966, réponse (en français) du général de Gaulle à l'envoi du livre de Michael R. D. Foot par l'ambassade britannique à Paris

« Monsieur le Professeur,

Votre ouvrage sur le SOE, par l'éclairage qu'il projette sur des aspects encore mal connus de l'action des services secrets britanniques dans la France occupée, apporte une très intéressante contribution à l'histoire de la Seconde Guerre mondiale.

Je vous remercie de me l'avoir adressé et j'ajoute que je suis très sensible aux termes en lesquels vous me l'avez dédicacé.

Veuillez croire, Monsieur le Professeur, à mes sentiments les plus distingués et les meilleurs. »

18 mai 1966, extrait de la lettre de Sir Patrick Reilly, ambassadeur britannique à Paris, accompagnant l'envoi du livre à André Dewavrin, dit colonel Passy, ancien chef du BCRA

« J'ai tenu à vous l'adresser dès maintenant car il risque de provoquer des polémiques qui, je l'espère, ne nuiront pas à la profonde et indéfectible amitié que je souhaite voir demeurer entre nos deux pays. »

24 novembre 1966, lettre de Sir Patrick Reilly, ambassadeur britannique à Paris, à Denis Arthur Greenhill, assistant du sous-secrétaire d'État aux Affaires étrangères

« J'ai étudié avec soin les points mis en avant dans votre lettre, mais je dois admettre que je ne suis pas rassuré quant aux conséquences de la publication du livre en français, surtout sous sa forme actuelle. J'ai réfléchi, en particulier, à l'argument selon lequel une grande partie du travail de révision du livre consiste à incorporer les réactions françaises au texte actuel, et qu'on peut s'attendre à d'autres réactions si une édition française est publiée. Cet argument aurait de la force si on pouvait espérer que l'œuvre soit dans l'ensemble bien reçue en France, mais je dois dire que je pense que cela semble maintenant peu probable. La parution de la version anglaise en France a suscité une grande attention désormais disparue, mais son contenu a également suscité beaucoup de critiques. [...] La parution d'une édition française attirerait encore plus l'attention et, il nous faut le supposer, beaucoup plus de critiques, avec pour résultat probable que la réputation du livre en France serait sérieusement atteinte.

Le livre est très dense et je ne m'attends pas à ce que beaucoup de Français le lisent en entier. Les conséquences de la parution d'une édition française qui m'inquiètent sont la possibilité de procédures en diffamation et la relance presque certaine de critiques du livre par des membres des Forces françaises libres menées par le colonel Passy.

C'est aux juristes de donner des conseils sur la possibilité de procès en diffamation. [...] Dans tous les cas, le coût probable des actions légales résultant de l'édition française pour le HMSO a été estimé à 20 000 livres sterling. Je ne me réjouis pas à l'idée des controverses politiques désagréables dans lesquelles nous serions inévitablement impliqués par de telles procédures.

Je me soucie plus, toutefois, des attaques que lanceront presque certainement les anciens Français libres lorsque paraîtra une édition française et je ne peux pas partager l'avis de M. Orengo[1] de Fayard estimant que le feu des critiques est éteint. Le fondement de ces attaques est que le livre traite l'histoire de la section française du SOE hors du contexte de celle de l'histoire complète de la Résistance en France et en particulier manque de rendre justice au rôle du Gouvernement français libre à Londres et à la Résistance française. [...] À travers ces attaques sur le livre, c'est en grande partie la vieille controverse de la guerre qui est inévitablement relancée car elle est évoquée dans le livre même et des accusations bien connues sont relancées, que nous n'autorisions pas les Français libres à mener eux-mêmes les opérations en France mais que nous encouragions à la place "deux Résistances", que notre méfiance à l'égard de la sécurité française était injuste ou que nous aurions dû alors aider les Français libres à l'améliorer, et que les Français qui s'étaient échappés de France pour rejoindre les Français libres étaient mis sous pression afin qu'ils rejoignent le SOE. Le livre sera également critiqué [...] parce que l'auteur n'a pas consulté les archives françaises ni aucune des personnalités associées à la Résistance. Je ne pense pas que des critiques de ce genre puissent être évitées par la révision du livre envisagée dans le dernier paragraphe de votre lettre. Il peut sembler surprenant que ces questions soient encore si sensibles en France, mais les Français sont comme ça... Des gens qui n'étaient même pas encore nés parlent avec cœur de l'affaire Dreyfus. Alors qu'un Français peut débattre de questions épineuses comme celles-là, il supporte mal les critiques de l'extérieur et, dans le cas présent, la question est d'autant plus sensible que le livre serait publié par HMSO et sa

1. Charles Orengo, alors P-DG des éditions Fayard.

publication en français serait formellement autorisée par le Stationery Office. [...]

Je me sens obligé de vous avertir du danger en particulier de déclencher des critiques en France à un moment où nous espérons un changement d'attitude des Français à propos de l'adhésion britannique au Marché commun. Je ne fais pas ici référence à la réaction personnelle de De Gaulle : il a envoyé une lettre reconnaissante à l'auteur expliquant que "le livre éclairait des aspects encore mal connus de l'action des services secrets britanniques en France", mais la lettre a été envoyée douze jours après que nous lui avons transmis le livre et avant que le colonel Passy n'ait commencé à donner des coups de bâton. [...] Mais de nombreux Français trouveraient bizarre que nous persistions à publier un livre qui a déjà été sévèrement critiqué en France – car il ne rend pas justice aux Français libres – et critiqué également au Royaume-Uni car il contient des erreurs factuelles et de jugement, certaines desquelles ont depuis été officiellement reconnues. Ceux qui souhaitent nous exclure du Marché commun pourraient susciter des controverses à ce sujet. [...]

Prenant en compte ces considérations d'ordre général, je dois désapprouver l'opinion avancée par M. Orengo de Fayard [...] estimant que la réaction du public français est d'une importance mineure et sans conséquences politiques. Je reconnais qu'il parle en tant qu'ancien membre de la Résistance, mais d'autres chefs de la Résistance nous ont prévenus que le sujet est brûlant politiquement. Je comprends qu'il soit embêtant pour Fayard que leur programme de publication soit retardé et je comprends également que le HMSO souhaite profiter commercialement de la parution de l'édition française. Toutefois, il me semble qu'aucun contrat n'a encore été signé et je ne m'attends pas à ce que la déception de Fayard nous cause réellement des problèmes. [...]

Dans ma lettre du 20 août 1965, j'avais convenu de la parution d'une édition française après que des changements eurent été apportés au texte afin de le rendre plus acceptable aux yeux des Français libres [...]. Mais les changements se sont avérés insuffisants. [...] Je me sens ainsi en droit de revenir sur la recommandation que j'avais faite l'année dernière et je vous conseille maintenant de reporter la décision de publier l'édition française pendant douze mois et d'examiner de nouveau la question à la lumière des relations franco-britanniques et de l'état de l'affaire entre *Le Nouvel Observateur* et le HMSO à ce moment-là... »

16 décembre 1966, réponse de Denis Arthur Greenhill à la lettre de Patrick Reilly du 24 novembre

« Cher Patrick,

Merci pour votre lettre du 24 novembre sur la proposition d'une édition française de *SOE in France*. Comme vous le savez d'après la correspondance entre Logan et Jackson, nous recommandons aux ministres de retarder, comme vous l'avez suggéré, l'édition française et nous attendons leur approbation. [...]

Foot est d'accord avec les explications que nous proposons de donner à la maison d'édition, c'est-à-dire que nous ne voulons pas poursuivre l'édition française pour le moment car l'auteur a reçu une quantité considérable de nouvelles informations utiles et de commentaires [...] et que lui et nous-mêmes pensons que celles-ci devraient être prises en compte avant la parution d'une édition française. [...]

Le HMSO et [Sir Burke] Trend ont demandé si vous pourriez expliquer ceci personnellement et oralement à l'un des dirigeants d'Hachette ou Fayard afin de minimiser les répercussions possibles de notre décision. Les raisons [...] que nous proposons de donner sont essentiellement d'ordre politique, qu'il serait embarrassant pour le HMSO d'expliquer directement. [...] Le HMSO indique que Schoeller [1] de chez Hachette est la personne à rencontrer la plus indiquée [...] »

---

1. Guy Schoeller (1915-2001), éditeur, créateur, entre autres, de la collection « Bouquins » (Robert Laffont).

21 décembre 1966, lettre de Sir Patrick Reilly à Denis Arthur Greenhill

« Merci pour votre lettre du 16 décembre sur le *SOE in France*. Je suis content de savoir que vous avez recommandé aux ministres de repousser l'édition française, comme je l'avais suggéré dans ma lettre du 24 novembre.

Votre lettre me commande de parler aux éditeurs dès que l'autorisation ministérielle aura été donnée. [...] J'ai pensé que je devais vous écrire immédiatement car je pense qu'il serait préférable que HMSO explique cette décision à Fayard plutôt que l'ambassade s'implique dans l'affaire. [...]

Quant à la question de savoir qui devrait parler à Fayard, je peux comprendre que d'autres départements à Whitehall[1] préconisent que l'ambassadeur fasse part d'une décision prise à la suite des conseils du Foreign Office. Mais je ne pense vraiment pas que ce soit la bonne solution dans ce cas particulier. Les raisons que l'on propose de donner à Fayard me semblent essentiellement techniques – le livre va être réédité donc on ne peut pas prendre de décision sur une édition française. Ni moi ni personne de l'ambassade n'a jusqu'à présent participé aux négociations entre le HMSO et Fayard et il semblerait parfaitement normal que le HMSO leur fasse part de cette décision directement. Si on demande à quelqu'un de l'ambassade ou à moi de le faire, on donnera l'impression qu'il existe une raison politique sous-jacente, ce qui est, au contraire, précisément l'impression que nous voulons éviter de donner. Si nous donnons cette impression, il est possible que *Le Nouvel Observateur* le reprenne dans leur procès contre le HMSO. »

1. Rue située dans le quartier de Westminster à Londres, où se trouvent de nombreux bureaux du gouvernement britannique.

Sources

TNA : PRO FO 146/4634, « Problems associated with the publication of the French edition of Michael Foot's book *Special Operations Executive (SOE) in France* »
TNA : PRO FO 146/4635, « Problems associated with the publication of the French edition of Michael Foot's book *Special Operations Executive (SOE) in France* »
TNA : PRO FO 953/2431, « Writ and statement of claim against Her Majesty's Stationery Office and Michael R D Foot issued by Peter Churchill's solicitors for passages about Winston Churchill in Foot's book *SOE in France* »

Pour en savoir plus

Albertelli Sébastien, *Les Services secrets du général de Gaulle*, Perrin, 2009.
Foot Michael R. D., *Des Anglais dans la Résistance, le SOE en France, 1940-1944*, Tallandier, 2008.

« VIVE LE QUÉBEC LIBRE ! »

« Aussitôt après que le Général eut parlé, tous ceux présents à l'hôtel de ville réalisèrent immédiatement qu'une catastrophe venait de se produire. » C'est l'ambassadeur du Canada à Paris, Jules Léger [1], qui évoque ainsi, deux mois plus tard, ce soir terrible du 24 juillet 1967 lors d'une entrevue avec son homologue anglais dans la capitale, Sir Patrick Reilly. Le quatrième voyage du général de Gaulle au Canada avait pourtant, jusque-là, été un succès. Quand il débarque du croiseur *Colbert*, le 23 juillet 1967, à l'Anse au Foulon à Québec pour un voyage de quelques jours dans l'ancienne possession française et une visite à Ottawa, la capitale du Canada, l'accueil de la foule est *« délirant »*, selon Jules Léger qui l'accompagne. Le 24, il prend la route dans une limousine pour se rendre à Montréal, capitale économique de la province, aux côtés de Daniel Johnson, Premier ministre du Québec, long trajet de 270 kilomètres qu'il ponctue de plusieurs discours qui déchaînent l'enthousiasme des Québécois. Mais le soir, arrivé devant l'hôtel de ville de Montréal où se pressent 15 000 personnes, et voyant les micros sur le balcon, il se lance dans un discours qui n'était pas prévu et dont la conclusion aura un retentissement international. *« C'est une immense émotion qui remplit mon cœur en voyant devant moi la ville française de Montréal. Au nom du vieux pays, au nom de la France, je vous salue de tout mon cœur. Je vais vous confier un secret que vous ne répéterez pas. Ce soir ici, et tout le long de ma route, je me trouvais dans une atmosphère du même genre que celle de la Libération. Outre cela, j'ai constaté quel immense effort de progrès, de développement, et par conséquent d'affranchissement vous accomplissez ici et c'est à Montréal qu'il faut que je le dise, parce que, s'il y a au monde*

1. Jules Léger est ambassadeur du Canada à Paris du 1er juin 1964 au 1er novembre 1968.

une ville exemplaire par ses réussites modernes, c'est la vôtre. Je dis c'est la vôtre et je me permets d'ajouter c'est la nôtre.

Si vous saviez quelle confiance la France, réveillée après d'immenses épreuves, porte vers vous, si vous saviez quelle affection elle recommence à ressentir pour les Français du Canada et si vous saviez à quel point elle se sent obligée à concourir à votre marche en avant, à votre progrès ! C'est pourquoi elle a conclu avec le gouvernement du Québec, avec celui de mon ami Johnson, des accords, pour que les Français de part et d'autre de l'Atlantique travaillent ensemble à une même œuvre française. Et, d'ailleurs, le concours que la France va, tous les jours un peu plus, prêter ici, elle sait bien que vous le lui rendrez, parce que vous êtes en train de vous constituer des élites, des usines, des entreprises, des laboratoires, qui feront l'étonnement de tous et qui, un jour, j'en suis sûr, vous permettront d'aider la France.

Voilà ce que je suis venu vous dire ce soir en ajoutant que j'emporte de cette réunion inouïe de Montréal un souvenir inoubliable. La France entière sait, voit, entend, ce qui se passe ici et je puis vous dire qu'elle en vaudra mieux.

Vive Montréal ! Vive le Québec !

Vive le Québec libre !

Vive le Canada français ! Et vive la France ! »

« Vive le Québec libre » est justement l'un des slogans des séparatistes québécois qui veulent s'affranchir de la tutelle d'Ottawa [1]. Quant à l'allusion à la libération de Paris, elle est transparente. Le Québec serait donc occupé. Difficile à entendre pour des Canadiens qui ont massivement donné leur sang pour libérer la France dans les deux conflits mondiaux. Pour le gouvernement fédéral canadien, c'est un affront sans précédent et le Premier ministre Lester Bowles Pearson [2] le fait vite savoir à de Gaulle et à son entourage. *« Je suis vieux et je n'ai plus rien à attendre, rien, rien. Qu'on ne me demande pas de changer une phrase, un mot, une virgule »*, répond celui-ci. Le Général décide de retourner directement à Paris, sans passer par Ottawa. Avait-il prémédité cette fin dans un discours lui-même improvisé ? Et d'ailleurs a-t-il même prononcé cette expression si désastreuse ? Selon le document que nous publions ici, le compte rendu de l'entretien entre Sir Patrick Reilly, ambassadeur britannique à Paris, et Jules Léger, ambassadeur du Canada dans la capitale, ce dernier explique qu'il se peut qu'il

1. C'est celui du Rassemblement pour l'indépendance nationale (RIN).
2. Lester Bowles Pearson (1897-1972), chef du gouvernement fédéral canadien.

y ait eu un quiproquo et que le Général ait été interrompu dans sa phrase finale.

En réalité, personne ne peut croire à cette version. Ce serait oublier combien le Canada et surtout le Québec comptent pour Charles de Gaulle. Lui qui s'est toujours fait une certaine idée de la France et de son rôle dans l'histoire s'en est toujours voulu que celle-ci ait lâchement abandonné la « Belle Province » en 1763, après la défaite de Montcalm face aux troupes du général britannique James Wolfe, et que le Canada se soit fondé sur *« notre défaite d'autrefois* [1] *»*. Au-delà, c'est la domination anglo-saxonne sur le Québec que ne supporte pas le Général. Quatre ans plus tôt, au Conseil des ministres du 23 octobre 1963, sa religion était déjà faite : *« Il faut nous préparer [...] à un avenir prévisible, à plus ou moins longue échéance : l'indépendance du Québec. »*

Les réactions au discours du 24 juillet vont toutes dans le même sens. Côté français, les membres de l'entourage de Gaulle sont *« assommés »*. Côté anglo-saxon, c'est une volée de bois vert comme dans le *Times* : *« Il faut nous résigner à supporter les provocations du président de la République française pendant le long et triste déclin de ses facultés. »* Mais, à 78 ans, de Gaulle, olympien, se moque bien des commentaires. *« Tout ce qui grouille, grenouille, scribouille, n'a pas de conséquences historiques dans ces grandes circonstances, pas plus qu'il n'en eut jamais dans d'autres »*, déclare-t-il à Jean Drapeau, deux jours plus tard, lors d'un banquet donné à Montréal. Il estimera par la suite que, par cet incident diplomatique, il a fait gagner dix ans au Québec en le sortant de l'isolement et en le projetant ainsi sur la scène diplomatique internationale.

14 septembre 1967, Sir Patrick Reilly, ambassadeur britannique à Paris, envoie à Hugh Travers Morgan au Foreign Office un compte rendu d'une discussion qu'il a eue le 11 septembre avec l'ambassadeur du Canada à Paris, Jules Léger, à propos du voyage du général de Gaulle au Québec

« Toute l'affaire a naturellement été un coup terrible pour Léger. Il m'a dit que dans la conclusion du compte rendu oral

1. Peyreffite Alain, *C'était de Gaulle*, tome III, Fayard, 2001.

qu'il avait donné à M. Pearson, il lui avait expliqué que sa mission à Paris était maintenant ruinée. M. Pearson, cependant, a simplement ri et lui a dit de retourner à Paris pour la terminer. Il y a eu des spéculations sur le fait de savoir si Léger restera en réalité à Paris, mais il ne m'a pas dit quoi que ce soit qui laissait entendre qu'il s'attendait à partir avant un bon bout de temps.

Léger m'a parlé très ouvertement. Je suis sûr que tous les destinataires de cette lettre veilleront à protéger ses confidences et à ne pas répéter ce qu'il m'a dit aux Canadiens. [...] L'ambassadeur du Canada, qui vient de rentrer de congé, m'a donné hier un compte rendu sans fard de la visite du général de Gaulle au Canada, pendant toute la durée de laquelle il a accompagné le Général. M. Léger a expliqué qu'il pensait que le Général, qui avait été très occupé avant de partir au Canada, n'avait commencé à réfléchir sérieusement aux discours qu'il allait prononcer pendant la visite, qu'au début de la traversée de l'Atlantique. M. Léger pense qu'en écrivant ses discours, il fut très influencé par ses longues conversations récentes avec le Premier ministre du Québec, avec qui il avait passé de six à sept heures, ainsi que par un certain nombre de livres qu'il avait lus sur des tendances séparatistes. Il avait, bien sûr, reçu des brouillons du Quai d'Orsay, mais M. Léger ne pense pas qu'il les ait vraiment utilisés.

M. Léger a expliqué que, jusqu'au moment du discours sur le balcon de l'hôtel de ville à Montréal, le Général n'avait prononcé aucun discours qui n'avait pas été clairement préparé à l'avance. Il n'avait pas non plus dit quoi que ce soit qui soit intolérable pour le Gouvernement fédéral (ni *a fortiori* pour le Québec). [...] L'accueil du Général au Québec ne pouvait être décrit autrement que comme délirant. M. Léger a expliqué qu'il était présent lors de plusieurs autres visites du Général dans les régions de France mais qu'il n'y avait jamais rien vu qui soit comparable. [...] Jusqu'à son arrivée à Montréal, le Général s'était retenu de dire quoi que ce soit que le Gouvernement fédéral aurait pu juger inacceptable.

Lorsqu'il est arrivé à Montréal, tard dans la journée, il devait simplement saluer les notables qui étaient venus l'accueillir à l'hôtel de ville puis aller se coucher. Ayant traversé une grosse foule devant l'hôtel de ville et salué le comité de réception, il demanda au maire s'il pouvait dire quelques mots depuis le balcon. On lui expliqua que cela n'était pas prévu dans le programme, mais de Gaulle indiqua ensuite qu'il y avait un micro sur le balcon et alla s'adresser à la foule. Même à ce moment-là, ce ne fut que dans ses dernières phrases qu'il dit deux choses qui allaient offusquer le Gouvernement fédéral. La première fut de comparer son expérience ce jour-là à celle de son accueil à Paris lors de la Libération et l'autre était bien sûr les mots de clôture : "Vive le Québec libre." M. Léger n'avait pas pu se procurer un texte écrit de ce discours et ne savait pas s'il était improvisé ou non. Il a expliqué qu'une étude des discours préparés par de Gaulle a montré qu'il n'en complétait pas la fin et qu'il improvisait en fonction des circonstances. Ainsi, s'il existait un texte préparé, il était très peu probable que les mots "Vive le Québec libre" y aient été écrits. [...]

M. Léger a ajouté qu'il y avait aussi une autre version selon laquelle le Général n'avait pas voulu dire "Vive le Québec libre" [...] et qu'il allait dire à la place quelque chose du genre "Vive le Québec libre de prendre ses propres décisions" et que les clameurs de la foule l'ont interrompu après le mot "libre". M. Léger expliqua qu'une étude minutieuse de l'enregistrement télévisé montrait en effet que les lèvres du Général continuaient à bouger après la réponse de la foule, mais que sa voix était noyée.

M. Léger dit qu'aussitôt après que le Général eut parlé, tous ceux présents à l'hôtel de ville réalisèrent aussitôt qu'une catastrophe venait de se produire. Le Général, cependant, ne semblait pas s'en rendre compte et il partit se coucher. Le programme du lendemain se déroula comme prévu mais la réaction de la foule montrait que l'ambiance avait été gâchée et qu'il n'existait plus un enthousiasme comparable à celui de la veille. Tous les ministres fédéraux quittèrent Montréal pour assister à des réunions à Ottawa, ne laissant que M. Léger pour représenter le Gouvernement fédéral ce jour-là. Le Gouvernement fédéral fit son annonce à 18 heures, mais au dîner qui se tint ce soir-là on n'était pas au courant de ce qui avait été dit à Montréal. [...] Ce fut seulement après minuit que M. Couve de Murville [1] fut convoqué pour voir le Général, qui avait alors reçu la déclaration du Gouvernement fédéral, et qui dit à M. Couve qu'il avait l'intention de rentrer en France depuis Montréal sans passer par Ottawa. [...]

Après des conversations avec le Premier ministre et d'autres ministres qui durèrent la nuit entière, M. Léger fut autorisé à dire à M. Couve le lendemain matin que, malgré ce qui s'était passé, le Gouvernement fédéral était entièrement d'accord pour que le programme [...] se déroule comme prévu. [...]

M. Léger dit qu'il était présent lorsque le message d'Ottawa fut communiqué au Général. Il semblait que le message avait été transmis lors d'une occasion plus ou moins publique avec des gens s'affairant autour du Général. M. Léger entendit sa réponse : "Je suis vieux et je n'ai plus rien à attendre, rien, rien. Qu'on ne me demande pas de changer une phrase, un mot, une virgule" et il tourna les talons. Après une matinée confuse, lors de laquelle on s'arrangea pour faire venir l'avion du Général d'Ottawa à Montréal, il y eut un déjeuner lors duquel le maire de Montréal, M. Drapeau, sachant qu'il était le dernier Canadien à parler en public au Général, fit un discours sans ambiguïté et effectivement sévère que, selon M. Léger, le Général n'oublierait certainement pas. M. Léger décrivit la réponse du Général comme relativement anodine. Le Général partit pour prendre l'avion et M. Léger fut autorisé à lui dire au revoir au nom du Gouvernement fédéral [...].

M. Léger a expliqué que tous les membres de l'entourage du Général, y compris M. Couve, étaient "assommés" par ce qui s'était passé. Aucun d'entre eux ne prononça le moindre mot

1. Maurice Couve de Murville (1907-1999), Premier ministre de 1968 à 1969.

critiquant le Général et tous se réfugièrent dans un silence complet et absolu. M. Léger dit que même M. Couve semblait extrêmement perplexe. M. Léger lui demanda si le Général avait conscience que les mots qu'il avait prononcés étaient ceux du slogan séparatiste. M. Couve répondit que ça ne servait à rien de demander une chose pareille au Général. Il ne reconnaissait pas l'existence de "séparatistes". [...] Le ton général de M. Léger sur toute l'affaire est que, jusqu'aux quelques secondes catastrophiques du discours à Montréal, son opinion était que, dans l'ensemble, l'influence du Général sur les affaires intérieures du Canada était plutôt positive qu'autre chose. Il avait maintenant, à regret, été obligé de changer d'avis. [...]

Concernant l'avenir, M. Léger dit qu'il craignait que le Général ne puisse tenir les très larges promesses qu'il avait faites au Québec. [...] Cependant, son impression, lors de son retour à Paris, était que le Gouvernement français avait bien l'intention de tenir les promesses du Général et qu'ils seraient maintenant obligés de donner une aide technique considérable au Québec. [...]

Concernant les relations au niveau fédéral, M. Léger dit qu'il ne savait pas comment elles se développeraient. Le Général avait bien sûr jusque-là encouragé une collaboration dans tous les domaines, mais il était maintenant possible qu'il la suspende. [...] Il avait lui-même l'intention de se monter discret pour le moment et certainement pas de proposer des initiatives pour de nouvelles formes de coopération au niveau fédéral. Il s'attendait toutefois à signer prochainement un accord avec le gouvernement français, prévu depuis un moment, sur la coopération dans la recherche et le développement et la production dans le domaine militaire. »

SOURCES

TNA : PRO FCO 23/151, « Canada : Travel Visit : President de Gaulle »

Pour en savoir plus

Gaulle Charles de, *Mémoires d'espoir*, Omnibus/Plon, 1994.
Lalande Gilles, « Hypothèses et interrogations », *Espoir* n° 12, 1974.
Morin Jacques-Yvan, « La question du Québec chez le général de Gaulle », *Espoir* n° 12, 1975.
Peyreffite Alain, *C'était de Gaulle*, tome III, *Fayard*, 2001.
Thompson Dale C., *De Gaulle et le Québec*, Éditions du Trécarré, 1990.

LE 18 JUIN DE « DANY LE ROUGE »

Le 12 juin 1968, Daniel Cohn-Bendit se rend au Royaume-Uni pour y faire une déclaration à la BBC. Un rien potache, il a fait croire au journal *L'Aurore* que celle-ci aurait lieu le 18 juin, jour anniversaire de l'appel du général de Gaulle. En réalité, le leader étudiant doit participer à une émission intitulée « Students in Revolt » qui est diffusée le 15 juin. L'ambassadeur britannique à Paris, Patrick Reilly, a adressé, dès le 14 juin, un télégramme au Foreign and Commonwealth Office [1] faisant part de ses inquiétudes. Le ton est comminatoire : il ne faut pas que la BBC aide « Dany le rouge » à faire quoi que ce soit contre la France. John Peck, assistant du sous-secrétaire d'État aux Affaires étrangères et au Commonwealth, ajoute que lui permettre de faire une annonce politique risquerait d'avoir un grave impact sur les relations franco-britanniques, et suggère qu'en cas d'annonce contre le gouvernement français le Home Office *« l'expuls[e] immédiatement »*. Ayant également eu connaissance du télégramme de Patrick Reilly, le Premier ministre Harold Wilson souhaite lui aussi que la BBC ne diffuse pas ce message. Celle-ci est alors forcée d'assurer dans un communiqué qu'elle n'a pas offert ses services à celui qu'elle appelle *« Herr »* Cohn-Bendit. L'affaire se termine bien pour la diplomatie britannique, l'émission de la BBC tournant finalement en un débat confus entre les différents intervenants.

1. Créé en 1968 suite à la fusion du Foreign Office et du Commonwealth Office. Dirigé par le secrétaire d'État aux Affaires étrangères et au Commonwealth.

14 juin 1968, télégramme n° 595 de Patrick Reilly, ambassadeur britannique à Paris, au Foreign and Commonwealth Office

« L'entrée de Cohn-Bendit sur le territoire britannique a été fortement critiquée ici, bien qu'il semble qu'on se soit maintenant rendu compte que nous pourrions bien le forcer à se dégonfler. On craint, toutefois, que Cohn-Bendit ne poursuive des actions contre la France lors de sa visite en Grande-Bretagne. J'exige que l'on insiste sur le fait qu'il ne reçoit aucune aide des services publics britanniques. Il est particulièrement important que la BBC ne lui prête aucun concours. [...] Quelle que soit l'aide que la BBC pourrait lui offrir, elle serait interprétée ici, et pas seulement par les gaullistes, comme une intervention dans la campagne électorale contre le Général. [...] Nous avons discuté avec la BBC ici mais le représentant principal de la BBC, Powell, se trouve à Londres. Je suggère que l'affaire soit traitée avec la BBC à Londres afin qu'ils soient informés des risques encourus. [...] Il est fortement souhaité, dans l'intérêt des relations franco-britanniques, que l'affaire soit tuée dans l'œuf le plus rapidement possible. »

14 juin, commentaires manuscrits de John Peck sur le télégrappe n° 595 de Patrick Reilly

« Cohn-Bendit est un ressortissant allemand qui a choisi la nationalité allemande à l'âge de vingt et un ans. Lui permettre de mener des activités politiques contre le gouvernement français nuirait fortement à nos relations avec la France et serait embarrassant vis-à-vis des Allemands. Je suggère que l'on s'adresse au Home Office afin de souligner les dégâts que toute tentative de la part de Cohn-Bendit de mener des activités politiques contre le gouvernement français pourrait causer à notre politique extérieure, si le secrétaire d'État à l'Intérieur ne réagissait pas rapidement, en l'expulsant immédiatement, par exemple. »

17 juin, lettre de Michael Palliser, secrétaire privé au 10 Downing Street, à Donald Maitland du Foreign and Commonwealth Office

« Le Premier ministre a vu le télégramme de Paris n° 595 du 14 juin à propos de l'admission de Cohn-Bendit en Grande-Bretagne. Dans le deuxième paragraphe de ce télégramme, on rapporte que *L'Aurore* cite Cohn-Bendit et explique qu'il aurait enregistré un message, mercredi dernier, pour une diffusion prévue le 18 juin. Le Premier ministre suppose que la diffusion n'aura pas lieu. J'apprécierais vos commentaires sur ce point. »

18 juin, lettre de Donald Maitland à Michael Palliser

« Merci pour votre lettre du 17 juin à propos du télégramme de Paris n° 595 concernant l'article dans *L'Aurore* selon lequel Cohn-Bendit aurait enregistré un message que la BBC allait transmettre en France.

Lorsque nous l'avons appris et entendu d'autres histoires du même genre qui circulaient en France, nous nous sommes adressés à la BBC. Ils ont en conséquence demandé à leur bureau parisien, d'un commun accord avec notre ambassade, d'émettre le communiqué suivant en anglais et en français :

"La BBC déclare que le communiqué stipulant que la BBC aurait offert, ou pourrait offrir, le 18 juin, ou à toute autre date, ses services à Herr Cohn-Bendit pour la diffusion de son manifeste, est faux." [...]

Ce communiqué fut transmis avant 17 heures le 14 et semble avoir mis fin à l'affaire. »

17 juin 1968, lettre de John Peck, assistant du secrétaire d'État aux Affaires étrangères et au Commonwealth, à Dereck Malcom Day, premier secrétaire aux Affaires étrangères et au Commonwealth, au sujet de l'émission « Students in Revolt »

« L'entretien fut globalement bien géré et l'impression générale au sein du Home Office, ainsi que dans l'ensemble de la presse britannique, est que les étudiants étrangers et Tariq Ali [1] se sont tiré une balle dans le pied en exprimant leurs opinions destructrices et incohérentes. Cohn-Bendit est reparti soudainement en Allemagne le samedi 15, abandonnant les étudiants à leurs véhéments désaccords, qui ont été dûment rendus publics. »

SOURCES

TNA : PRO FCO 33/85, « France : exclusions orders against Mr Bidault and other OAS activists and admission of Daniel Cohn-Bendit »
TNA : PRO FCO 33/73, « Briefing for Mr Christopher Soames, Ambassador designate to Paris »

POUR EN SAVOIR PLUS

Cazi Emeline, *Le Vrai Cohn-Bendit*, Plon, 2010.

1. Tariq Ali (1943-****), historien anglais d'origine pakistanaise, à l'époque activiste de la gauche révolutionnaire, connu pour ses prises de position contre la guerre du Vietnam.

MAI 68 : FAUT-IL ÉVACUER PARIS ?

C'est devant la « *menace d'une guerre civile ou tout du moins celle d'un effondrement majeur de l'ordre public* », que l'attaché militaire de l'ambassade britannique à Paris a demandé à Londres, le 30 mai 1968, « *si la situation devenait très grave* », qu'un plan soit rapidement élaboré pour que les personnels de l'ambassade et leurs familles évacuent Paris. Cette explication est donnée au Foreign and Commonwealth Office, deux semaines plus tard, par Alan Hugh Campbell, conseiller de la chancellerie à Paris, comme pour s'excuser d'avoir manqué de flegme devant les « événements » parisiens.

La veille de l'envoi de ce télégramme, après un mois d'émeutes, la crise a atteint son paroxysme : le général de Gaulle a brusquement quitté Paris. D'abord sans nouvelles de lui, on apprend qu'il est allé rencontrer en Allemagne son fidèle grognard, le général Jacques Massu. Il revient le 30 mai à midi. Va-t-il retourner la situation une fois de plus alors que le parti communiste, débordé par l'extrême gauche, défile en bon ordre dans la capitale et se dit prêt à assumer le pouvoir même s'il ne le souhaite guère ? Ce jour-là, la France est paralysée. « *Il n'y avait pas de bus, pas de trains, pas de métro, pas de taxis, pas de transports aériens, des services téléphoniques limités et un manque d'essence inquiétant* », plaide Alan Hugh Campbell. Mais une manifestation massive en soutien au régime a lieu sur les Champs-Élysées, menée par André Malraux et Michel Debré. Le 31 mai, l'essence revient dans les stations-service et il n'y a plus qu'à nettoyer les dégâts, déloger la poignée d'irréductibles qui résiste encore au Quartier latin et organiser des élections. « *Cette alerte faisait partie du plan de secours sur lequel nous avons travaillé au cours des quelques jours pendant lesquels il semblait que le pays glissait presque vers une guerre civile ou tout du moins vers une période de violences sporadiques* », ajoute Alan Hugh Campbell. Au Foreign and Commonwealth Office, où on en a connu d'autres venant du turbulent voisin d'outre-Manche : il faut « *garder la tête froide* », estime Hugh Travers Morgan, directeur du Western Department du Foreign and Commonwealth Office, qui donne quelques conseils comme stocker de la nourriture et des produits domestiques pour éviter d'avoir à s'exposer dans les rues. « *Il suffit normalement que les gens et les personnels de l'ambassade fassent le dos rond.* »

30 mai 1968, télégramme de l'attaché militaire britannique à Paris au ministère de la Défense à Londres

« Si la situation devenait très grave, il est possible qu'il serait nécessaire d'évacuer les familles et le personnel le moins important de l'ambassade. Le nombre de personnes à évacuer serait au total d'environ 225. Peut-on, s'il vous plaît, élaborer un plan pour l'évacuation aérienne du nombre de personnes cité ci-dessus, avec de préférence trois bus militaires pour le transport jusqu'à l'aéroport et des dispositions prises pour leur accueil en Grande-Bretagne ? L'activation du plan ci-dessus sera seulement nécessaire dans le pire des cas, celui ou toute autre mesure d'évacuation serait impossible. »

13 juin, lettre de Hugh Travers Morgan, chef du Western Department du Foreign and Commonwealth Office, à Alan Hugh Campbell, conseiller et dirigeant de la chancellerie à Paris

« Je vous joins une copie d'un message que l'attaché militaire a envoyé au ministère de la Défense, le 30 mai, sur la possibilité d'évacuer le personnel de l'ambassade et leurs familles. Le ministère de la Défense nous a demandé conseil et nous leur avons dit que nous devrions vous consulter. [...]

Afin de répondre de façon satisfaisante à certains points spécifiques concernant une évacuation comme celle mentionnée dans le message ci-joint, nous avons besoin de connaître plus précisément vos réflexions sur ces problèmes et comment celles-ci ont évolué. Nous nous demandons, par exemple, si vous aviez en tête une évacuation du personnel de l'ambassade et de leurs familles ou des plans plus généraux ; et les circonstances dans lesquelles il serait éventuellement nécessaire d'évacuer le personnel britannique employé localement [...].

Dans un pays comme la France, il suffit normalement que les gens, y compris le personnel de l'ambassade, fassent le dos rond. Étant donné le réseau de communications dont jouit la France, les gens devraient pouvoir se déplacer selon leurs propres moyens. Nous reconnaissons toutefois que récemment la situation n'a pas été tout à fait normale. À moins que vous ne nous préveniez du contraire, maintenant que la crise immédiate semble être passée, nous ne prendrons pas les mesures envisagées dans le plan d'alerte de l'attaché militaire. »

19 juin, réponse d'Alan Hugh Campbell, conseiller à la chancellerie à Paris, à Hugh Travers Morgan du Foreign and Commonwealth Office

« Merci pour votre lettre du 13 juin [...].

Cette alerte faisait partie du plan de secours sur lequel nous avons travaillé au cours des quelques jours pendant lesquels il semblait que le pays s'enfonçait presque dans la guerre civile ou tout du moins dans une période de violences sporadiques, durant laquelle la plupart des services publics normaux ne fonctionnaient pas. Ce jour-là il n'y avait pas de bus, pas de trains, pas de métro, pas de taxis, pas de transports aériens, des services téléphoniques limités et un manque d'essence inquiétant. [...]

Je suis toutefois bien sûr d'accord sur le fait qu'il ne sert plus à rien d'élaborer un plan général d'évacuation d'urgence pour une occasion future, et cela n'était certainement pas ce que nous demandions dans le télégramme de l'attaché militaire. Tout ce que nous envisagions était que, si à tout hasard l'ambassadeur avait décidé qu'il était préférable et possible d'évacuer certains des sujets britanniques de Paris au cours de ce week-end de Pentecôte, quelqu'un ait pu fournir les avions nécessaires. »

28 juin, note de Peter Lake, premier secrétaire à l'administration du service diplomatique (service d'urgence du département consulaire), à Harry Bass, chef du département consulaire du Foreign and Commonwealth Office

« La France a périodiquement souffert de grèves sévères qui ont amené des sujets britanniques à se retrouver isolés pendant leurs vacances. L'élément nouveau qui a poussé notre ambassade à élaborer un plan de secours était la menace d'une guerre civile ou tout de moins celle d'un effondrement majeur de l'ordre public. »

18 juillet, lettre de Harry Bass au Foreign and Commonwealth Office

« Merci pour votre lettre du 19 juin que vous avez envoyée à Hugh Morgan. La question d'évacuer ou non, et si oui à quel moment, pose toujours un problème. Il y aurait manifestement, dans certaines circonstances, des avantages à réduire le nombre de personnes à l'ambassade, en particulier celles qui sont les moins utiles. D'un autre côté, les conditions déplaisantes mentionnées dans le deuxième paragraphe de votre lettre justifieraient-elles vraiment qu'elles partent ? Garder la tête froide sous-entend de prendre toutes les précautions à l'avance – comme par exemple s'assurer d'avoir des stocks de denrées alimentaires et de produits domestiques –, afin d'éviter de devoir s'exposer à la foule. La communauté britannique pourrait interpréter le départ des membres de l'ambassade et de leurs familles comme un abandon de notre part à un moment où il est plus que jamais essentiel d'être prêts à lui offrir une totale assistance consulaire. »

SOURCES

TNA : PRO FCO 47/140, « Possible evacuation of non-essential staff and dependants from British Embassy, Paris »

POUR EN SAVOIR PLUS

Cazi Emeline, *Le Vrai Cohn-Bendit*, Plon, 2010.
Le Goff Jean-Pierre, *Mai 68, l'héritage impossible*, La Découverte, 1998.

DE GAULLE CLAQUE LA PORTE

Les diplomates britanniques n'y croyaient pas. Mais, ce 28 avril 1969, les services de l'Élysée transmettent le bref communiqué annonçant que Charles de Gaulle quitte le pouvoir : *« Je cesse d'exercer mes fonctions de président de la République. Cette décision prend effet aujourd'hui à partir de midi. »*

« La goupille de la vie politique française a été retirée tout d'un coup avec des conséquences qu'on ne peut, pour le moment, mesurer », écrit dans la journée Christopher Soames, l'ambassadeur britannique à Paris, au Foreign and Commonwealth Office. Il note que la rue est restée calme : aucun coup d'État gaulliste ne semble à craindre, pas plus que des violences venant de la gauche. Ce départ, *« qui a eu un effet stupéfiant »*, de Gaulle l'avait pourtant annoncé s'il essuyait un échec au référendum portant sur le Sénat et la régionalisation. Soames l'analyse ainsi : *« Ainsi sa décision finale de mettre en jeu son propre avenir en fonction des résultats fut typique de son orgueil démesuré ou, comme beaucoup de personnes le pensent maintenant, d'une volonté de mort. »* Ce suicide politique laisse surtout place à un champ de manœuvres pour les différents candidats, Georges Pompidou étant donné gagnant car *« les querelles du centre et de la gauche rappellent au contraire les relations politiques de la IVe République »*.

Restent les petites préoccupations diplomatiques : faut-il envoyer un message au général de Gaulle ? Délicat dans cette période indécise mais, comme le gouvernement demeurera gaulliste, on ne risque rien. Le ton n'est plus celui des dépêches diplomatiques estimant que le Général *« s'est enfoncé dans une situation absurde et inutile »*. On préférera plutôt lui assurer que sa démission *« est un événement qui touche le monde »*.

21 mars 1969, télégramme n° 288 « French Internal Scene » de Christopher Soames, ambassadeur britannique à Paris, au Foreign and Commonwealth Office

« Le général de Gaulle et son gouvernement rencontrent de plus en plus de difficultés à propos du référendum du 27 avril sur la réforme du Sénat et la régionalisation. [...] Pour le moment le Général refuse, malgré les demandes de ses fidèles, de s'engager clairement à démissionner si le vote lui était défavorable et, à moins que les perspectives n'empirent et qu'il faille rendre l'enjeu plus dramatique, il risque de s'accrocher à son poste. [...]

Jusqu'à présent, le sentiment général est l'anxiété et la confusion. Contre l'avis de la plupart de ses ministres, le général de Gaulle s'enfonce dans une situation absurde et inutile. Il lui faudra tout son talent politique pour s'en tirer ; mais, à moins d'un désastre, [...] il sera peu enclin à envisager son départ. »

21 avril 1969, télégrammes n° 373 et 374 « French Referendum » de Christopher Soames, ambassadeur britannique à Paris, au Foreign and Commonwealth Office

« Malgré la décision du général de Gaulle de mettre en jeu son avenir personnel et une semaine de campagne [électorale], aussi bien dans le pays qu'à la radio et à la télévision, l'opinion dans le pays reste sceptique et léthargique. Au sein du gouvernement, la question fondamentale de la confiance en la personne du général de Gaulle a pris le dessus sur celles de la régionalisation et de la réforme du Sénat. Tous les efforts sont faits pour montrer que les seuls adversaires sérieux du gouvernement sont les communistes et que voter "non" est un vote pour le parti communiste. »

28 avril, télégramme n° 414 de Christopher Soames au Foreign and Commonwealth Office

« Le rejet du référendum et le départ du général de Gaulle ont eu un effet stupéfiant. La goupille de la politique française a été retirée soudainement avec des conséquences qu'on ne peut, pour le moment, mesurer.

Il y a incroyablement peu de désespoir ou de joie. Les gaullistes insistent sur le fait que le gaullisme survivra à de Gaulle et qu'ils n'ont perdu qu'une bataille. Ils n'ont jusqu'à présent pas annoncé publiquement s'ils essaieraient de rappeler le Général au pouvoir ou de le choisir comme candidat à l'élection présidentielle. Parmi ceux qui ont voté "non", le sentiment de victoire se mêle à une appréhension de l'avenir et à un respect pour l'adversaire ainsi défait. Les leaders de tous les partis politiques et tous les syndicats sont unis dans leurs appels en faveur de l'ordre et la stabilité. Il y a eu de l'agitation aux Champs-Élysées et dans le Quartier latin hier soir, [...] mais en général l'atmosphère reste calme. Il ne semble y avoir à présent aucune perspective de coup d'État gaulliste ou de violence venant de la gauche. [...]

À midi, aujourd'hui, le Conseil constitutionnel a annoncé que le général de Gaulle avait cessé d'exercer ses fonctions de président de la République, et le président du Sénat, M. Poher [1], est devenu président par intérim. En même temps, tous les membres haut placés de l'entourage du général de Gaulle, MM. Tricot [2] et Foccart [3] inclus, ont quitté l'Élysée. Une élection présidentielle aura lieu d'ici 20 à 35 jours, sans doute le 1er juin. Entre-temps le gouvernement actuel de M. Couve de Murville

1. Alain Poher (1909-1996), alors président du Sénat. Il le sera encore 23 ans, jusqu'en 1992.

2. Bernard Tricot (1920-2000), secrétaire général de l'Élysée depuis 1967.

3. Jacques Foccart (1913-1997), secrétaire général de l'Élysée aux Affaires africaines et malgaches à partir de 1960.

restera en place, à part M. Capitant[1] (qui a déjà démissionné). M. Poher s'adressera ce soir à la nation à la radio et à la télévision.

Le gouvernement jouera maintenant le rôle d'une administration intérimaire qui évitera de prendre des décisions majeures. La politique étrangère devrait largement être mise de côté, mais ce qui touche à la CEE et à l'embargo sur les armes envoyées en Israël pourrait devenir des sujets de campagne. [...]

Au cours des prochains jours, les candidats à la présidentielle seront choisis. Il n'y a aucun doute quant à la candidature de M. Pompidou. [...] Il est concevable que M. Giscard d'Estaing décide de se présenter, mais ce qui semble l'intéresser davantage à présent est de travailler avec le centre afin de créer une sorte de troisième force. Au centre, M. Poher est le candidat évident. [...] À gauche, il y a une volonté générale d'avoir un seul candidat comme en 1965, mais les relations entre les communistes et les socialistes, et entre les socialistes eux-mêmes, ne sont pas bonnes, et il sera peut-être impossible de trouver un accord sur un candidat satisfaisant. [...]

Le prestige du Général était en déclin depuis les élections présidentielles de 1965, et plus encore depuis le choc des événements de mai de l'année dernière. La victoire écrasante des gaullistes de juin était due, avant tout, à une réaction de panique face au désordre plutôt qu'à un renouveau de confiance dans le Général. Les échecs relatifs de son nouveau gouvernement, aussi bien avant qu'après la crise monétaire de novembre, ont créé un long et profond malaise, auquel l'entêtement du Général pour organiser un référendum extrêmement discutable, contre tous les avis, a donné une dimension politique. L'argument du “moi ou le chaos” avait déjà perdu de sa force avec l'arrivée au pouvoir

1. René Capitant (1901-1970), garde des Sceaux dans les gouvernements Pompidou puis Couve de Murville.

de M. Pompidou[1]. Ainsi sa décision finale de mettre en jeu son propre avenir en fonction des résultats fut typique de son orgueil démesuré ou, comme beaucoup de personnes le pensent maintenant, d'un désir de mort. Toutefois, il se peut, peut-être, que ce soit le dernier grand service qu'il ait rendu à la France, permettant un transfert de pouvoir plus facile. »

28 avril, lettre du Foreign and Commonwealth Office à Edward Youde, conseiller et président de la chancellerie de la mission britannique aux Nations unies à New York

« Cher Teddy,

Vous avez demandé conseil sur le fait de savoir s'il fallait envoyer des messages au général de Gaulle ou à M. Poher à la suite de la démission du Général.

Selon le secrétaire d'État aux Affaires étrangères et au Commonwealth, aucun message ne devrait être envoyé, pour le moment en tout cas. L'ambassade à Paris, qui est du même avis, nous avisera si d'autres gouvernements amis envoient des messages ; si c'est le cas, M. Stewart changera peut-être d'avis. Dans tous les cas, M. Stewart pense qu'il n'est pas essentiel que nous soyons parmi les premiers à envoyer un message.

Le point principal est que nous ne pouvons pas savoir ce que le Général fera maintenant. Il n'est pas à exclure qu'il se présente comme candidat aux prochaines élections. M. Stewart pense que nous devons considérer tout cela comme n'importe quel autre changement de gouvernement pour lequel il serait anormal d'envoyer un message. Un point secondaire est qu'il serait difficile d'être certain que le message, quel qu'il soit, aurait l'effet voulu. »

---

1. Georges Pompidou est Premier ministre depuis le 14 avril 1962, ce qui est encore aujourd'hui le record de longévité sous la Vᵉ République.

30 avril, télégramme n° 423 de Christopher Soames au Foreign and Commonwealth Office

« Le premier tour des élections devrait avoir lieu le 1er juin et le second (s'il y en a un), le 15 juin. Bien qu'il puisse y avoir encore des surprises, M. Pompidou devrait être le favori. L'absence d'un bon candidat au centre l'aiderait beaucoup. Sa campagne donne déjà l'impression d'une machine bien huilée. Les querelles du centre et de la gauche rappellent au contraire les relations politiques de la IVe République. M. Defferre devra regagner beaucoup de terrain s'il veut sérieusement défier M. Pompidou. »

1er mai, lettre du Foreign and Commonwealth Office à Edward Youde

« Depuis que je vous ai écrit le 28 avril, nous avons de nouveau réfléchi pour savoir si le Premier ministre devait envoyer un message au général de Gaulle suite à sa démission. Parmi nos principaux alliés, le président Nixon, le chancelier Kiesinger [1] et le président Saragat [2] ont tous envoyé des messages, et les Belges et les Allemands ont [...] fait des déclarations devant leurs parlements.

M. Christopher Soames a demandé si le Premier ministre pensait faire une déclaration à la Chambre des Communes au sujet de la démission de De Gaulle. Nous ne pensons pas que ce soit une bonne idée. Je comprends qu'il n'y aura pas d'occasion favorable dans les prochains jours et que, selon la procédure, une telle déclaration serait suivie de questions, ce qui pourrait sans doute créer des controverses.

Nous recommandons toutefois que le Premier ministre envoie un message au général de Gaulle maintenant qu'un

1. Kurt Georg Kiesinger (1904-1988), ancien chancelier fédéral d'Allemagne.
2. Giuseppe Saragat (1898-1988), président de la République italienne.

certain nombre de chefs d'État et de gouvernement amis l'ont fait. Si, dans ces circonstances, aucun message n'était envoyé, nous pourrions donner une impression de rancœur à l'opinion publique française, en particulier à l'opinion gaulliste. Étant donné qu'il semble probable que le prochain gouvernement français sera gaulliste, c'est évidemment quelque chose que nous devons essayer d'éviter. D'un autre côté, envoyer un message serait un acte aimable qui plairait aux gaullistes et ne nous causerait aucun tort avec le Général, à supposer qu'il réapparaisse en tant que figure politique.

Nous suggérons que le message du Premier ministre soit le suivant :

"Votre démission est un événement qui touche le monde entier. Personne ne peut oublier, et n'oubliera, les services que vous avez rendus pendant des années, non seulement à la France, mais aussi à la cause de la liberté. En tant que voisins et alliés, en temps de guerre et en temps de paix, notre histoire et notre destin, auxquels vous avez été si étroitement lié, sont inséparables. Je parle au nom de tous mes compatriotes quand j'exprime le profond respect que nous vous portons, vous qui avez pendant si longtemps représenté le courage et la dignité de la France."

[...] Nous pensons que le mieux serait d'envoyer le message par le biais de l'ambassade à Paris. En termes de timing, bien que nous pensions que c'est une bonne chose que le message du Premier ministre n'ait pas été parmi les premiers, il faudra agir avant le 1er ou, au plus tard, le 2 mai si nous ne voulons pas qu'il perde de son effet. »

De Gaulle claque la porte

SOURCES

TNA : PRO PREM 13/2655, « FRANCE. Internal situation : resignation of General de Gaulle, election of M. Pompidou ; devaluation of Franc ; part 3 »

POUR EN SAVOIR PLUS

Frerejean Alain, *C'était Georges Pompidou*, Fayard, 2007.
Lacouture Jean, *De Gaulle, le rebelle*, Seuil, 1984.

POMPIDOU AU POUVOIR

Dans la semaine qui suit l'élection de Georges Pompidou à la présidence de la République, le 15 juin 1969, l'ambassadeur britannique à Paris, Christopher Soames, envoie toute une série de télégrammes pour annoncer les multiples changements qui, selon lui, vont intervenir dans la future politique française. Pour la Grande-Bretagne, le moment est d'importance : le général de Gaulle est enfin parti ! Tous les espoirs sont donc permis pour les Britanniques qui, au passage, se montrent sévères pour la politique étrangère *« déplorable »*, *« farfelue »* que mena le Général, vis-à-vis d'eux mais aussi d'Israël et du monde arabe, sans oublier sa promotion de la francophonie jugée *« extravagante »*.

Les diplomates britanniques estiment tout d'abord que le gouvernement que vient de nommer Georges Pompidou demeurera conservateur dans le domaine de la politique intérieure. Il est vrai que 27 maroquins ont été donnés aux gaullistes de l'UDR[1]. Il devrait simplement se contenter de desserrer un peu le contrôle étroit qu'il exerce sur l'information. En revanche, sa politique européenne devrait être plus libérale et prévoir, à terme, l'entrée de la Grande-Bretagne dans l'Europe, mission dont devra s'acquitter le nouveau ministre des Affaires étrangères, Maurice Schumann.

Dans les différentes dépêches envoyées par les diplomates du Foreign Office, on trouve aussi une formidable série de portraits des principaux ministres nommés, notamment de Jacques Chaban-Delmas[2]

1. UDR, Union pour la défense de la République, nom du parti gaulliste qui, en 1968, succède à l'Union pour la nouvelle République (UNR) et devient, en 1976, le RPR (Rassemblement pour la République).

2. Jacques Chaban-Delmas (1915-2000), nommé Premier ministre par Georges Pompidou.

et Maurice Schumann [1]. Le premier, « *ambitieux, vaniteux* », est « *une commère* », mais « *de très bonne compagnie* ». C'est surtout une potiche que Pompidou a nommée pour avoir les mains libres et diriger lui-même le gouvernement. Maurice Schumann ne sera lui aussi qu'un simple exécutant qui, jugent les diplomates, doit de toutes façons « *faire ses preuves* ». On y croise aussi Valéry Giscard d'Estaing [2], Michel Debré [3] et Edgar Faure [4]. Ce dernier, qui était ministre de l'Éducation mais n'a pas été reconduit, est qualifié de « *plus intelligent des hommes politiques français* » par Lord Gladwyn qui fut ambassadeur britannique à Paris de 1954 à 1960. Ce Britannique, pro-européen, représentant du parti libéral à la Chambre des Lords [5], a une longue conversation avec Edgar Faure lors d'un bal organisé à l'ambassade de Grande-Bretagne le 28 juin 1969 et l'a déjà rencontré à Dole dans le Jura, sa terre d'élection. Selon le Britannique, le nouveau gouvernement « *n'est pas mauvais* ». Edgar Faure juge sévèrement la politique européenne gaulliste mais il pense que le gouvernement Pompidou entrera en négociations avec les Britanniques. Enfin, comme eux, il se méfie de l'ombre du Commandeur : rien ne dit que, avec l'appui de ses nombreux fidèles présents dans le gouvernement, le général de Gaulle ne tentera pas de regagner de l'influence. Concernant son cas personnel, Edgar Faure se voit bien revenir aux affaires rapidement. Sur ce point, il ne se trompe que sur le délai puisqu'il faudra qu'il attende 1972 pour devenir ministre d'État, ministre des Affaires sociales avant, l'année suivante, d'obtenir la présidence de l'Assemblée nationale.

---

1. Maurice Schumann (1911-1998), ministre des Affaires étrangères dans le gouvernement de Jacques Chaban-Delmas.

2. Valéry Giscard d'Estaing (1926-****), nommé ministre de l'Économie et des Finances (voir chapitre « Le brillant général Chaban ») dans le gouvernement de Jacques Chaban-Delmas (voir chapitre « Le labrador noir de Giscard »).

3. Michel Debré (1912-1996), ancien Premier ministre du général de Gaulle de 1959 à 1962, nommé ministre de la Défense nationale dans le gouvernement de Jacques Chaban-Delmas.

4. Edgar Faure (1908-1998), deux fois président du Conseil, ministre de l'Éducation dans le précédent gouvernement.

5. « House of Lords », la seconde Chambre du Parlement britannique dont les membres sont nommés.

23 juin 1969, télégramme n° 559 de Christopher Soames, ambassadeur britannique à Paris, au Foreign and Commonwealth Office

« L'équilibre politique du nouveau gouvernement reflète bien les attitudes et opinions personnelles de Pompidou. Les gaullistes de gauche ont disparu dans l'ensemble, et avec eux Edgar Faure ; et les nouveaux députés sont presque tous de tendance conservatrice voire de droite. Le nouveau gouvernement est essentiellement conservateur sans les prétentions de ses prédécesseurs. Il représente le début d'une nouvelle phase plus ordinaire, mais peut-être moins prétentieuse dans l'histoire de la Ve République. »

23 juin, 1969, télégramme n° 560 de Christopher Soames, ambassadeur britannique à Paris, au Foreign and Commonwealth Office au sujet de Maurice Schumann et Michel Debré

« M. Schumann est de conviction européenne et un anglophile bien connu, si ce n'est trop connu. [...] Sa force politique n'a pas toujours été égale à ses bonnes intentions. À en juger par ses performances dans le passé, il sera peut-être enclin à faire bouger la CEE à nouveau plutôt que de travailler à son élargissement. Sur les affaires essentielles, il fera ce que Pompidou lui dira. Mais sa nomination est également le signe évident d'un changement dans la politique étrangère française et nous devrions pouvoir compter sur un nouvel esprit de coopération.

M. Schumann devrait aussi être plus souple sur toutes les questions de politique étrangère. [...] Nous ne connaissons pas ses idées les plus récentes sur le Moyen-Orient, mais il semble probable qu'il montrera plus de sympathie vis-à-vis d'Israël et très peu pour les extravagances de la politique étrangère gaulliste, comme la mise en avant active de la francophonie. [...]

M. Debré aura considérablement plus d'autorité comme ministre de la Défense que n'en avait M. Messmer comme ministre des Armées. Il croit fermement au besoin d'une force nucléaire française indépendante et se battra dur pour défendre les aspects fondamentaux de la politique de défense gaulliste. [...] Cela signifie que M. Debré ne sera pas plus enclin que son prédécesseur à réintégrer l'OTAN, et voudra rejeter toute forme de coopération qui limiterait ce qu'il perçoit comme la liberté d'action française.

Peu importe l'opinion de M. Debré sur la candidature britannique à la CEE, il a longtemps été favorable à l'idée d'une coopération franco-britannique plus proche dans les affaires de défense, y compris dans le domaine nucléaire. Mais, pour lui, la vraie difficulté est l'indépendance britannique vis-à-vis des États-Unis, à propos de laquelle il reste sceptique. Nous pouvons être certains que ce problème sera encore plus important que lorsqu'il était au Quai [d'Orsay, siège du ministère des Affaires étrangères, *NDLA*]. Peu importent les traces qu'il garde de son mandat au Quai, M. Debré est dans l'ensemble bien disposé envers la Grande-Bretagne et il sera peut-être plus pragmatique sur les affaires de défense qu'il ne le fut à propos de la politique étrangère. »

23 juin 1969, télégramme n° 561 de Christopher Soames, ambassadeur britannique à Paris, au Foreign and Commonwealth Office

« Les conclusions suivantes pourraient vous être utiles avant votre réunion demain avec les ambassadeurs en poste dans les pays membres de la CEE.

Pompidou a clairement montré que, bien qu'il accepte la nécessité d'une continuité de la politique gaulliste, il entend maintenant être le chef.

– [...] Pompidou entend garder un contrôle personnel des affaires intérieures les plus délicates. Celles-ci incluent la direction du gouvernement dans son ensemble (personne ne s'attend à ce que Chaban-Delmas, poids plume, impose ses propres idées), des affaires économiques et financières, et de l'éducation.

– Pompidou compte de toute évidence garder un contrôle personnel des Affaires étrangères et Maurice Schumann ne devrait pas lui poser beaucoup de problèmes à cet égard. [...]

– La nomination de certains "Européens" bien connus à des postes clés (en particulier Duhamel[1] à l'Agriculture) est une preuve claire que M. Pompidou souhaite une politique européenne plus souple. Mais ceci ne signifie pas pour autant qu'elle le soit vis-à-vis de la candidature britannique.

– En ce qui concerne le Royaume-Uni, il est peut-être plus probable qu'il cherche à travailler sur un dialogue bilatéral avant de prendre une décision sur l'attitude française à adopter à propos de notre entrée dans la CEE. Dans ce sens, le changement de gouvernement au Quai est important. Pompidou sait qu'un dialogue avec Debré aurait été très difficile, un dialogue avec Schumann, si Pompidou souhaite qu'il ait lieu, serait beaucoup plus facile.

– Former ce gouvernement n'a pas été facile pour Pompidou à cause des pressions gaullistes pour maintenir une "continuité". Il doit garder à l'esprit la possibilité d'une réaction violente de la part des gaullistes. [...] Il devrait ainsi travailler avec circonspection à l'égard du moindre changement. Ce qui semble évident est, premièrement, son désir de garder le contrôle, et, deuxièmement, sa volonté de répondre au désir national de changement. Mais il a également les pieds sur terre et fera face aux réalités de manière plus rationnelle que son prédécesseur.

1. Jacques Duhamel (1924-1977), homme politique centriste, ministre de l'Agriculture dans le gouvernement de Jacques Chaban-Delmas de 1969 à 1971 puis de la Culture de 1971 à 1973.

– Tous ces facteurs jouent en notre faveur, mais tandis que nous devons montrer une continuité de nos intentions, nous devons aussi admettre qu'une hâte ou une pression excessives risqueraient de ralentir plutôt que d'accélérer le vent du changement en France. »

24 juin 1969, « The New French Government » par Edward Youde, conseiller et président de la chancellerie de la mission britannique aux Nations unies à New York

« [...] Le choix des ministres de M. Pompidou donne à son gouvernement un aspect plus conservateur en termes d'affaires intérieures mais plus libéral dans le domaine des Affaires étrangères, en particulier concernant l'Europe. En ce qui nous concerne, les nominations clés sont celles de M. Chaban-Delmas comme Premier ministre, M. Schumann aux Affaires étrangères, M. Debré à la Défense et M. Giscard d'Estaing au ministère des Finances. M. Chaban-Delmas est perçu avant tout comme ayant peu d'influence, et il est évident que M. Pompidou entend garder un contrôle personnel de la direction du gouvernement en général.

M. Schumann est anglophile et de conviction européenne. Sa nomination à la place de M. Debré montre clairement que M. Pompidou souhaite une politique européenne plus libérale. La nomination de M. Duhamel au ministère de l'Agriculture devrait également nous être utile ; il a fortement défendu l'entrée du Royaume-Uni dans la CEE. Nous devrions ainsi pouvoir compter sur un nouvel esprit de coopération. Mais cela ne signifiera pas forcément dans la pratique une attitude française plus souple vis-à-vis de la candidature britannique. [...]

Le ministère de la Défense de M. Debré a plus de responsabilités qu'il n'en avait sous M. Messmer. Debré défendra une force nucléaire française indépendante et la continuation de la politique de défense gaulliste. Il sera peut-être plus souple en termes de relations bilatérales [...] avec les alliés de la France, mais ne sera pas enclin à faire à nouveau entrer celle-ci dans la structure intégrée de l'OTAN.

M. Giscard d'Estaing n'est peut-être pas un aussi bon choix que M. Pinay[1] [...] pour restaurer la confiance dans le franc, mais, lors de son mandat précédent en tant que ministre des Finances, il s'est montré prêt à prendre des mesures fermes lorsqu'elles étaient requises [...]. Nous pouvons nous attendre à une évolution de la rigoureuse politique monétaire gaulliste.

D'autres nominations et changements structurels suggèrent un retour vers un style gouvernemental plus parlementaire et vers un contrôle moins strict de la presse et de la radio.

C'est sans aucun doute un gouvernement avec lequel nous pouvons espérer faire des affaires. Mais il sera un fervent défenseur des intérêts français et, d'ici l'automne, il pourrait bien être confronté à des problèmes intérieurs majeurs. »

27 juin 1969, lettre de Lord Gladwyn, ancien ambassadeur à Paris, à Sir Thomas Brimelow au Foreign and Commonwealth Office

« [...] Fondamentalement, M. Pompidou est en position de faiblesse. Malheureusement, il ne fait aucun doute que, s'il souhaite bloquer notre entrée dans la CEE, il pourra certainement le faire pendant longtemps. Et je dois avouer que je pense qu'il le fera probablement, au moins jusqu'à ce qu'il obtienne ce qu'il estime être un bon accord dans le domaine de l'agriculture. Mais, s'il joue à ce jeu, il suscitera certainement une réprobation considérable, et il est possible qu'en retour il soit prêt à faire certaines concessions en notre faveur dans les domaines de la politique étrangère et de la défense. [...] En résumé, je pense que

1. Antoine Pinay (1891-1994), ministre des Finances du général de Gaulle en mai 1958, préside au passage de l'ancien au nouveau franc.

le gouvernement français tel qu'il est maintenant formé, est tout simplement incapable, et probablement peu disposé, à poursuivre la politique farfelue de De Gaulle. [...] »

Le 24 juin 1969, Hugh Travers Morgan, chef du Western European Department du Foreign and Commonwealth Office, envoie à David Vere Bendall, conseiller à Washington, une note sur les personnalités de Jacques Chaban-Delmas, nouveau Premier ministre, et Maurice Schumann, ministre des Affaires étrangères

« Je suis d'accord avec M. Soames (télégramme de Paris n° 561) sur le fait que ces deux nominations en particulier montrent que M. Pompidou entend bien être le chef. Il est juste de dire que Chaban-Delmas et Schumann sont tous deux versatiles. Cette attitude est toutefois essentielle pour quiconque souhaite comme eux garder une position importante dans la vie politique aussi bien de la IVe que de la Ve République. Tous deux ont, par moments, été membres de partis politiques non gaullistes. Bien que M. Chaban-Delmas ait quitté les radicaux en 1950 afin de rejoindre le RPF gaulliste, il s'opposa ensuite à Charles de Gaulle et devint ministre dans des gouvernements de la IVe République entre 1954 et 1958.

M. Schumann est un des fondateurs du MRP et il a appartenu au ministère des Affaires étrangères de 1951 à 1954. Il a été brièvement ministre MRP dans le gouvernement gaulliste en 1962 et démissionna avec ses collègues pour protester contre la politique antieuropéenne de De Gaulle. [...] Il fut élu en 1967 et 1968 sous l'étiquette gaulliste. Avant qu'il ne soit élu en 1967, il fut souvent utilisé comme défenseur de la politique étrangère gaulliste. [...]

La nomination de M. Schumann est malgré tout un signe prometteur d'une possible évolution de la politique étrangère française dans le sens que nous souhaitons. Il ne s'y opposera pas tel que M. Debré l'aurait certainement fait. Mais il faudra que Pompidou lui-même dicte la politique. »

Jacques Chaban-Delmas

« L'ascension de M. Chaban-Delmas pendant la guerre fut spectaculaire. Il entra en politique en tant que radical et ce fut seulement en 1950 qu'il fut obligé de quitter ce parti à cause de son allégeance au RPF gaulliste. Avec le déclin du RPF, il chercha à revenir petit à petit dans la vie politique de la IVe République au regret du général de Gaulle et de ses sympathisants les plus fidèles. Il devint un ferme sympathisant de M. Mendès France et obtint son premier poste ministériel dans le gouvernement de M. Mendès France de 1954-55. Il entra et sortit du gouvernement ensuite plusieurs fois, et joua un double jeu compliqué en tant que ministre de la Défense sous M. Gaillard. [...] Il a une assise politique locale solide en tant que maire de Bordeaux, qu'il a administré avec habilité et succès.

M. Chaban-Delmas est une personnalité publique qui possède charme et panache et qui n'a pas perdu de son attrait politique. Il a dû abandonner tout espoir de rejoindre le gouvernement sous le général de Gaulle mais a de grands espoirs pour l'après-gaullisme. Ses collègues gaullistes l'aiment bien, mais ne lui font pas confiance. Il est ambitieux et vaniteux ; c'est une commère, et de très bonne compagnie. Quel que soit le régime politique et quelle qu'en soit la couleur, il sera probablement sur la scène politique pour de longues années à venir. C'est un excellent joueur de tennis et de rugby, et, à une époque, de niveau international. Il parle un peu anglais. »

Maurice Schumann

« M. Schumann a gagné une réputation légendaire pour ses émissions radio depuis Londres pendant la guerre. Il a acquis une connaissance considérable des affaires étrangères pendant ses trois années passées en tant que secrétaire d'État entre 1951 et 1954, mais son rôle dans les affaires du Maroc et de la Tunisie ne fut pas heureux. Sa première expérience ministérielle sous la Vᵉ République prit fin prématurément lorsqu'il démissionna avec quatre autres ministres du MRP, en mai 1962, pour protester contre la condamnation par le général de Gaulle du supranationalisme européen. [...] Il s'éloigna, petit à petit, de son parti et est maintenant ouvertement gaulliste. Il a été réélu grâce au soutien gaulliste en 1962 et, aux élections de 1967, il se présenta sous cette étiquette. Son retour au gouvernement était attendu depuis longtemps et n'a pas été une surprise.

M. Schumann est un propagandiste habile et persuasif qui a souvent été utilisé comme défenseur de la politique étrangère gaulliste. C'est lui qui a promu l'idée de l'association britannique au Marché commun. Il vante son anglophilie mais celle-ci n'a pas su faire face aux changements de la politique gaulliste. Il doit faire ses preuves en tant qu'administrateur et n'a jusqu'à présent pas pesé lourd en tant qu'homme politique. Son anglais est excellent. »

2 juillet 1969, compte rendu de la conversation de Lord Gladwyn avec M. Edgar Faure

« Au bal de l'ambassade, le 28 juin [1969, *NDLA*], j'ai eu une conversation assez longue avec Edgar Faure. Cela fait vingt ans que je le connais, bien que nous n'ayons jamais été particulièrement proches. Je suis toutefois resté avec lui et sa femme dans un hôtel à Dole lors d'une visite officielle dans le département du Jura qu'il administre. [...] Ainsi je peux dire que je le connais assez bien, assez bien en tout cas pour avoir l'impression qu'il est, sans aucun doute, le plus intelligent des hommes politiques français et un homme plein de bon sens.

En ce qui le concerne, je pense qu'il aurait de toute évidence aimé rester ministre de l'Éducation, mais, d'après ce que j'ai compris, il n'a tout simplement pas eu le choix. [...] Faure espère rejoindre le gouvernement plus tard – peut-être même à l'automne – et je ne serais pas surpris que ce soit le cas.

Je lui ai demandé s'il partageait mon avis sur le fait que le nouveau gouvernement français n'était pas mauvais, dans le sens où diverses tendances politiques y étaient représentées, ce qui pouvait avoir pour conséquence une politique plus modérée. Il m'a répondu que c'était sans doute en partie vrai. Pompidou est raisonnable et astucieux, mais il ne faut pas oublier qu'il n'est en aucun cas un théoricien politique, et voit tous les problèmes d'un œil pratique. Il est ainsi possible que des ministres qui ont une théorie politique cohérente et moderne, tels que Giscard ou Duhamel ou Pleven[1], puissent avoir une influence disproportionnée dans les affaires de politique étrangère sur lesquelles Pompidou n'a aucune opinion définie [...]. Je pense que, comme moi, il voit Schumann comme un exécutant habile qui mettra en œuvre n'importe quelle politique sur laquelle le gouvernement sera tombé d'accord [...].

Mais, derrière tous les "progressistes" du gouvernement, il y a maintenant des gaullistes plus ou moins inébranlables, certains stupides et tous certainement nationalistes. C'est avec cette équipe que Pompidou devra travailler pour faire face, et si possible surmonter ce qui pourrait potentiellement être une véritable crise économique à l'automne, quand les communistes réclameront probablement leur dû et que la politique (vraisemblablement déflationniste) de Giscard d'Estaing sera de plus en

1. René Pleven (1901-1993) rejoint le général de Gaulle en 1940 à Londres ; président du Conseil en 1950, nommé garde des Sceaux du gouvernement de Jacques Chaban-Delmas.

plus critiquée. [...] Ce serait à ce moment-là que le Général ferait tout son possible pour regagner un peu de son influence perdue, et nous ne devrions pas sous-estimer la possibilité qu'il le fasse. Selon Faure, elle est considérable [...].

Sur le front économique, M. Pompidou consentirait sans doute éventuellement à des négociations pour l'entrée britannique dans le Marché commun. Mais ces négociations, selon l'hypothèse la plus optimiste, prendront assez longtemps [...].

Je lui ai dit que pendant longtemps mes amis et moi-même, dans notre campagne pour une Communauté politique européenne, poussions le gouvernement de Sa Majesté à prendre une initiative dans ce domaine, et au moins à montrer sa volonté et son intention d'entrer en négociations, au moment opportun avec d'autres démocraties de l'Europe de l'Ouest, dans le but d'établir une Communauté européenne politique et de défense. [...]

M. Faure devint alors assez animé. Si j'avais une quelconque influence auprès du gouvernement de Sa Majesté – je protestai que je n'en avais pas –, pourrais-je les pousser à suivre une telle voie dès que possible ? [...] Il continua ainsi pendant un certain temps.

Malheureusement, je ne sais pas quelle influence possède Edgar Faure dans les cercles gouvernementaux, ni s'il existe, comme il semble le penser, une quelconque chance qu'il revienne au pouvoir. Je ne peux pas non plus dire si ses conseils, si nous les suivons, seraient souhaitables tactiquement du point de vue de nos relations avec, par exemple, MM Pompidou, Chaban-Delmas et Maurice Schumann. Tout ce que je sais est que Faure est un homme politique extrêmement vigilant et intelligent qui sait en général de quoi il parle. Je ne l'ai jamais vu non plus être aussi ferme [...]. Il voulait de toute évidence me faire comprendre quelque chose. »

Sources

TNA : PRO PREM 13/2655, « FRANCE. Internal situation : resignation of General de Gaulle, election of M. Pompidou ; devaluation of Franc ; part 3 »

Pour en savoir plus

Frerejean Alain, *C'était Georges Pompidou*, Fayard, 2007.
Marck Yves, *Edgar Faure, l'optimiste*, La Documentation française, 2010.
Roussel Éric, *Georges Pompidou*, Jean-Claude Lattès, 1984.

UN CHÊNE QU'ON ABAT

« *La France ne connaîtra plus jamais d'autres hommes comme lui* », écrit Christopher Soames, ambassadeur britannique à Paris, après la mort du général de Gaulle. Si les rapports entre la Grande-Bretagne et le Général ont souvent été tumultueux, à l'annonce de son décès l'hommage outre-Manche est unanime. Le lendemain, le 10 novembre 1970, le Premier ministre britannique, Edward Heath, s'adresse ainsi aux députés réunis à la Chambre des Communes : « *Pendant les siècles de sa glorieuse histoire, le France a donné naissance à beaucoup de grands hommes ; Charles de Gaulle aura toujours sa place parmi les plus grands d'entre eux. À certains moments, il paraissait l'incarnation de la France elle-même. Comme vous le savez, de temps en temps, la politique de De Gaulle ne s'accordait pas entièrement avec celle du gouvernement britannique. Mais nous n'avons jamais perdu de vue la vraie grandeur de l'homme. Nous avons su reconnaître la foi austère et le patriotisme inébranlable qu'il avait toujours consacrés au service de la France. Ces qualités ont illuminé sa vie.* »

Une cérémonie en l'honneur du Général est organisée le 19 novembre 1970 à la cathédrale Saint-Paul, à Londres, à laquelle se rendent les ambassadeurs de près de quatre-vingts pays. Le 4 décembre, Christopher Soames envoie une dépêche à Sir Alec Douglas-Home, le ministre des Affaires étrangères, résumant la carrière du Général et l'émotion causée par sa mort en France.

4 décembre 1970, dépêche de Christopher Soames, ambassadeur britannique à Paris, à Sir Alec Douglas-Home, secrétaire d'État aux Affaires étrangères et au Commonwealth

« [...] Il est trop tôt pour se lancer dans un compte rendu exhaustif de la vie de ce grand homme français. Comme la plupart des grands hommes, il fut un personnage controversé tout au long de sa carrière. Je doute que les futurs historiens de De Gaulle réussissent à être moins subjectifs que ne le sont tous les historiens de Napoléon. Mais tous, en tentant de définir sa place au sein de l'histoire française, seront, je pense, d'accord pour dire que sa décision d'arracher le drapeau tricolore des mains d'une République agonisante et de le brandir comme le point de ralliement d'un petit groupe d'hommes et de femmes qui refusaient d'accepter la capitulation de leur pays, donna à Charles de Gaulle sa place décisive dans l'histoire de la France. Car ce de Gaulle-là, le défenseur têtu de l'indépendance française, de la légitimité et de la continuité de la République française, fut le vrai de Gaulle ; alors que beaucoup de ce qu'il a accompli, ou de ce qu'il n'a pas réussi à accomplir, entre la fin de la guerre et son éclipse finale, tient plus du mythe que de la réalité. [...]

Cela ne doit pas nous rendre insensibles à la grandeur de l'homme et à l'envergure de ses actions : de Gaulle fut un Français remarquable et ses prouesses furent grandes également. Le général de Gaulle avait une "*special relationship*" complexe avec la Grande-Bretagne : une admiration pour nos qualités mêlée à une jalousie de notre influence et à une peur profonde que les Anglo-Saxons n'empiètent sur les intérêts français. [...]

Maintenant, le Général est parti et la dernière grande personnalité de ce siècle a disparu de la scène française. La France ne connaîtra plus jamais d'autres hommes comme lui. En conclusion à ces réflexions sur la mort d'un des plus grands hommes de l'histoire française, je ferai une dernière remarque. La phrase la plus connue des Mémoires du général de Gaulle est la première :

"Toute ma vie, je me suis fait une certaine idée de la France." Peut-être que la tragédie de De Gaulle, mais aussi sa force, fut que lui aussi mélangea mythe et réalité. Sa "certaine idée de la France" fut un idéal splendide mais inaccessible, et, au fond de lui, il le savait. »

Sources

TNA : PRO FCO 57/152, « Memorial service in St Paul's Cathedral for General de Gaulle, 19 November »

Pour en savoir plus

Peyreffite Alain, *C'était de Gaulle*, tome III, Fayard, 2001.

NAPOLÉON CONTRE L'EUROPE

L'Europe, toujours l'Europe. À la fin de l'année 1970, le Conservative Group for Europe [1], dont le président d'honneur est le Premier ministre Edward Heath et qui milite pour l'entrée du Royaume-Uni dans la CEE, a une idée pour s'attirer les bonnes faveurs des Français. Pourquoi ne pas leur rendre la dépouille de l'empereur Napoléon III, enseveli depuis 1888 dans la crypte de l'église Saint-Michel de l'abbaye de Farnborough (Hampshire) ? Cela leur permettrait de *« compléter leur collection aux Invalides »*.

La demande officielle, formulée par le colonel Tufton Beamish qui dirige le Conservative Group for Europe, le 22 décembre 1970, est à l'origine du rapport intitulé « Retour de la dépouille de Napoléon en France » rédigé par Christopher C. Wilcock du Western European Department du Foreign and Commonwealth Office, le 6 janvier 1971. Première surprise, on ne sait pas très bien à qui appartient le mausolée où reposent les dépouilles des membres de la famille impériale. Ensuite, les experts sont sceptiques sur l'opportunité de ce geste. Opinion qui sera confirmée par le troisième secrétaire de l'ambassade britannique à Paris Ivor Anthony Roberts.

1. Organisation qui fait partie du parti conservateur britannique et qui défend l'Union européenne fondée sur des principes conservateurs. Créée en mai 1969 comme le European Forum, peu après la démission de De Gaulle, par des MPs conservateurs qui étaient partisans de l'adhésion britannique à la Communauté européenne. Au fur et à mesure que les négociations pour l'entrée britannique progressèrent, le forum changea de nom pour devenir le Conservative Group for Europe.

22 décembre 1970, lettre de Tufton Beamish à Anthony Royle Esq., sous-secrétaire d'État aux Affaires étrangères et au Commonwealth

« Il me semble que 1971 est le centenaire de la chute de Napoléon III et de son exil en ce pays [1]. On m'a suggéré qu'il faudrait saisir cette opportunité pour renforcer les relations franco-britanniques en rendant à la France la dépouille du mausolée de Farnborough afin qu'ils complètent leur collection aux Invalides.

Je ne sais franchement pas en quoi consiste la dépouille ni si le transfert serait accueilli favorablement par les Français. Je souhaitais toutefois vous faire part de la suggestion et je vous serais reconnaissant de vos commentaires. »

6 janvier 1971, rapport de Christopher C. Wilcock, du Western European Department du Foreign and Commonwealth Office, « Retour de la dépouille de Napoléon en France »

« Les faits que nous avons pu déterminer à propos du mausolée sont les suivants : le mausolée contient les dépouilles de Napoléon III, de l'impératrice Eugénie et du prince impérial, et se situe dans la crypte de l'église de l'abbaye Saint-Michel, un monastère bénédictin à Farnborough. Le mausolée fut construit après la mort du prince impérial en 1879. Napoléon III fut enterré dans l'uniforme [...] d'un général de division, avec la ceinture et l'épée à ses côtés. Le képi est placé à ses pieds. Sur sa poitrine, il porte un crucifix en nacre avec le grand cordon et la plaque de la Légion d'honneur ainsi que d'autres décorations

1. Si la défaite de Sedan, le 2 septembre 1870, met fin de fait au régime impérial, Napoléon III est officiellement déchu le 1er mars 1871. Le 19 mars, Bismarck met fin à sa captivité et il gagne l'Angleterre.

françaises, italiennes et suédoises. Il porte son alliance sur son majeur gauche et la bague de Napoléon Ier sur l'auriculaire de la même main. Les informations à propos du financement du mausolée sont confuses. Il y a une plaque dans la crypte indiquant que la tombe fut présentée par la reine Victoria comme signe "d'affection et de sympathie" mais cela n'a apparemment jamais été vérifié. On ne sait pas qui paya pour le mausolée, ni à qui il faudrait demander l'autorisation de transférer la dépouille. [...] Même si l'on trouvait une solution à ces complications administratives, j'ai tendance à douter que les relations franco-britanniques auraient beaucoup à gagner du retour de cette dépouille en France. Nous consulterons toutefois l'ambassade de Sa Majesté à Paris. »

Réaction d'Anthony Royle, manuscrite

« Il semble juste de suivre cette suggestion. »

Réponse manuscrite de William White, premier secrétaire aux Affaires étrangères et au Commonwealth

« La reine Victoria était certainement personnellement très bien disposée envers l'empereur et l'impératrice, et il est fort possible qu'elle ait financé la construction du mausolée étant donné que leur fils trouva la mort en se battant au sein de l'armée britannique [1]. [...] Mais je suis également d'accord avec la mise en garde de Wilcock. Cela me paraît une idée étrange : 1870 et 1871 furent des années difficiles pour la France et c'est Napoléon plutôt que la dynastie napoléonienne que les Français respectent avant tout. »

---

1. Le fils unique du couple impérial, Louis Napoléon, a été tué dans une embuscade au Natal le 1er juin 1879 durant la guerre anglo-zouloue.

4 février 1971, réponse de troisième secrétaire de l'ambassade britannique à Paris à Christopher C. Wilcock

« L'ambassadeur est d'accord avec l'opinion exprimée dans le dernier paragraphe de la lettre de M. Royle. Il y a peu à gagner de la remise de la dépouille de Louis Napoléon aux Français. »

SOURCES

TNA : PRO FCO 33/1373 (Western European Dept.), « Organisations to promote good relations between United Kingdom and France – Conservative Group for Europe »

POUR EN SAVOIR PLUS

Anceau Éric, *Napoléon III*, Tallandier, 2008.

L'AVENTURE DU CONCORDE

Le projet du « grand oiseau blanc » – comme le nomment parfois les documents d'archives britanniques – décolle le 29 novembre 1962 avec un accord signé entre British Aircraft Corporation et Sud-Aviation. C'est le général de Gaulle qui, un an plus tard, suggère que l'avion s'appelle Concorde, non sans créer quelques polémiques. Dès le début de l'aventure, les argentiers du gouvernement britannique parient sur de *« piètres performances commerciales »*, estimant que le Concorde *« coûtera presque autant que deux tunnels sous la Manche et ne sera manifestement pas rentable »* [1]. Mais l'aventure prend rapidement un tour politique. Pour la Grande-Bretagne, toujours désireuse de faire son entrée dans la CEE, la collaboration franco-britannique est essentielle même si, à plusieurs reprises, la tentation de se retirer du projet est forte. Côté français, Georges Pompidou, devenu président de la République, féru de modernité et grand amateur de vitesse, apporte un soutien sans faille au projet. Le Concorde vole pour la première fois le 2 mars 1969 et c'est à bord du prototype que Georges Pompidou décide de s'envoler, le 7 mai 1971, pour une visite à la ville de Toulouse et à ses usines aéronautiques.

Christopher Soames, ambassadeur à Paris, ne manque pas de souligner, dans une dépêche, l'importance de ce geste à un moment où, encore une fois, on doute, de part et d'autre de la Manche, de la rentabilité d'un tel projet. Le 18 mars, Sir Frederick Vernon Corfield, ministre de l'Aérospatiale, s'il demeure confiant dans les performances technologiques du Concorde, juge qu'il *« ne reste plus aucune bonne raison de raisonner avec le Concorde sur la base de critères purement économiques. [...] La poursuite du projet, d'après les suppositions les plus favorables, se soldera par d'importantes pertes »*. *« Le Concorde est*

1. 6 novembre 1962, TNA : PRO CAB 128/36, TNA : PRO CAB CAB 128/49.

un désastre commercial qui n'aurait jamais dû voir le jour », peut-on également lire dans un compte rendu des débats ministériels britanniques du 29 novembre 1971. Mais la tentation de l'Europe est la plus forte et, six pages plus loin, il est mentionné que *« le gouvernement doit s'engager de tout cœur et publiquement pour le projet »*.

Quand le président de la République français vole sur le Concorde, les Britanniques se montrent moins fair-play. Quelques semaines plus tard, le prince Philip, duc d'Édimbourg, ne lui fera pas l'honneur de monter à bord, les autorités estimant que ce serait apporter trop de soutien au projet... La carrière commerciale du Concorde débute le 21 janvier 1976 pour s'achever définitivement en 2003.

2 avril 1971, télégramme n° 396 de Christopher Soames, ambassadeur britannique à Paris, au Foreign and Commonwealth Office

« Cette semaine, le président Pompidou s'est engagé personnellement et de façon exceptionnelle en faveur du Concorde, avec le dessein non dissimulé de mettre fin à la critique croissante du public, dont la réticence au projet s'est accrue ces derniers temps, et au doute vraisemblablement grandissant des membres du Cabinet et de hauts fonctionnaires. Il a fait savoir avec une publicité considérable que, lorsqu'il visiterait la région de Toulouse au début du mois prochain, il s'y rendrait à bord du prototype français du Concorde.

Le président sent évidemment qu'un tel geste est devenu indispensable. En plus des attaques sévères menées contre le projet par le leader du Parti radical, M. Jean-Jacques Servan-Schreiber[1], un coup potentiellement désastreux lui a été porté récemment à Lyon par l'ancien ministre des Finances, M. Pinay, qui est toujours vénéré par les Français comme étant le gardien le

1. Jean-Jacques Servan-Schreiber (1924-2006), journaliste, rejoint, avec son père, de Gaulle à Londres en 1943. Il crée en 1953 *L'Express* avec Françoise Giroud afin de soutenir Pierre Mendès France. Secrétaire général, en 1969, du Parti radical-socialiste, il entame ensuite une carrière politique mais ne parvient pas à s'y faire une réelle place.

plus digne de confiance du portefeuille de la nation. Il y a aussi clairement eu une pression grandissante au sein du gouvernement, notamment celle des hauts fonctionnaires du Trésor français, devenue évidente ces derniers mois.

Comme vous le savez grâce à mes rapports précédents, le président Pompidou n'a jamais fait mystère de son soutien au Concorde. Mais le fait qu'il se soit déclaré si ouvertement favorable au projet est un signe intéressant de son inquiétude concernant le déclin apparent du soutien populaire porté à cette entreprise. [...] Pour cette vaste région du sud-ouest de la France, centrée autour de Toulouse, le Concorde est devenu un symbole de la prospérité à venir et son échec aurait de sérieuses répercussions, politiques autant qu'économiques. M. Pompidou est tout à fait conscient de cela. [...]

Ainsi, quel que soit le niveau des conflits internes au sein de l'administration française, ceux qui sont concernés vont probablement devoir baisser d'un ton et se concentrer sur le succès du projet. J'ai eu la chance de discuter, le 31 mars, avec MM. Ortoli [1] et Duhamel [2], et avec M. Chamant [3] hier. Dans chaque conversation, je commençai par me référer aux articles récents de la presse britannique selon lesquels Air France informait le gouvernement français qu'elle exigeait une subvention d'exploitation opérationnelle pour le Concorde. Au cours des deux discussions, ceci fut catégoriquement nié et M. Chamant, [...] le ministre concerné, m'assura qu'Air France n'avait pas évoqué ce point avec lui. Dans les deux cas, les ministres ne cessèrent de mentionner que M. Pompidou voyagerait à bord du Concorde et que c'était un acte politique majeur, révélateur de sa détermination à aller jusqu'au bout du programme.

1. François-Xavier Ortoli (1925-2007), ministre du Développement industriel et scientifique.

2. Jacques Duhamel (1924-1977), ministre de l'Agriculture puis des Affaires culturelles à partir du 7 janvier 1971.

3. Jean Chamant (1913-2010), ministre des Transports.

Cela ne veut pas forcément dire que lorsque M. Chamant viendra à Londres le 22 avril, il aura autorité pour engager le gouvernement français dans une production plus large de 7 à 10 appareils. (Il m'a dit qu'il n'avait pas encore cette autorisation mais espérait l'avoir obtenue à ce moment-là.) [...] Mais le geste du président est intéressant dans le cadre des négociations pour rapprocher nos communautés. D'une part, il est clair que notre attitude vis-à-vis du projet continue d'influencer l'opinion générale que Pompidou a de nous. En effet, compte tenu de son dernier engagement, cet aspect-là va devenir plus important qu'auparavant. Mais, de la même manière, il doit probablement se demander si, dans le cas où il contribuerait à un échec des négociations de la CEE, la Grande-Bretagne souhaiterait poursuivre le projet du Concorde. Si cet argument lui donne matière à réfléchir, cela ne saurait être négatif pour nous. »

24 juin 1971, lettre de R. G. Priddle du Department of Trade and Industry à P. Cregson du Cabinet du Premier ministre

« Le commandant du Queen's Flight a fait la démarche pour demander que Son Altesse Royale le prince Philip effectue un vol à bord du Concorde.

Un tel vol ferait l'objet d'une importante publicité, avec à la suite une interview du prince Philip par la télévision et la presse. Après le vol de M. Corfield au début du mois dernier, cela ne manquerait pas de montrer que nous sommes maintenant bien plus fermement engagés dans le projet. Cela pourrait être embarrassant lorsque nous en viendrons à la révision du projet durant l'année. Certains organes de presse pourraient aussi essayer de jouer sur le fait que le prince Philip s'est embarqué à bord du Concorde avant le Premier ministre. »

Sources

TNA : PRO CAB 164/952, « The Concorde project : financing and economic prospects »
TNA : PRO CAB 164/953, « The Concorde project : financing and economic prospects »

Pour en savoir plus

Derégel Xavier et Lemaire Jean-Philippe, *Concorde Passion*, LBM, 2009.

LA MYSTÉRIEUSE MALADIE DE GEORGES POMPIDOU

Les Français en âge de se souvenir de la présidence de Georges Pompidou se rappellent tous sa longue agonie et, dans les derniers temps, la terrible expression de son visage déformé par la cortisone. Depuis l'été 1972, selon son biographe Éric Roussel, Georges Pompidou sait qu'il est atteint de la maladie de Waldenström, une pathologie du sang, et que ses jours sont comptés. Il en mourra deux ans plus tard, le 2 avril 1974, à l'âge de 62 ans. Durant les derniers mois, dans le public comme dans les ambassades, les plus folles rumeurs courent sur l'état exact de sa santé. *« L'apparence physique du président et ses indispositions récurrentes obligent maintenant son médecin à communiquer des bulletins de santé d'une intimité humiliante »*, note l'ambassadeur britannique à Paris, Sir Edward Tomkins.

Le 7 février 1974, il adresse un télégramme au Foreign and Commonwealth Office, à la suite de la publication du premier communiqué officiel sur la santé du président de la République. Il explique que le sujet domine la vie politique française et que tous les hommes politiques commencent à prendre des dispositions en vue d'éventuelles élections présidentielles. Il doute que Georges Pompidou pourra continuer jusqu'aux élections prévues en 1976 et regrette la façon qu'ont les autorités françaises de gérer l'information sur un sujet aussi grave, à l'origine de l'incertitude ressentie dans tout le pays : *« Celle-ci est insidieuse dans un régime politique qui met tant de pouvoir entre les mains d'un seul homme. »* Le président vit ses derniers jours. Le 12 mars, en voyage officiel à Pitsounda, au bord de la mer Noire, pour rencontrer Leonid Brejnev, il a été victime d'une grave hémorragie. Le 21 février, quelques jours avant sa mort, Edward Tomkins et sa femme Jill sont invités au dîner organisé en l'honneur du corps diplomatique. L'ambassadeur britannique est très curieux de voir Georges Pompidou car il y a eu beaucoup de rumeurs les jours précédents sur une détérioration de sa santé. Mais le président n'assistera pas au dîner. C'est pendant le repas que la raison de l'indisposition de Georges Pompidou est enfin expliquée mais le prétexte invoqué – « une attaque d'hémorroïdes » – est loin de la réalité. Le lendemain, son absence déchaîne les commentaires de la presse sans que nul ne puisse se douter, tant le secret a été bien gardé, que le président n'a plus que quelques jours à vivre.

7 février 1974, télégramme de Sir Edward Tomkins, ambassadeur britannique à Paris, au Foreign and Commonwealth Office

« C'est la première fois qu'un bulletin de santé officiel signé par le médecin du président a été communiqué. [...] La visite récente de M. Pompidou à Poitiers n'a servi à rien dans le sens où elle n'a fait qu'ajouter aux incertitudes quant à sa condition physique plutôt que de les dissiper. Les craintes que la santé du président ne soit en train de se détériorer sont maintenant devenues un facteur politique majeur. Bien qu'aucun des hommes politiques n'admette, même en privé, que le poste présidentiel puisse être à pourvoir de façon imminente, tous prennent des dispositions en vue de cette éventualité. Ainsi, beaucoup s'imaginent que le bulletin de santé cache une réalité plus sinistre. [...] Nous ne pouvons pas prédire combien de temps il pourra continuer, mais il n'y a aucun doute qu'on se demande fortement s'il pourra le faire jusqu'à la prochaine élection présidentielle prévue en 1976. »

22 mars, télégramme de Sir Edward Tomkins, ambassadeur britannique à Paris, au Foreign and Commonwealth Office

« 1. Hier soir, au dernier moment, le président n'a pas pu venir au dîner organisé pour le corps diplomatique auquel j'assistais. Mme Pompidou prit sa place. Deux bulletins officiels furent communiqués au cours du dîner. Le premier donna pour cause de son absence "une disposition douloureuse avec un risque de récidive", le second précisa dans un langage clinique qu'il souffrait d'une attaque d'hémorroïdes.

2. Je n'ai aucune raison de douter que l'explication donnée soit vraie. Mais, avec les rumeurs qui courent sur la santé du président, cet épisode a eu inévitablement un impact public démesuré. [...] La question de savoir combien de temps le président pourra continuer est maintenant au centre de la vie politique française et de l'opinion publique.

3. L'apparence physique du président et ses indispositions récurrentes, qui obligent maintenant son médecin à communiquer des bulletins de santé d'une intimité humiliante, sont probablement des effets secondaires de ses traitements. Ces communiqués en disent peu sur la maladie principale dont il souffre. Nous n'avons ni diagnostic ni pronostic exacts. Les deux sont traités comme un secret d'État bien gardé.

4. La situation est telle que :

(a) Le président souffre de toute évidence d'une maladie incurable dont l'échéance est incertaine.

(b) Il est traité depuis un certain temps avec de fortes doses de cortisone.

(c) Il est mentalement alerte et encore capable de remplir sa difficile mission de prise de décisions.

(d) Mais il est affaibli physiquement, se fatigue rapidement et a des sautes d'humeur. Il est sérieusement limité dans les aspects de son rôle qui l'obligent à se déplacer. (Il semblerait qu'il annule sa visite officielle à Tokyo, mais il prévoit toujours de visiter Bonn le 4 avril.)

6 *(sic)*. Ainsi M. Pompidou ne peut pas, et ne doit pas, en aucun cas, être jugé comme perdu. Mais les hommes politiques prennent déjà leurs dispositions pour le futur et l'opinion publique en est réduite à jouer les potiches. Tous sont de plus en plus conscients d'une incertitude au sommet de l'État. Celle-ci

est insidieuse dans un régime politique qui met tant de pouvoir entre les mains d'un seul homme. Nous ne pouvons pas prédire combien de temps il pourra continuer, sans doute pas pour un second mandat en 1976, peut-être même pas jusque-là. »

22 mars 1974, lettre d'Edward Tomkins à Sir Thomas Brimelow, Permanent Under-Secretary of State and Head of the Diplomatic Service [1]

« 1. Tous les ans, le président Pompidou et sa femme invitent tous les chefs de mission et leurs femmes à un dîner formel à l'Élysée. Parce qu'ils sont 132 et que l'Élysée n'est pas très grand, ils ne peuvent pas être reçus ensemble comme à Buckingham Palace et il faut donc organiser trois dîners séparés. [...]

2. Hier soir ce fut à mon tour et celui de Jill d'être invités à dîner. Naturellement nous étions très curieux de voir son apparence parce que des rumeurs courent de nouveau depuis quelques jours comme quoi sa santé se serait encore détériorée. Pour ma part, j'étais anxieux de voir comment il m'accueillerait, étant donné que nous ne nous sommes pas encore vus depuis que le nouveau gouvernement a pris le pouvoir chez nous. Imaginez ainsi nos pensées quand nous avons vu Mme Pompidou entrer dans la salle sans Pompidou, et Messmer [2] prendre sa place en tête de table. Personne en dehors de l'entourage proche du président n'imaginait que le président serait absent et même Balladur [3], qui était assis à côté de Jill, n'a fait aucun effort pour expliquer son absence. Ce n'est que bien après le dîner que nous avons appris qu'il souffrait de ce qui fut décrit dans le

1. Sous-secrétaire d'État aux Affaires étrangères et au Commonwealth et chef du service diplomatique.

2. Pierre Messmer (1916-2007), Premier ministre depuis le 5 juillet 1972.

3. Édouard Balladur (1929-****) est alors secrétaire général de l'Élysée.

communiqué officiel comme “une indisposition douloureuse avec un risque de récidive”. En fait, il souffrait d’hémorroïdes.

3. Je vous raconte cette anecdote car elle est caractéristique de la manière dont le président et le gouvernement dans l’ensemble gèrent mal leurs relations publiques. Ils ont réussi hier soir à centrer l’attention des invités sur la question de la santé du président et ainsi à confirmer pour beaucoup les rumeurs qui courent sur lui. De plus, la nouvelle que le président n’était pas présent à son propre dîner s’est propagée comme un feu de brousse (on questionnait nos propres attachés de presse avant même que nous soyons sortis de table) ; c’est à la Une de la presse ce matin, et l’impact de cet épisode sur l’opinion publique a ainsi été considérable.

4. Vous aurez lu maintenant mon télégramme donnant mon appréciation de la santé du président. À mon avis, Pompidou est de plus en plus inquiet de son état de santé et, parce qu’il ne souhaite pas avoir l’air plus malade qu’il ne l’est réellement, il n’aime pas qu’on parle de sa maladie. En agissant de la sorte, il se complique la vie plus qu’il ne l’améliore. »

Sources

TNA : PRO FCO 33/2401, « President Pompidou’s Health »

Pour en savoir plus

Frerejean Alain, *C’était Georges Pompidou*, Fayard, 2007.
Roussel Éric, *Georges Pompidou*, Jean-Claude Lattès, 1984.

LE LABRADOR NOIR DE GISCARD

De tous les dirigeants politiques français, Valéry Giscard d'Estaing a toujours figuré parmi les plus appréciés des autorités britanniques. Dès 1962, lors de sa première visite officielle, le jeune ministre des Finances et des Affaires économiques séduit par sa modernité et son charme. Surtout, il tombe bien, à un moment où les Britanniques regrettent que les relations entre les deux pays ne soient pas bonnes. L'ambassadeur britannique à Paris, Pierson Dixon, estime en effet, dans une lettre à Patrick Reilly, secrétaire adjoint aux Affaires étrangères, que la politique étrangère insulaire doit prendre un nouveau cap : *« [Les Britanniques] devr[aient] davantage consulter et coopérer avec les Français. [...] Jusqu'à présent, [ils ont été] méfiants et peu enclins à communiquer avec eux. »* Depuis la fin de la guerre, les Britanniques ont délaissé les affaires continentales pour privilégier leur « relation spéciale » avec les États-Unis. Mais, comme l'explique Pierson Dixon, la France a retrouvé sa puissance économique et son statut de pays fondateur de la CEE a augmenté son influence. D'où l'intérêt croissant envers celui qui deviendra président de la France.

Huit ans plus tard, en 1970, une note est remise au chancelier de l'Échiquier qui doit se rendre en visite à Paris. Dithyrambique pour Valéry Giscard d'Estaing, elle détaille son ascension politique et le décrit comme le rival du général de Gaulle : *« Les performances, les ambitions et les possibilités de M. Giscard sont presque trop belles pour être vraies. »* Enfin, la visite la plus importante est celle que Valéry Giscard d'Estaing effectue en tant que président de la République en 1976. Les services du Foreign and Commonwealth Office se mobilisent, veillant au moindre détail afin de lui être agréable, car VGE a ses petites exigences. Certaines notes que nous publions peuvent parfois paraître futiles mais elles permettent aussi de pénétrer les coulisses du protocole et la vanité d'un homme : comment satisfaire, par exemple, le désir de VGE de faire quelque chose qu'aucun chef d'État n'a réalisé avant lui ? Que proposer comme activités à Anne-Aymone, sa femme, *« personne assez timide qui a tendance à se consacrer à la vie familiale et n'a pas vraiment d'autres centres d'intérêt »* ? Si VGE plaît aux Britanniques, ceux-ci ne sont pas dupes. Le président français est aussi vu comme un *« patricien »* desservi *« par sa froideur et la cuillère d'argent qu'il laisse trop visiblement dépasser de sa bouche »*. Quant à la reine Elizabeth II, elle n'appréciera guère le jeune président.

Les Britanniques ne manquant jamais d'humour, trois d'entre eux s'interrogent même sur l'opportunité de lui faire visiter la Waterloo Room au château de Windsor. Après une enquête patiente, ils notent que si Napoléon III y participa à un bal en avril 1855, la salle, ornée des tableaux des vainqueurs de son oncle quarante ans plus tôt, avait été renommée pour l'occasion. *« Vous souhaiterez éventuellement utiliser ces recherches assez amusantes et pertinentes »*, suggère l'un d'entre eux. Finalement, un dîner sera donné à Windsor mais le président ne sera pas confronté aux images de la défaite impériale. Remarque de l'un des fonctionnaires : *« J'ai toujours pensé que lorsque de Gaulle a vu les portraits, il a dû s'exclamer : "Alors il a fallu tous ces messieurs pour vaincre Napoléon !" »* En février 1976, une autre idée germe : que la reine offre un chien au président. Celui-ci ayant fait savoir que son choix se portait sur un mâle, ce sera donc un labrador noir, d'où la remarque amusée d'un des membres du protocole à son collègue : *« Je me demande comment votre suggestion colle avec la maxime de la reine Elizabeth Ire : "Aucun de mes chiens ne portera de laisse étrangère." »*

5 mai 1962, lettre de Pierson Dixon, ambassadeur britannique à Paris, à Patrick Reilly, secrétaire adjoint aux Affaires étrangères et au Commonwealth

« Je me demande s'il ne serait pas possible de consulter les Français sur des affaires aussi bien économiques que politiques. Il me semble qu'il y a de bonnes raisons de le faire. La France a retrouvé sa puissance économique et son adhésion à la CEE a augmenté son influence. Sa réussite lors de la réunion du FMI à Vienne ne devrait en laisser aucun doute. De plus, les hauts fonctionnaires s'occupant des affaires économiques et financières sont pleins d'idées, progressistes dans leurs conceptions et prêts à trouver de nouvelles solutions aux problèmes anciens. En l'état actuel des choses, nous avons trop peu d'occasions de les rencontrer. Nous ne le faisons que sur des affaires touchant nos propres intérêts. [...] Il existe de nombreux sujets dont nous discutons avec les Américains, mais que nous ne pensons jamais à partager de la même manière avec les Français. [...] Jusqu'à présent, nous avons été méfiants et peu enclins à communiquer avec eux. Nous devrions nous ouvrir davantage. [...] »

Visite de Monsieur Giscard d'Estaing, ministre français des Finances en juillet 1962. Note biographique

« À l'âge de 35 ans, M. Giscard d'Estaing est le plus jeune ministre des Finances depuis la guerre, et il a tout pour se lancer dans une carrière brillante. Contrairement à son prédécesseur, c'est un homme politique et, bien qu'on ne s'attende pas à ce qu'il change de façon fondamentale la politique économique et financière du pays, il fera peut-être preuve de plus de flexibilité. De tendance libérale conservatrice, et ayant des opinions raisonnables sur l'Afrique du Nord et la politique coloniale, c'est un homme d'esprit indépendant qui n'a pas peur d'exprimer ses opinions même face au général de Gaulle sur des affaires qui ne le concernent pas directement. Il est grand, beau et d'une intelligence exceptionnelle, avec une position politique assurée et des amis en place. [...] »

27 février 1970, note de personnalité de Valéry Giscard d'Estaing remise au chancelier de l'Échiquier pour sa visite à Paris

« Les performances, les ambitions et les capacités de M. Giscard sont presque trop belles pour être vraies. Dès le début, il était évident qu'il allait réussir. Son ascension a débuté lors de son passage au cabinet du Premier ministre en 1955 ; puis au sein du Parlement où il a travaillé activement sur la réforme constitutionnelle ; enfin dans les gouvernements de MM. Debré et Pompidou, d'abord comme secrétaire d'État, et ensuite comme ministre des Finances ; il a atteint la position dangereuse de rival de M. Pompidou au sein de l'establishment gaulliste en tant que successeur éventuel du général de Gaulle ; ensuite, après la démission de De Gaulle, comme premier ministre des Finances de M. Pompidou. [...] M. Giscard a réussi de façon remarquable à faire oublier ses propres politiques de droite et à donner l'impression d'une approche dynamique des problèmes économiques [...]. Son "Oui, mais..." signifie marcher sur la corde raide, mais jusqu'à présent M. Giscard l'a fait avec habileté, et il s'est joint aux opposants au référendum de De Gaulle sur la réforme régionale, qui a mené à sa démission. M. Giscard ne cache pas ses ambitions et se voyait sans aucun doute comme son successeur. Il n'est pas surprenant qu'il soit cordialement détesté par M. Pompidou, mais aussi, pour d'autres raisons, par M. Debré. La menace qu'il représente pour eux personnellement, et pour le gouvernement en général, a déjà influencé la conduite des affaires. [...] Il existe évidemment une opposition à Giscard d'Estaing aussi bien au sein de son propre parti que dans la Commission des finances, mais jusqu'à présent il a été capable de la contrôler facilement et avec un certain panache. [...] Les atouts personnels de M. Giscard sont son intelligence, son énergie, son originalité, ses compétences pratiques et son expérience ; ses plus gros défauts sont : un manque de charisme populaire dû à son arrogance, sa froideur et la cuillère d'argent qu'il laisse trop visiblement dépasser de sa bouche. Son influence se situe au sein de la classe moyenne traditionnelle, de la fonction publique, des professions libérales et du monde étudiant pour lesquels il incarne les meilleurs côtés du gaullisme. Il est bien disposé envers la Grande-Bretagne et, petit à petit, s'est mis en position de soutenir la candidature britannique au sein de la CEE. [...] Son anglais est assez bon. Marié avec deux enfants. »

31 octobre 1975, lettre de Lord Nicholas Gordon Lennox, conseiller à l'ambassade de Grande-Bretagne à Paris, à David Beattie Esq. du Western European Department du Foreign and Commonwealth Office

« Pour le président Giscard, l'élément central de sa visite sera son apparition publique, en particulier les apparitions bien calculées afin de renforcer l'image qu'il aimerait donner d'un chef d'État dynamique, populaire et loin des stéréotypes. [...] Les éléments protocolaires d'une visite d'État (tels que la procession en carrosse à son arrivée et les autres apparitions publiques avec la Reine) satisferont en partie ce désir, si, bien sûr, ils attirent une foule importante et enthousiaste. Mais cela ne sera pas suffisant. On devrait ainsi essayer d'inclure dans le programme quelque chose de très original qui soit hors du modèle établi des visites d'État, et qu'aucun visiteur n'a fait auparavant. L'ambassadeur estime qu'une suggestion en particulier devrait être prise très sérieusement en considération. [...] Il semblerait que le président Giscard aimerait beaucoup, au cours de sa visite, avoir l'occasion de s'adresser aux deux Chambres du Parlement. À ma connaissance, de Gaulle fut la dernière personne à faire une chose pareille lors de sa visite d'État en 1960. Cela assimilerait Giscard d'Estaing à son illustre prédécesseur et mettrait l'accent sur le respect qu'il a et que partagent la plupart des Français pour nos institutions parlementaires. Je ne doute pas que cette suggestion soulève toutes sortes de difficultés mais nous devons veiller avec soin aux désirs du président Giscard si nous souhaitons que cette visite soit productive en termes de relations franco-britanniques, et nous ne doutons pas que Giscard accepterait cette suggestion avec empressement et plaisir. Nous avons également beaucoup à y gagner. Les relations franco-britanniques sont mal en point et trop de personnes influentes en Angleterre considèrent encore la France comme un pays non conformiste qui a une opinion exagérée de sa propre importance.

Une rencontre directe de ce type avec le président aurait, je pense, un effet utile et durable sur beaucoup de représentants des deux Chambres. Notre deuxième suggestion – moins spécifique – vous est sans doute déjà venue à l'esprit. Le président Giscard sera d'autant plus heureux qu'il sera perçu comme un ami de la Reine et de la famille royale plutôt que comme un simple homme d'État en visite : pas seulement parce que ceci mettrait en avant sa réputation et sa dignité comme chef d'État ; mais parce que sa femme et lui-même sont des patriciens, avec des goûts patriciens. Ensuite, il y a le fait que Giscard aime être perçu comme faisant des choses qui semblent nouvelles et inhabituelles. [...] Il connaît bien le pays et il pourrait être difficile de trouver quelque chose de nouveau. Une idée qui nous est venue à l'esprit est celle d'une visite à Milton Keynes [1]. [...] Elle pourrait être organisée de façon à donner au président Giscard une occasion de frayer et de parler avec des gens ordinaires, chose qu'il voudra certainement faire durant sa visite. »

29 décembre 1975, lettre d'Angela May Gillon (Atlantic Region Research Department [2]) à Frank William Willis (Western European Department) intitulée « Valéry Giscard d'Estaing et le Royaume-Uni »

« M. Giscard d'Estaing a peu de liens personnels avec la Grande-Bretagne. Le seul semble être la période que son beau-père, le comte des Brantes *(sic)*, a passée à Londres comme attaché militaire français avant la guerre. À l'opposé, Giscard est

1. Milton Keynes, ville nouvelle du Buckinghamshire.

2. L'un des quatre sous-départements du Research Department du Foreign and Commonwealth Office responsable des recherches sur la région Atlantique.

né en Allemagne et y participa aux dernières campagnes de la guerre. [...] Selon nos archives, il semblerait qu'il n'ait visité la Grande-Bretagne que rarement et brièvement. [...] M. Giscard d'Estaing semble être devenu plus chaleureux envers la Grande-Bretagne au cours des années passées. Depuis environ 1968, les notes de personnalité de l'ambassade à Paris l'ont décrit comme étant bien disposé envers la Grande-Bretagne, chose qui n'aurait pu être écrite en 1963. À mon avis, il s'est modestement intéressé à nous au milieu des années soixante car – en dehors de ses fonctions officielles – il a compris qu'il pouvait exploiter notre candidature imminente au sein de la CEE dans ses manœuvres contre le général de Gaulle. [...]

La visite à venir de M. Giscard d'Estaing sera la première de longue durée, tant sur le plan public que privé. D'après les informations ci-dessus, ce qu'il sait de nous serait limité à ce qu'il a jusqu'à présent utilisé de façon professionnelle. Nous devons de toute évidence considérer avec attention l'image que nous souhaitons lui donner. Ce que nous savons de ses goûts et de sa personnalité indique qu'il apprécierait le cérémonial de l'État britannique et de la vie à Windsor ; d'un autre côté, son désir d'être perçu comme faisant des choses peu conventionnelles et son dégoût de la routine sont de bonnes raisons pour organiser également quelque chose qui sorte de l'ordinaire. On peut difficilement satisfaire ses goûts pour la chasse au gros gibier (quoique la pêche au requin en Cornouailles puisse être d'actualité !), mais on dit qu'il aime la musique. [...] »

19 janvier, lettre de David Beattie Esq. à Lord Gordon Lennox

« Lorsque le président Giscard se rendra en Angleterre, la Reine – et peut-être également le Premier ministre – offriront sans doute des cadeaux à lui et sa femme. Une idée nous est venue à laquelle vous souhaiteriez éventuellement réfléchir.

Il y a environ une semaine, l'un de nos Officiers commerciaux a reçu un appel téléphonique d'un subalterne à l'Élysée, qui lui a dit que le président pensait acheter un labrador retriever [...].

Le président a déjà deux retrievers [...]. Nous pensions que, s'il souhaitait effectivement en acheter un autre, un retriever serait un cadeau acceptable et hors du commun [...]. »

21 janvier, lettre de Lord Gordon Lennox pour David S. Goodall du Western European Department du Foreign and Commonwealth Office

« Étant donné que David Goodall est avec vous aujourd'hui, je réponds à votre lettre du 19 janvier [...]. Roger du Boulay est en train de se renseigner et vous enverra une réponse en temps voulu.

Je me demande comment votre suggestion colle avec la maxime de la reine Elizabeth Ire : "Aucun de mes chiens ne portera de laisse étrangère." »

6 février, lettre de Lord Gordon Lennox à David Beattie Esq. au Western European Department du Foreign and Commonwealth Office

« Merci pour votre lettre du 29 janvier. [...] Anglès, le chef du protocole au Quai, m'a dit qu'il avait maintenant parlé à l'Élysée et pouvait confirmer que le président cherche en effet un chien – un labrador noir. Il pense que le président serait très heureux que la Reine lui en offre un. »

11 février, lettre de Lord Gordon Lennox à David Beattie Esq. au Western European Department du Foreign and Commonwealth Office

« Dans ma lettre du 6 février j'ai signalé que, selon le chef du protocole, le président serait effectivement heureux si la Reine lui offrait un labrador noir lors de sa visite d'État en juin. Le chef du protocole vient justement me m'écrire une note le confirmant, et expliquant que le président préférerait un chien mâle. »

13 février 1976, lettre de Roger W. Houssemayne du Boulay (Département des Protocoles et Conférences) adressée au lieutenant-colonel Sir Eric Penn, chef du protocole de la maison royale

« Le président sera d'autant plus ravi qu'il sera perçu comme un ami de la famille royale. Il y a également la possibilité d'inviter ses enfants (ce sont de très gentilles filles qui ont eu un écho très favorable lors de sa campagne électorale). Il aimerait peut-être assister au championnat de tennis à Wimbledon (le tennis est un sport dont l'intérêt grandit en France, et nous pensons que Giscard sera sensible au fait que les médias soient attirés par sa présence) ; on a également suggéré que, en tant qu'intellectuel conservateur, un diplôme honorifique plairait au président.

Le programme de Mme Giscard semble soulever d'autres problèmes car il semble qu'elle soit assez timide et ait tendance à se consacrer à la vie familiale et n'a pas vraiment d'autres centres d'intérêt. Elle est toutefois intéressée par les jardins, et on pourrait éventuellement commencer par une visite à Sissinghurst [...] ou à une autre demeure plus grandiose comme Knole ou Blenheim. [...] Il a également été suggéré que Mme Giscard aimerait visiter l'église française de Leicester Square. »

Sources

TNA : PRO T 236/6569, « Visit of M Giscard d'Estaing (French Foreign Minister) to UK in July »
TNA : PRO T 236/6570, « Visit of M Giscard d'Estaing (French Foreign Minister) to UK in July »
TNA : PRO T 236/1770, « Financial negotiations with United Kingdom following the suspension of convertibility of sterling »
TNA : PRO FCO 33/2879, « State visit by President Giscard d'Estaing of France to UK, 22-25 June 1976 »
TNA : PRO FCO 33/2665, « Possible state visit by President Giscard d'Estaing of France to UK »

Pour en savoir plus

Lancel François, *Valéry Giscard d'Estaing, de Chamalières à l'Élysée*, Belfond, 1974.

« TWEED ET PULL-OVERS »

En cette année 1976, François Mitterrand boude les Britanniques. *« À tort ou à raison, M. Mitterrand estime que le relatif manque de contact, au cours des dernières années, est imputable aux Britanniques. Il y a ici, de toute évidence, un mélange de facteurs personnels et politiques. »* C'est ennuyeux pour les diplomates du gouvernement de James Callaghan qui vient d'arriver au pouvoir en avril et souhaite justement se rapprocher du parti socialiste et de son chef en raison de son irrésistible ascension. *« Tweed et pull-overs »* : c'est, selon un proche de François Mitterrand, tout ce que la Grande-Bretagne représente pour le leader de la gauche, le renforcement des liens étant compliqué par l'*« inhibition »* que représente le côté *« rudimentaire »* de son anglais. Mais on trouve dans ce document l'un des plus fabuleux portraits du futur président, brossé par l'ambassadeur à Paris, Sir Nick Henderson : *« Esthète, hédoniste, écrivain [...] admirateur de Stendhal, Mitterrand a des airs de Julien Sorel, un antihéros déchiré entre la réflexion et l'action, mais qui connaît trop bien le monde et est trop ambitieux pour être un romantique. »* Si le portrait est éloquent, François Mitterrand étant considéré comme le *« catalyseur suprême »* des forces de gauche, l'ambassadeur n'oublie pas ses points faibles : *« Le passé socialiste de Mitterrand est suspect. Il est perçu par beaucoup comme un opportuniste politique, un intellectuel de la rive gauche, qui a embrassé le socialisme avant tout pour accéder au pouvoir. Mis à part ce doute sur son intégrité politique, il y a également une ou deux zones d'ombre sur sa vie publique. »*

Raison de cet intérêt des Britanniques, en dehors de la toute relative proximité politique des socialistes et des travaillistes ? Les prochaines élections législatives françaises qui pourraient faire basculer la majorité et entraîner une cohabitation : *« La progression récente du parti socialiste français (PS) constitue ici le phénomène politique le plus important depuis que le général de Gaulle est arrivé au pouvoir il y a dix-huit ans. [...] Il est très probable que dans un an et demi le gouvernement de Sa Majesté ait à traiter avec un gouvernement français principalement ou en partie socialiste. »* Première préoccupation des diplomates britanniques dans ce rapprochement avec la gauche, ne pas froisser Valéry Giscard d'Estaing, le président de la République en exercice qu'ils viennent de recevoir en visite officielle mais dont ils soulignent l'effondrement de sa popularité : *« La réputation personnelle du président Giscard a chuté soudainement et de manière saisissante. »* Comment voir Mitterrand sans que Valéry Giscard d'Estaing ne s'en offusque ? En profitant d'un voyage de celui-ci en Écosse à la fin du mois de septembre 1976. Plusieurs autres rencontres suivront avec le Premier ministre James Callaghan pour achever de nouer des relations primordiales :

« Je pense que quoi qu'il puisse arriver en 1978, une telle politique, consistant à cultiver les relations avec le parti socialiste français, est une affaire d'intérêt national en raison des preuves évidentes de la montée au pouvoir de la gauche en France. »

20 avril 1976, rapport diplomatique, « L'ascension du parti socialiste français et ses implications »

Le revirement vers la gauche

« La progression récente du parti socialiste français (PS) constitue ici le phénomène politique le plus important depuis que le général de Gaulle est arrivé au pouvoir il y a dix-huit ans.

Depuis les élections législatives de 1973, il est devenu le deuxième parti à l'Assemblée nationale, disposant de 107 sièges contre 174 pour les gaullistes. [...]

La droite est au pouvoir depuis 1958 et il y a assez d'indices suggérant que :

A) Le balancier politique penche vers la gauche [...].

B) Le PS est beaucoup plus fort qu'il ne l'a été auparavant [...].

C) La réputation personnelle du président Giscard a chuté soudainement et de manière saisissante ; et il y a eu une perte de confiance en lui au sein de la droite.

D) Dans sa forme actuelle, le PS sortirait des prochaines élections législatives comme le plus grand parti, et le PS, avec le parti communiste [...] pourrait former une majorité à l'Assemblée nationale. »

Les questions fondamentales

« Aujourd'hui, les questions qui dominent la vie politique en France consistent à savoir si Giscard et les partis de droite peuvent empêcher ce transfert du pouvoir vers la gauche, et, sinon, ce qu'il se passera après les prochaines élections. Afin de répondre à ces questions, il est nécessaire de comprendre le programme politique défendu par le parti socialiste régénéré, sa direction politique, le fondement de son alliance avec les communistes et la nature de la crise qui pourrait se développer après les prochaines élections. »

Le conflit entre la gauche et la droite

« Il ne faut pas, bien sûr, sous-estimer les capacités intellectuelles et de leader de Giscard ; on ne doit pas non plus oublier le dynamisme et la détermination de M. Chirac, à qui on vient de confier la tâche de coordonner les partis de droite. Leur handicap principal est le fait que la droite est au pouvoir depuis dix-huit ans [...]. »

Contradictions dans la Constitution

« L'incertitude quant à ce qui se produirait en cas d'une victoire de la gauche vient [...] des conflits inhérents à la Constitution. [...] Ainsi, si lors des prochaines élections l'Union de la gauche gagne une majorité à l'Assemblée, il y a toutes les chances pour qu'un conflit éclate entre le leader du PS, M. François

Mitterrand, et le président Giscard. Un tel conflit pourrait bien mener à une crise constitutionnelle. [...] »

François Mitterrand

« Seul Mitterrand peut maintenir l'unité du parti socialiste ainsi que l'union avec les communistes. C'est lui le catalyseur suprême. Son autorité vient en partie de son expérience politique et en partie de ses qualités impressionnantes d'homme politique.

Esthète, hédoniste, écrivain, Mitterrand est également un humaniste, d'instinct favorable à l'égalité et animé d'un profond sens du devoir public. Mais, bien qu'il se situe du côté des opprimés et soit préoccupé par le bien-être des gens en général, il est distant par nature. Il a eu peu d'amis proches et ceux qu'il a eus étaient mal assortis : cela va d'amis politiques proches à Violette *(sic)* Trefusis [1]. Sa stature sans égale a suscité une atmosphère de cour royale, une petite cour de la taille qui lui convient le mieux, personnellement et politiquement. Admirateur de Stendhal, Mitterrand a des airs de Julien Sorel, un antihéros déchiré entre la réflexion et l'action, mais qui connaît trop bien le monde et est trop ambitieux pour être un romantique. Il a étudié l'économie et s'est appliqué à la lecture du *Capital*, mais ce n'est pas réellement ce qui lui plaît, et il préférerait largement passer son temps à lire Valéry plutôt que Marx.

Mitterrand a des crises de lassitude politique, ce qui n'est pas surprenant pour un homme de son tempérament qui, pendant vingt ans, a fait partie de l'opposition. Parfois, il dit qu'il va quitter la vie publique et aller à la campagne pour écrire, une menace qui l'aide à tenir en main les dissidents. Mais, lorsque tout se passe bien, il n'y a aucun doute quant à son dévouement pour restaurer la "légalité républicaine" qui, selon lui, fut mise à bas par de Gaulle en 1958. C'est un orateur éloquent qui, comme

1. Violet Trefusis née Keppel (1894-1972), femme de lettres britannique à la vie privée très agitée, reçoit la Légion d'honneur pour avoir participé aux émissions radio de la France libre. C'est à Londres qu'elle rencontre François Mitterrand qui restera son ami jusqu'à sa mort.

la plupart de ses compatriotes politiques, n'a pas peur de jouer la comédie ; mais, contrairement à eux, il a une présence d'esprit qu'il sait utiliser à des fins politiques contre ses adversaires. [...]

Membre de plusieurs gouvernements sous la IVe République – dont certains n'étaient pas de gauche –, le passé socialiste de Mitterrand est suspect. Il est perçu par beaucoup comme un opportuniste politique, un intellectuel de la rive gauche, qui a embrassé le socialisme, avant tout, pour accéder au pouvoir. Mis à part ce doute sur son intégrité politique, il y a également une ou deux zones d'ombre sur sa vie publique. Ses ennemis continueront à l'accuser de méfaits personnels et continueront, je pense, à lui faire du mal politiquement. Il y a peu de choses en lui qui inspirent naturellement confiance. [...] Toutefois l'accusation d'avoir vendu son âme aux communistes est injustifiée. Sa décision de s'allier au parti communiste en 1972 au sein l'Union de la gauche fut peut-être peu judicieuse et, pour reprendre l'épithète de Chirac, il est peut-être "irresponsable" de continuer à s'associer à eux, mais la logique derrière sa décision est qu'il est grand temps que la gauche arrive au pouvoir en France, et que le seul moyen d'y parvenir est une union entre les socialistes et les communistes, ce qui n'est ni déshonorant ni une trahison envers la patrie. [...] »

L'union avec les communistes

« La stratégie de Mitterrand est entièrement déterminée par l'union avec les communistes. C'est une union qui s'inscrit dans plus de cinquante ans de méfiance et elle restera difficile. [...] Je pense que Mitterrand préférait tenter d'accéder au pouvoir seul, mais il sait que cela est tout simplement impossible. Il est donc prêt à continuer à travailler avec les communistes et il est confiant dans le fait que, petit à petit, les socialistes gagneront en pouvoir tandis que les communistes en perdront. [...] Ceux qui, en France et à l'extérieur, craignent l'arrivée au pouvoir des communistes peuvent trouver du réconfort dans les contradictions inhérentes au futur gouvernement de la gauche et dans la réelle possibilité que les deux parties ne tiendront pas ensemble très longtemps. »

Le type de crise qui pourrait se développer après les élections

« Toutefois une crise pourrait éclater bien avant que le gouvernement de gauche ait pu se désagréger. Il est peu probable qu'il y ait un simple transfert du pouvoir de la droite à la gauche. [...] »

La politique étrangère et de défense

« La politique étrangère pose problème. Les cerveaux les plus brillants du parti socialiste n'y ont pas réfléchi, au cours des dernières années, et Mitterrand semble avoir été fasciné par la vision d'une sorte d'union avec les autres gouvernements de gauche d'Europe du Sud. [...] Toutefois, il existe un nouveau réalisme, une prise de conscience des dangers venant de l'étranger auxquels un gouvernement de gauche aurait à faire face. [...] Ils espèrent que, même s'il n'était pas apprécié, un gouvernement de gauche ne serait pas détesté par les alliés de la France. C'est dans cette nouvelle attitude que je vois une porte d'entrée pour nous [...]. »

Relations entre la Grande-Bretagne et le parti socialiste : le besoin d'agir

« Je dois répéter que je ne prophétise pas, dans cette dépêche, une victoire inévitable de la gauche dans deux ans. Comme je l'ai indiqué, il ne faut pas sous-estimer le conservatisme viscéral des Français ni le charisme considérable des actuels dirigeants de la droite – la "droite la plus intelligente du monde", comme on dit –, du moins ceux qui ont tendance à associer l'intelligence à la politique. Mais, que la gauche arrive au pouvoir à la suite des prochaines élections ou non, les hommes de gauche ont déjà suffisamment de poids pour être pris au sérieux par les dirigeants politiques du Royaume-Uni et être considérés comme des partenaires dignes d'un contact politique régulier. [...]

Je ne dis pas qu'il sera facile pour les actuels dirigeants du gouvernement britannique d'être en bons termes avec Mitterrand. Sa récente prestation à Elseneur[1] suffit à montrer à quel point il peut être acerbe et peu conciliant, et son union avec les communistes est, bien sûr, une sérieuse difficulté. Mitterrand parle peu, voire pas du tout l'anglais, sait peu de choses de nous et ne nous porte pas grand intérêt. Un membre de mon personnel a demandé récemment à l'un des proches de Mitterrand ce que la Grande-Bretagne représentait pour son chef. Il a répondu : “Tweed et pull-overs.” Le fait que Mitterrand souligne continuellement l'importance des liens du PSF avec le Sud plutôt qu'avec le Nord est probablement le reflet de ses affinités tant personnelles que politiques. Il personnifie l'héritage latin de la France.

Mais, quelle que soit la difficulté de se rapprocher de Mitterrand et de ses principaux partenaires, je pense que nous devons en faire l'effort. En pratique, je pense, cela signifie que le parti travailliste doit, dès à présent, se rapprocher de personnes comme Mauroy et Rocard, ainsi que de Mitterrand lui-même, et que l'échange d'idées entre des organismes d'opinion socialiste dans les deux pays devrait être perçu comme partie intégrante et nécessaire du développement général des relations entre la Grande-Bretagne et la France. Je pense que, quoi qu'il puisse arriver en 1978, une telle politique, consistant à cultiver des liens avec le parti socialiste français, est une affaire d'intérêt national en raison des preuves évidentes de la montée au pouvoir de la gauche en France. »

1. Le 17 mars 1975 s'est tenu à Elseneur, au Danemark, le sommet des chefs des partis socialistes et sociaux-démocrates de 18 pays.

30 juillet 1976, rapport du Western Department du Foreign and Commonwealth Office « Relations avec le parti socialiste français » suite au rapport de Nick Henderson

« Le but de ce rapport est de servir de base de discussion, suite à la recommandation de Sir Nick Henderson, dans son télégramme du 20 avril, que le parti travailliste se rapproche du parti socialiste français. Il commence par une brève étude sur les perspectives politiques des socialistes français, traite ensuite de la manière dont celles-ci touchent à nos propres intérêts et conclut par des conseils quant à la politique à suivre. »

Les perspectives du parti socialiste français

« [...]

Les perspectives des socialistes peuvent être brièvement résumées ainsi :

a) Associés à leurs partenaires au sein de l'Union de la gauche, ils ont autant de chances de remporter les élections de 1978 que la majorité actuelle ;

b) dans ce cas, [...] ils intégreraient probablement le gouvernement, participation qui pourrait aller d'occuper différents postes dans un gouvernement de centre gauche jusqu'à dominer le gouvernement lui-même, et peut-être même jusqu'à la présidence (si Giscard était obligé de démissionner) ;

c) même si la gauche ne gagne pas une majorité en 1978, la marge de manœuvre du gouvernement risque d'être sérieusement réduite, et l'influence socialiste risque de grandir.

En d'autres termes, il est très probable que, dans un an et demi, le gouvernement de Sa Majesté ait à traiter avec un gouvernement français principalement ou en partie socialiste.

Conséquences pour le gouvernement de Sa Majesté

<u>a) Giscard</u>

[...] À moins qu'une victoire de la gauche en 1978 soit écrasante au point de provoquer une élection présidentielle anticipée, on peut supposer que Giscard restera au pouvoir. Il y a ainsi de fortes chances que Giscard reste l'interlocuteur principal du gouvernement de Sa Majesté pour quelques années encore, si ce n'est jusqu'en 1981. La montée au pouvoir des socialistes ne doit donc pas être une raison pour négliger nos relations avec Giscard. Il est également important de ne pas compromettre l'épanouissement de cette relation par des ouvertures aux adversaires politiques de Giscard que l'on pourrait mal interpréter. Les relations entre le gouvernement et l'opposition sont complètement différentes en France et au Royaume-Uni. Il n'existe presque aucun contact direct entre eux ; une rencontre entre Giscard et Mitterrand – et il n'y en a pas eu depuis les élections présidentielles – serait un événement politique majeur. Ceci signifie que l'opinion publique en France attache une plus grande importance aux relations entre l'opposition et des gouvernements étrangers. [...] Nous devons ainsi veiller à ce que toute augmentation des contacts avec les socialistes français soit effectuée discrètement. [...]

b) Les socialistes

Les conséquences d'une participation socialiste au gouvernement au regard de nos propres intérêts sont très difficiles à évaluer. Comme le souligne la dépêche de Henderson, la politique étrangère n'a pas été une préoccupation majeure du parti socialiste, au cours de ces dernières années. Beaucoup dépend de l'équilibre des forces entre socialistes et communistes – des désaccords fondamentaux sur la politique étrangère et la défense ont été dissimulés dans leur programme de 1972. [...]

Des contacts entre le parti travailliste et les socialistes français seraient utiles pour deux raisons principales :

i) ils pourraient offrir l'occasion d'encourager les socialistes français à poursuivre des politiques compatibles avec celles des autres gouvernements socialistes dans d'autres pays de la CEE ;

ii) ils ouvriraient la voie à des relations avec un gouvernement socialiste ou dominé par les socialistes. Malgré quelques revers récents, les relations entre les socialistes français et le

SPD[1] allemand sont beaucoup plus proches que celles entre le parti travailliste et les socialistes français. Il ne serait évidemment pas dans notre intérêt qu'un gouvernement socialiste français fasse passer ses relations avec les Allemands avant les nôtres.

c) Les communistes

L'intensification des relations avec les socialistes pourrait conduire à une pression pour des contacts plus fréquents avec les communistes. Il n'y a rien à gagner à de tels contacts, qui ne feraient qu'ajouter à la respectabilité politique du PCF. [...] »

Développement des contacts avec les socialistes français

« L'ambassade de Sa Majesté à Paris a proposé des visites au député Mauroy (maire de Lille) et à Attali, le principal conseiller économique de Mitterrand. Nos relations avec ces deux hommes valent la peine d'être cultivées. Ils pourraient être reçus en tant qu'invités du FCO/COI [Central Office of Information[2]] [...] et des programmes pourraient être organisés pour leur permettre de rencontrer en particulier certains ministres et interlocuteurs du parti travailliste.

Ces contacts préliminaires pourraient également nous donner l'occasion de discuter avec les socialistes français de possibilités de contacts plus réguliers entre les partis. Actuellement, nos seuls contacts ont lieu lors des réunions trimestrielles de l'Internationale socialiste. [...] Une visite ultérieure de Mitterrand pourrait être le bon moment pour proposer des contacts plus réguliers entre les deux partis. [...]

À long terme, le but de ces contacts préliminaires devrait être d'organiser une réunion entre le Premier ministre et Mitterrand, mais, pour les raisons citées ci-dessus, il faudrait bien réfléchir à la forme et au moment. Une invitation de la part du

1. Parti social-démocrate d'Allemagne.

2. Agence de communication et de marketing du gouvernement britannique. Créé en 1946 pour remplacer le Ministry of Information qui existait pendant la Seconde Guerre mondiale, le COI a fermé ses portes le 31 mars 2012.

gouvernement de Sa Majesté, ou en tant qu'invité personnel de ministres britanniques, ne serait pas une bonne idée. Il serait préférable que l'invitation émane du parti travailliste. [...] Des réunions avec le Premier ministre et d'autres ministres pourraient être organisées au cours de cette visite. [...] L'été ou le début de l'automne 1977 seraient peut-être le moment opportun pour une telle visite. [...] Toutefois, Mitterrand se tient à l'écart et a peu de conseillers proches. Il n'est donc pas facile de l'aborder et nous devons bien réfléchir au meilleur moyen de stimuler son intérêt pour une visite. »

16 septembre 1976, télégramme n° 401 d'Ewen Alastair Fergusson, le secrétaire privé du secrétaire d'État aux Affaires étrangères et au Commonwealth, à Patrick Wright, secrétaire privé du Premier ministre

« Bien qu'ils sachent qu'il faut éviter de nuire aux relations avec le gouvernement français, et en particulier aux relations du Premier ministre avec le président Giscard, le Premier ministre et M. Crosland[1], comme vous le savez, estiment que nous devons établir des liens plus proches entre le parti travailliste et le parti socialiste français. Pour ce faire, il faut se rapprocher de M. Mitterrand.

Nous avons appris que Mitterrand prévoit de se rendre en Écosse du 20 au 23 septembre en tant que chef d'une délégation française. [...]. Au retour, il passera par Londres le 23 septembre. M. Crosland pense qu'il serait très utile que le Premier ministre invite M. Mitterrand ce jour-là pour une rencontre informelle au 10 Downing Street. Nous pensons qu'il est très peu probable que le gouvernement français désapprouve une telle rencontre si elle était organisée dans le cadre d'une visite déjà prévue par

1. Anthony Crosland, secrétaire d'État aux Affaires étrangères et au Commonwealth.

Mitterrand et qui n'est pas sous les auspices du gouvernement de Sa Majesté. [...]

Nous n'avons pas encore interrogé Mitterrand, bien sûr, et ne connaissons pas son programme exact, ni comment il réagirait. Sir Nick Henderson pense toutefois qu'une telle invitation serait bien reçue. Si le Premier ministre est d'accord, M. Crosland suggère que Sir Nick Henderson s'adresse alors à Mitterrand et lui fasse part d'une invitation à déjeuner au 10 Downing Street, le 23 septembre. »

21 septembre, télégramme n° 882 de Sir Nicholas Henderson, ambassadeur britannique à Paris, au Foreign and Commonwealth Office avec copie à Ewen Alastair Fergusson

« Avant son arrivée à Londres le 23 septembre, le Premier ministre et vous-même (Fergusson) souhaitez peut-être avoir quelques notes sur Mitterrand, la position actuelle et les attitudes de son parti. [...]

À tort ou à raison, M. Mitterrand estime que le relatif manque de contact, au cours des dernières années, est imputable aux Britanniques. Il y a ici, de toute évidence, un mélange de facteurs personnels et politiques. [...] Il faut espérer que le geste du Premier ministre satisfera suffisamment Mitterrand et lui fera oublier ses anciennes rancunes et suspicions. Mais il est, bien sûr, susceptible et possède une mémoire d'éléphant. Il n'a jamais montré beaucoup d'intérêt pour nous ni une grande connaissance des affaires britanniques, mais il a témoigné récemment d'une attitude plus ouverte. Qu'il ne parle pas anglais représente un sérieux obstacle. »

22 septembre 1976, lettre d'Ewen Alastair Fergusson à Patrick Wright, en préparation de la visite de François Mitterrand à Londres

« Vous verrez que la note sur les relations avec le parti socialiste français préparée par le FCO [Foreign and Commonwealth Office] en juillet fait part des avantages et des inconvénients de contacts plus proches avec le parti socialiste français et M. Mitterrand. [...] Elle conclut que le meilleur moyen de développer de tels contacts serait d'inviter M. Mitterrand à Londres au cours de l'été ou de l'automne 1977. [...] La visite privée actuelle de M. Mitterrand au Royaume-Uni a été toutefois une excellente occasion pour établir des contacts avec lui sans offenser le président Giscard. »

Note sur la réunion entre le Premier ministre James Callaghan et M. François Mitterrand, leader et secrétaire général du parti socialiste français, au 10 Downing Street le jeudi 23 septembre 1976 à 14 h 30

« M. Mitterrand a exprimé sa satisfaction quant à la manière dont il avait été reçu à Londres. Il dit qu'il a beaucoup aimé le déjeuner avec M. Crosland et la réunion avec le Premier ministre, et que dans les deux cas les discussions ont été très utiles. »

Le 3 octobre, Walter Kieran Pendergast, du Foreign and Commonwealth Office, envoie à Bryan George Cartledge, au 10 Downing Street, une brève note concernant la réunion à venir du 6 octobre à Brighton entre François Mitterrand et le Premier ministre James Callaghan, et des notes de personnalité sur le leader socialiste français

« La visite de M. Mitterrand arrive à un moment critique pour les relations entre les partis socialiste et communiste. [...] Le futur de l'Union de la gauche est maintenant en suspens.

La visite de M. Mitterrand à Brighton succède à celles de plusieurs des principaux membres du parti socialiste français qui furent invités dans ce pays par le gouvernement. MM. Pontillon [1] (leur secrétaire international) et Attali étaient ici en mai et MM. Cot (leur porte-parole à la CEE) et Mermaz (le n° 3 du parti) en juillet. M. Rocard (chargé des finances) prévoit une visite en Grande-Bretagne à la fin du mois tout comme M. Joxe (chargé de l'agriculture). On attend également une visite de M. Mauroy [...] avant la fin de l'année. »

Note de personnalité

« Ce qui a peut-être été le zénith de la carrière de Mitterrand a été l'élection présidentielle de 1974, au second tour de laquelle il obtint 49,2 % des votes, derrière les 50,8 % de M. Giscard d'Estaing. Cette victoire [...] lui a donné un prestige national immense, le soutien solide du parti communiste français et a accordé une nouvelle place au parti socialiste dans la politique française. [...]

M. Mitterrand (né sous le signe des gémeaux) a un caractère compliqué avec une double face ; l'homme politique coriace et impitoyable, d'une arrogance froide et impérieuse, coexiste avec

1. Robert Pontillon (1921-1992), sénateur socialiste, secrétaire national aux relations internationales du Parti socialiste.

le romantique lyrique qui n'est engagé qu'à moitié dans une conquête sérieuse du pouvoir. Ses amis doivent souvent renforcer sa volonté de rester en politique. C'est un orateur persuasif, un débatteur redoutable et un critique pénétrant. L'économie est son point le plus faible. Il gagne plus facilement l'affection des femmes et la loyauté de ses amis que la confiance de la foule : on ne lui accorde jamais le bénéfice du doute. Il dit être convaincu que la gauche gagnera les prochaines élections législatives, mais il sera confronté à la tâche difficile de maintenir l'enthousiasme et l'unité de ses partisans aux tendances variées.

Il a souvent déclaré son amitié pour la Grande-Bretagne et son désir de l'adhésion britannique à la Communauté européenne. Son anglais est rudimentaire. Il est marié à une femme timide et effacée, plus visible pendant les campagnes électorales que dans la vie quotidienne. Ils ont deux enfants. »

Compte rendu de la réunion entre James Callaghan et François Mitterrand le 6 octobre au Grand Hôtel de Brighton

« M. Callaghan a débuté la réunion en disant qu'il était très heureux de recevoir M. Mitterrand et d'avoir écouté son discours lors de la conférence du parti travailliste. Il a souhaité bonne chance à M. Mitterrand pour les six mois précédant les élections et lui a offert de lui donner toute l'aide possible depuis l'extérieur pour la période préélectorale. Le Premier ministre a dit qu'il serait très intéressé de connaître l'opinion de Mitterrand sur la situation actuelle en France, qui semble assez compliquée vue de l'extérieur.

En conclusion M. Callaghan a dit à M. Mitterrand qu'il lui faisait confiance en tant qu'ami. Il remplissait jusque-là toutes ses promesses et la réalité d'un gouvernement démocratique socialiste français était proche. M. Mitterrand, exprimant ses remerciements pour la confiance de M. Callaghan, a déclaré qu'il avait fait les deux tiers du chemin et pria M. Callaghan de lui faire confiance pour le dernier tiers. M. Mitterrand a ajouté qu'il avait le sentiment que les choses allaient de mieux en mieux en Angleterre – psychologiquement au moins – pour le gouvernement, et qu'un redressement politique était en cours. »

Sources

TNA : PRO PREM 16/1274, « FRANCE. Visits to UK by Francois Mitterand *[sic]*, First Secretary of French Socialist Party : meeting with Prime Minister, 6 October 1977 »

Pour en savoir plus

Giesbert Franz-Olivier, *François Mitterrand ou la tentation de l'histoire*, Seuil, 1977.
Lacouture Jean, *François Mitterrand, une histoire de Français*, Seuil, 1998.
Mitterrand François, *Le Coup d'État permanent*, Plon, 1965.
Mitterrand François, *Ma part de vérité*, Fayard, 1969.
Nay Catherine, *Le Noir et le Rouge ou l'histoire d'une ambition*, Grasset, 1985.

LE CAFÉ DE KLAUS BARBIE

Malgré le langage diplomatique, on décèle sans peine, à la lecture de ce document, l'indignation de l'ambassadeur britannique dans la capitale bolivienne, Ronald Christopher Hope-Jones : voir se promener tranquillement dans les rues de La Paz Klaus Barbie, le « boucher de Lyon », le chef SS qui tua Jean Moulin et tant d'autres qui s'étaient rebellés contre la barbarie nazie, le scandalise tout comme ses confrères allemands et français présents dans la capitale bolivienne. *« Il a l'habitude de prendre le café, accompagné des deux voyous qui lui servent de gardes du corps, tous les matins à la terrasse d'un café en face de l'ambassade allemande, à la grande irritation de l'ambassadeur allemand, qui se réjouirait autant de son extradition que les Français »*, écrit-il le 30 mars 1977 dans un télégramme à son correspondant du Foreign and Commonwealth Office. Âgé de 63 ans, celui qui se fait maintenant appeler Klaus Altmann a connu un itinéraire compliqué. Après avoir sévi aux Pays-Bas et en Russie puis dirigé la Gestapo lyonnaise, il est parvenu à regagner l'Allemagne en 1945. Il est rapidement utilisé, au début de la guerre froide, par les services secrets américains. Dès 1948, la France demande son extradition mais Barbie est exfiltré par la CIA vers l'Argentine puis il s'installe en Bolivie où les différentes dictatures qui vont se succéder sauront apprécier ses « talents » dans la lutte anticommuniste. C'est lui qui, par exemple, filtre parfois ceux qui sont jugés indésirables par le régime à l'aéroport de La Paz. *« Un prêtre allemand luthérien qui quittait récemment la Bolivie eut beaucoup d'ennuis à l'aéroport avec deux agents de police, qui faisaient tout pour être le moins coopératifs possible. Ils regardaient sans cesse un homme assis à quelques mètres qui riait doucement en lui-même. Cet homme n'était autre qu'Altmann et, selon l'ambassadeur allemand, les deux agents de sécurité agissaient sous ses ordres. »* Il faut attendre 1983 pour que la France obtienne son expulsion. Jugé en 1987, il est condamné à la réclusion criminelle à perpétuité. Le 25 septembre 1991, il meurt en prison à Lyon, ville de ses méfaits en France.

30 mars 1977, télégramme intitulé « Klaus Altmann/Barbie » de Ronald Christopher Hope-Jones, ambassadeur britannique à La Paz, à Robert James Miller (second secrétaire aux Affaires étrangères et au Commonwealth), avec copie au département d'Amérique latine du Foreign and Commonwealth Office

KLAUS ALTMANN/BARBIE

« Cher Miller,

1. L'intitulé ci-dessus ne vous dira peut-être rien, mais Klaus Altmann était le chef SS à Lyon pendant la guerre, qui s'évada en Bolivie et acquit ensuite la nationalité bolivienne sous le nom de Barbie[1]. Il a été condamné pour crimes de guerre par une Cour française, et depuis des années le gouvernement français tente de le faire extrader. Leur demande a finalement été refusée par la Cour suprême à la fin de 1974, bien qu'Altmann semble avoir acquis la nationalité bolivienne sur la base de documents falsifiés. Notre dernière lettre au département à son sujet fut celle de Mlle Robertson du 19 mars 1974.

2. Altmann vit maintenant à La Paz, et a d'ailleurs l'habitude de prendre le café, accompagné des deux voyous qui lui servent de gardes du corps, tous les matins à la terrasse d'un café en face de l'ambassade allemande, à la grande irritation de l'ambassadeur allemand, qui se réjouirait autant de son extradition que les Français. Il m'a raconté qu'un prêtre allemand luthérien qui quittait récemment la Bolivie eut beaucoup d'ennuis à l'aéroport avec deux agents de police, qui faisaient tout pour être le moins

1. C'est en réalité l'inverse : Klaus Barbie a pris le nom d'Altmann en Bolivie vers 1951.

coopératifs possible. Ils regardaient sans cesse un homme assis à quelques mètres qui riait doucement en lui-même. Cet homme n'était autre qu'Altmann et, selon l'ambassadeur allemand, les deux agents de sécurité agissaient sous ses ordres. J'ai entendu par d'autres sources qu'il a une sorte de relation de travail avec le ministère de l'intérieur et je ne doute pas qu'il a acquis sa position par corruption.

3. M. Mandereau[1], l'ambassadeur de France, qui a quitté La Paz la semaine dernière après six années passées ici, était très mal vu par le gouvernement bolivien suite à ses tentatives d'obtenir l'extradition d'Altmann. Le protocole habituel ici, lors du départ d'un ambassadeur, est de lui remettre l'Ordre du Condor, mais aucune récompense ne fut remise à M. Mandereau, et il n'y avait aucun officiel à l'aéroport pour lui dire au revoir. En effet, il a seulement réussi à obtenir une audience d'adieu avec le président en passant outre le ministère des Affaires étrangères. Lors de son dernier entretien avec le ministre des Affaires étrangères, le général Adriœzola, il exprima son regret que les relations franco-boliviennes se soient dégradées à la suite du refus du gouvernement bolivien d'approuver l'extradition d'Altmann. Le général Adriázola lui a rétorqué : “Vous devez comprendre que ceci est une question de droits de l'homme.” M. Mandereau est juif et a passé la plus grande partie de la guerre dans un camp de concentration. Cela en dit long sur son sang-froid qu'à la suite d'une telle provocation il n'ait pas agressé physiquement le ministre. »

1. Jean Mandereau, ambassadeur de France en Bolivie jusqu'au 18 janvier 1977.

Le café de Klaus Barbie

SOURCES

TNA : PRO FCO 7/3426, « War criminals in Bolivia : Klaus Barbie »

POUR EN SAVOIR PLUS

Bower Tom, *Klaus Barbie, itinéraire d'un bourreau ordinaire*, Le Cherche-Midi, 1984.

UNE FEMME D'EXCEPTION

Dans cette longue histoire qui comporte tant de portraits d'hommes, il fallait rendre hommage aux femmes, surtout quand, comme en France, leur place en politique est si comptée. C'est moins le cas en Grande-Bretagne puisque quand Simone Veil, présidente du Parlement européen, y effectue un voyage officiel les 6 et 7 novembre 1980, elle est reçue en audience par la reine à Buckingham Palace et a des discussions avec le Premier ministre Margaret Thatcher au 10 Downing Street. Mais cette proximité féminine n'arrange pas Simone Veil. *« Mme Veil s'attend à ce que sa visite au Royaume-Uni soit "difficile" car elle ne trouve pas particulièrement facile de traiter avec des femmes. »*

Les échanges des diplomates britanniques préparant son voyage fourmillent de détails et dressent un portrait attachant de cette femme d'exception tant admirée par les Français, conquis par son courage et par sa générosité. Sur son tabagisme caché, par exemple, elle qui a été ministre de la Santé : *« Elle ne fume jamais en public mais elle fume comme un pompier dans son bureau privé. [...] Étant donné que personne n'est censé* [le] *savoir, il serait préférable qu'on ne mette pas de cigarettes dans sa chambre. »* Simone Veil déteste aussi les gardes du corps, et plus encore les blancs dans son programme, durant lesquels elle préférerait aller dans les galeries d'art, voir des impressionnistes *« plutôt que de simplement gaspiller du temps à ne rien faire »*.

« Note sur Mme Veil »

« *MME SIMONE VEIL (prononcer comme le mot anglais* "veil"*)*
Présidente du Parlement européen depuis juillet 1979.

Française. Née en 1927 à Nice de parents juifs. Déportée et emprisonnée par les nazis à Auschwitz et Bergen-Belsen en 1944-45, seule survivante de sa famille. À son retour, elle étudia le droit et les sciences politiques avant d'entrer au ministère de la Justice en 1957. 1970-74 : secrétaire général du Conseil supérieur de la magistrature, première femme à occuper ce poste. Nommée ministre de la Santé en 1974. En juin 1979, élue au Parlement européen lors des premières élections au suffrage direct (Groupe libéral et démocratique [1]) et présidente le mois suivant. Son mandat est censé durer deux ans et demi.

La carrière de Mme Veil au ministère de la Justice fut brillante mais discrète. Elle se spécialisa dans les affaires sociales, en particulier dans la légalisation concernant la vie familiale. Elle fut coauteur en 1969 d'un livre sur les aspects médicaux, sociaux et psychologiques de l'adoption. Elle connut en tant que ministre de la Santé un succès remarquable. En 1974, elle mena courageusement à terme le projet de loi controversé pour réformer les lois sur l'avortement au Parlement français et gagna un respect unanime pour ses succès. On a souvent parlé d'elle comme d'un éventuel Premier ministre. Après un début instable en tant que présidente du Parlement, elle a de plus en plus affirmé son autorité et, avec son esprit fort et indépendant, elle ne devrait certainement pas être perçue comme un pion du gouvernement français.

Mme Veil se rend à une synagogue réformée à Paris mais le fait discrètement. Elle n'est pas du tout une sioniste fervente. Elle n'est pas non plus un défenseur passionné de la cause féministe par pur principe.

---

1. Le Groupe libéral et démocratique au sein du Parlement européen est devenu l'Alliance des démocrates et des libéraux.

Elle est mariée à Antoine Veil, directeur général de la compagnie aérienne UTA et conseiller municipal centriste pour Paris. Ils ont trois fils.

En mars 1977, elle fit une visite réussie au Royaume-Uni comme invitée de M. Ennals ; en juin et juillet 1980, elle reçut des diplômes honorifiques respectivement à Cambridge et Édimbourg. Elle parle assez bien anglais. »

14 juillet 1980, lettre de Frederick Christopher Gerald Hohler (Bureau du représentant permanent du Royaume-Uni aux Communautés européennes à Bruxelles) à Jim Poston au Foreign and Commonwealth Office

« *Visite officielle du président du Parlement européen au Royaume-Uni [...]*

J'ai discuté de la visite avec le Cabinet de Mme Veil et les détails suivants pourraient vous intéresser et être globalement pertinents :

a) Pendant les visites officielles, Mme Veil séjourne normalement dans des hôtels. [...] Il semblerait que le Parlement européen couvre les frais [...].

b) Mme Veil risque d'être accompagnée de membres de son Cabinet dont François Sheer et Mme Anne Manson-Hennon, et d'un interprète. [...] Le mari de Mme Veil ne l'accompagnera pas.

c) Mme Veil s'attend à ce que sa visite au Royaume-Uni soit "difficile" car elle ne trouve pas particulièrement facile de traiter avec des femmes.

d) Nourriture, etc. – Mme Veil n'a pas besoin d'un menu casher spécifique. Elle aime le bon thé anglais, le whisky (seulement en soirée) et l'eau Perrier. En raison de sa campagne de presse en tant que ministre de la Santé français, elle ne fume jamais en public mais elle fume comme un pompier dans son bureau privé.

Elle a besoin des soins réguliers d'un coiffeur, en particulier avant les dîners, conférences de presse ou réceptions officielles. Ses cheveux, qu'elle porte normalement en chignon, ont tendance à friser.

e) Mme Veil déteste les gardes du corps. Elle aime quitter les réceptions aux environs de 22 h 30 ou 23 heures. Elle se lève à 5 heures et aime lire les quotidiens français. Elle déteste rester debout sans rien faire car elle a mal aux jambes. Si elle doit rester debout pendant longtemps, on la verra sautiller d'une jambe sur l'autre parce qu'elle a mal.

f) Bien qu'elle soit juive, elle est fermement non sioniste, et souhaite être tenue à l'écart d'activités projuives. [...] Elle a du mal avec les femmes et n'aime pas qu'on la laisse s'occuper des femmes de fonctionnaires.

g) Lors de sa visite officielle au Danemark, il y eut, à plusieurs reprises, des périodes d'une heure dans son programme qui n'étaient pas remplies. Mme Veil aime faire les courses et les galeries d'art (les impressionnistes français, en particulier) et préférerait que de tels intervalles soient remplis d'activités de ce type plutôt que de simplement gaspiller du temps à ne rien faire. [...]

h) Lors des visites précédentes, il n'y a pas eu d'échanges de cadeaux.

i) Mme Veil aime avoir les CV de tous ceux qu'elle va rencontrer.

j) Lors des visites officielles, elle préfère se déplacer avec des moyens de transport officiels, et pas, comme il arriva une fois, en taxi.

k) Ses bagages sont normalement composés de deux grosses valises ; boîtes à chapeau si besoin (et il faudra qu'elle soit informée des tenues nécessaires, et en particulier si des chapeaux et des gants seront requis), plus une grosse mallette avec ses dossiers [...]. »

15 juillet 1980, lettre supplémentaire F. C. G. Hohler à Jim Poston

« Suite à ma lettre du 14 juillet, je souhaiterais ajouter les points suivants :

a) Le tabagisme de Mme Veil : étant donné que personne n'est censé savoir qu'elle fume, il serait préférable qu'on ne mette pas de cigarettes dans sa chambre.

b) Suite à des recherches supplémentaires, son Cabinet m'a fait savoir que le Parlement n'avait pas payé ses frais d'hôtel lors de précédentes visites officielles ; ils furent payés soit par le Parlement du pays concerné, soit par le ministère des Affaires étrangères.

c) Elle aime lire *Le Monde* et *Le Matin* [...]. »

SOURCES

TNA : PRO FCO 30/4467, « Visit by Simone Veil, President of European Parliament, to the UK, November 1980 »

TNA : PRO FCO 30/4468, « Visit by Simone Veil, President of European Parliament, to the UK, November 1980 »

POUR EN SAVOIR PLUS

Szafran Maurice, *Simone Veil : Destin*, J'ai lu, 1996.

Veil Simone et Cojean Annick, *« Les hommes aussi s'en souviennent », Discours du 26 novembre 1974 suivi d'un entretien avec Annick Cojean*, Stock, 2004.

MITTERRAND À L'ÉLYSÉE

Les archives britanniques ont été d'une ponctualité qui leur fait honneur : en rendant publics, en janvier 2012, les documents sur l'élection de François Mitterrand à la présidence de la République en 1981, elles ont respecté le délai de trente ans fixé à leur divulgation, auquel il faut ajouter le temps nécessaire au traitement des documents diplomatiques. Des archives qui permettent de clôturer ce livre sur l'un des événements les plus importants de l'histoire contemporaine française : l'arrivée au pouvoir suprême du premier président de gauche depuis la fondation de la Ve République en 1958. D'emblée, on ne peut que sourire à certaines anecdotes qui rappellent des promesses de la campagne présidentielle de 2012, comme la proposition de François Hollande de taxer à 75 % les revenus annuels supérieurs à un million d'euros. Faire payer les riches figurait déjà parmi les 101 mesures de François Mitterrand avec la future instauration de l'impôt sur la fortune, et l'ambassadeur britannique de l'époque n'est pas plus dupe que ne l'est sans doute celui d'aujourd'hui : « *Les plans du gouvernement pour l'introduction d'un impôt sur la fortune semblent avant tout d'inspiration idéologique*, écrit au début septembre 1981 Sir Reginald Alfred Hibbert dans son rapport faisant le point sur quatre mois de présidence socialiste en France. *Il est peu probable que l'impôt soit une source majeure de revenus. Les Français riches continueront à faire tout leur possible pour dissimuler leurs biens matériels au percepteur.* »

Si le choc de l'élection de Mitterrand a été rude, on est loin de la catastrophe annoncée. « *Ce fut une expérience étrange de vivre en France au cours de ces trois à quatre derniers mois. Le passage du président Giscard au président Mitterrand, de la droite ou du centre droit à la gauche, a été aussi décisif et total qu'inattendu, et pourtant le citoyen français ordinaire n'a senti aucun changement matériel. On avait promis un désastre si la gauche gagnait, mais tout ce qui s'est produit a été une grande augmentation des discussions.* » La France est en réalité « *ahurie* », comme l'écrit Reginald Alfred Hibbert, par l'ampleur de la victoire de François Mitterrand, qu'il renouvelle après avoir dissous l'Assemblée nationale, la gauche remportant une très large majorité aux élections législatives en juin. « *La première chose à dire est que la victoire de Mitterrand a été si écrasante qu'elle a laissé la France ahurie pendant un certain temps, la gauche ahurie par son propre succès et son manque de préparation, et le centre et la droite ahuris par l'immensité de leur défaite.* »

Mais les Britanniques s'inquiètent avant tout du manque de connaissances économiques du nouvel élu : « *Même les plus proches de M. Mitterrand ne prétendent pas qu'il a le sens des chiffres ou de la gestion des affaires économiques. Il se flatte d'être un créatif, une sorte d'artiste ou de poète politique, un homme d'idées, un écrivain. Il y a un danger qu'il ne comprenne pas en détail la complexité des problèmes économiques auxquels la France est confrontée. [...] C'est un début dangereux dans une période de crise économique.* » En revanche, dans certains domaines, les choses ne changent pas. Pour les médias, la laisse reste tendue : « *M. Giscard avait rempli la radio et la télévision ainsi qu'une grande partie de la presse de ses propres sympathisants. Les socialistes s'en plaignaient amèrement et on s'attendait à ce qu'il y ait des changements radicaux si jamais ils arrivaient au pouvoir. Maintenant que ces changements ont eu lieu, on se demande si le parti socialiste ne fait simplement pas la même chose que Giscard ou si, ayant remplacé les hommes de premier plan, il donnera un degré d'autonomie supplémentaire aux médias.* »

Après son élection, François Mitterrand se rend en Angleterre à deux reprises. D'abord pour assister au mariage du prince Charles et de Lady Diana le 29 juillet 1981, voyage durant lequel il rencontre Margaret Thatcher. Leur brève discussion sert avant tout à préparer le sommet franco-britannique qui aura lieu à Londres deux mois plus tard, les 10 et 11 septembre.

27 juillet 1981, télégramme de Sir Reginald Alfred Hibbert, ambassadeur britannique à Paris, au Foreign and Commonwealth Office

« Avant la réunion du Premier ministre avec le président Mitterrand le 29 juillet, il sera peut-être utile de donner quelques brèves impressions des deux premiers mois du nouveau gouvernement français.

Le président Mitterrand et ses ministres sortent maintenant progressivement de la phase de discussion pour entrer dans la phase d'action, bien qu'il y ait encore beaucoup de discussions désordonnées. Le Premier ministre, M. Cheysson [1] et M. Hernu [2] ont tous trois ajusté leur tir afin de définir précisément leurs objectifs. Plusieurs choses se sont déjà très nettement dégagées. La première est la puissance politique du gouvernement et son soutien par l'Assemblée nationale. Il n'y a pas de réelle opposition [...]. Le Sénat, où les gaullistes et les giscardiens gardent la majorité, a jusqu'à maintenant évité le conflit. Le gouvernement n'a eu aucun mal à faire passer ses mesures économiques à court terme. [...] Il est évident que le président Mitterrand et son gouvernement ont bien l'intention de mettre en application les promesses [...] de la campagne électorale et de le faire sur toute la période parlementaire des cinq ans à venir. La principale contrainte [...] est le temps requis pour préparer et promulguer les lois.

Le gouvernement a, dès le début, pris sur lui de s'attaquer de façon durable à la question de la décentralisation. Les premiers projets de loi à ce sujet sont déjà devant l'Assemblée. [...] Le gouvernement se fixe une deuxième tâche importante, cette fois dans le domaine économique, qui est de lancer son programme de nationalisations à moyen terme. [...] Pendant ce temps l'activité économique et l'investissement déclinent, et l'inflation et les déficits augmentent. Il existe une chance d'une modeste reprise de la production vers la fin de l'année, mais les prévisions pour 1982 ne sont pas encourageantes.

La vie publique est quelque peu perturbée par de grands changements dans la police, les médias et (probablement) dans l'éducation. [...]

---

1. Claude Cheysson (1920-****), ministre des Relations extérieures.
2. Charles Hernu (1923-1990), ministre de la Défense.

Dans le domaine des affaires étrangères, M. Mitterrand prend son temps. En France, il est perçu comme s'étant lancé avec succès dans les affaires étrangères lors de sa première conférence internationale à Ottawa. [...]

L'image donnée par le nouveau gouvernement dans la presse est qu'il a confiance en lui et sait ce qu'il veut (bien que cela soit mal défini dans certains domaines). [...] À l'intérieur du pays, le président Mitterrand s'est donné carte blanche et semble croire que les amis et partenaires de la France lui ont donné la permission de poursuivre sa politique intérieure comme il le souhaite.

Les relations franco-britanniques ont eu un début satisfaisant. Mais l'épreuve réelle viendra après septembre lorsque la Communauté entamera des discussions sérieuses autour de gros problèmes en suspens, comme la restructuration du budget, les réformes de la PAC et de la pêche. [...]

D'un point de vue plus personnel, je ne sais pas quelle impression le Premier ministre a eue du président Mitterrand lors du sommet d'Ottawa. Il semble être un homme qui garde ses intentions bien cachées, qui ne présente ses idées et ne dévoile son point de vue que lentement et indirectement. Il existe cependant derrière cette façade peu engageante une énergie et une détermination considérables. »

2 septembre 1981, rapport de Reginald Hibbert à Lord Carrington, secrétaire d'État aux Affaires étrangères et au Commonwealth, donnant un compte rendu complet du début de la présidence de François Mitterrand

Les premiers pas de M. Mitterrand en tant que président

« Avec la fin des vacances, la période de lune de miel de M. Mitterrand (appelée "état de grâce" dans le langage courant français) a pris fin. Il est maintenant temps d'examiner ce qu'il a fait.

Ce fut une expérience étrange de vivre en France, au cours de ces trois à quatre derniers mois. Le passage du président Giscard au président Mitterrand, de la droite ou du centre droit à la gauche, a été aussi décisif et total qu'inattendu, et pourtant le citoyen français ordinaire n'a senti aucun changement matériel. On avait promis un désastre si la gauche gagnait, mais tout ce qui s'est produit a été une grande augmentation des discussions. Bien que le sujet de ces discussions ait été, dans l'ensemble, nouveau, le style, solennel, reposant sur une pléthore de déclarations ministérielles et d'entretiens avec la presse, a clairement été dans le style de la Ve République. La première chose à dire est que la victoire de Mitterrand a été si écrasante qu'elle a laissé la France ahurie pendant un certain temps, la gauche ahurie par son propre succès et son manque de préparation, et le centre et la droite ahuris par l'immensité de leur défaite. M. Mitterrand a pu prendre son temps pour s'installer, former son gouvernement et commencer à mettre en place sa politique, parce que sa victoire a rapidement été renforcée. Sa tactique immédiate de dissoudre l'Assemblée nationale et d'organiser de nouvelles élections parlementaires a été un succès encore plus total que sa victoire aux élections présidentielles. Dès le 21 juin, le parti socialiste avait une majorité absolue à l'Assemblée nationale, luxe incroyable pour un président socialiste. Le président Mitterrand était alors libre de faire ce qu'il voulait, et il demeure encore aujourd'hui dans cette heureuse situation.

Au cours des premières semaines qu'il a passées à recueillir le soutien dont il avait besoin pour les cinq premières années de son mandat de sept ans, M. Mitterrand a usé de ses talents considérables – l'ambiguïté et l'hermétisme – afin d'éviter de donner un engagement clairement défini. Il dit qu'il va remplir les engagements qu'il a pris pendant sa campagne électorale, ni plus ni moins. C'est un engagement plus vague que cela n'en a l'air. Cela l'éloigne du manifeste du parti socialiste ; mais, comme il n'existe aucun recueil des discours et émissions de sa campagne, il est difficile de définir clairement les politiques qu'il se considérerait contraint de mettre en place. Il semble libre de choisir parmi les 110 propositions mises en avant par le parti socialiste. [...] Sa décision de nommer M. Pierre Mauroy Premier ministre et sa volonté de lui donner la responsabilité de la marche du gouvernement ont contribué à faire régner une atmosphère modérée, sous domination socialiste. Voilà le secret du succès initial de M. Mitterrand. [...]

M. Bérégovoy est très occupé en tant que secrétaire général de l'Élysée bien que ses occupations ne soient pas très claires ; M. Jospin a le rôle clé de premier secrétaire du parti ; M. Joxe organise et est le porte-parole du groupe socialiste à l'Assemblée nationale. Ces hommes se préoccupent avant tout de faire fonctionner le gouvernement socialiste en accord avec le parti socialiste ; mais la manière dont ils influencent la politique [...] reste encore à définir. [...] L'importance de toutes ces personnalités dans la formation de la politique du gouvernement ne s'est pas encore dégagée. Pour le moment, le gouvernement reste assez mou et énigmatique.

La construction de leur image est l'une des préoccupations majeures des gouvernements modernes. L'incertitude quant au caractère du gouvernement s'étend également à ce domaine. M. Giscard avait peuplé la radio et la télévision ainsi qu'une grande partie de la presse de ses propres sympathisants. Les socialistes s'en plaignaient amèrement et on s'attendait à ce qu'il y ait des changements radicaux si jamais ils arrivaient au pouvoir. Maintenant que ces changements ont eu lieu, on se demande si le parti socialiste ne fait simplement pas la même chose que Giscard ou si, après avoir remplacé les hommes de premier plan, il donnera un degré d'autonomie supplémentaire aux médias. [...]

Les changements de personnel au sommet des chaînes de télévision et de radio ont été imités dans la police et le corps préfectoral. [...]

Il est possible que les trois premières années de la présidence de M. Mitterrand soient des années d'incertitude administrative, voire de confusion continue. Lors de la séance d'ouverture de la nouvelle Assemblée nationale, le gouvernement s'est engagé à mener à terme la procédure complexe de la décentralisation de l'administration française. La tâche est immense. [...] Il reste à trouver des solutions aux délicates questions de régionalisation financière et de délimitation entre les différents niveaux d'assemblées régionales. Personne n'est certain de la réaction des conseils généraux et régionaux lorsqu'ils se rendront compte qu'un réel pouvoir leur a été donné. M. Mitterrand semble avoir entrepris de changer la nature de la France. Certains doutent qu'il en ait réellement l'intention. D'autres doutent qu'il réussira. [...]

L'incertitude persistante quant à la vraie nature de l'administration de M. Mitterrand s'étend également aux Affaires étrangères et à la Défense. [...] J'espère qu'on ne pensera pas que je suis revêche si je m'interroge sur la nature de la motivation derrière ces politiques. À Paris, il semble évident que des considérations tactiques y jouent un plus grand rôle que le président et son gouvernement ne veulent l'admettre et prennent le dessus sur des questions de principe. La vraie nature de la nouvelle politique étrangère de la France reste encore à découvrir. Le processus sera vraisemblablement lent car le principal but de M. Mitterrand semble être de garder les affaires du monde extérieur à distance par des déclarations, promesses et exhortations afin de ne pas trop freiner le travail de réforme en France. [...]

La principale tâche de M. Mitterrand est en effet l'économie. Pendant sa campagne électorale, [...] il a promis de créer de nouveaux emplois s'il était élu. Depuis son élection, il a continué à faire de la réduction du taux de chômage son cheval de bataille, tout en ayant soin de dire qu'il faudrait du temps pour corriger les erreurs du régime précédent. Il n'y a aucun doute quant à l'engagement de M. Mitterrand à réduire le taux de chômage. La question est : pourra-t-il le faire ?

Même les plus proches de M. Mitterrand ne prétendent pas qu'il a le sens des chiffres ou de la gestion des affaires économiques. Il se flatte d'être un créatif, une sorte d'artiste ou de poète politique, un homme d'idées, un écrivain. Il y a un danger qu'il ne comprenne pas en détail la complexité des problèmes économiques auxquels la France est confrontée. [...] C'est un dangereux début dans une période de crise économique.

L'épreuve la plus sévère et décisive du nouveau gouvernement sera sans doute dans le domaine de l'économie. [...] Ses mesures à court terme n'ont jusque-là pas amélioré la situation. [...]

La stratégie du gouvernement à moyen terme (1982-83) inclut un programme de nationalisations, de décentralisation, de réduction du temps de travail, la création de 210 000 emplois dans le secteur public et l'introduction d'un impôt sur la fortune. Il semble que cette stratégie sera également confrontée à des contradictions entre objectifs et résultats ou entre idéologie politique et réalité. [...] Le gouvernement introduira une proposition de loi, cet automne, pour nationaliser presque toutes les institutions bancaires et de crédit du secteur privé, certains des principaux groupes industriels et une grande partie de l'industrie sidérurgique. [...] La conclusion générale est que ceci ne fera qu'ajouter au fardeau de la France et que sa motivation est purement idéologique. [...]

Les plans du gouvernement pour l'introduction d'un impôt sur la fortune semblent également avant tout d'inspiration idéologique. Il est peu probable que l'impôt soit une source majeure de revenus. Les Français riches continueront à faire tout leur possible pour dissimuler leurs biens matériels au percepteur des impôts. [...]

Le président Mitterrand a acquis une position politique d'une puissance presque irrésistible, mais il s'est donné comme premier objectif la réduction de quelque chose qui sera peut-être malheureusement immuable, c'est-à-dire le total de presque 2 000 000 de chômeurs en France. [...]

Pour le moment, la France est dans une phase d'indécision par rapport aux affaires touchant le Royaume-Uni. Il y a un danger qu'au fur et à mesure que les difficultés économiques de la France deviendront plus graves, l'indécision de la France prenne un aspect négatif. [...] C'est pour cette raison que je pense qu'il est important que le sommet franco-britannique ait lieu la semaine prochaine le plus tôt possible, et j'espère qu'il pourra être utilisé afin de pousser M. Mitterrand et ses collègues vers les décisions clés concernant la Communauté auxquelles ils ont jusqu'à présent évité de s'attaquer. J'ai peur qu'il ne soit pas beaucoup plus facile de traiter avec la France de M. Mitterrand qu'avec celle de M. Giscard. [...] La difficulté principale vient de leur étroite conception francocentriste. La France a besoin du monde extérieur et en aura sans doute d'autant plus besoin que ses difficultés intérieures augmenteront, mais, tout comme son prédécesseur, le nouveau gouvernement pense qu'il peut assez librement choisir son chemin et ne voit aucune nécessité de se hâter de faire des concessions à la Grande-Bretagne. Le problème pour le gouvernement britannique est de trouver un moyen de convaincre le gouvernement français qu'il pourra difficilement réaliser ses propres objectifs à long terme s'il ne passe pas par la douloureuse étape consistant à s'attaquer et à trouver une solution aux problèmes qui intéressent la Grande-Bretagne. »

7 septembre 1981, télégramme de Reginald Hibbert au Foreign and Commonwealth Office : « L'approche française au sommet franco-britannique »

« Je suis sûr que, tout en étant conscient que ce qui est nécessaire à l'amélioration des relations avec la Grande-Bretagne n'est pas en phase avec ses autres préoccupations, le président Mitterrand est sincère quand il dit qu'il souhaite que la France ait de meilleures relations avec la Grande-Bretagne. Il souhaite une réunion constructive et emmène six ministres, afin que la consultation bilatérale normale s'étende à un grand nombre de domaines. Mais il a choisi de ne pas emmener Mme Cresson ni MM. Le Pensec ou Hernu. En d'autres termes, sa volonté de cultiver de bonnes relations avec la Grande-Bretagne reste pour le moment limitée. Il n'envisage pas de s'attaquer vigoureusement aux différentes approches de la Communauté ni à la défense, qui sont la base des désaccords franco-britanniques. Je n'ai aucun doute sur le fait qu'il y a également un facteur personnel dans le sens où M. Mitterrand n'aime pas avoir trop de ministres à ses côtés. [...]

À la fin de ma dépêche du 2 septembre, je suggère que l'objectif britannique lors du sommet devrait être de convaincre M. Mitterrand et ses collègues que le progrès en Europe, et le type de progrès que souhaite la France, ne sera pas possible si on ne s'attaque pas vigoureusement aux affaires clés de la Communauté sur lesquelles la France et le Royaume-Uni sont divisés et si on ne les résout pas. Aucune relance ne sera possible dans la Communauté si on ne commence pas par régler la question des ressources et des contributions et si on n'arrive pas à mettre de côté des dossiers non résolus tels que celui de la pêche. Ce qu'envisagent les Français ressemble plus à un remaniement qu'a une relance. Il serait peut-être prudent de tenter de prévenir M. Mitterrand, dès maintenant, qu'il est, à long terme, dans son intérêt d'éviter de prendre cette position. »

Sources

TNA : PRO PREM 19/470, « FRANCE. Visits to UK by President Mitterrand, July and September 1981 ; Anglo-French Summit ; part 2 »

Pour en savoir plus

Giesbert Franz-Olivier, *François Mitterrand ou la tentation de l'histoire*, Seuil, 1977.

Giesbert Franz-Olivier, *François Mitterrand, une vie*, Seuil, 1996.

Lacouture Jean, *François Mitterrand, une histoire de Français*, Seuil, 1998.

Nay Catherine, *Le Noir et le Rouge ou l'histoire d'une ambition*, Grasset, 1985.

BIBLIOGRAPHIE FRANÇAISE

Seconde Guerre mondiale

Albertelli Sébastien, *Les Services secrets du général de Gaulle*, Perrin, 2009.

Amouroux Henri, *La Grande Histoire des Français sous l'Occupation*, Robert Laffont (dix volumes), 1976-1993.

Auque René et Carré Paul, *Le Croiseur* Émile Bertin. *De la mer du Nord aux Caraïbes 1940-1943*, Éditions de l'Officine, 2002.

Azéma Jean-Pierre, Wieviorka Olivier, *Vichy 1940-44*, Perrin, 1997.

Azéma Jean-Pierre, Paxton Robert O., Burrin Philippe, *6 Juin 1944*, Tempus, Perrin, 2008.

Berl Emmanuel, *La Fin de la IIIe République*, Gallimard, 2007.

Bordogna Muriel, « Transfert d'or de la Banque de France en 1940 : Il était cinq petits navires », *Cahiers anecdotiques de la Banque de France* n° 9.

Churchill Winston, *Mémoires de guerre : 1919-1941*, tome I, Tallandier, 2009.

Crémieux-Brilhac Jean-Louis, *Les Français de l'an 40* (2 volumes), Gallimard, 1990.

Crémieux-Brilhac Jean-Louis, *La France libre. De l'appel du 18 Juin à la Libération*, Gallimard, 1996.

Dansette Adrien, *Histoire de la libération de Paris*, Fayard, 1946.

Foot Michael R. D., *Des Anglais dans la Résistance, le SOE en France, 1940-1944*, Tallandier, 2008.

Ferro Marc, « Le général de Gaulle, sous-secrétaire d'État », *Espoir* n° 73, 1990.

Goldschmidt Bertrand, « Les origines du CEA », *Revue Espoir* n° 103, 1995.
Horne Alistair, *Comment perdre une bataille, France, mai-juin 1940*, Tallandier, 2010.
Kaspi André, *Chronologie commentée de la Seconde Guerre mondiale*, Tempus, Perrin, 2010.
Keegan John, *La Deuxième Guerre mondiale*, Perrin, 1990.
Kogon Eugen, *L'État SS*, Seuil, 1970.
Levisse-Touzé Christine (sous la direction de), *La Campagne de 1940*, Tallandier, 2001.
Lormier Dominique, *La Bataille de France*, Le Cherche-Midi, 2010.
Masson Philippe, *La Seconde Guerre mondiale*, Tallandier, 2003.
Muracciole Jean-François, *Les Français libres, l'autre résistance*, Tallandier, 2009.
Négrier Pierre, « La Banque de France pendant la guerre 1939-1945 », Conférence prononcée à Grenoble le 18 octobre 1979 lors des Journées mensuelles d'information de la Banque de France-Grenoble, Banque de France, 1979.
Rougier Louis, *Les Accords Pétain-Churchill*, Librairie Beauchemin, Montréal, 1945.
Vergez-Chaignon Bénédicte, *Les Vichysto-résistants, de 1940 à nos jours*, Perrin, 2008.
Wieviorka Olivier, *Histoire du débarquement de Normandie*, Seuil, 2007.

La décolonisation

Ageron Charles-Robert (sous la direction de), *La Guerre d'Algérie et les Algériens*, Armand Colin, Paris, 1997.
Henri Alleg, *La Question*, Éditions de Minuit, Paris, 1958, rééd. 2000.
Arnaud Georges et Vergès Jacques, *Pour Djamila Bouhired*, Éditions de Minuit, 1957.
Aussaresses Paul (général), *Services spéciaux. Algérie 1955-1957*, Perrin, 2011.
Benot Yves, *Massacres coloniaux*, La Découverte, 2001.

Branche Raphaëlle, *La Torture et l'Armée pendant la guerre d'Algérie*, Gallimard, Paris, 2001.

Calvas Pierre, « Les généraux de l'OAS à la prison de Tulle : réalités et rumeurs » publié en 2010 sur le site Crimino corpus : *http://www.criminocorpus.cnrs.fr/article707.html.*

Camus Albert et Koestler Arthur, *Réflexions sur la peine capitale*, Calmann-Lévy, Paris, 1957.

Camus Albert, *Chroniques algériennes 1939-1958*, Folio, 2002.

« État d'urgence en Malaisie, un exemple d'adaptation à la contre-insurrection par les forces britanniques, 1948-1960 », *Cahiers de la recherche doctrinale*, Centre de doctrine d'emploi des Forces (CEDF), ministère de la Défense, juillet 2009.

Courriere Yves, *La Guerre d'Algérie* (deux volumes), Fayard, Paris, 2001.

Dard Olivier, *Voyage au cœur de l'OAS*, Perrin, 2005.

Darmon Pierre, *Un siècle de passions algériennes. Une histoire de l'Algérie coloniale, 1830-1940*, Fayard, Paris, 2009.

Deltombe Thomas, Domergue Manuel et Tatsitsa Jacob, *Kamerun !*, La Découverte, 2011.

Derogy Jacques et Ploquin Frédéric, *Ils ont tué Ben Barka*, Fayard, 1999.

Eveno Patrick et Planchais Jean, *La Guerre d'Algérie*, La Découverte/Le Monde, Paris, 1989.

Fall Bernard, *Indochine, 1946-1962*, Robert Laffont, 1962.

Fleury Georges, *Histoire secrète de l'OAS*, Grasset, 2002.

Franchini Philippe, *Les Guerres d'Indochine*, Tallandier, 2011.

Harbi Mohammed, *Le FLN mirage et réalité*, Jeune Afrique, Paris, 1980 et 1993.

Kauffer Rémi, *OAS, histoire d'une guerre franco-française*, Seuil, 2002.

Lefebvre Denis, *Les Secrets de l'expédition de Suez*, Perrin, 2010.

Massu Jacques (général), *La Vraie Bataille d'Alger*, Plon, 1971.

Mauriac François, *Nouveaux Blocs-notes*, Flammarion, Paris, 1968.

Meynier Gilbert, *Histoire intérieure du FLN*, Fayard, Paris, 2002.

Pervillé Guy, *De l'Empire français à la décolonisation*, Hachette, Paris, 1991.

Peyroulou Jean-Pierre, *Guelma, une subversion française dans l'Algérie coloniale*, La Découverte, Paris, 2009.

Pouget Jean, *Nous étions à Diên Biên Phu*, Presses de la Cité, 1962.
Reggui Marcel, *Les Massacres de Guelma*, La Découverte, 2006.
Rey-Goldzeiguer Annie, *Aux origines de la guerre d'Algérie, de Mers-el-Kébir aux massacres du Nord-Constantinois*, La Découverte, Paris, 2006.
Rocard Michel, *Rapport sur les camps de regroupement et autres textes sur la guerre d'Algérie*, Mille et une nuits, 2003.
Roy Jules, *La Bataille de Diên Biên Phu*, Julliard, 1963.
Rutter James (lieutenant-colonel), « La guerre qu'on ne peut pas gagner : vaincre une insurrection populaire, enseignements de l'expérience britannique en Malaisie », *Doctrine* n° 13, CEDF, septembre 2007.
Stora Benjamin, *La Gangrène et l'Oubli : la mémoire de la guerre d'Algérie*, nouvelle édition, La Découverte, Paris, 1998.
Stora Benjamin, *Histoire de la guerre d'Algérie*, coll. Repères, La Découverte, Paris, 2002.
Terretta, Meredith, « The fabrication of the Post-colonial State of Cameroon. Village Nationalism and the UPC's Fight for Nation, 1948-1971 », thèse d'histoire, University of Wisconsin, Madison, 2004.
Theis Laurent, Ratte Philippe, *La Guerre d'Algérie ou le temps des méprises*, Mame, Tours, 1974.
Thénault Sylvie, *Une drôle de justice, les magistrats dans la guerre d'Algérie*, La Découverte, Paris, 2001.
Tillion Germaine, *L'Algérie en 1957*, Éditions de Minuit, Paris, 1957.
Tournoux Jean-Raymond, *Secrets d'État, secrets et sortilèges de la guerre d'Indochine*, 1960.
Vidal-Naquet Pierre, *La Raison d'État*, La Découverte, Paris, 2002 (nouvelle édition du livre publié en 1962 aux Éditions de Minuit).
Vidal-Naquet Pierre, *La Torture dans la République. Essai d'histoire et de politique contemporaine*, Éditions de Minuit, Paris, 1975.
Vidal-Naquet Pierre, *Les Crimes de l'armée française : Algérie 1954-1962*, nouvelle édition, La Découverte, Paris, 2001.

Bibliographie française

Ouvrages généraux

Broche François, Caïtucoli Georges et Muracciole Jean-François (sous la direction de), *Dictionnaire de la France libre*, Bouquins, Robert Laffont, 2010.
Derégel Xavier et Lemaire Jean-Philippe, *Concorde Passion*, LBM, 2009.
Elgey Georgette, *Histoire de la IVe République*, Fayard, Paris (nouv. éd.). *1. La République des illusions, 1945-1951*, 1993. 2. *La République des contradictions, 1951-1954*, 1993. *3. La République des tourmentes, 1954-1959*, t. I., 1992. *4. La République des tourmentes, 1954-1959*, t. II, *Malentendu et passion*, 1997. *5. La République des tourmentes, 1954-1959*, t. III, *La Fin, 2008.*
Faligot Roger et Guisnel Jean (sous la direction de), Lecadre Renaud, Kauffer Rémi, Malye François, Orange Martine et Zamponi Francis, *Histoire secrète de la Ve République*, La Découverte, 2006.
Fauvet Jacques (avec Alain Duhamel), *Histoire du Parti communiste français*, Fayard, 1977.
Lalande Gilles, « Hypothèses et interrogations », *Espoir* n° 12, 1974.
Le Goff Jean-Pierre, *Mai 68, l'héritage impossible*, La Découverte, 1998.
Marx Roland, *Histoire de la Grande-Bretagne*, Tempus, Perrin, 2004.
Morand Paul, *Londres*, 1933 *in Voyages*, Robert Laffont, 2001.
Morin Jacques-Yvan, « La question du Québec chez le général de Gaulle », *Espoir* n° 12, 1975.
Paxton Robert O., *La France de Vichy*, Le Seuil, 1999.
Paxton Robert O., *L'Armée de Vichy*, Tallandier, 2004.
Paxton Robert O. et Hessler Julie, *L'Europe au XXe siècle*, Tallandier, 2011.
Tombs Robert et Isabelle, *La France et le Royaume-Uni. Des ennemis intimes*, Armand Collin, 2012.
Weber Jacques, *Le Siècle d'Albion, l'Empire britannique au XIXe siècle, 1815-1914*, Les Indes savantes, 2011.

Biographies et Mémoires

Anceau Éric, *Napoléon III*, Tallandier, 2008.
Auriol Vincent, *Journal du septennat*, édition établie par Pierre Nora et Jacques Ozouf, Tallandier, 2003.
Bower Tom, *Klaus Barbie, itinéraire d'un bourreau ordinaire*, Le Cherche-Midi, 1984.
Baynac Jacques, *Présumé Jean Moulin 1940-1943*, Grasset, 2007.
Cazi Emeline, *Le Vrai Cohn-Bendit*, Plon, 2010.
Churchill Winston, *Discours de guerre*, Tallandier, 2009.
Cordier Daniel, *Jean Moulin. La République des catacombes*, Gallimard, 1999.
Cordier Daniel, *Alias Caracalla*, Gallimard, 2009.
Jean-Claude Demory, *Georges Bidault*, Julliard, 1995.
Faux Emmanuel, Legrand Thomas et Perez Gilles, *La Main droite de Dieu, enquête sur François Mitterrand et l'extrême droite*, Seuil, 1993.
Favreau Bertrand, *Georges Mandel ou la passion de la République*, Fayard, 1996.
Frerejean Alain, *C'était Georges Pompidou*, Fayard, 2007.
Gaulle Charles de, *Mémoires de guerre*, Omnibus/Plon, 1994.
Gaulle Charles de, *Mémoires d'espoir*, Omnibus/Plon, 1994.
Giesbert Franz-Olivier, *François Mitterrand ou la tentation de l'histoire*, Seuil, 1977.
Giesbert Franz-Olivier, *François Mitterrand, une vie*, Seuil, 1996.
Jeanneney Jean-Noël, *Georges Mandel*, Tallandier, 2009.
Kersaudy François, *Churchill*, Tallandier, 2009.
Kersaudy François, *De Gaulle et Churchill*, Tempus, 2003.
Kersaudy François, *De Gaulle et Roosevelt, le duel au sommet*, Tempus, 2006.
Lacouture Jean, *De Gaulle, le rebelle*, Seuil, 1984.
Lacouture Jean, *François Mitterrand, une histoire de Français*, Seuil, 1998.
Lancel François, *Valéry Giscard d'Estaing, de Chamalières à l'Élysée*, Belfond, 1974.
Mitterrand François, *Le Coup d'État permanent*, Plon, 1965.
Mitterrand François, *Ma part de vérité*, Fayard, 1969.

Malye François et Stora Benjamin, *François Mitterrand et la guerre d'Algérie*, Calmann-Lévy, 2010.
Marck Yves, *Edgar Faure, l'optimiste*, La Documentation française, 2010.
Marshall Bruce, *Le Lapin blanc*, Gallimard, 1953.
Monnet Jean, *Mémoires*, Le Livre de Poche, 1988.
Mousseau Jacques, *Chaban-Delmas*, Perrin, 2000.
Nay Catherine, *Le Noir et le Rouge ou l'histoire d'une ambition*, Grasset, 1985.
Péan Pierre, *Une jeunesse française*, Fayard, 1994.
Peyreffite Alain, *C'était de Gaulle*, tomes I à III, Fayard, 1997.
Pinault Michel, *Frédéric Joliot-Curie*, Odile Jacob, 2000.
Roussel Éric, *Georges Pompidou*, Jean-Claude Lattès, 1984.
Seaman Mark et O'Mara Michael, *Bravest of the Brave*, 1997.
Szafran Maurice, *Simone Veil : Destin*, J'ai lu, 1996.
Thompson Dale C., *De Gaulle et le Québec*, Éditions du Trécarré, 1990.
Tournoux Jean-Raymond, *Secrets d'État, secrets et sortilèges de la guerre d'Indochine*, Plon, 1960.
Veil Simone et Cojean Annick, *« Les hommes aussi s'en souviennent », Discours du 26 novembre 1974, suivi d'un entretien avec Annick Cojean*, Stock, 2004.

BIBLIOGRAPHIE ANGLAISE

Seconde Guerre mondiale

Gildea Robert, *Marianne in Chains : In Search of the German Occupation of France*, Pan Macmillan, 2003.

Jackson Julian, *France : The Dark Years, 1940-1944*, Oxford University Press, 2001.

Kedward Rod, *Resistance in Vichy France*, Oxford University Press, 1978.

Kedward Rod, *In Search of the Maquis*, Oxford University Press, 1993.

La décolonisation

Betts Raymond F., *France and Decolonization, 1900-1960*, Palgrave Macmillan, 1991.

Clayton Anthony, *The Wars of French Decolonization*, Longman, 1994.

Hargreaves John D., *Decolonization in Africa*, Longman, 1988.

White Dorothy S., *Black Africa and de Gaulle : From the French Empire to Independence*, Pennsylvania State University Press, 1979.

Ouvrages généraux

Barr James, *A Line in the Sand : Britain, France and the Struggle that Shaped the Middle East*, Simon & Schuster, 2011.
Baycroft Timothy, *France : Inventing the Nation*, Hodder Education, 2008.
Evans Martin, *Algeria : France's Undeclared War*, Oxford University Press, 2012.
Gildea Robert, *France since 1945*, Oxford University Press, 2002.
Horne Alistair, *A Savage War of Peace : Algeria 1954-1962*, Macmillan, 1977.
Jackson Julian, *Charles de Gaulle*, Hans Publishing, 2003.
Kedward Rod, *La Vie en bleu : France and the French since 1900*, Penguin, 2005.
Vinen Richard, *France, 1934-1970*, Palgrave Macmillan, 1996.
Young John W., *Britain, France and the Unity of Western Europe, 1945-51*, Continuum Publishing, 1984.

INDEX

Index

Index

REMERCIEMENTS

Merci à Manuel Piétri, pour sa relecture minutieuse, à Julia et à Antoine, à toute l'équipe de Calmann-Lévy, Mireille Paolini, Aurélie Lorot, Thomas de Châteaubourg.

TABLE DES MATIÈRES

Photocomposition Facompo
(Lisieux)

Cet ouvrage a été imprimé en France
par CPI Bussière
à Saint-Amand-Montrond (Cher)
en août 2012

calmann-lévy s'engage
pour l'environnement en réduisant
l'empreinte carbone de ses livres.
Celle de cet exemplaire est de :
1 kg éq. CO_2
Rendez-vous sur
www.calmann-levy-durable.fr

PAPIER À BASE DE
FIBRES CERTIFIÉES

N° d'édition : 5184841/01.
N° d'impression : 123119/4.
Dépôt légal : septembre 2012.